B
V
72

AF523908

Karsten Müller

Typisch Königsindisch

Effektives Mittelspieltraining

Joachim Beyer Verlag

ISBN 978-3-95920-215-2

1. Auflage 2024

Ein Imprint des Schachverlag Ullrich, Zur Wallfahrtskirche 5, 97483 Eltmann

Bildnachweis: S. 166 (Harald Fietz)

Herausgeber: Robert Ullrich

Inhaltsverzeichnis

Vorwort

Wenn jemand beschließt, Spanisch zu lernen (die *Sprache* wohlgemerkt – und nicht die Eröffnung!), wird er sich zweckmäßigerweise Lehrbücher zulegen, in denen *Spanisch* behandelt wird – und nicht etwa solche, die sich mit *allen* romanischen Sprachen oder sogar allen *europäischen* Sprachen beschäftigen.

Führen wir diesen Vergleich ruhig noch etwas weiter: Wenn ein Wörterbuch in etwa einem Eröffnungsbuch entspricht, so kommt eine Grammatik in etwa einem Lehrbuch fürs Mittelspiel gleich. Nun könnte man zwar mit Eröffnungsbüchern allein zum Thema *Spanisch* ganze Bibliotheken füllen, aber wie steht es mit einer entsprechenden 'Grammatik'?

Natürlich gibt es in jedem Mittelspiel-Lehrbuch die ein oder andere Stellung, die eindeutig als *Spanisch* zu erkennen ist, allerdings ist deren Zahl verschwindend gering im Umfeld von Italienisch, Russisch, Englisch, Holländisch und so weiter und so fort. Und somit von all diesen anderen europäischen Sprachen – nein Pardon: von all diesen anderen *Eröffnungen*, deren Mittelspielbehandlung der Leser eigentlich gar nicht erlernen will.

Ist beispielsweise die Behandlung der Themen Isolani, Hängebauern und Minoritätsangriff für einen e4-Spieler nicht ebenso verzichtbar, wie sie für einen d4–Spieler unerlässlich ist? – Warum sollte ein eingefleischter Anhänger indischer Eröffnungen sich für die strategischen Feinheiten von Stellungen interessieren, die aus all diesen komplizierten Damengambit-Systemen resultieren? Und natürlich auch umgekehrt: Was kann ein Spieler mit all diesen Feinheiten indischer Stellungen anfangen, der um Fianchetto-Eröffnungen prinzipiell einen großen Bogen macht?

Und genau dieses ebenso auffällige wie verblüffende Vakuum im Bereich der Mittelspiel-Literatur hat mich zu einem entsprechenden Verbesserungsversuch inspiriert: Wer *Spanisch* lernen will (die *Eröffnung* wohlgemerkt und nicht die Sprache!), der bekommt ein Lehr- und Übungsbuch, in dem ausschließlich *Spanisch* 'gesprochen' bzw. gespielt wird.

Allerdings wird in diesem Band ausschließlich *Königsindisch* mit dem Zentrumsvorstoß e7-e5 (und nicht c7-c5) behandelt, wobei in der dem Vorwort folgenden Übersicht die wichtigsten Bauernstrukturen dargestellt werden, die daraus hervorgehen können.

Und noch einen wichtigen Hinweis möchte ich vorwegschicken. Für jeden Schachautor besteht eine enorme Herausforderung darin, einer Leserschaft mit einem möglichst breiten Spielstärke-Niveau gerecht zu werden. So wäre es im Bereich der Eröffnungs- bzw. Endspiel-Literatur absurd, beispielsweise 'Französisch' bzw. 'Turmendspiele' für Spieler zwischen 1400 und 1600, zwischen 1600 und 1800, zwischen 1800 und 2000 usw. anzubieten. Entsprechend schreibt man nur *ein* Buch zum jeweiligen Thema und bemüht sich, alle wichtigen Dinge möglichst genau und verständlich zu erklären – und dann liegt es an jedem einzelnen Leser, wie intensiv er mit den Büchern zu arbeiten bereit ist, um einen größtmöglichen Nutzen zu erzielen.

Ungleich schwieriger wird die Aufgabe bei einem Buch wie diesem, das ausschließlich aus Übungsaufgaben besteht. Denn wählt man als Autor durchweg sehr einfache bzw. durchweg etwas schwierigere, so scheuen im ersten Fall weiter fortgeschrittene Spieler zurück, weil sie sich *unter*fordert – im zweiten Fall weniger fortgeschrittene Spieler, weil sie sich *über*fordert fühlen.

Und darum ein guter Rat – ganz gleich, welche Spielstärke Sie auf die Matte bringen. Nehmen Sie die Beschäftigung mit jeder einzelnen Aufgabe ernst, aber lassen Sie diese auf keinen Fall in Folter ausarten! Sobald Sie auf allzu große Hindernisse bzw. Widerstände stoßen, nehmen Sie sich einfach die Freiheit: Schlagen Sie die Lösung auf und funktionieren Sie das Testbuch in ein Lehrbuch um!

Karsten Müller

Hamburg, im August 2024

Zeichenerklärung

!	ein sehr guter Zug
!!	ein ausgezeichneter Zug
?	ein schwacher Zug
??	ein grober Fehler
!?	ein beachtenswerter Zug
?!	ein Zug von zweifelhaftem Wert
+−	Weiß hat entscheidenden Vorteil
−+	Schwarz hat entscheidenden Vorteil
±	Weiß steht besser
∓	Schwarz steht besser
⩲	Weiß steht etwas besser
⩱	Schwarz steht etwas besser
=	ausgeglichen
∞	unklar, mit beiderseitigen Chancen
=∞	mit Kompensation für den materiellen Nachteil
Δ	mit der Idee
⌓	besser ist
x	schlägt
+	Schach
#	matt
+++	und viele andere
~	tendenziell, ungefähr
Variante	nicht die tatsächliche Partiefortsetzung

Behandelte Bauernstrukturen

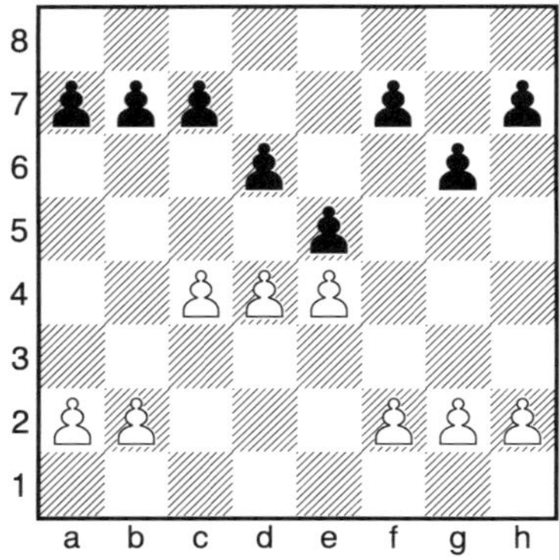

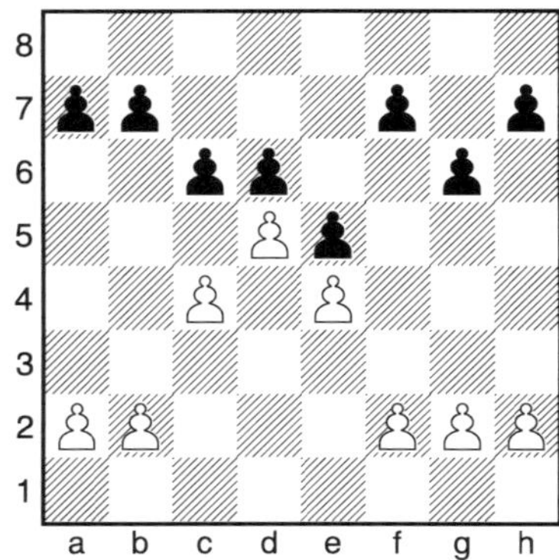

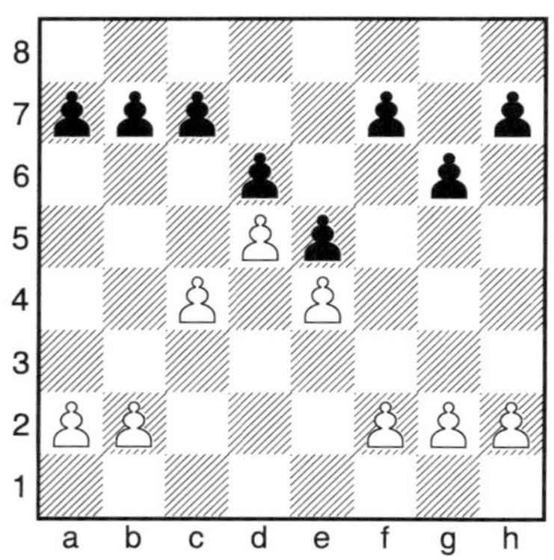

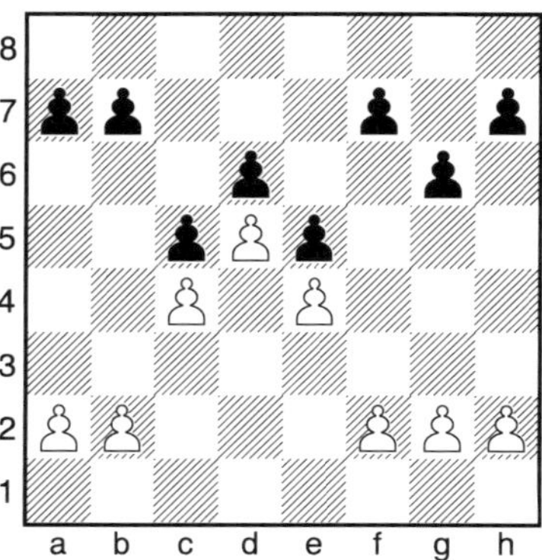

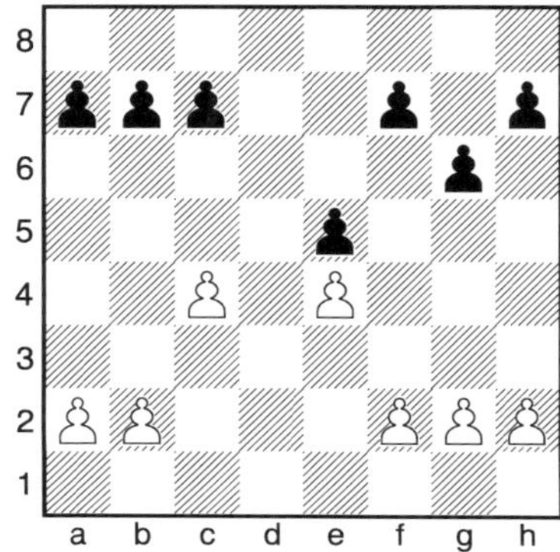
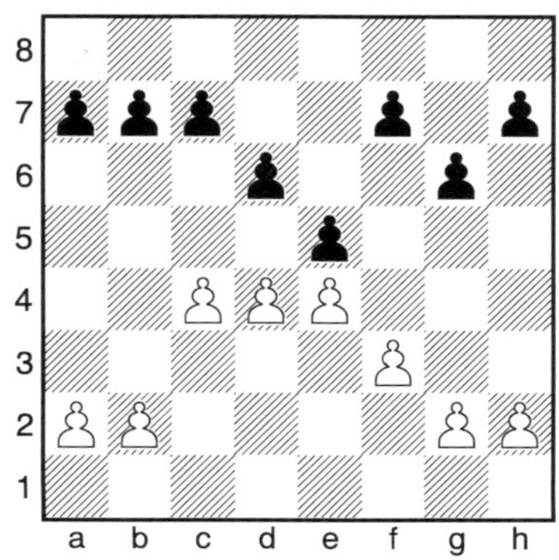
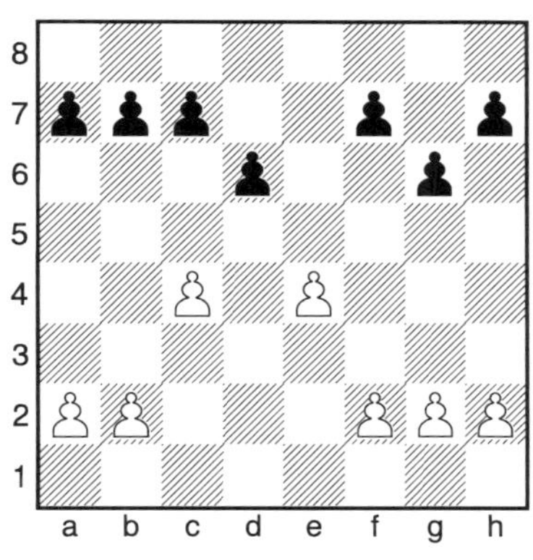
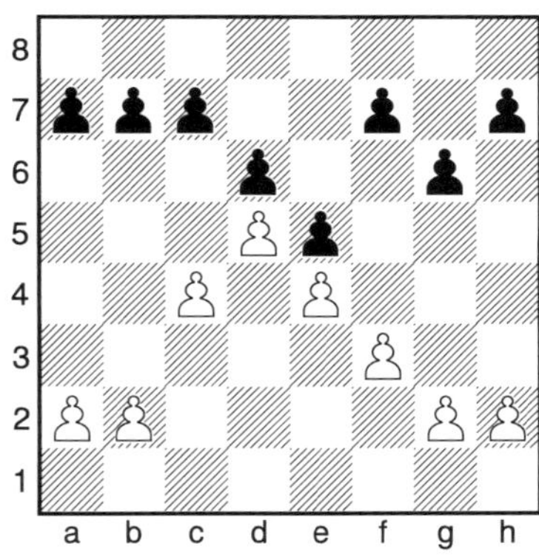

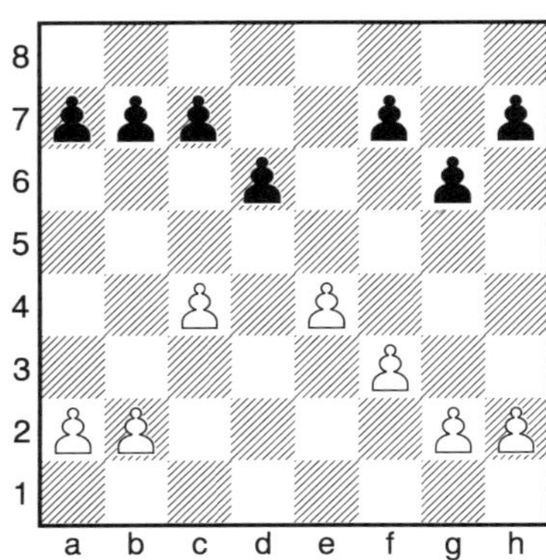

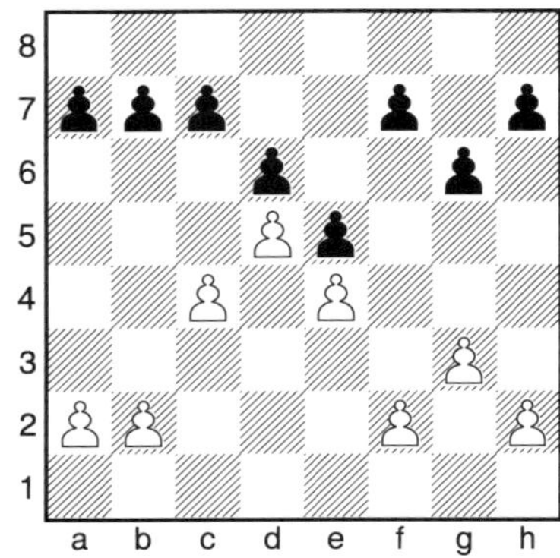

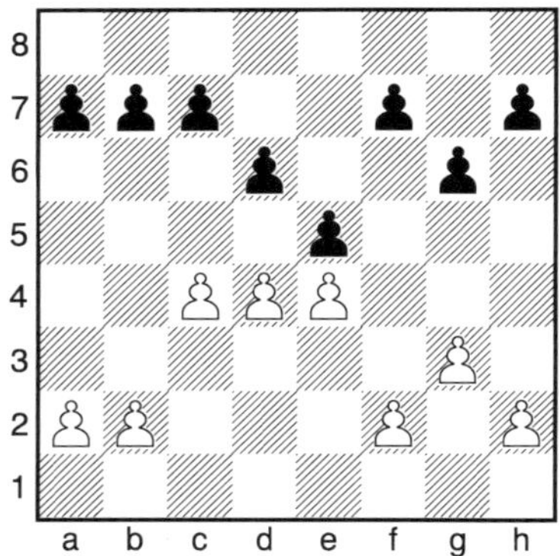

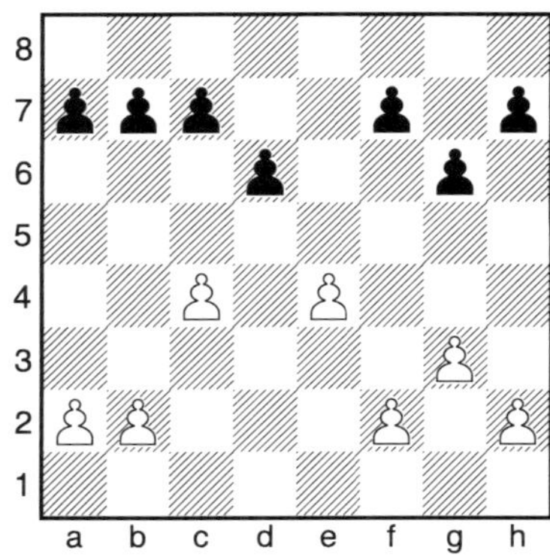

Aufgaben

Konkrete Frage (Lösungen ab Seite 40)

1

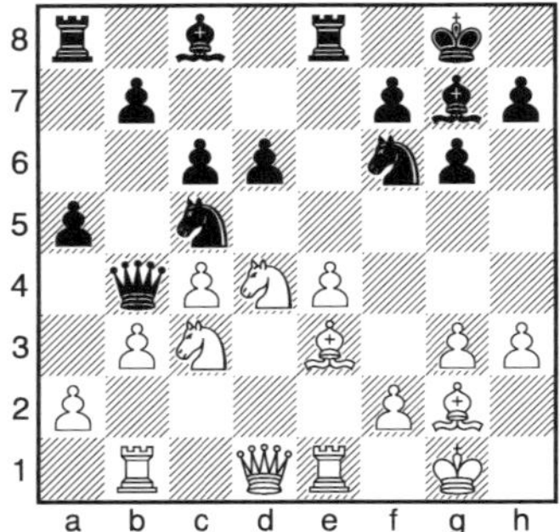

Woran krankt die schwarze Stellung? Wie kann Weiß dies ausnutzen?

2

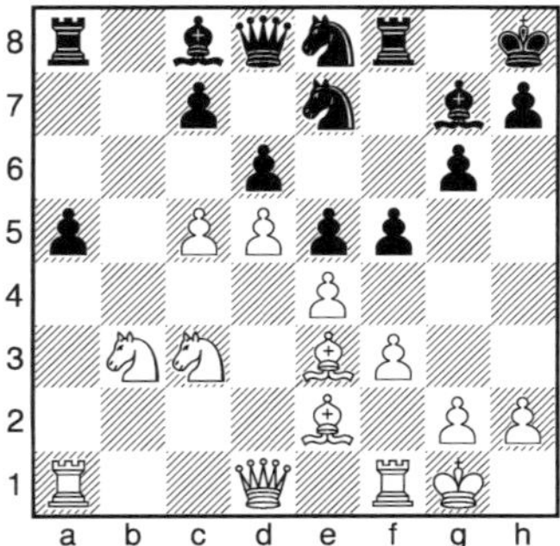

Wie kann Schwarz das positionelle weiße Druckspiel am besten unter Kontrolle halten?

3

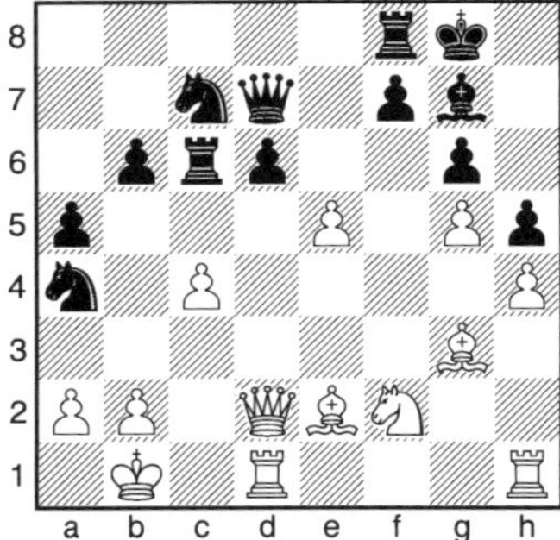

Hat Weiß mit seinem letzten Zug 24.e5 einen Bauern eingestellt?

4

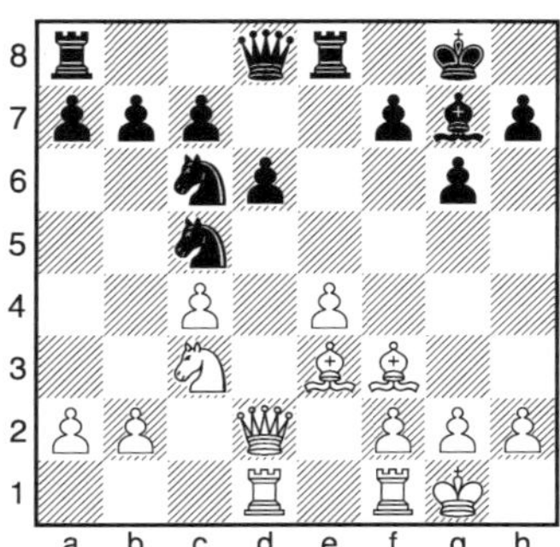

Kann Weiß trotz der Schwäche e4 auf Minimalvorteil hoffen?

Kandidaten (Lösungen ab Seite 44)

5

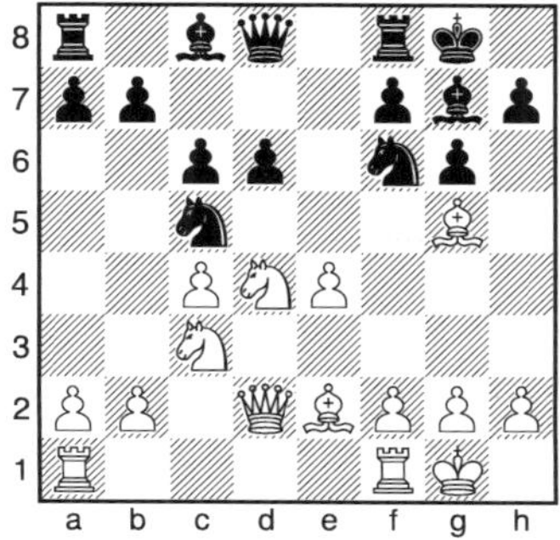

Welcher der Züge 11.f3, 11.♗f3, 11.♕f4 taugt am wenigsten?

6

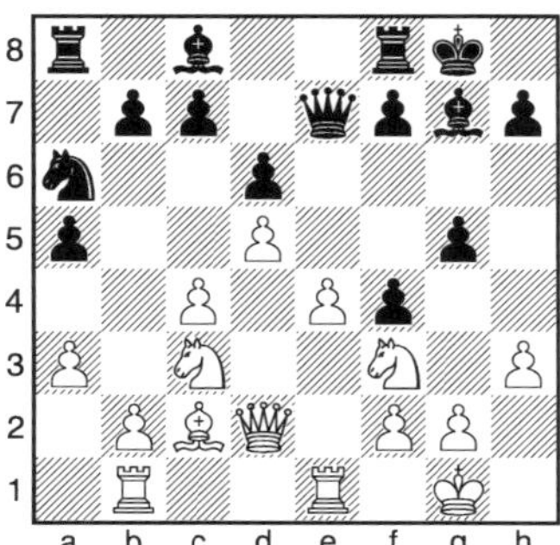

Von welchem der Kandidaten 15...h5 und 15...♘c5 ist dringend abzuraten?

7

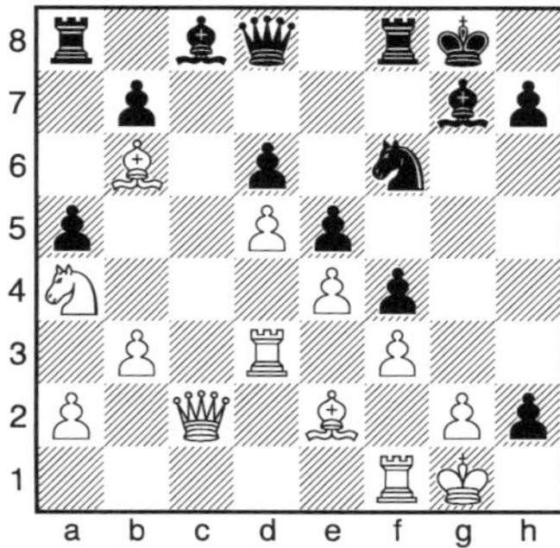

Ist 21.♔h1 oder 21.♔xh2 besser?

8

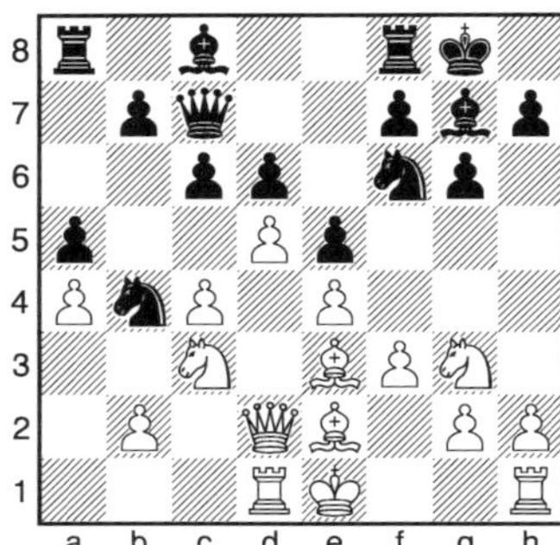

Ist 13...♘e8 besser als 13...♘d7?

Gewaltmaßnahme oder Drucksteigerung? (Lösungen ab Seite 48)

9

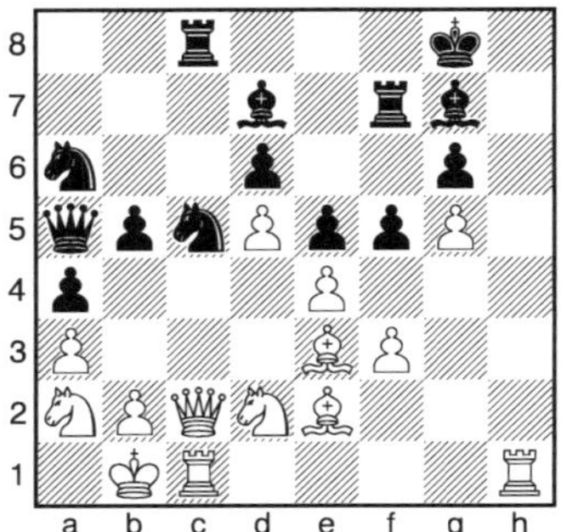

Gelangt Schwarz mit einer konkreten Aktion ans Ziel?

10

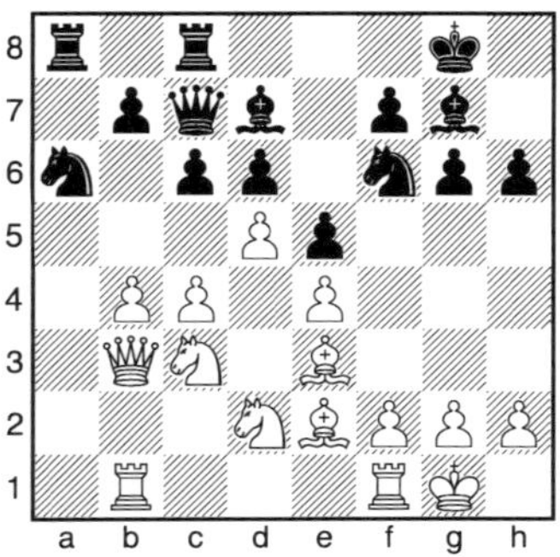

Weiß am Zug

11

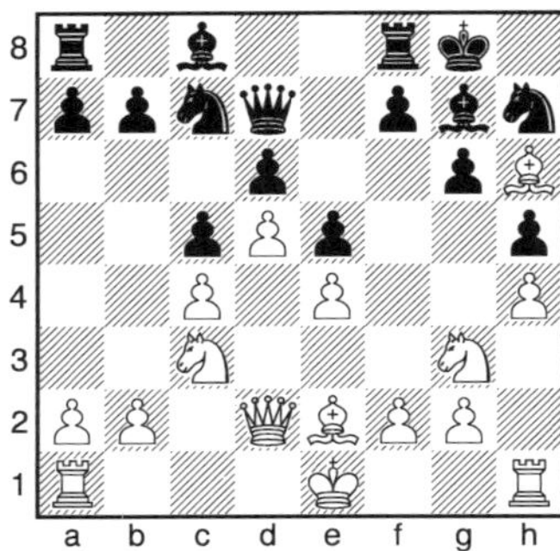

Weiß am Zug

12

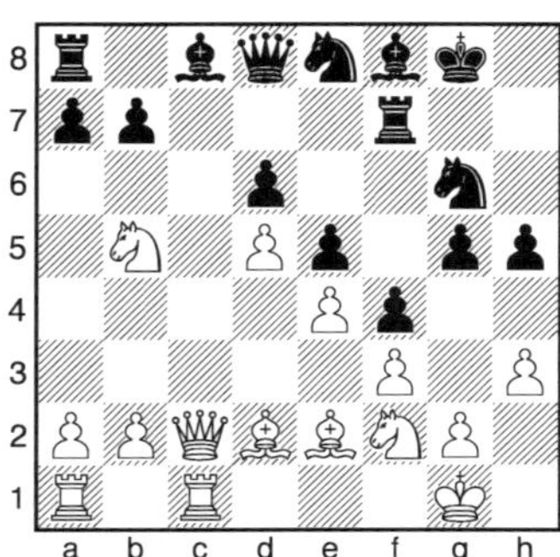

Weiß am Zug

13

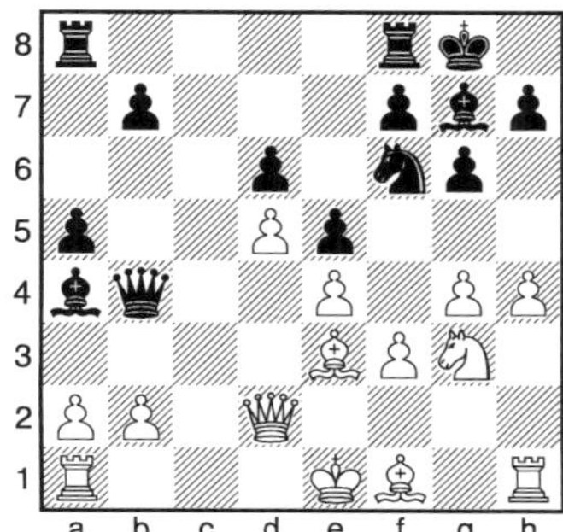

Wie setzt Weiß am stärksten fort?

14

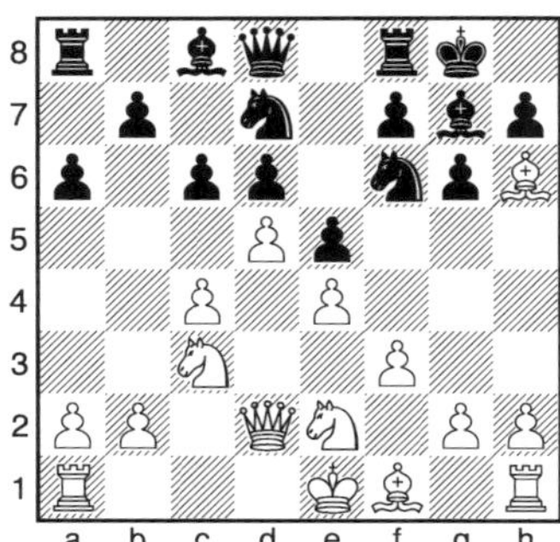

Wäre der mögliche schwarze Bauerngewinn langfristiger Natur?

15

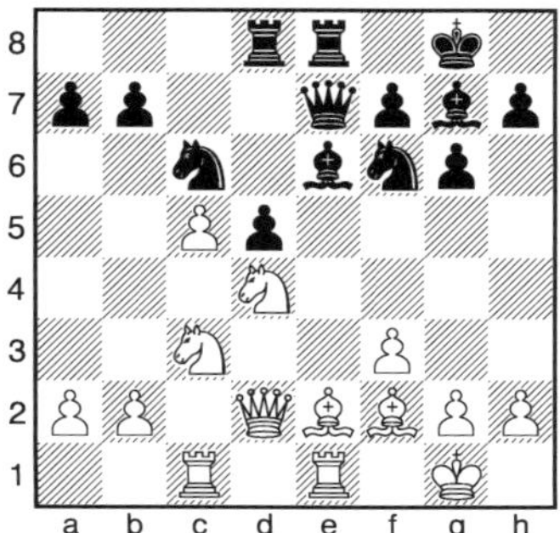

Warum war der letzte Zug ♖f1-e1 ein Fehler?

16

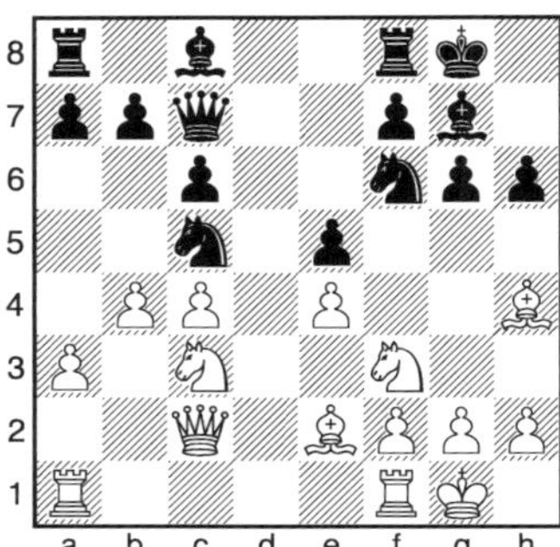

Muss der ♘c5 den Rückzug antreten?

Abstiegskandidat (Lösungen ab Seite 57)

17

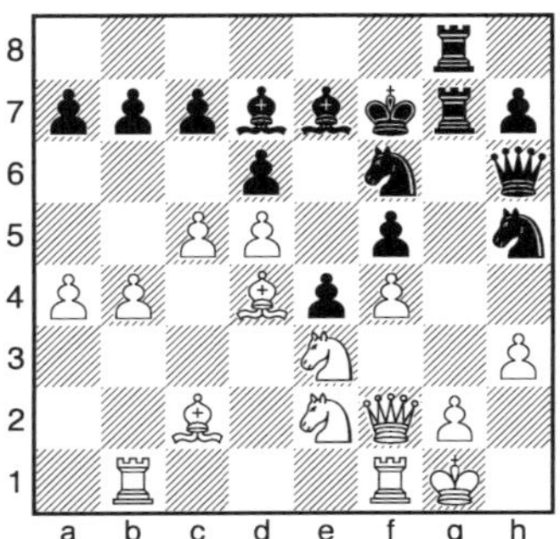

Welcher der Züge 23.♗d1, 23.♗b3, 23.c6 führt zwangsläufig zum Verlust?

18

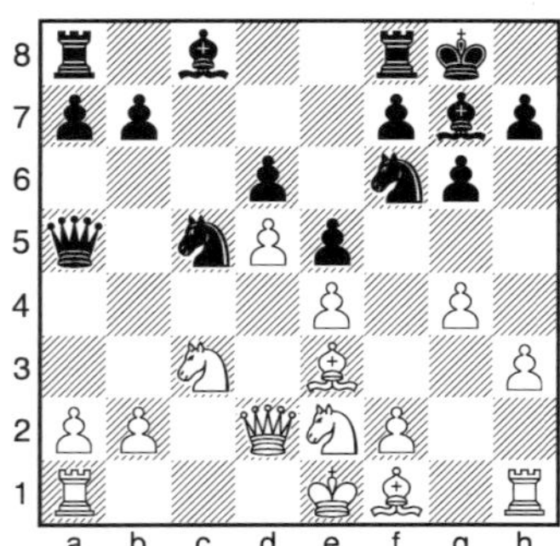

Bei 12.0–0–0, 12.♘c1 und 12.♖b1 gibt's gleich *zwei* Abstiegskandidaten.

19

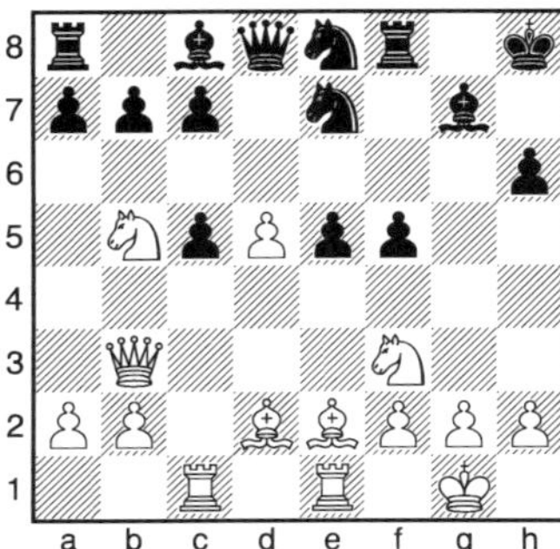

Welcher der Züge 15...a6 und 15...b6 führt statt zum Gewinn – zum Verlust?

20

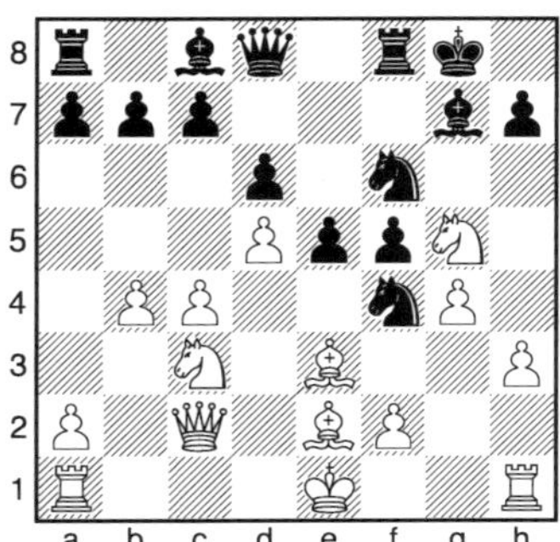

Welcher der Züge 16.♗xf4, 16.gxf5, 16.♖g1, 16.0-0-0 führt zu deutlichem Nachteil?

Kandidaten (Lösungen ab Seite 62)

21

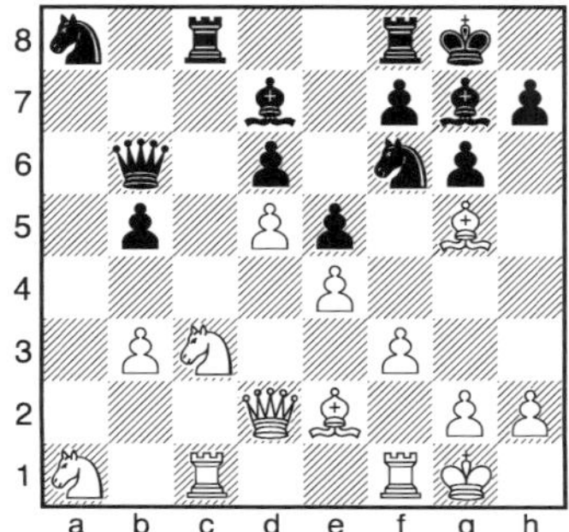

Ist 19.♔h1 oder 19.♗e3 besser?

22

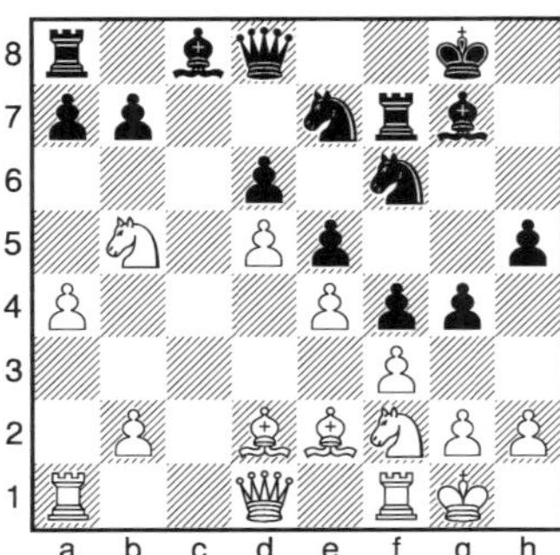

Sollte der Angriff mit ♗b4 oder ♖c1 fortgesetzt werden?

23

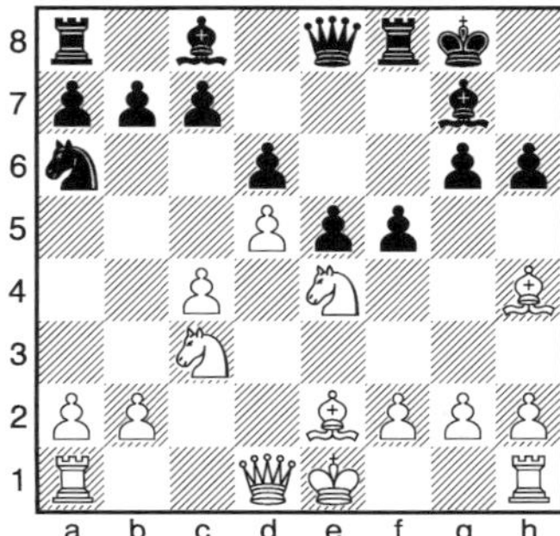

Sollte der Springer e4 mit 12.f3 gedeckt oder mit 12.♘d2 zurückgezogen werden?

24

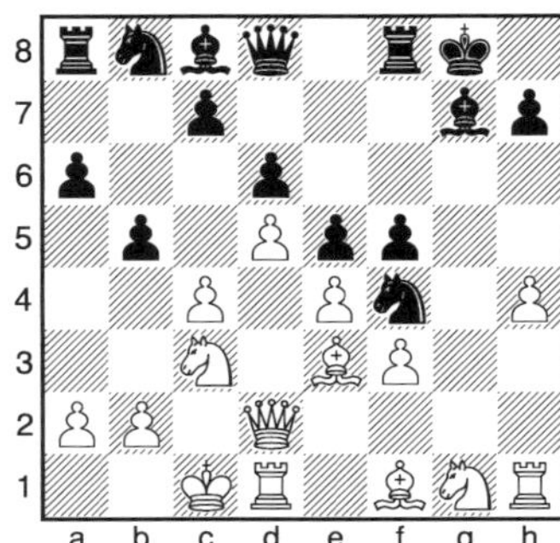

Welcher der Züge 13.♘ge2, 13.cxb5, 13.a3 vergibt den ganzen Vorteil?

Konkrete Frage (Lösungen ab Seite 67)

25

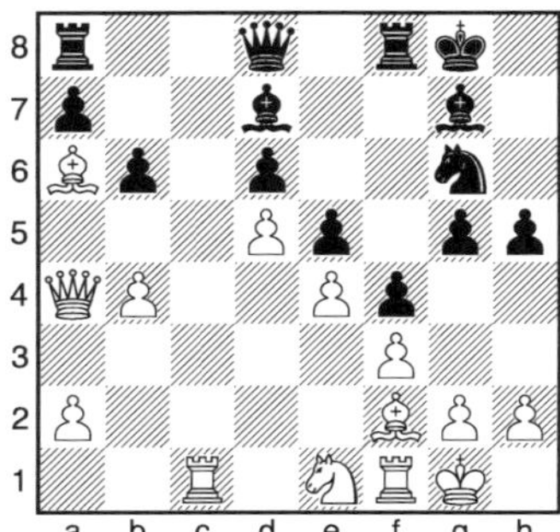

Wie kann Weiß den deutlichsten Eröffnungsvorteil erzielen?

26

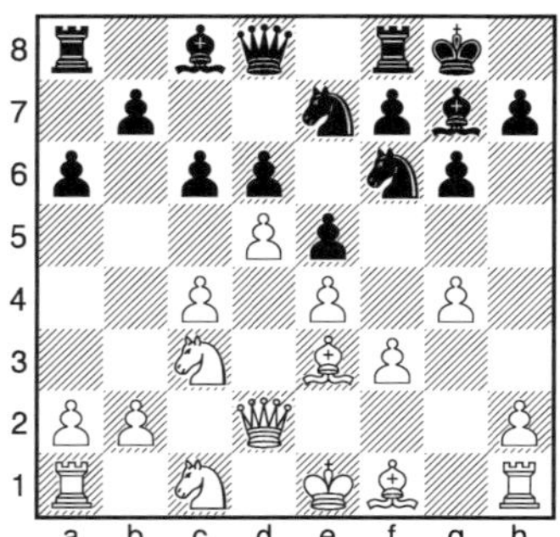

Wie verschafft Schwarz sich genügend Gegenspiel?

27

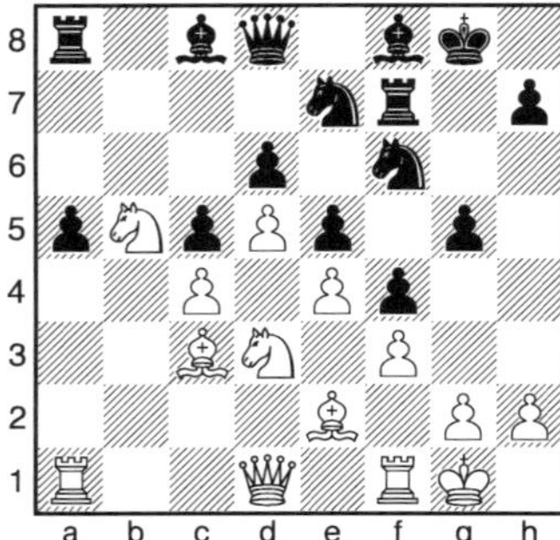

Sollte Weiß mit einem Angriffs- oder einem Verteidigungszug fortsetzen?

28

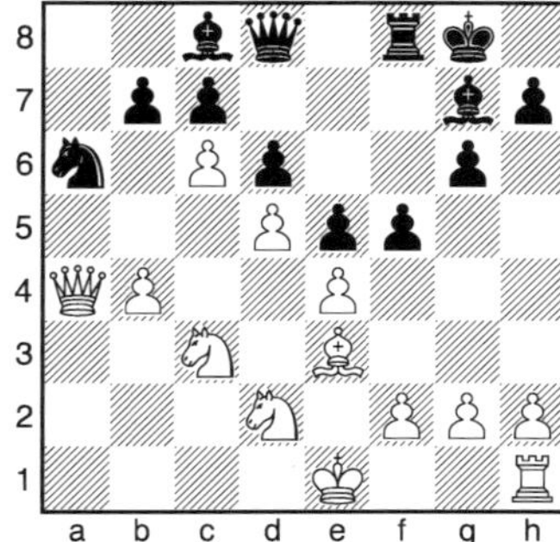

Sollte Weiß mit einem Angriffs- oder einem Verteidigungszug fortsetzen?

Schnellschuss (Lösungen ab Seite 73)

29

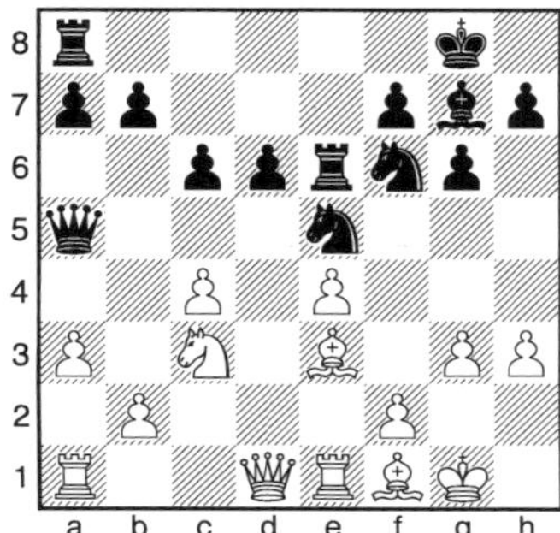

Warum war 15.a3 ein entscheidender Fehler?

30

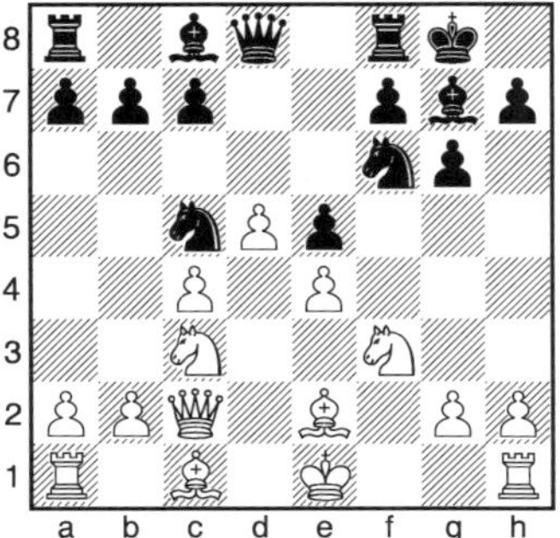

Warum war 10.♕c2 ein grober Fehler?

31

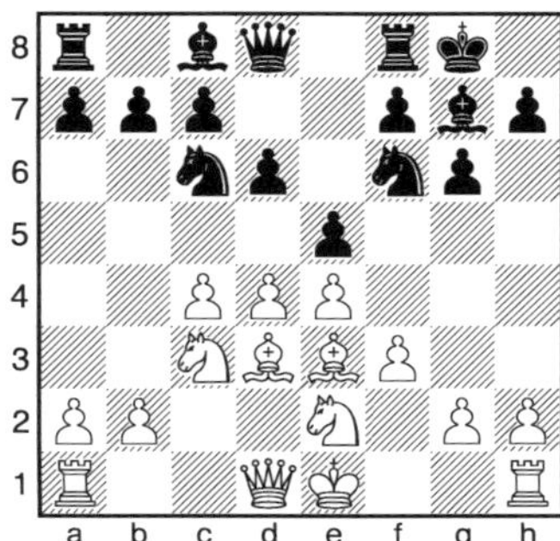

Warum war 8.♘ge2 eine Ungenauigkeit?

32

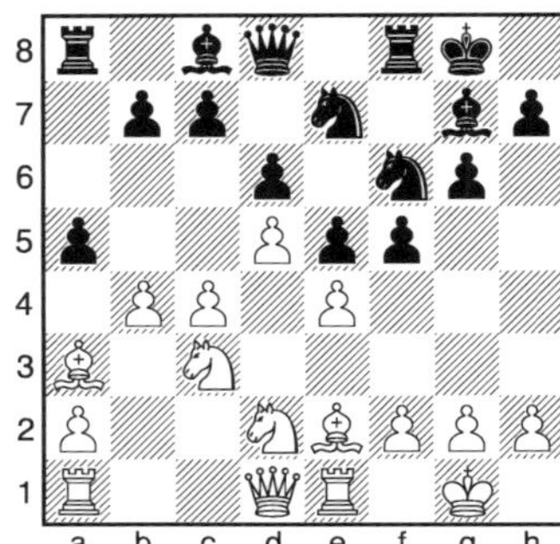

Welcher der Züge 13.f3 oder 13.c5 hätte katastrophale Folgen?

33

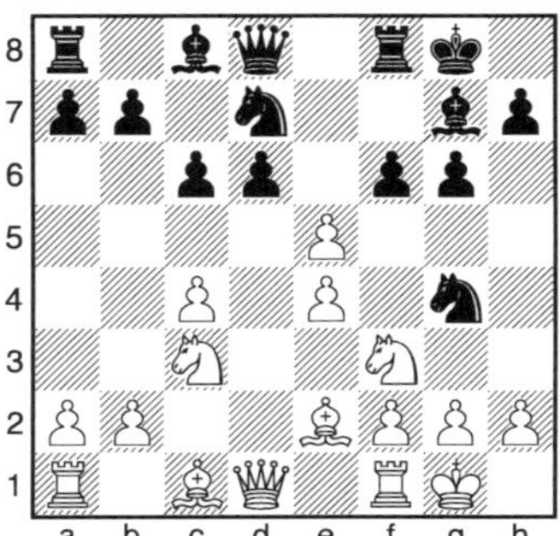

Scheidet einer der Kandidaten 11...♘dxe5, 11...♘gxe5 und 11...dxe5 prinzipiell aus?

34

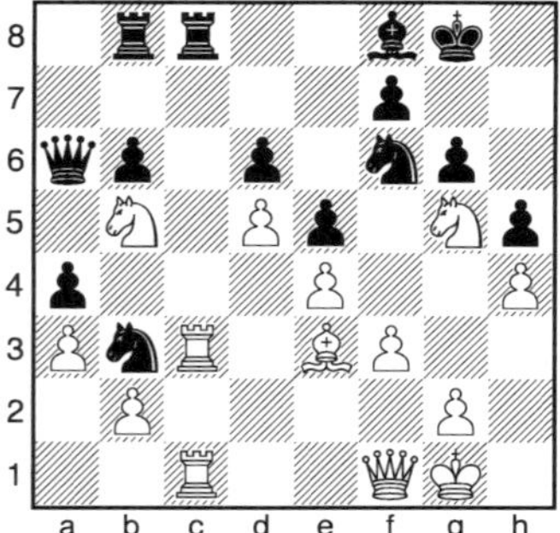

Der Partiezug 24.♖1c2 gewann *nicht*. Welche beiden Züge hätten gewonnen?

35

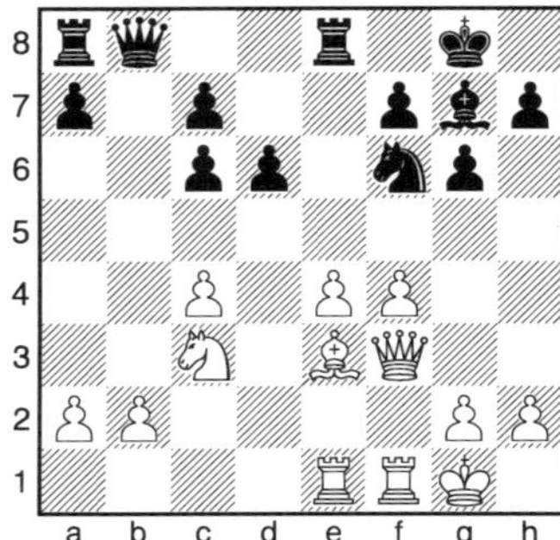

Sind die Kandidaten 16.♖e2 und 16.♖f2 etwa gleichwertig?

36

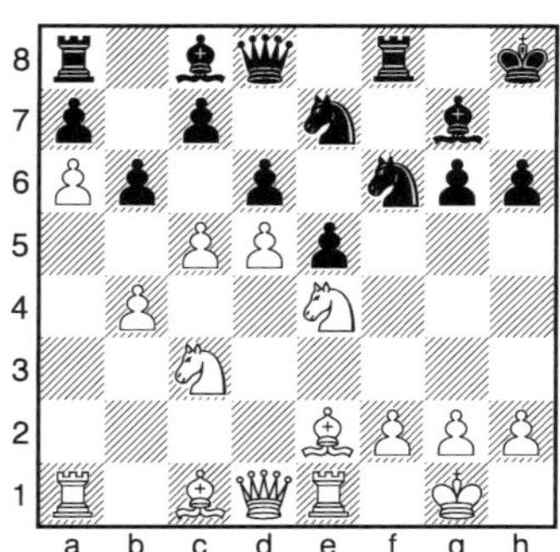

Wie sind die Kandidaten 16...♘f5, 16...♘xe4 und 16...♘exd5 zu bewerten?

Scherzartikel (Lösungen ab Seite 81)

37

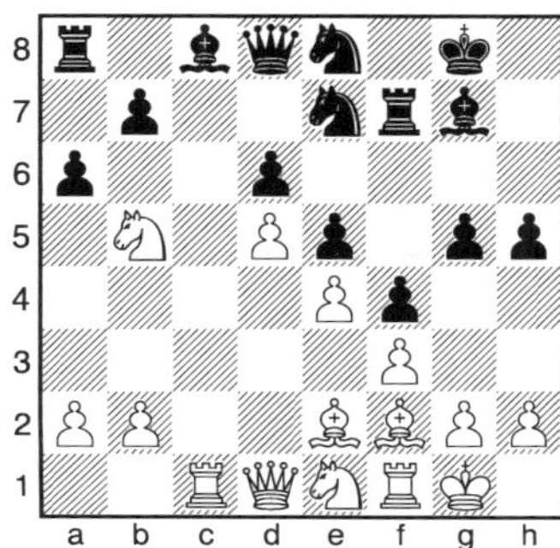

Vorwärts oder rückwärts?
Das ist hier die Frage für den ♘b5.

38

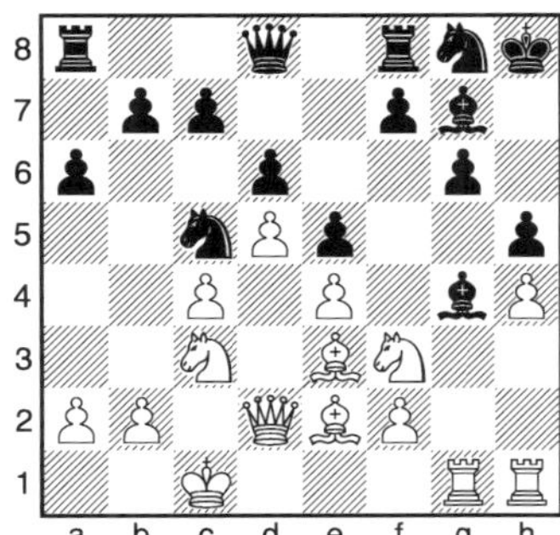

Wie weist Weiß nach, dass das Einstellen des Bauern g4 ein korrektes Opfer war?

39

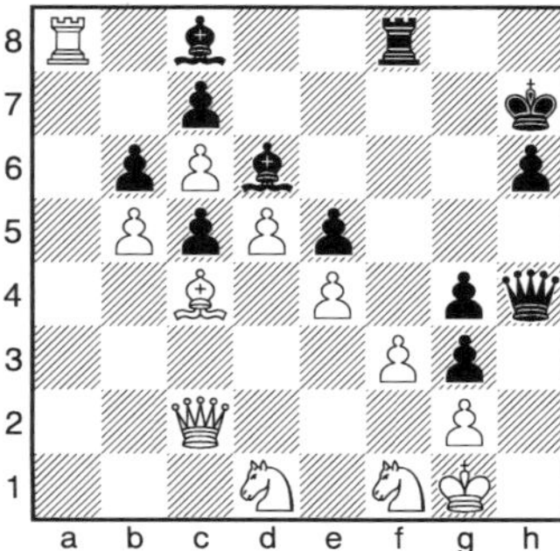

37.♖xc8 – 37.♗e2 – 37.f4 – 37.♘de3
Welcher Zug ist nicht total gewonnen?

40

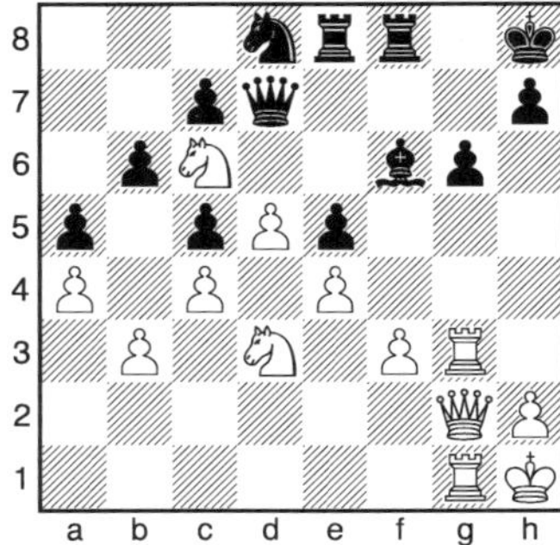

♘b8 ist ein typischer Schnapszug – oder?

Konkrete Frage (Lösungen ab Seite 87)

41

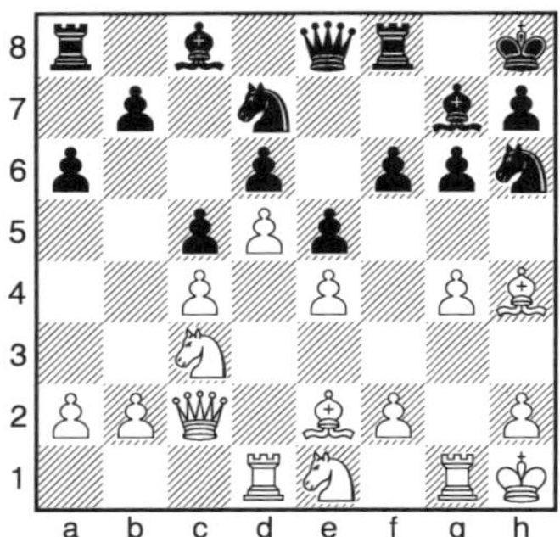

Warum würde 18.♘d3 den ganzen Positionsvorteil vergeben?

42

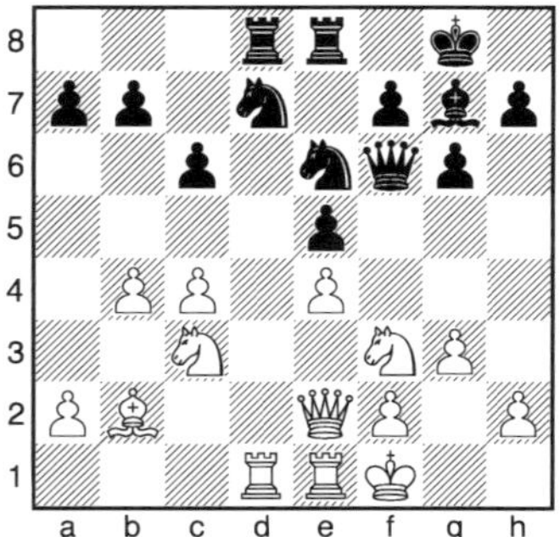

Darf der Springer e6 bereits auf sein Traumfeld vorrücken?

43

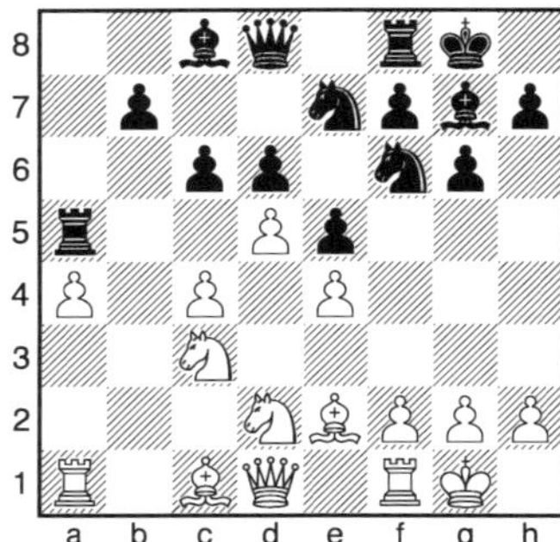

Sollte Schwarz auf geordnete Defensive oder auf Gegenangriff setzen?

44

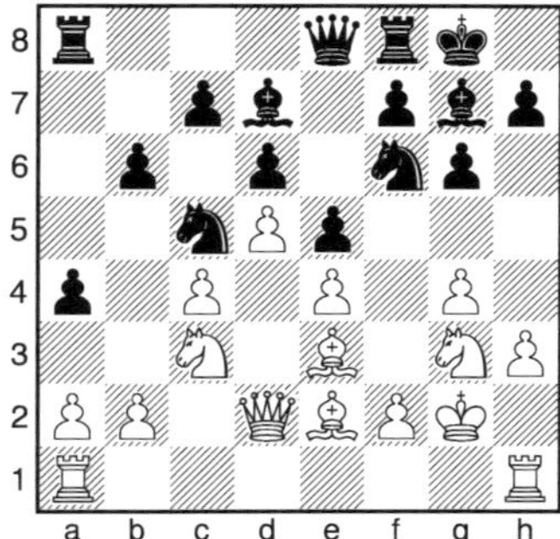

Wie hält Schwarz den Nachteil am besten in Grenzen?

Gewaltmaßnahme oder Drucksteigerung? (Lösungen ab Seite 91)

45

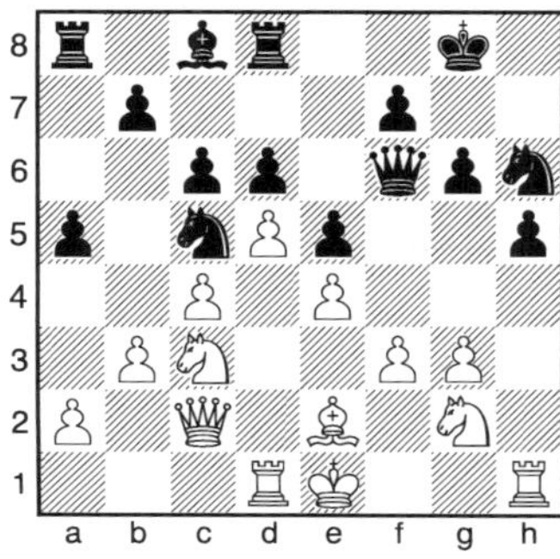

Weiß am Zug

46

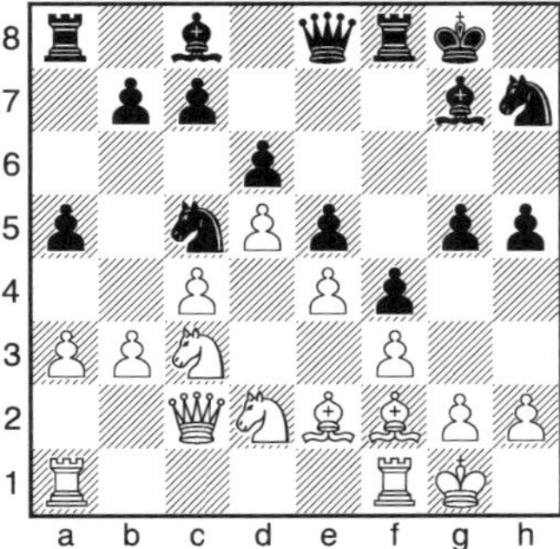

Gleich 17.b4 oder erst die Vorbereitung mit 17.♖ab1?

47

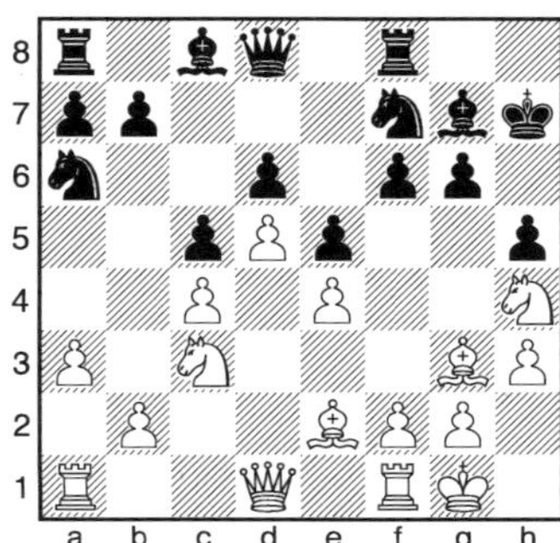

Weiß am Zug

48

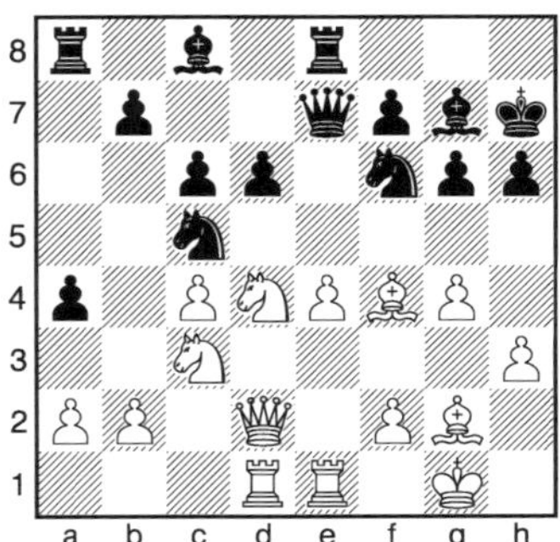

Weiß am Zug

Kandidaten (Lösungen ab Seite 96)

49

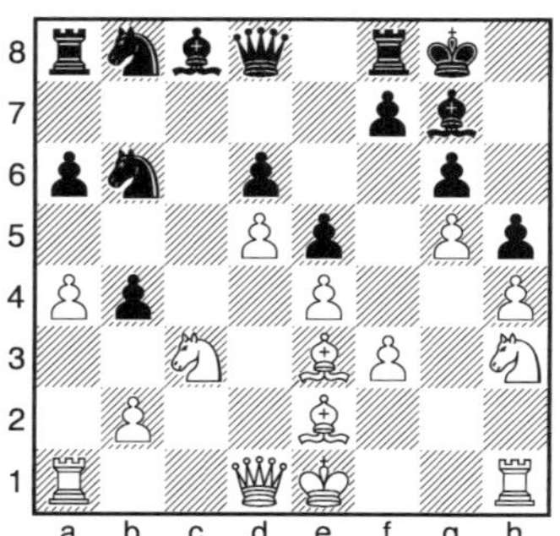

Welcher der Kandidaten 15.♘b1 oder 15.a5 verspricht mehr Vorteil?

50

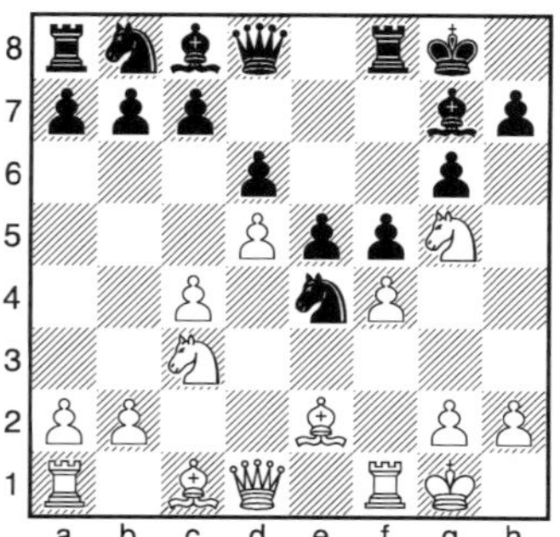

Ist ♘gxe4 und ♘cxe4 ‚Jacke wie Hose'?

51

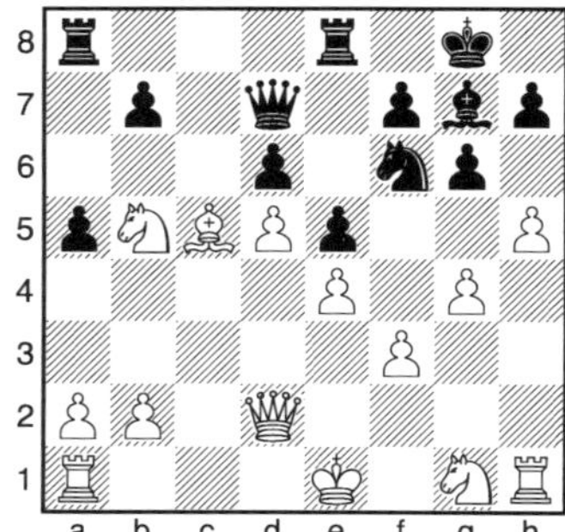

Sollte Schwarz besser auf b5 oder auf c5 schlagen?

52

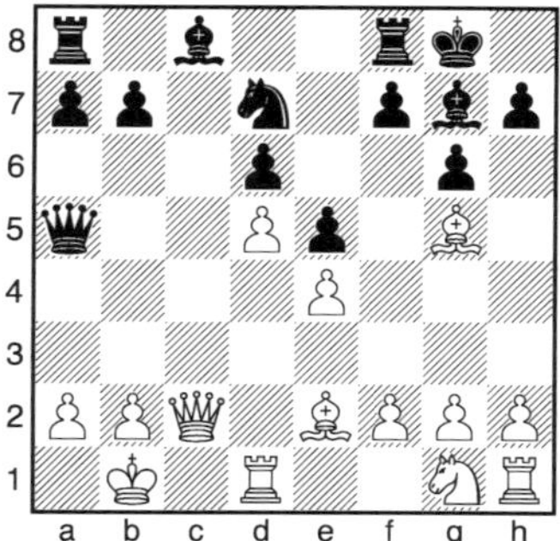

Welcher der Kandidaten 12...♘c5 oder 12...♘f6 ist stärker?

Konkrete Frage (Lösungen ab Seite 101)

53

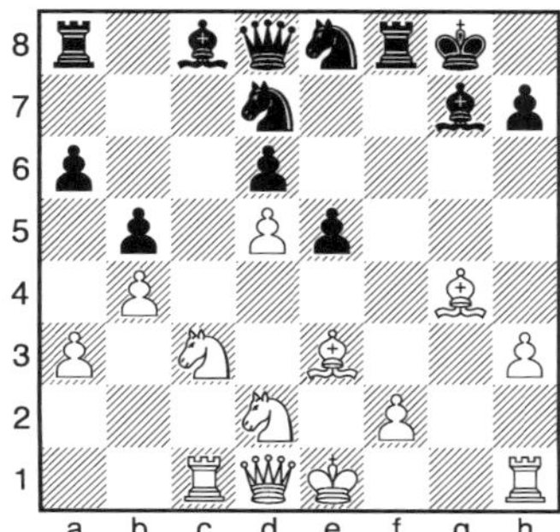

Macht ♘de4 oder ♘ce4 letztlich keinen Unterschied?

54

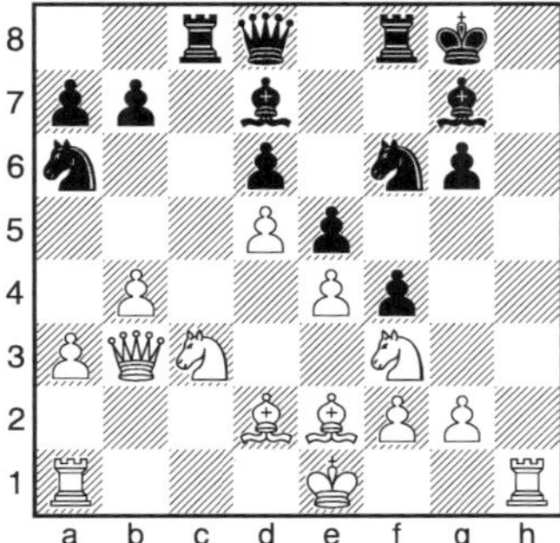

Wie kann Schwarz sich am einfachsten gleiche Chancen sichern?

55

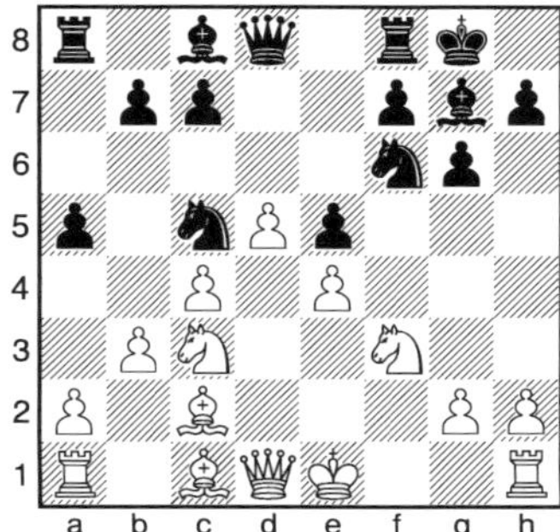

Wie kann Schwarz sich am einfachsten genügend Spielanteile sichern?

56

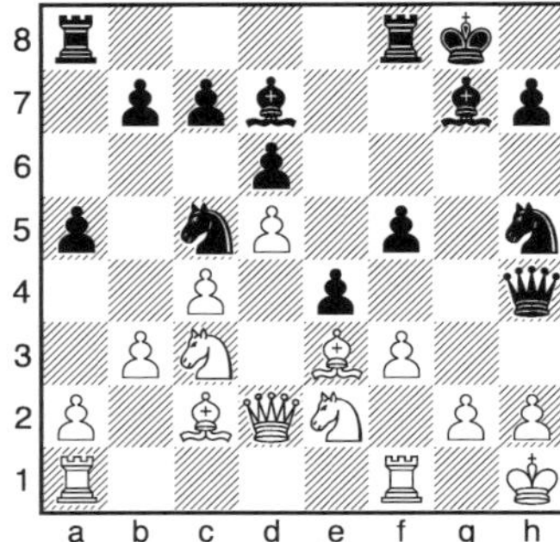

Weiß hat einen einfachen Gewinnzug. Stimmt diese Behauptung?

Einziger Zug (Lösungen ab Seite 107)

57

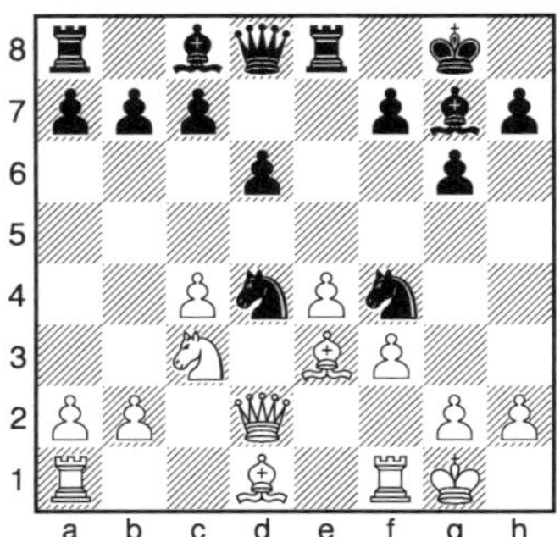

Weiß am Zug

58

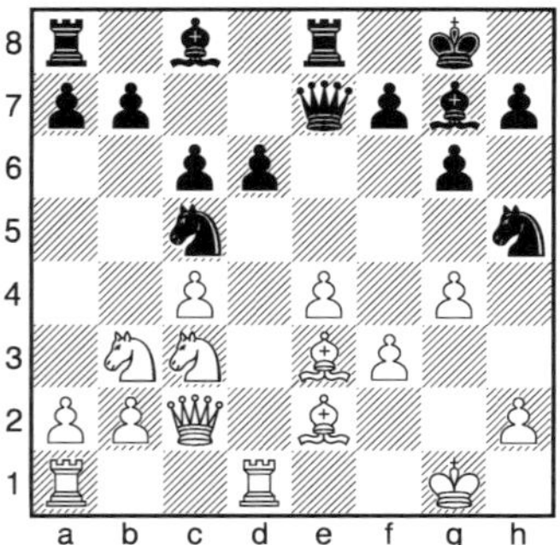

Mit welchem ‚einzigen Zug' bewahrt Schwarz das Gleichgewicht?

59

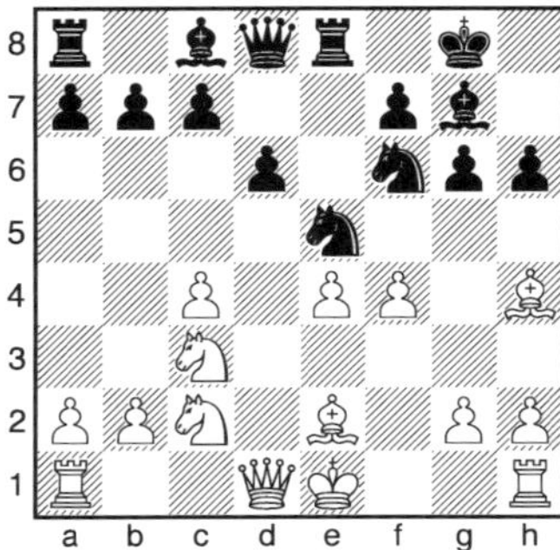

Mit welchem ‚einzigen Zug' bewahrt Schwarz das Gleichgewicht?

60

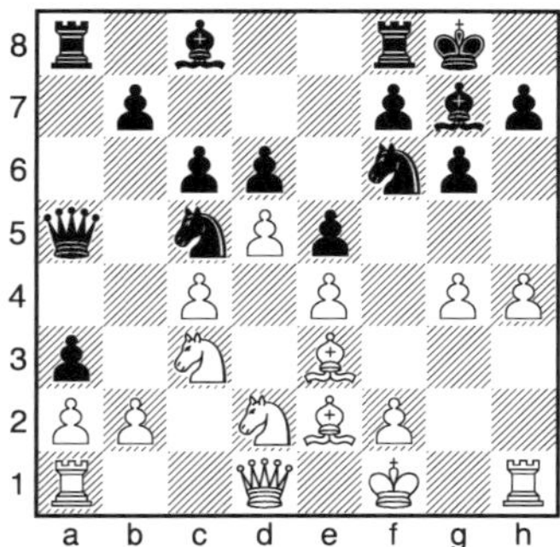

Weiß am Zug

Schnellschuss (Lösungen ab Seite 112)

61

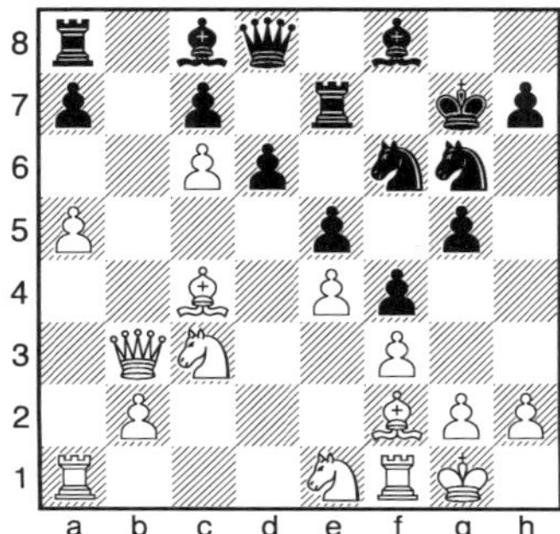

Wie kann Weiß augenblicklich einen entscheidenden Fortschritt erzielen?

62

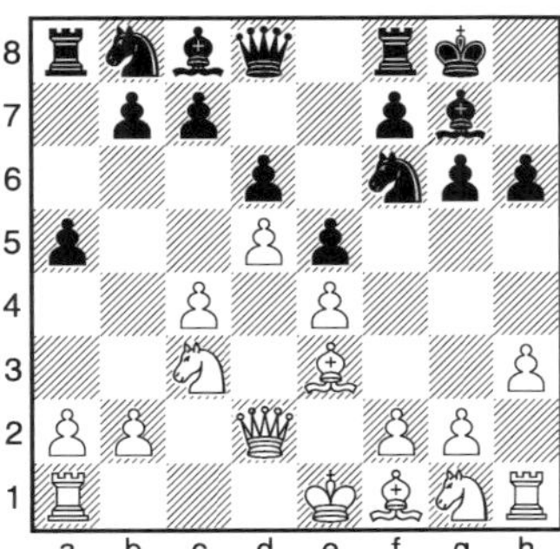

Würde 9...♘a6 einen Bauern einstellen?

63

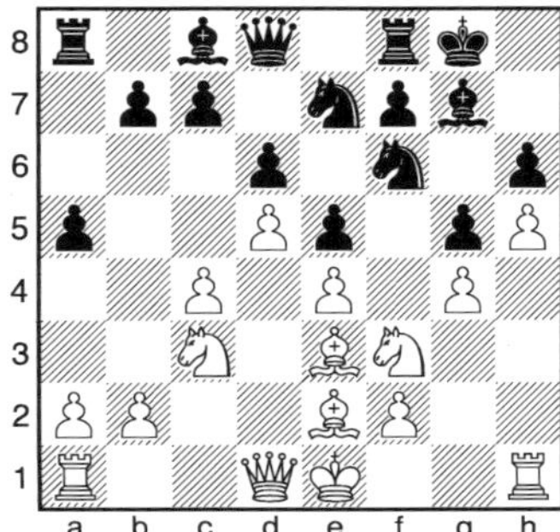

Steht Weiß ein vielversprechender Opferangriff zur Verfügung?

64

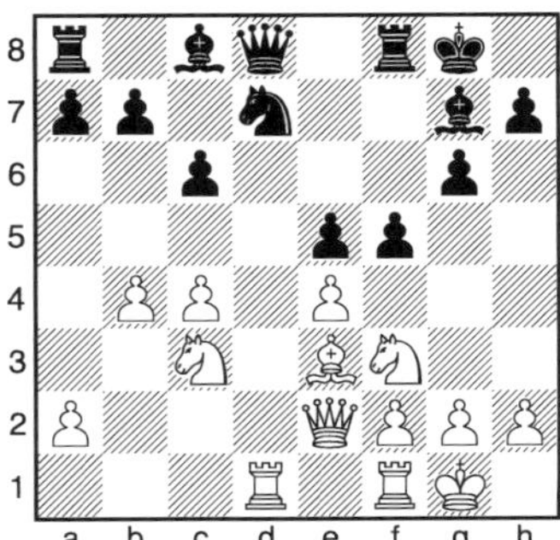

Wie kann Weiß mit einfachen Mitteln in Vorteil kommen?

Konkrete Frage (Lösungen ab Seite 114)

65

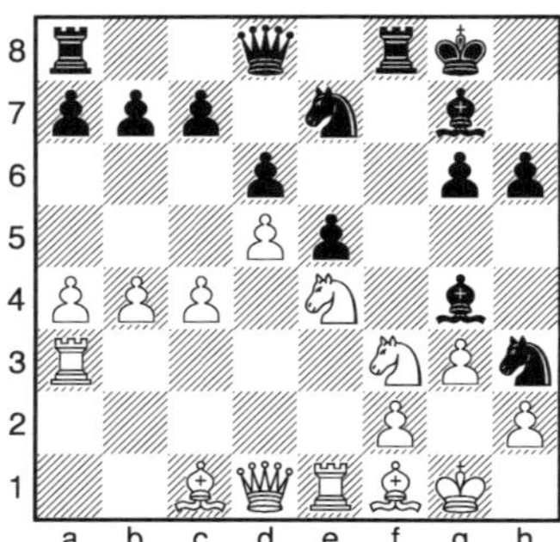

Warum gerät Schwarz nach 15...♘h3+ in bedeutenden Nachteil?

66

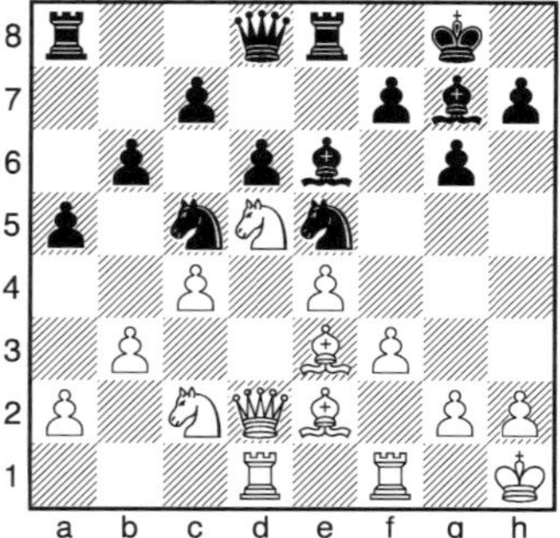

Wie kann Schwarz am besten um Ausgleich kämpfen?

67

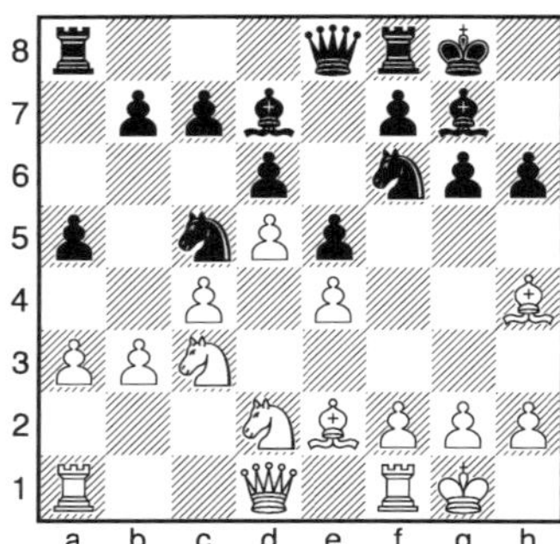

Wie kann Schwarz am einfachsten ausgleichen?

68

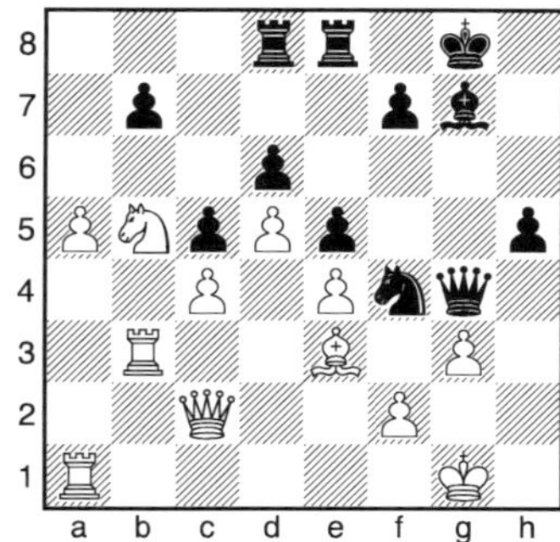

Sollte Weiß einen Angriffs- oder einen Verteidigungszug wählen?

Kandidaten (Lösungen ab Seite 120)

69

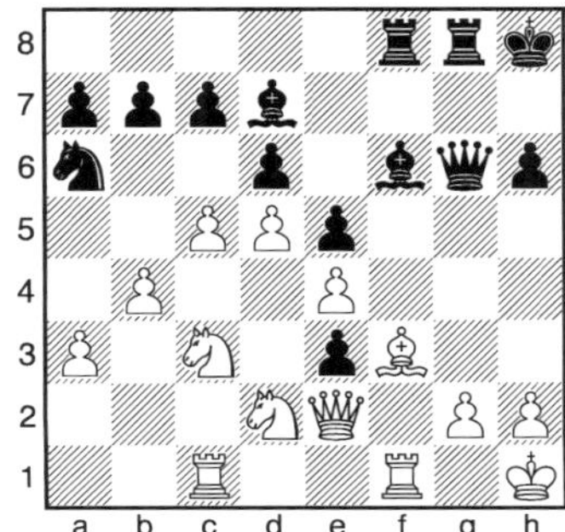

Welcher der Züge ♕xe3, ♘b3, ♘c4 ist am besten – und welcher am schlechtesten?

70

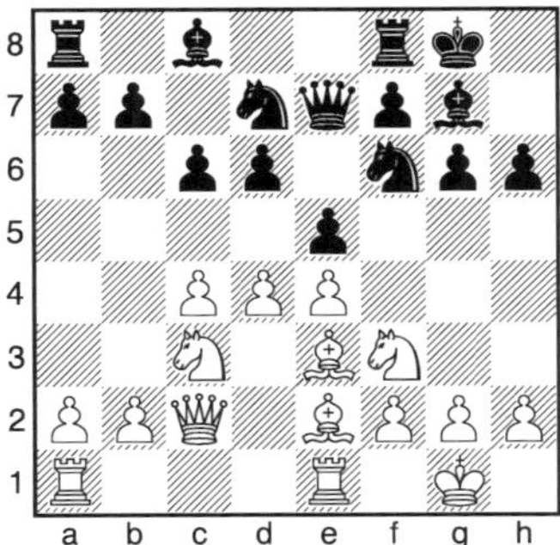

Welcher der Züge 11.h3, 11.d5, 11.♖ad1 führt zu großen Problemen für Weiß?

71

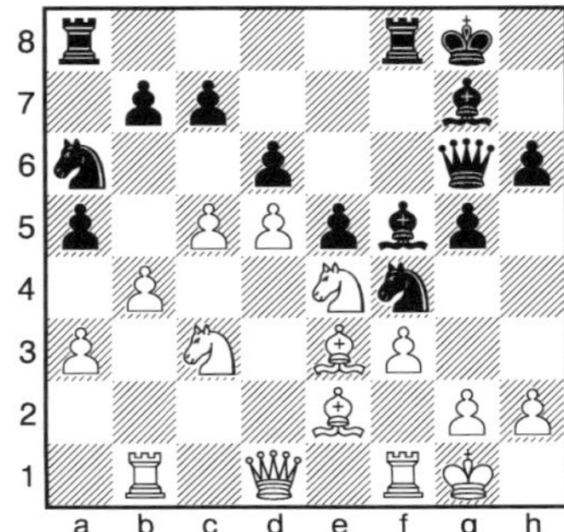

Wie kann Weiß eine vorteilhafte Stellungsklärung erzwingen?

72

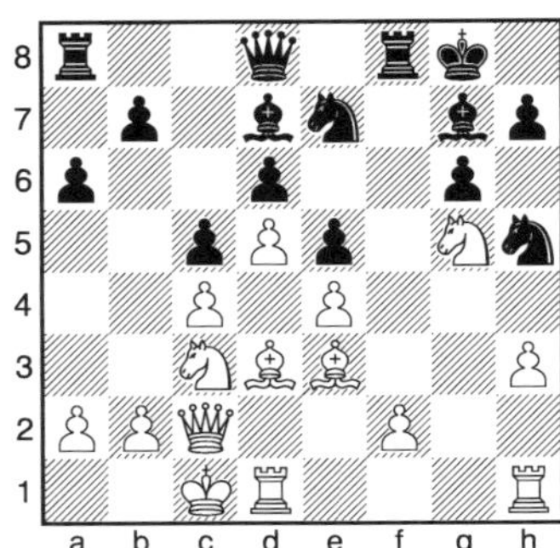

Sollte die weißfeldrige Strategie mit 15.♘e6 oder 15.♗e2 fortgesetzt werden?

Wie schmeckt eigentlich ... (Lösungen ab Seite 124)

73

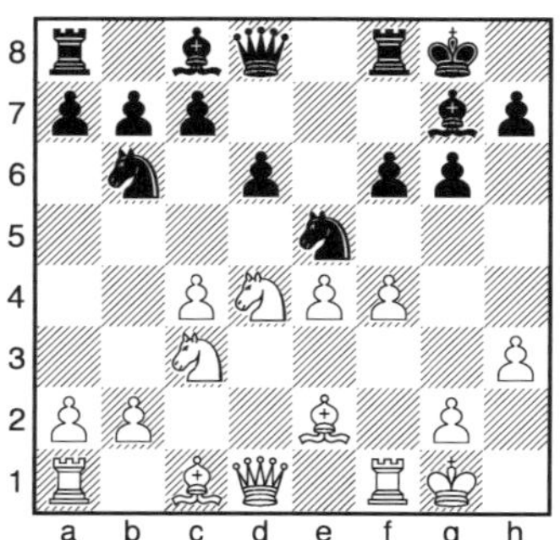

... der Bauer c4?

74

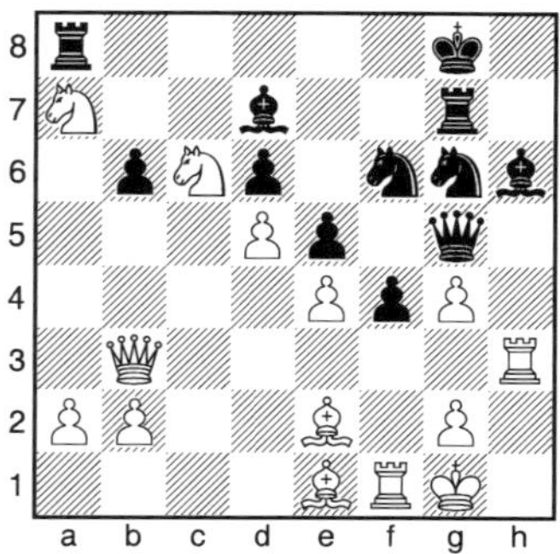

... der Bauer b6?

75

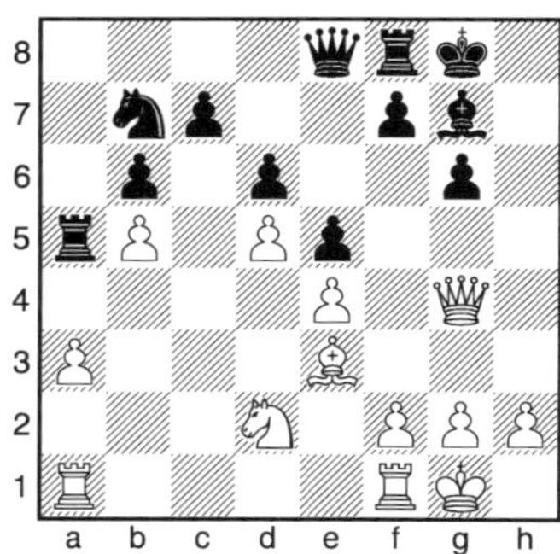

... der Bauer b5?

76

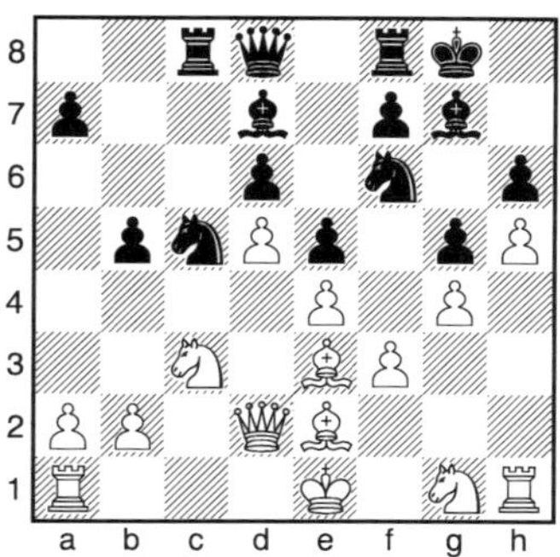

... der Bauer b5?

Konkrete Frage (Lösungen ab Seite 130)

77

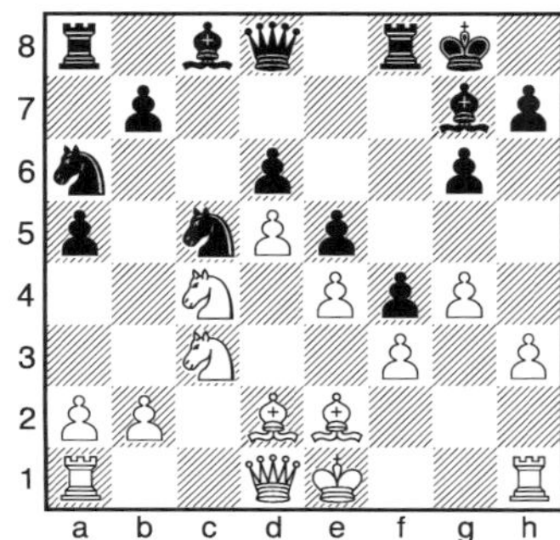

Wie kann Schwarz am wirksamsten um die Initiative kämpfen?

78

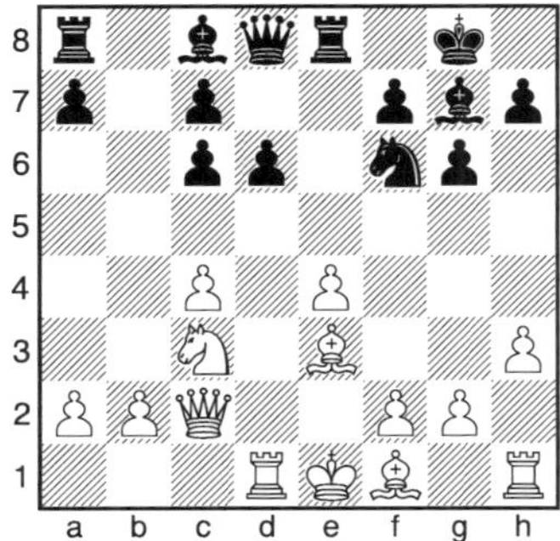

Wie kann Schwarz am wirksamsten um die Initiative kämpfen?

79

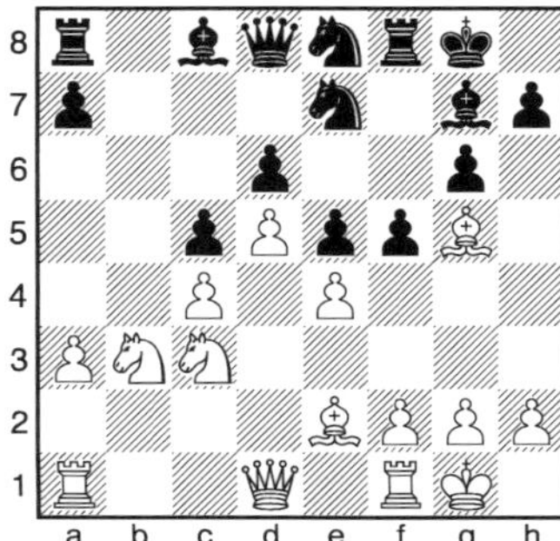

Warum führte der Partiezug 14...♘f6 zu beträchtlichem Nachteil?

80

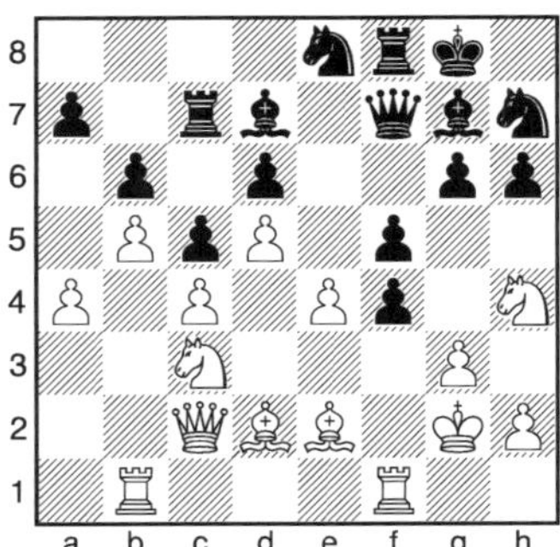

Wie holt Weiß am meisten aus seiner vorteilhaften Stellung heraus?

Abstiegskandidat (Lösungen ab Seite 136)

81

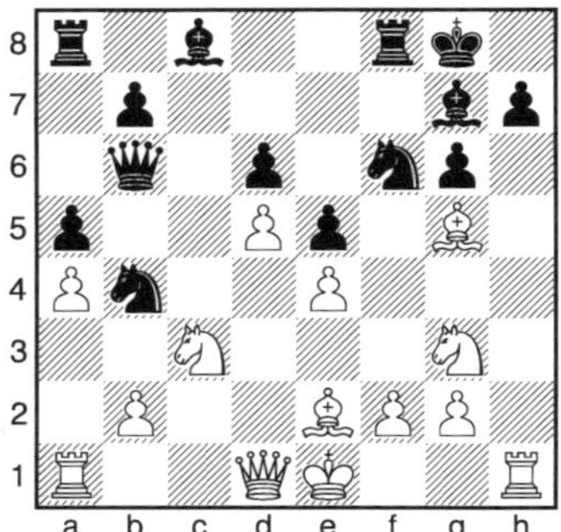

Welcher der Züge 15.♕d2, 15.♗e3, 15.0-0 ist deutlich schlechter als die anderen?

82

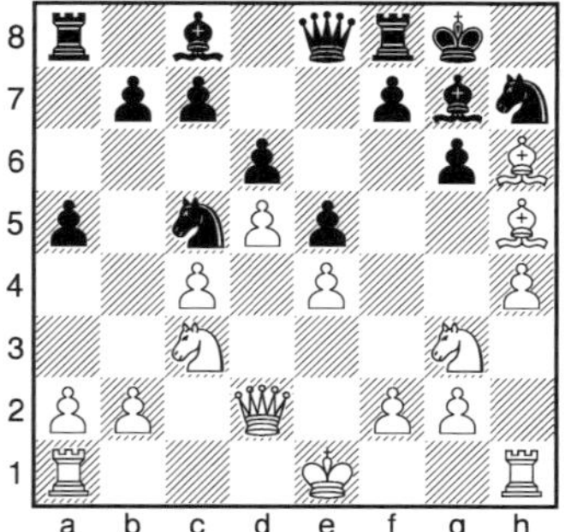

Zwei der Züge 13...gxh5, 13...♘f6, 13...♘d3+, 13...f5 scheiden komplett aus.

83

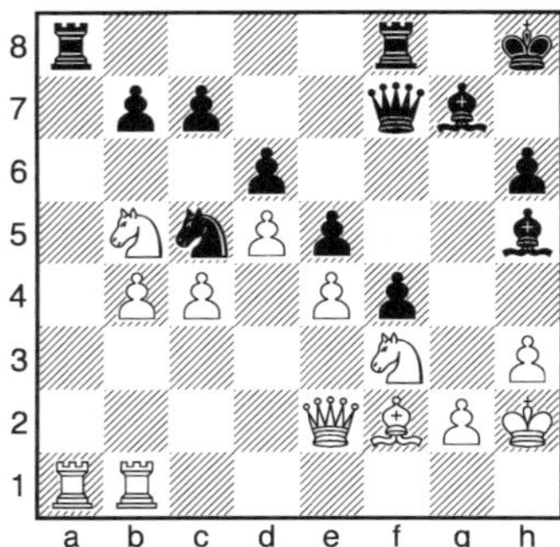

Warum wäre ♘a6 ein Abstiegskandidat?
Was ist deutlich besser?

84

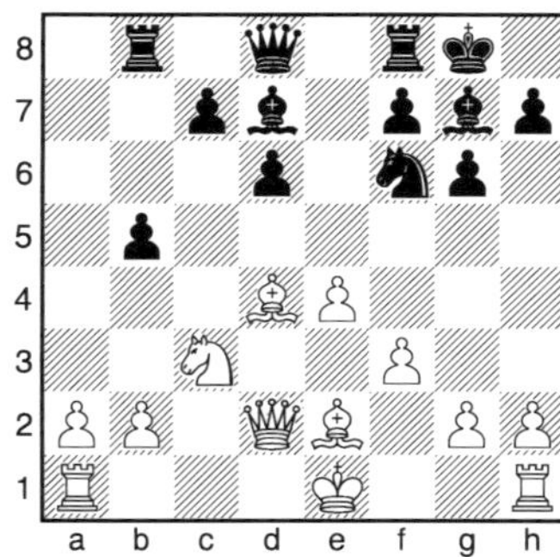

Welcher der Züge 15.♘d5, 15.a3, 15.b4, 15.0–0 führt zum Verlust?

Konkrete Frage (Lösungen ab Seite 140)

85

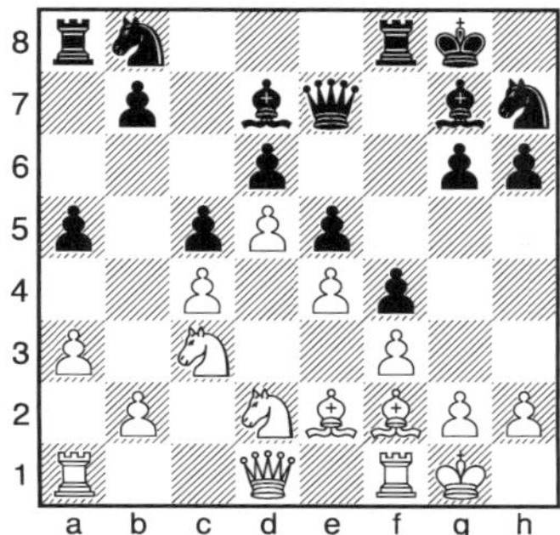

Wie kann Weiß die Initiative an sich reißen?

86

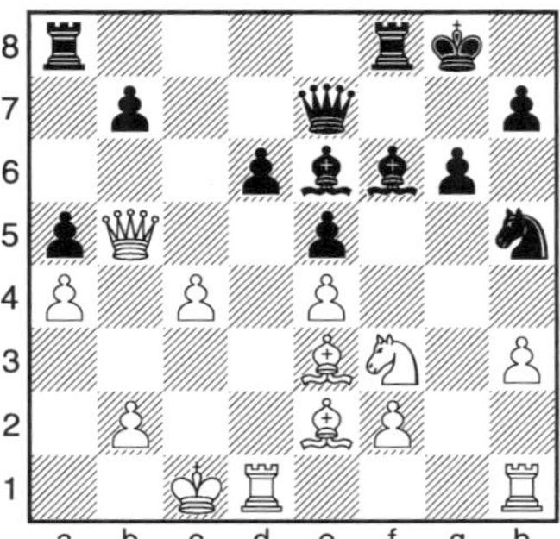

Wie durchkreuzt Weiß die gegnerischen Angriffspläne am Damenflügel?

87

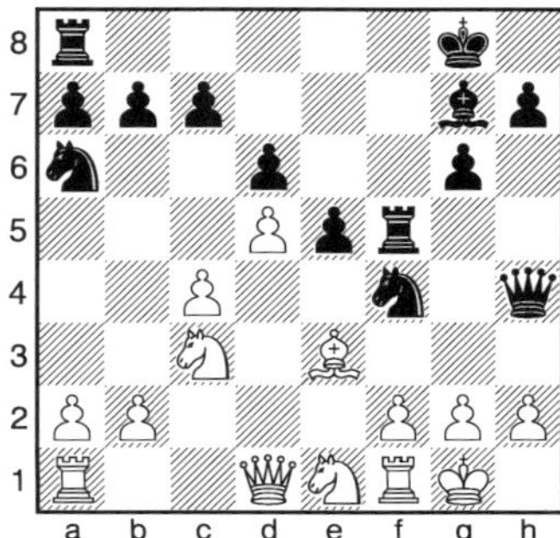

Welche Seite behält nach 14.g3 die Nase vorn?

88

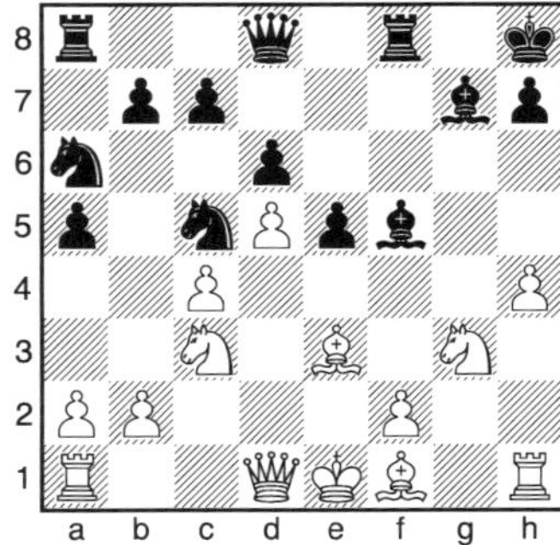

Wie holt Schwarz am meisten aus seiner aktiven Stellung heraus?

Kandidaten (Lösungen ab Seite 147)

89

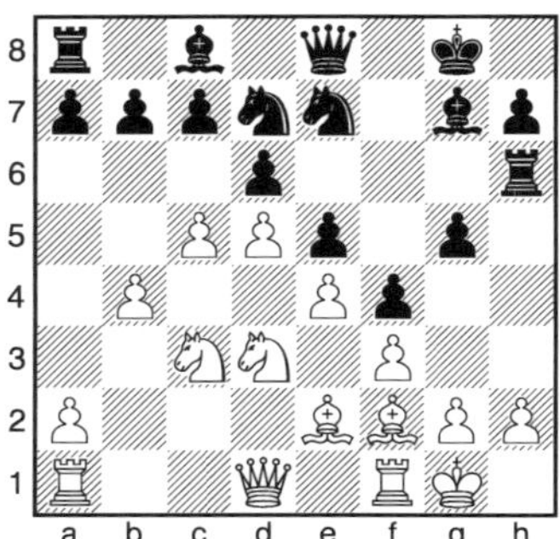

Nach welchem der Züge g4, ♘b5, ♗e1 kann Weiß auf Vorteil hoffen?

90

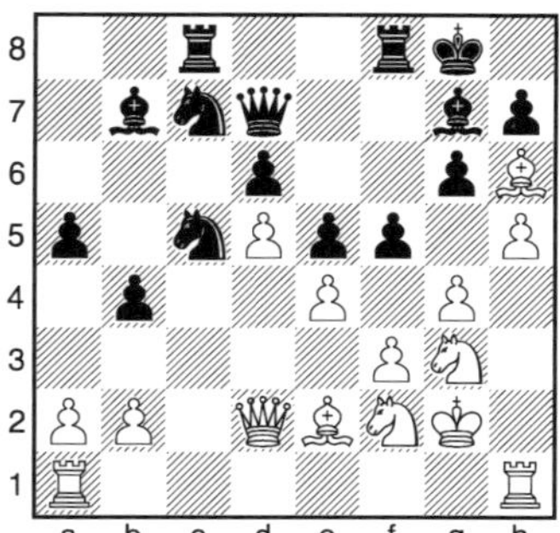

Welcher der Züge 21...fxe4, 21...f4, 21...♗xh6 ist deutlich am besten?

91

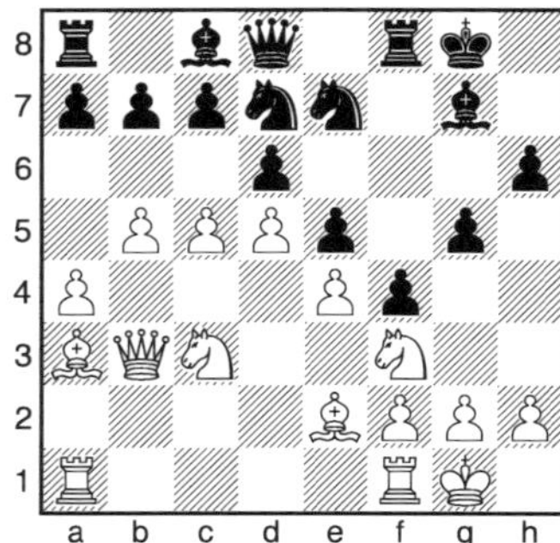

Mit welchem der Züge 14...♘f6 oder 14...g4 ist großer Nachteil zu vermeiden?

Scherzartikel (Lösungen ab Seite 153)

92

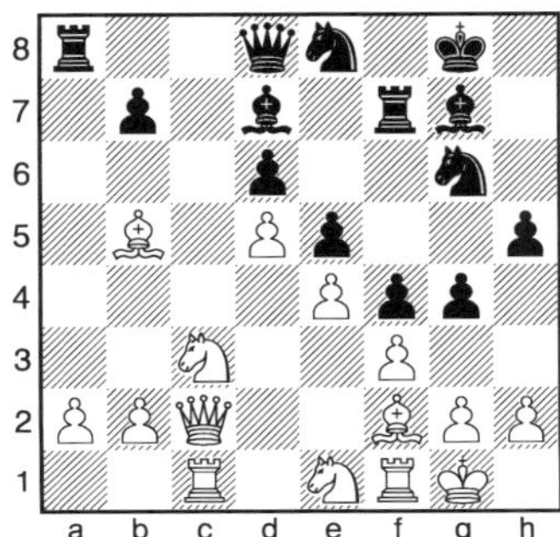

Der letzte Zug 21.♗b5 war zwar positionell einwandfrei – allerdings ...

93

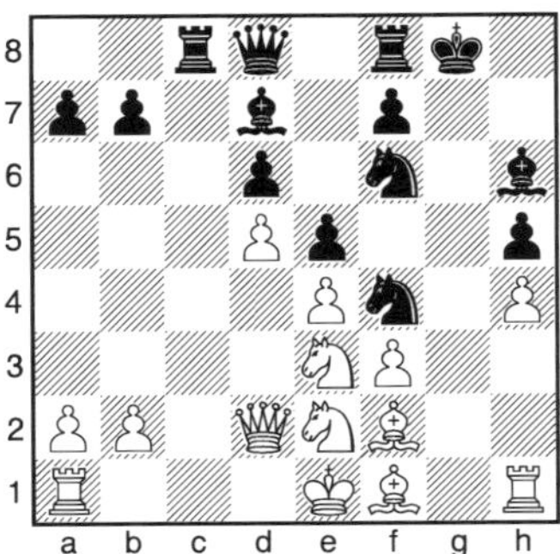

Wie würde ein halbwegs brauchbarer Computer die weiße Festung knacken?

94

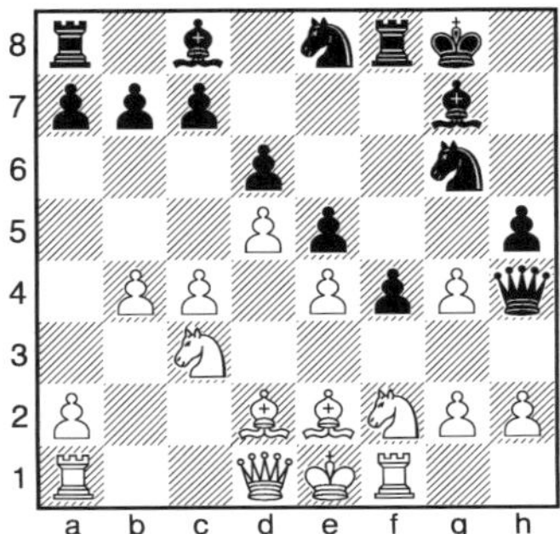

Der Bauer h2 ist absolut unbekömmlich – oder?

Gewaltmaßnahme oder Drucksteigerung? (Lösungen ab Seite 158)

95

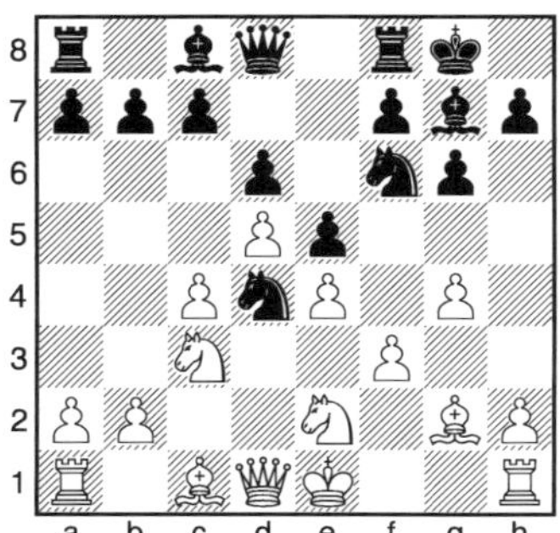

Schwarz am Zug

96

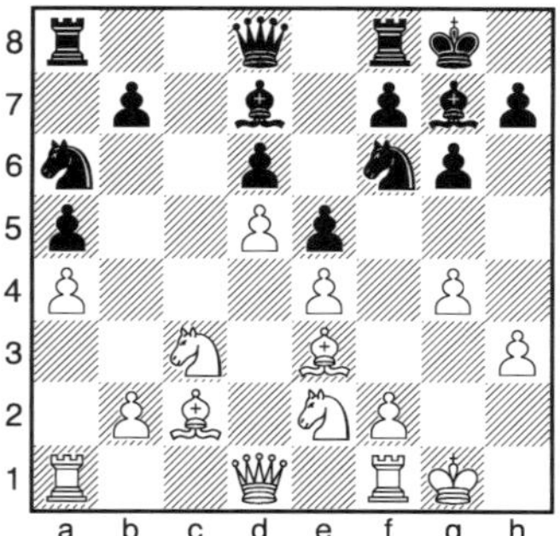

Schwarz am Zug

97

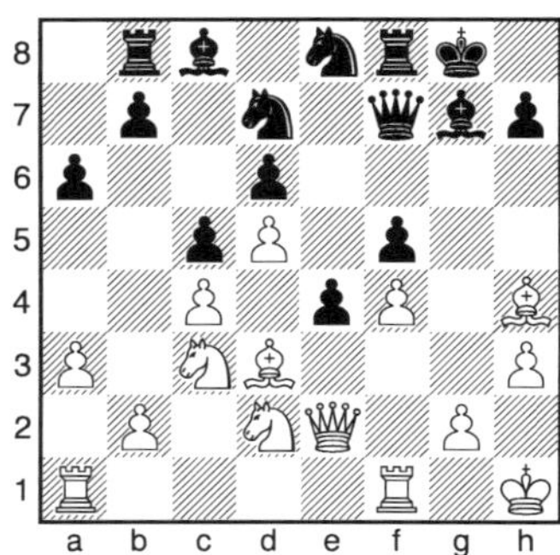

Weiß am Zug

Diverses (Lösungen ab Seite 162)

98

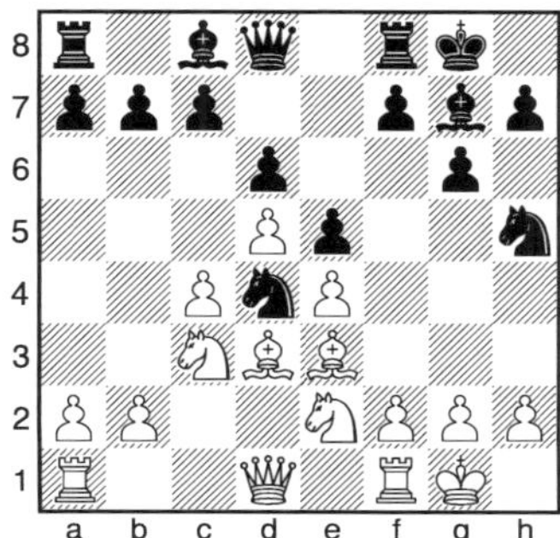

Kann Weiß einen Bauern gewinnen?

99

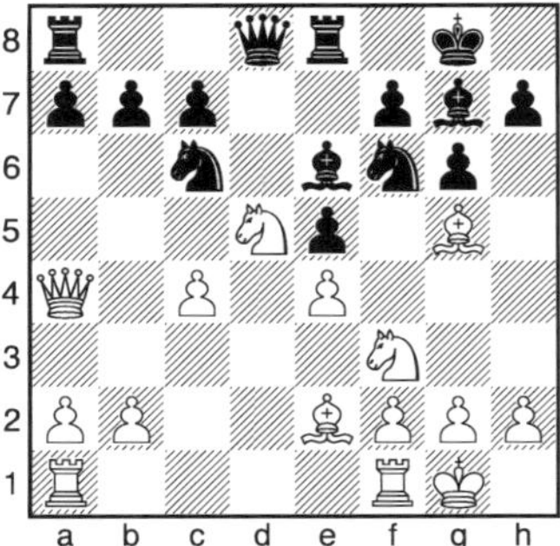

Wie geht Schwarz am besten mit der Fesselung des Springers f6 um?

100

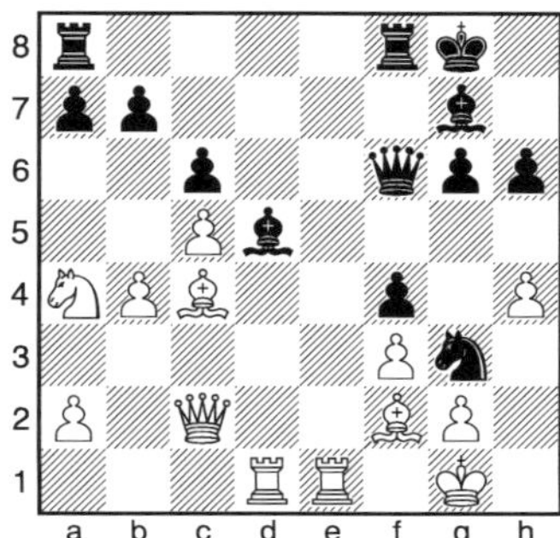

Mit welchen beiden Zügen kann Weiß auf Gewinn spielen?

Lösungen

1

Hansen – Kunze

Deutschland 1999

1.c4 ♘f6 2.♘c3 g6 3.g3 ♗g7 4.♗g2 0-0 5.d4 d6 6.♘f3 ♘bd7 7.0-0 e5 8.e4 c6 9.h3 exd4 10.♘xd4 ♖e8 11.b3 ♘c5 12.♖e1 ♕b6 13.♗e3 a5 14.♖b1 ♕b4

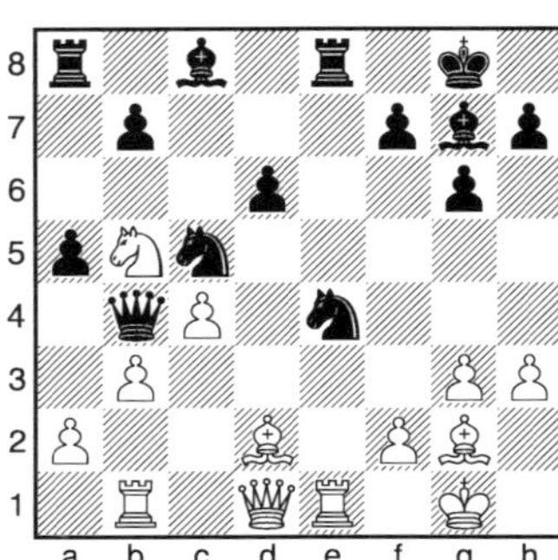

In ohnehin schwieriger Stellung hat Schwarz mit dem pseudo-aktiven Vordringen der Dame Geister heraufbeschworen, derer er nach der pointierten Antwort nicht mehr Herr zu werden vermag.

15.♘db5!

Dieses Sperropfer (welches übrigens auch in der Version 15.♘cb5! funktioniert) schneidet der vorwitzigen Dame nicht nur den Rückweg nach b6 ab, sondern verwehrt ihr auch die Notlösung ♕a3; außerdem droht offenbar 16.a3.

15...cxb5?

Wie so oft findet man unter Schock nicht die beste Verteidigung, die hier in 15...♘cxe4 16.♘xe4 ♘xe4 Δ17.a3 (⌓17.♘c7 Δ17...♘c3 18.♗d2!+-) 17...♕xe1+ 18.♕xe1 cxb5 19.cxb5 mit zunächst nur tendenzieller Gewinnstellung bestanden hätte.

16.♘xb5 Δa3 16...♘fxe4 17.a3!

Hier könnte Weiß sich die Sache mit 17.♗d2?? zu einfach machen.

Denn nach der Sicherungsmaßnahme für die Grundreihe 17...♗g4! und der forcierten Folge18.♗xb4 ♗xd1 19.♗xc5 dxc5 oder 19...♗c2 bliebe ihm nur ein geringer Restvorteil.

17...♕xb5

Nach 17...♘c3 führt 18.♗d2 die Liste der Gewinnzüge an.

18.cxb5 ♘c3 19.♗xc5

2

Alber – Müller L.

Deutschland 2022

1.d4 ♘f6 2.c4 g6 3.♘c3 ♗g7 4.e4 d6 5.♘f3 0-0 6.♗e2 e5 7.0-0 ♘c6 8.d5 ♘e7 9.b4 a5 10.bxa5 ♖xa5 11.♘d2 b6 12.♘b3 ♖a8 13.a4 ♘e8 14.♗e3 f5 15.f3 ♔h8 16.a5 bxa5 17.c5

Mit seinem vorübergehenden Bauernopfer hat Weiß auf den Vorstoß des c-Bauern und somit auf maximale Linienöffnung an seinem Spielflügel abgezielt, bevor der Gegner an dem seinen überhaupt irgendetwas unternehmen kann, was im weitesten Sinne als Angriffsmaßnahme bezeichnet werden könnte. Entsprechend versteht es sich von selbst, dass Schwarz äußerst präzise reagieren muss und sich kein Schablonenspiel zuschulden kommen lassen darf.

1) In der Partie traf Schwarz mit **17...♘g8?** eine denkbar ungünstige Entscheidung. Denn einerseits ist an Gegenspiel noch nicht zu denken und andererseits stand der Springer im Zentrum genau richtig, um die effektivste Verteidigung zu bewerkstelligen (siehe 2).

18.♕d2?

Offenbar hielt Weiß es für wichtig, die Aktivierung des schlechten königsindischen Läufers über h6 zu verhindern. Dabei wäre diese bei konsequenter Fortsetzung des Spiels am Damenflügel ohnehin nicht infrage gekommen; z.B. 18.♘xa5? Δ18...♗h6? (⌓18...fxe4) 19.♗xh6 ♘xh6 20.♕d2 ♕h4 und nach diesem offenbar einzigen Zug gegen die Doppeldrohung ♕xh6 und ♘c6 gibt es für die weiße Damenflügelaktion kein Halten mehr.

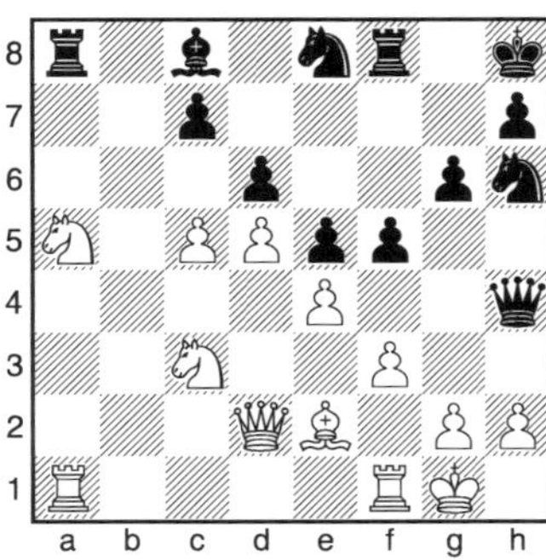

21.g3 ♕h3 22.♘c4 ♖xa1 23.♖xa1+− Δ23...f4 24.gxf4! (24.♗f1) 24...exf4 (24...♖xf4 25.♖a8) 25.cxd6 cxd6 26.♘b5 usw.

18...♘gf6?

Statt das Spiel mit 18...fxe4 oder auch 18...a4!? halbwegs auszugleichen, räumt Schwarz seinem Gegner die Möglichkeit ein, sein vorangegangenes Versäumnis wiedergutzumachen.

19.♘xa5+−

2) Wie bereits erwähnt, ermöglichte gerade die Anwesenheit des Springers auf e7 das kräftige Konterspiel **17...c6!**∞.

– Schlecht wäre der Schablonenzug 17...f4?, denn nach 18.♗f2 bliebe Schwarz auf Dauer ohne Gegenspiel am Königsflügel und auch 18...c6 19.dxc6 ♘xc6 20.♗c4±; 20.♗b5 käme nunmehr zu spät.

– Beachtung verdient hingegen auch die Abtauschfolge 17...fxe4!? 18.fxe4 ♖xf1+ 19.♕xf1 (19.♗xf1 c6!∞) 19...dxc5 Δ♘d6, denn nach 20.♘xa5 wäre der weiße Minimalvorteil kaum der Rede wert.

18.dxc6

Die Zugumstellung 18.cxd6 ♘xd6 19.dxc6 ♘xc6 20.♗c5 usw. macht keinen Unterschied.

18...♘xc6 Δ19.cxd6 ♘xd6 20.♗c5

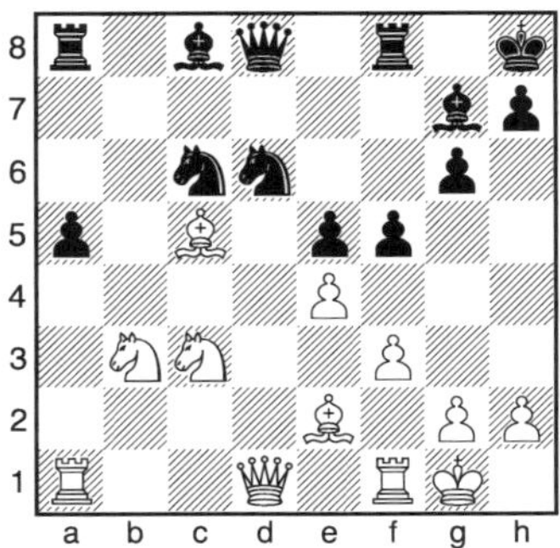

Diese Stellung sieht auf den ersten Blick tatsächlich bedenklich aus, jedoch verfügt Schwarz sogar über *zwei* ausreichende Defensivansätze.

a) Nach **20...♘d4!? 21.♘xd4 exd4 22.♗xd4 fxe4 23.♗xg7+ ♔xg7** könnte sich die Königsstellung eventuell noch als problematisch erweisen.

b) Hingegen zeigt sich nach **20...♗e6! 21.♕xd6 ♕xd6 22.♗xd6 ♗xb3 23.♗xf8 ♗xf8**⩲ eins der Geheimnisse im Königsinder.

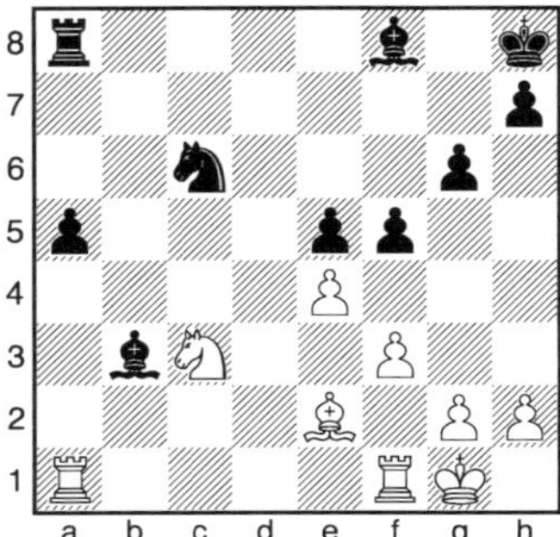

Wenn der schlechte Läufer nach Verschwinden seines Gegenspielers ins Freie gelangt, ist er häufig sogar eine Qualität wert. Auch kommt im gegebenen Fall selbstverständlich noch der schwer zu bremsende Freibauer hinzu.

3

Hlavac – Holly

Slowakei 2022

1.d4 ♘f6 2.c4 g6 3.♘c3 ♗g7 4.e4 d6 5.♗e2 0-0 6.♗e3 e5 7.d5 ♘bd7 8.g4 ♘c5 9.f3 a5 10.h4 h5 11.g5 ♘e8 12.♘h3 ♕e7 13.♕d2 ♗d7 14.♘f2 c6 15.0-0-0 b6 16.dxc6 ♗xc6 17.♘d5 ♗xd5 18.♕xd5 ♖c8 19.♔b1 ♕d7 20.f4 exf4 21.♗xf4 ♖c6 22.♗g3 ♘c7 23.♕d2 ♘a4 24.e5

Der Vorstoß des e-Bauern geschah eher der Not gehorchend, um den massiven Druck auf der langen schwarzen Diagonale abzuschütteln. Sollte Schwarz nun beschließen, die taktischen Begleitumstände zur Eroberung dieses Bauern zu nutzen, so muss ausreichend berücksichtigt werden, dass außer dem Feld e4 auch die lange *weiße* Diagonale geräumt wurde, wozu sich u.U. auch noch die e-Linie gesellen könnte.

1) In der Partie griff Schwarz mit **24...♗xe5?? 25.♗xe5 ♕f5+** zu – offenbar in dem Glauben, sein konsequentes Druckspiel am Damenflügel habe quasi folgerichtig zu Materialgewinn ‚an anderer Stelle' geführt.

a) Tatsächlich kam er nach dem von Hause aus suspekten Widerlegungsversuch **26.♘d3??** und der Folge **26...dxe5 27.♖hf1 ♕e6 28.b3 ♘c5**∞ ungeschoren davon – bzw. erhielt nach Fortführung der Fehlkombination mit **29.♖f6?? ♘e4** sogar eine Gewinnstellung.

Korrekt war 29.♘xc5 bxc5 30.♕xa5; 29...♖xc5 30.♖f6 mit verteilten Chancen.

b) Ebenso verfehlt wäre **26.♕c2??** gewesen, denn nach **26...♕xc2+ 27.♔xc2 dxe5 28.b3 ♘c5 29.♗f3 ♖e6 30.♘e4** hätte Weiß nicht mehr als üppige Kompensation vorzuweisen gehabt.

c) Hingegen hätte sich nach **26.♗d3 ♕xe5 27.♘e4**+– Δ**27...♘e8 28.♖he1 ...**

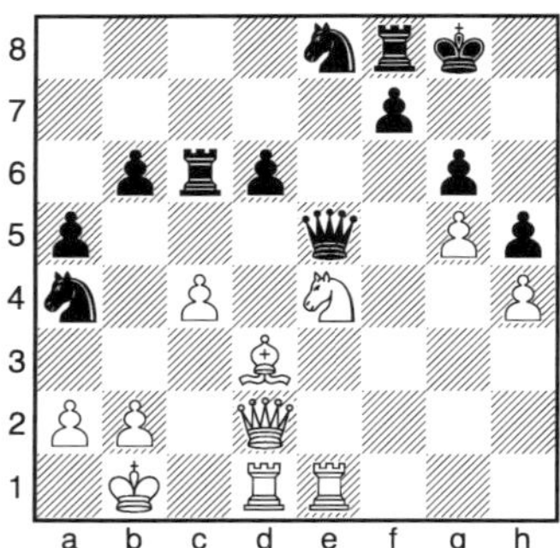

... die Bedeutung der geräumten Linien und Felder gezeigt.

2) Mit dem kräftigen Konter **24...b5!**∞ (24...♖b8!? Δb5) hätte Schwarz darauf hinweisen können, dass der Bauer e5 wegen der Bedrohung des neuralgischen Punkts b2 seinerseits gefesselt ist.

a) So hätte **25.exd6??** nach **25...♘a6!! 26.cxb5 ♘b4! 27.bxc6** ...

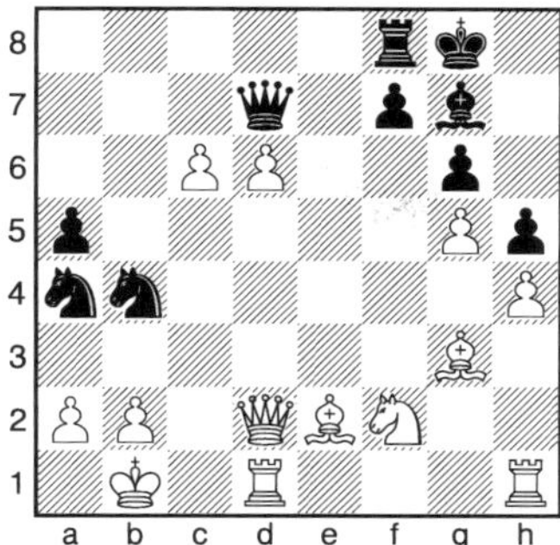

... und dem trügerisch stillen Zug **27...♕e6–+** auf spektakuläre Weise zum Verlust geführt.

b) Und nach **25.cxb5 ♖b6** Δ♘xb5 wäre es der Schwarze gewesen, der sich an üppiger Kompensation hätte erfreuen können.

4

Najgebauer – Manik

Slowakei 2022

1.d4 ♘f6 2.♘f3 g6 3.c4 ♗g7 4.♘c3 0-0 5.e4 d6 6.♗e2 e5 7.0-0 ♗g4 8.♗e3 ♗xf3 9.♗xf3 exd4 10.♗xd4 ♘c6 11.♗e3 ♘d7 12.♕d2 ♖e8 13.♖ad1 ♘c5

In Stellungen dieser Art (die mit dem Bauern auf c2 auch häufig in der Pirc-Verteidigung anzutreffen sind), ist die Deckung des Bauern e4 mit dem Läufer oft unpraktisch, weil dieser von einem Springer auf e5 belästigt werden kann. Da die Eroberung dieses Bauern jedoch nur unter Aufgabe des königsindischen Läufers machbar wäre, könnte Weiß auch über ein auf einem Bauernopfer beruhendes Konzept nachdenken, um danach sein ‚Läuferpaar absolut' kräftig zur Geltung zu bringen.

I) Nach dem unachtsamen Partiezug **14.♗g5?** und dem Zwischentausch **14...♗xc3 15.bxc3** hätte **15...♕d7∓** zu deutlichem weißem *Nachteil* geführt.

II) Auf den direkten Opferansatz **14.♗h6 ♗xc3 15.♕xc3** kann Schwarz mit dem multifunktionalen Zug **16...♘e5!** ...

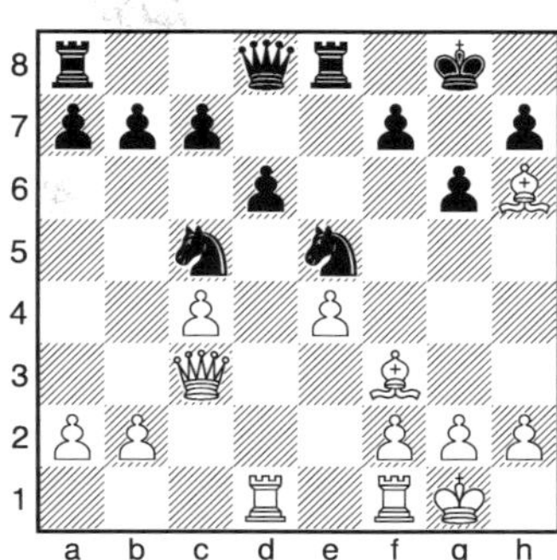

... nicht nur das Matt verhindern, sondern ganz nebenbei auch noch das positionelle Gleichgewicht wahren. Denn nach 17.♗e2?! ♘xe4 18.♕c2 ♕h4∓ könnte Weiß sogar in Nachteil geraten.

III) Die subtile Pointe der vorbeugenden Maßnahme **14.g3!** besteht also darin, dass Schwarz eine ausreichende Verteidigung gegen die nunmehr bestehende Drohung ♗h6 finden muss.

A) Zunächst würde nach der Nichtannahme des Opferangebots mit beispielsweise **14...a5** der weiße Plan **15.♗h6!** funktionieren; z.B. **15...♗xc3**

Nach 15...♘e5 kann der Läufer mit 16.♗e2± zurückweichen, weil der Bauer e4 nicht mehr gefährdet ist.

16.♕xc3 f6

Nach 16...♘e5?! erfolgt der geplante Rückzug 17.♗g2± mit bereits größerem Vorteil.

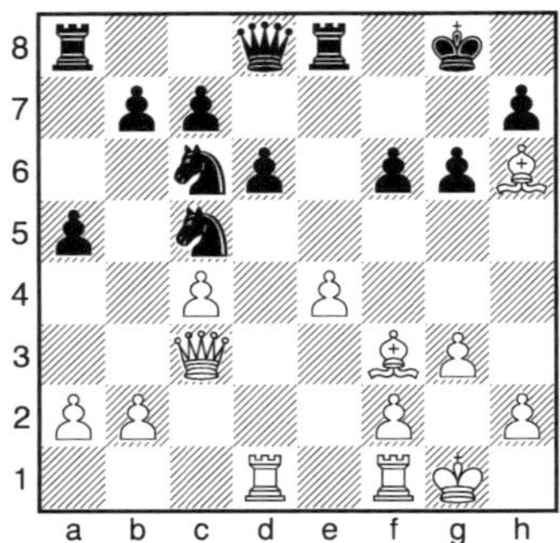

Und jetzt wartet Weiß speziell zum Wohl seiner Läufer mit dem lehrbuchmäßigen Räumungsopfer **17.e5!!** auf.

1) 17...fxe5?? 18.♗d5+ ♔h8 19.f4+−; 18...♘e6 19.f4

2) 17...♖xe5?? 18.♗d5+ ♔h8 19.f4+− Δ19...♖h5 20.♗g5; 19...♖e8 20.♖de1

3) 17...♘xe5 18.♗d5+

a) 18...♘e6?? 19.♖de1+−

b) 18...♘f7?? 19.♗e3+− Δ19...♕e7 20.♗xc5 dxc5 21.♖fe1; 21.♗xb7

c) 18...♔h8 19.♗e3±

B) Und nach sofort **14...♗xc3** und der Folge **15.♕xc3 ♘xe4** (15...♕e7 16.♖fe1) **16.♗xe4 ♖xe4 17.♗h6** ergibt sich folgendes Bild.

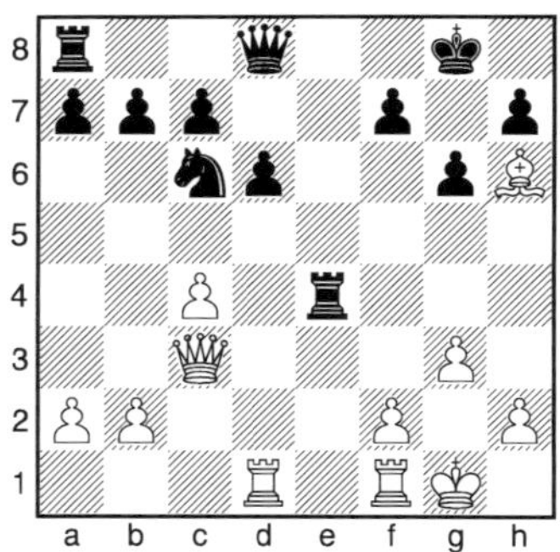

1) 17...♘e5?? 18.f4+− Δ18...♖xc4 19.♕b3

2) 17...f6 18.♕b3∓ Δ18...♘a5?! (⌓18...♕d7) 19.♕d3 ♖e5 20.♗f4 ♖f5 21.c5!± Δ21...d5 22.♕e3 Δg4

a) 22...h5 23.h3

b) 22...♕d7 23.g4 ♖e8 24.♕f3

c) 22...♘c4 23.♕e6+ ♔g7 24.♖fe1 Δ24...♘xb2 25.♖d4 Δg4

5

Farago – Berg

Tastrup 1990

1.d4 ♘f6 2.c4 g6 3.♘c3 ♗g7 4.e4 d6 5.♗e2 0-0 6.♗g5 ♘bd7 7.♕d2 c6 8.♘f3 e5 9.0-0 exd4 10.♘xd4 ♘c5

1) In der Partie übersah Weiß bei seiner Wahl **11.f3?**, dass mit **11...♘fxe4!** die Überlastung seiner Dame ausgenutzt werden konnte. In allen folgenden Abspielen liegt der schwarze Vorteil mehr oder weniger deutlich im Bereich ∓.

12.fxe4

12.♘xe4 ♘xe4 13.fxe4 ♗xd4+

– 14.♕xd4?! ♕xg5

– 14.♗e3?! ♗xe3+ 15.♕xe3 ♖e8 +++

– ⌓14.♔h1 ♕b6 15.♖ad1 ♗e5

12...♗xd4+ 13.♕xd4 ♕xg5 14.♕xd6

14.♖ad1!?

14...♕e3+ 15.♔h1 ♘xe4 16.♘xe4 ♕xe4

2) 11.♗f3 mag positionell unharmonisch aussehen, ist aber nicht zwingend von der Hand zu weisen; z.B. **11...♗g4!?** (11...a5∞; 11...♕b6) **12.♗xg4 ♘fxe4 13.♘xe4 ♘xe4 14.♗xd8 ♘xd2**

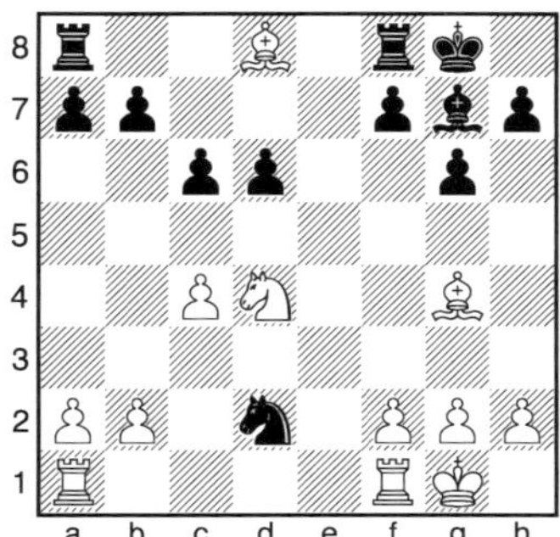

... mit unklaren Komplikationen.

3) Und obwohl **11.♕f4!?** *taktisch* anfällig aussehen mag, könnte eher Weiß auf einen Hauch von Minimalvorteil hoffen, wie ein Blick auf folgenden Abspiele veranschaulicht:

a) 11...h6?! 12.♗xh6 ♗xh6 13.♕xh6 ♘fxe4 14.♘xe4 ♘xe4 15.♖ad1±; 15.♖fe1

b) 11...♖e8 13.♖ad1±~; 13.♗f3

6

Ivanisevic – Tatar Kis

Ungarn 2022

1.d4 ♘f6 2.c4 g6 3.♘c3 ♗g7 4.e4 d6 5.♘f3 0-0 6.h3 e5 7.d5 a5 8.♗d3 ♘a6 9.0-0 ♘h5 10.a3 ♘f4 11.♗c2 ♕d7 12.♗xf4 exf4 13.♕d2 ♕e7 14.♖fe1 g5 15.♖ab1

Bei der Entscheidung für **15...♘c5?** (⌓15...h5∞) hatte Schwarz womöglich nur geklärt, dass er nach 16.b4? axb4 17.axb4 ♘d7∞ absolut nichts zu befürchten hätte. Übersehen bzw. unterschätzt hatte er jedoch ein Bauernopfer, das die weißen Bauern auf breiter Front beweglich macht, wonach Weiß in allen Varianten zumindest eine *tendenzielle* Gewinnstellung erhält.

16.e5! ♗xe5

Eher schlechter ist 16...dxe5 17.b4 axb4 18.axb4 ♘a6 19.c5; 18...♘d7 19.♘b5; 19.c5.

17.♘xe5 dxe5 18.b4 axb4 19.axb4 ♘a6

19...♘d7?! 20.♘b5; 20.c5

20.c5 f6 21.d6 ♕g7

Nach 21...cxd6 stellt der Zwischenzug 22.♘d5! entscheidende Fortschritte sicher.

22.♕d5+ ♕f7

22...♔h8 23.b5 ♘b8 24.dxc7 (24.c6) 24...♕xc7 25.♘e4

23.b5

Unter den zahlreichen vielversprechenden Fortsetzungen ist auch die forcierter verlaufende 23.♗b3 ♗xd5

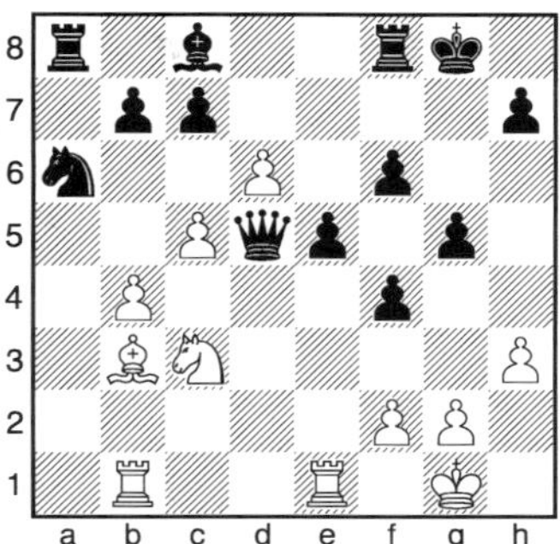

– 24.♘xd5 ♗e6 25.dxc7

– 24.♗xd5+!? ♔g7 25.b5 ♘xc5 26.dxc7

23...♕xd5

Nach der scheinbar sicheren Alternative 23...♗e6 sorgt das Scheinopfer 24.♕xe6! ♕xe6 in Verbindung mit dem Zwischenzug 25.bxa6! für entscheidenden Vorteil.

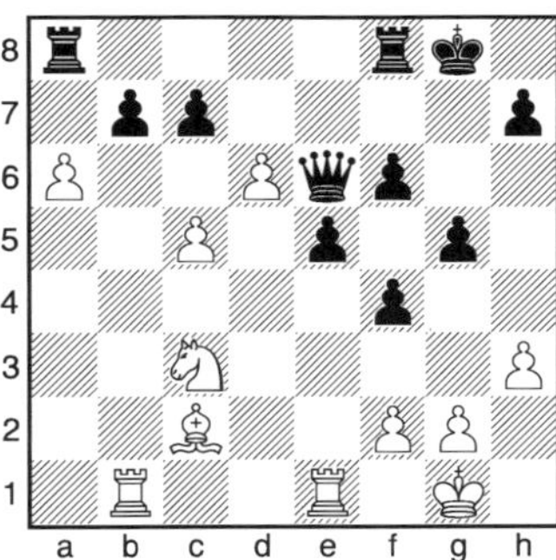

Z.B. 25...♖xa6 26.♗b3 ♕xb3 27.♖xb3 cxd6 28.cxd6 ♖xd6 29.♘e4 usw.

24.♘xd5 ♘xc5 25.dxc7 ♗e6 26.♘b6

7

Neidhardt – Rempel

Deutschland 2022

1.d4 ♘f6 2.♘f3 g6 3.c4 ♗g7 4.♘c3 d6 5.e4 0-0 6.♗e2 ♘a6 7.0-0 e5 8.d5 ♘c5 9.♕c2 a5 10.♘e1 c6 11.♗e3 ♘fd7 12.♖d1 cxd5 13.cxd5 f5 14.f3 ♘f6 15.b3 f4 16.♗f2 g5 17.♘d3 ♘xd3 18.♖xd3 g4 19.♘a4 g3 **VARIANTE** 20.♗b6 gxh2+

Zwar gebietet es in vergleichbaren Situationen eine ansonsten durchaus bewährte Faustregel, einen gegnerischen Bauern zwecks Königsschutz am Leben zu lassen, weil der Gegner diesen ja nicht schlagen und somit Angriffslinien öffnen kann. Allerdings würde sich bei diesem Herangehen im gegebenen Fall die Beengtheit des Königs früher oder später verhängnisvoll bemerkbar machen.

I) Nach **21.♔h1?** und der Antwort **21...♕e7** müsste Weiß sich schleunigst mit **22.♗f2** auf die unmittelbare Drohung ♘h5 und in der Folge auf das entscheidende Manöver ♗f6–h4 einrichten.

Die Vorschaltung von 22.♕c7 ♗d7 und erst jetzt 23.♗f2 macht die Sache nämlich nicht besser; z.B. 23...♘h5 24.♘b6 ♖ad8 mit den Abspielen:

– 25.♘c4 ♖f6 (Δ♖g6) Δ26.♖c1 ♖g6 27.♗f1 ♖c8 nebst ♗f6–h4

– 25.♘xd7 ♖xd7 26.♕xa5 ♗f6 (Δ♗h4) 27.♕e1 ♕e8! Δ♗d8–b6!

22...♘h5

A) 23.♘b6 ♗f6

1) Nach 24.♘xa8 ♗h4 steht Schwarz auf Gewinn, da das Ausweichmanöver 25.♗b6 wegen des Räumungsopfers 25...♗e1!! 26.♖xe1 ♕h4 keine Rettung bringt.

2) Nach 24.♔xh2 ♗h4 25.♗xh4 ♕xh4+ 26.♔g1 leitet Schwarz mit 26...♗h3! ein siegreiches Opferspiel ein, welches nach 27.♖f2 (27.♘xa8 ♗xg2) mit dem stillen Räumungszug 27...♔h8!! gekrönt wird.

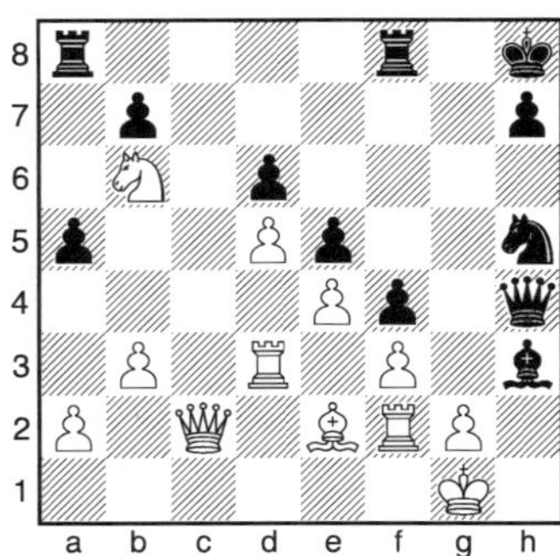

a) 28.♘xa8 ♘g3 Δ♖g8

b) 28.♗f1 ♗g4! Δ♘g3

c) 28.gxh3 ♕xh3 29.♗f1 ♖g8+ 30.♗g2 ♖xg2+! 31.♗xg2 ♘g3 32.♔f2 ♖g8

B) 23.♖c3 ♗f6 24.♖c7 ♕d8

1) Nach 25.♖c1? gefolgt von dem Schlüsselzug 25...♗h4! und der Abtauschserie 26.♖xc8 ♖xc8 27.♕xc8 ♕xc8 28.♖xc8 ♖xc8 29.♗xh4 ...

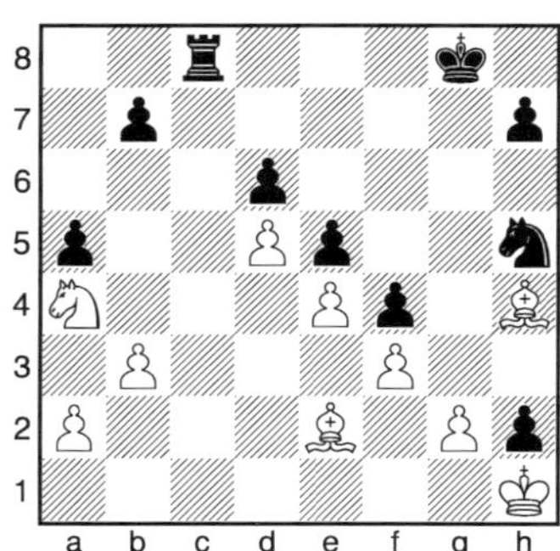

... zeigt sich mit 29...♘g3+!–+ Δ30.♗xg3 fxg3 31.♗c4 b5 eine Spätfolge der misslichen weißen Königsstellung.

2) 25.♘b6? ♗h4 26.♖xc8

(26.♘xc8 ♕g5 27.♗b6 ♕h6–+)

26...♖xc8 27.♕xc8 ♕xc8 28.♘xc8 ♗xf2 29.♘e7+ ♔f7 30.♖xf2 ♔xe7 31.♔xh2 und hier führen die zahlreichen Abtausche nach 31...♘g3 32.♔g1 ♖f6 (32...♖c8) 33.♗b5 ♖h6 34.♖c2 ♖h1+ 35.♔f2 ♔d8! u.a. Δh5–h4–h3 ...

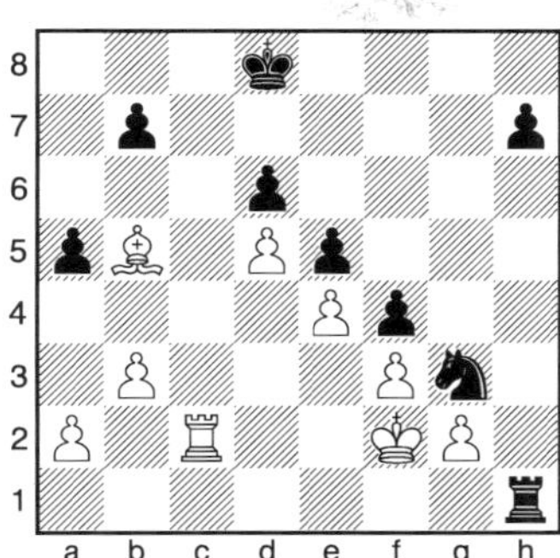

... zu einer Stellung, in der Schwarz sich unter Einsatz von Zugzwang durchsetzen sollte.

3) Nur mit dem verspäteten 25.♔xh2 und der Folge 25...♘g3 Δ26.♗xg3 fxg3+ 27.♔xg3 ♗h4+ 28.♔h2 ♗g5∓ ist eine vollkommene Verluststellung zu vermeiden.

II) Korrekt ist also in diesem Fall die sofortige Eliminierung des potenziell gefährlichen Bauern mit **21.♔xh2**, denn nach **21...♕e7** kann Weiß beginnend mit **22.♗f2** eine ausreichend flexible Defensivstellung aufbauen. Nach dem absehbaren Angriff mit **22...♘h5** ergibt sich folgendes Bild:

A) Nach **23.♘b6** kann Schwarz mit **23...♘g3** ein speziell schwarzfeldrig angelegtes Bauernopfer anbringen (obwohl auch 23...♖b8 infrage kommt); z.B. **24.♗xg3 fxg3+ 25.♔xg3 ♖b8 26.♖h1 ♕d8 27.♘xc8 ♖xc8 28.♖c3 ♖xc3 29.♕xc3 ♗h6!** mit ziemlich offensichtlicher Kompensation.

B) Selbiges Bauernopfer folgt auch auf **23.♖h1 ♘g3 24.♗xg3 fxg3+ 25.♔xg3** nebst **25...♗f6**.

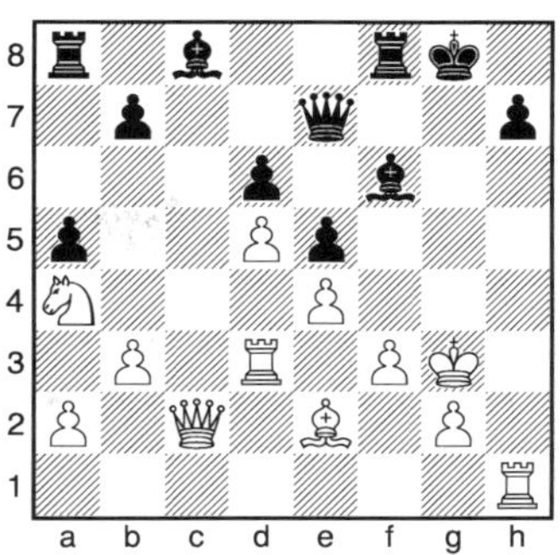

1) Nach beispielsweise **26.♖c3** offenbart sich mit **26...♗h4+! 27.♖xh4 ♕g5+ 28.♖g4 ♗xg4 29.fxg4 ♕f4+ 30.♔h3 ♕h6+** nebst Dauerschach die Hauptidee in der gegebenen Stellung.

2) Und auf **26.♘b6** folgt **26...♖b8**⩲, denn diesmal würde **26...♗h4+?? 27.♖xh4 ♕g5+ 28.♖g4 ♗xg4** an dem Bremsklotz **29.♕d2!!**+– scheitern.

8

Geske – Heinatz

Deutschland 2022

1.d4 ♘f6 2.c4 g6 3.♘c3 ♗g7 4.e4 d6 5.f3 0-0 6.♗e3 a6 7.♘ge2 c6 8.a4 a5 9.♕d2 ♘a6 10.♖d1 ♘b4 11.♘g3 ♕c7 12.♗e2 e5 13.d5

Um die latente Schwäche d6 unter Druck zu setzen, hat Weiß die Rochade zurückgestellt. Zur Beurteilung der tatsächlichen Schwäche dieses Bauern ist nicht nur zu beachten, dass dem fast pattgesetzten ♘g3 am anderen Flügel der äußerst kräftige Frontkämpfer ♘b4 gegenübersteht, sondern auch, dass die Freilegung des Bauern d6 auch die b-Linie und somit den Weg zu dem rückständigen Bauern auf b2 öffnen würde.

1) In der Partie wählte Schwarz den schablonenhaften Deckungszug **13...♘e8?** und nahm zu dem Zweck eine insgesamt unharmonische Figurenstellung mit kaum zu aktivierenden Türmen in Kauf. Allerdings ging sein Gegner viel zu ungeduldig ans Werk.

14.dxc6?

Da dies mit der Freilegung der latenten Schwäche b2 einhergeht (oder besser: einhergehen *könnte*), wäre die ruhige und solide Fortsetzung 14.0-0 wesentlich besser gewesen. Denn ganz gleich, wie kräftig der Vorteil ± nach 14...f5?! 15.f4 bzw. 15.exf5 gxf5 16.f4 ausgeprägt wäre – und ganz gleich, wie kräftig der Vorteil ⩲ nach dem besseren 14...c5 ausfällt – an einem weißen Vorteil wäre nicht zu rütteln.

14...♕xc6?

Die irreparable Schwächung der Felder b5 und d5 ist unverantwortlich. Nach dem dynamischen Ansatz 14...bxc6! hätte es wie folgt weitergehen können: 15.c5 (15.0-0 ♘a6∓ Δ♖b8)

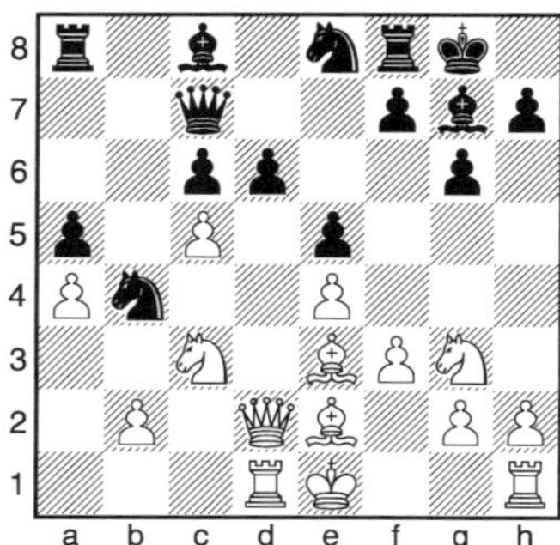

– 15...dxc5!? 16.♗xc5 ♗e6∞ Δ17.♗xf8?! ♗xf8 18.0-0 h5∓

– 15...♕a7!? Δ16.cxd6 ♕xe3 17.♕xe3 ♘c2+ 18.♔d2 ♘xe3 19.♔xe3 ♘f6⩱; 19...♗e6

15.c5?

⌓15.0-0±

15...dxc5 16.♗b5⩱ ♕c7 17.♘d5 ♘xd5 18.♕xd5 ♗e6

18...♗f6!? 19.♕xc5 ♗e7 20.♕xc7 ♘xc7

19.♕xc5∞

2) Da Schwarz sich um den Bauern d6 keine Sorgen zu machen braucht, wäre also **13...♘d7!∞** bestens spielbar gewesen; z.B. **14.dxc6** (14.0–0 ♘c5) **14...bxc6**

a) Nun würde der Bauernraub **15.♕xd6??** nach **15...♘c2+ 16.♔f2** ...

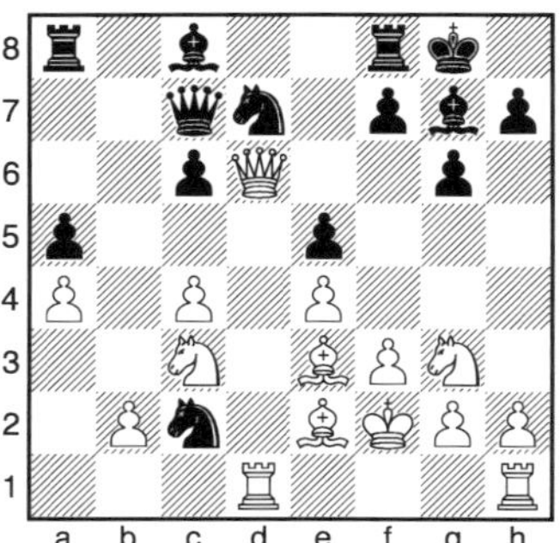

... und dem pointierten *Sidestep* **16...♕b7!** auf eine tendenzielle Gewinnstellung hinauslaufen.

b) Und nach **15.0–0 ♘c5!?** (15...♖b8) **16.♕xd6 ♕xd6 17.♖xd6 ♘e6** hätte Schwarz beste Kompensation dank seines überlegenen Figurenspiels.

9

Lutz – Balzer

Deutschland 2022

1.d4 g6 2.c4 ♗g7 3.♘f3 d6 4.♘c3 ♘f6 5.e4 0-0 6.h3 e5 7.d5 a5 8.g4 ♘a6 9.♗e3 ♘c5 10.♘d2 ♗d7 11.♗e2 c6 12.g5 ♘e8 13.h4 f5 14.f3 cxd5 15.cxd5 a4 16.a3 ♕a5 17.♕c2 b5 18.h5 ♖f7 19.hxg6 hxg6 20.0-0-0 ♘c7 21.♔b1 ♘7a6 22.♘a2 ♖c8 23.♖c1

Der sinnlosen weißen Beherrschung der h-Linie steht das wesentlich konkretere schwarze Spiel auf der c-Linie gegenüber. In der gegebenen Stellung stellt sich die Frage, ob die Zeit bereits reif für einen konkreten taktischen Schlag ist, wobei natürlich vorneweg an Abzugsmotive des ♘c5 gedacht ist.

1) Der Abzug **23...♘b3?** führt zu nichts.

Auch nach der wenig inspirierten Partiefolge **23...♕d8? 24.♕d1∞** stand Schwarz mit leeren Händen da.

Und zwar wegen der zunächst forcierten Folge **24.♘xb3 ♖xc2 25.♘xa5 ♖xe2**, wonach **26.♖he1** zu einer vollkommen ausgeglichenen Stellung führt.

2) Ganz anders sieht die Sache nach **23...♘xe4! 24.♕xc8+ ♗xc8 25.♖xc8+ ♖f8 26.♖xf8+ ♗xf8** aus, denn nach **27.♘xe4** (27.fxe4? f4–+) **27...fxe4 28.fxe4** verfügt Weiß keinesfalls über eine Festung.

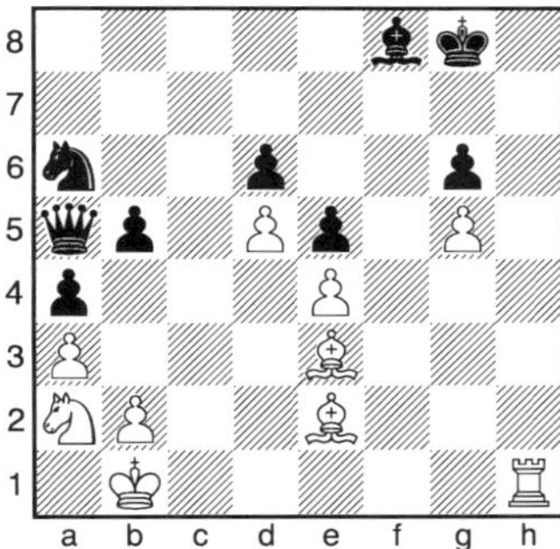

Vielmehr steht Schwarz nach **28...♘c5** gefolgt von **29.♗xc5 dxc5** oder **29.♗f3 ♘d3** oder **29.♘c3 b4** tendenziell auf Gewinn.

10

Hernandez Ramos – Palenciano Escolar

Madrid 2022

1.d4 ♘f6 2.c4 g6 3.♘c3 ♗g7 4.e4 d6 5.♘f3 0-0 6.♗e2 e5 7.d5 a5 8.♗g5 ♘a6 9.♘d2 ♘c5 10.0-0 h6 11.♗e3 c6 12.a3 ♗d7 13.b4 ♘a6 14.♖b1 ♕c7 15.♕b3 axb4 16.axb4 ♖fc8

In diesem voll besetzten Mittelspiel hat sich das Geschehen offenbar komplett zum Damenflügel verlagert, wo Schwarz nicht zuletzt wegen des tatsächlich schändlichen Randspringers mächtig unter Druck steht. Allerdings ist die weiße Stellung deswegen noch längst nicht ‚automatisch' gewonnen, was sich beispielsweise bewahrheiten könnte, wenn der Angreifer zu viel Zeit für weitere Vorbereitungszüge investiert.

I) In der Partie ließ Weiß mit dem Verstärkungszug **17.♖fc1?** die Zügel locker.

A) Dies ließ Schwarz allerdings mit **17...♔h7?** ungenutzt – dem so ziemlich einzigen Figurenzug, der absolut *nichts* mit dem Kampfgeschehen am anderen Flügel zu tun hat. Danach konnte Weiß (getreu dem Motto ‚Besser zu spät als nie!') mit dem nunmehr sogar ‚ordnungsgemäß' vorbereiteten Vorstoß **18.c5**+– sein ursprüngliches Versäumnis wiedergutmachen.

B) Die einzig taugliche Verteidigungsmaßnahme bestand in dem Blockadezug **17...c5!**, der aber wahrscheinlich wegen des damit einhergehenden Bauernverlusts verworfen wurde. Nach **18.bxc5 ♘xc5** ...

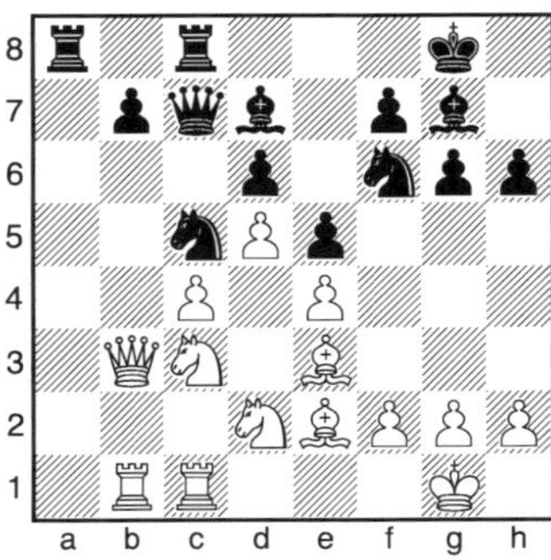

... ist allerdings keine Variante zu entdecken, in denen der weiße Vorteil spürbar aus dem Minimalbereich heraus wäre:

1) 19.♗xc5 ♕xc5 20.♕xb7 ♕a5; 20...♗f8

2) 19.♕b6!? ♕xb6 20.♖xb6 ♗f8 21.♗xc5 (21.f3!?) 21...♖xc5 22.♖xb7 ♖ca5

II) Selbst ohne ordnungsgemäße Vorbereitung hätte der sofortige Vorstoß **17.c5!** in allen Varianten zu einer zumindest tendenziellen Gewinnstellung geführt. Allerdings wurde dieser wahrscheinlich verworfen, weil in der Folge einer der Prachtläufer für den schändlichen Randspringer hergegeben werden müsste.

A) 17...dxc5 18.♗xa6

1) 18...♖xa6 19.bxc5 Δ19...♖b8 20.♘c4

2) 18...bxa6 19.bxc5 cxd5 20.♘xd5

20.exd5 ♗f5 21.♖a1; 21.d6

a) 20...♘xd5 21.exd5 ♗f5 22.♖bc1; 21...♗b5 22.♖fd1; 21...♖ab8 22.♕a2

b) 20...♕d8 21.♘c4

(21.♘b6 ♖ab8 22.♕a3)

21...♘xe4 22.♘cb6 ♖ab8 (22...♘xc5 23.♕a3) 23.♕c4 ♘xc5 24.♗xc5 ♗b5 25.♖xb5 axb5 26.♕b4

3) Am besten ist wohl der Versuch, mit **18...cxb4** im Trüben zu fischen, obwohl Weiß sich nach **19.d6!** mit präzisem Spiel durchsetzen sollte.

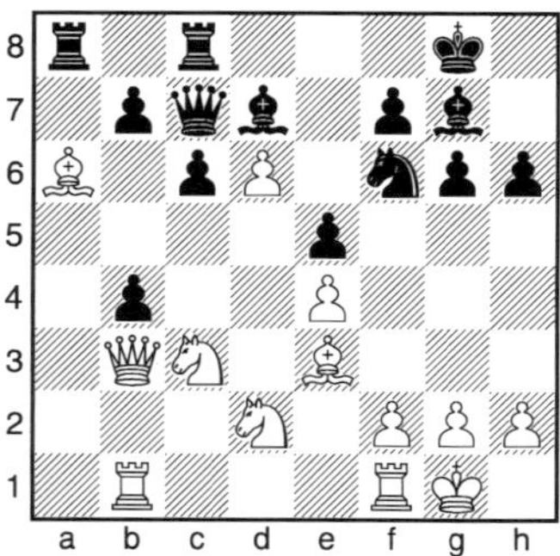

a) 19...♕xd6 20.♗xb7 bxc3 21.♕xc3 (21.♗xc8) Δ21...♖a3 22.♕c5! und nicht

– 22.♕c1 ♖xe3! 23.♗xc8 ♖d3 oder

– 22.♕b2 ♖xe3! 23.♘c4 (23.♗xc8 ♖d3) 23...♕c7 24.♗xc8 ♖xe4 bzw. 24.♕xe3 ♖b8

b) 19...♕b8 20.♗c4 bxc3 21.♗xf7+ ♔h7 22.♘c4

B) 17...cxd5 18.♘xd5 ♘xd5 19.exd5

1) 19...dxc5 20.♗xa6 bxa6/♖xa6 21.bxc5

2) 19...♕d8 20.♗xa6 (20.♘e4) **20...♖xa6**

20...bxa6 21.♘c4; 21.c6

21.b5 ♖aa8 22.c6 bxc6

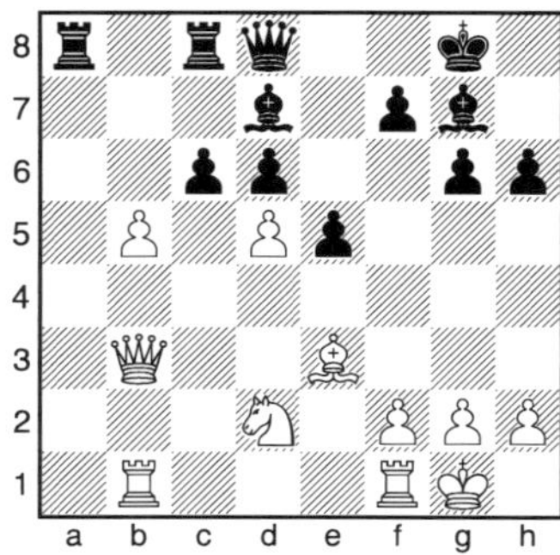

a) Unnötig kompliziert wäre das Spiel auf verbundene Freibauern mit 23.dxc6?!, weil diese nach 23...♗e6 24.♕b4 d5 25.♗c5 ♗f5 nicht ohne Weiteres vorankämen.

b) Hingegen sollte nach 23.bxc6 ♗f5 24.♖a1 (24.♖b2) 24...♖ab8 25.♕c4; 25.♕c3 der einzelne, jedoch gedeckte und weit vorgedrungene Freibauer zu einem fast mühelosen Sieg ausreichen.

11

Pazos Gambarrotti – Vargas

Manizales 2022

1.d4 ♘f6 2.c4 g6 3.♘c3 ♗g7 4.e4 d6 5.♘ge2 0-0 6.♘g3 e5 7.d5 ♘a6 8.♗e2 c5 9.h4 h5 10.♗g5 ♕d7 11.♕d2 ♘c7 12.♗h6 ♘h7

Um zu verstehen, warum ein Opferangriff hier nicht zum Erfolg führen kann, lohnt sich ein vergleichender Blick auf Beispiel Nr. 82.

I) Nach dem verfehlten Einschlag **13...♗xh5?** und der Folge **13...gxh5 14.♘xh5 ♗xh6 15.♕xh6** wäre Weiß mit nur magerer Kompensation verblieben, wenn der Gegner ihm nicht mit **15...f5??** seine Stellung zu Füßen gelegt hätte.

Nach der einzigen Verteidigung 15...♘e8 16.0-0-0, 16.♖h3, 16.f3 o.ä. wäre es bei besagter Kompensation geblieben.

16.exf5 ♖xf5

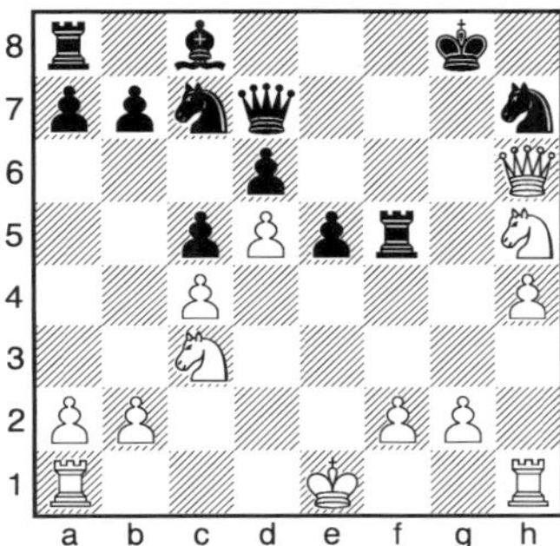

17.♘e4?

Bei diesem Herangehen (womöglich nach dem Motto ‚Jeder Zug gewinnt!') übersieht Weiß (und anschließend auch Schwarz) allerdings einen kräftigen Entlastungsschlag.

Nach 17.g4 ♖xh5 18.gxh5 oder 17...♖f7 18.g5 hätte Weiß den Angriff quasi in aller Gemütlichkeit zum Gewinn führen können.

17...♘e8?

Nach dem Rückopfer 17...♖xh5 18.♕xh5 und dem pointierten Schwenk 18...♕g7! ...

... (Δ19.♘xd6?? ♗g4−+) 19.f3 wäre der weiße Vorteil nur knapp aus dem Minimalbereich heraus gewesen.

Nach dem fehlerhaften Textzug hätte Weiß mit 18.g4 wohl noch deutlicher als mit **18.0-0-0** wieder auf Gewinnkurs gehen können.

II) Mit dem einfachen Verstärkungszug **13.f3±** hätte Weiß den klaren Anschlussplan ♘f1 nebst g4 einleiten können. Hier ein Blick auf die möglichen Konsequenzen anhand einer sinnvollen Mustervariante.

13...a6 14.♘f1

Auch der Ausschluss jeglichen Gegenspiels am Damenflügel mit 14.a4 ist nicht von der Hand zu weisen.

A) 14...b5 15.g4 Δ15...b4 16.♘d1

B) 14...f5 15.exf5 gxf5 16.♘g3

C) 14...♘f6 15.g4 (15.a4)

1) 15...hxg4 16.♗xg7 ♔xg7 17.fxg4 Δ17...♘xg4 18.♖g1 ♘f6/♘h6 19.h5

2) 15...b5 16.♘g3 hxg4 17.h5! gxf3 18.♗xf3 und nach beispielsweise 18...b4 19.♗xg7 (19.♘ge2; 19.♘d1) 19...♔xg7 20.hxg6 fxg6 wäre der Zeitpunkt für den Schlussakt gekommen.

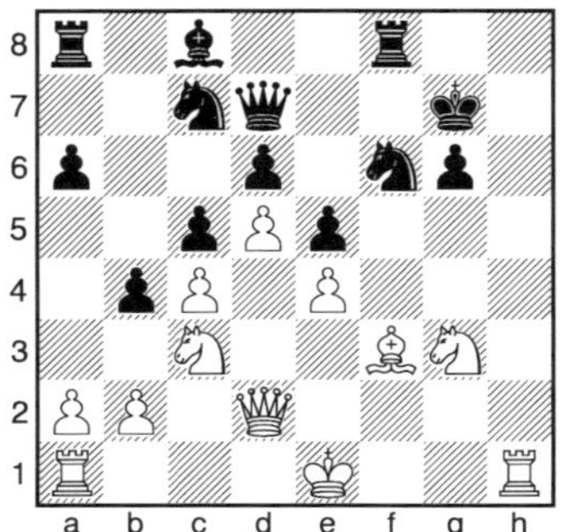

21.♘f5+!

a) 21...gxf5 22.♕g5+ ♔f7 23.♖h7+!

b) 21...♔f7 22.♕g5 bxc3 23.♖h6 Δ23...♖g8 24.♗h5!

12

Buker – Perske

Internet 2022

1.d4 ♘f6 2.c4 g6 3.♘c3 ♗g7 4.e4 d6 5.♘f3 0-0 6.♗e2 e5 7.0-0 ♘c6 8.d5 ♘e7 9.♘e1 ♘d7 10.♘d3 f5 11.♗d2 ♘f6 12.f3 f4 13.c5 g5 14.cxd6 cxd6 15.♘f2 ♘g6 16.♕c2 ♖f7 17.♖fc1 h5 18.h3 ♗f8 19.♘b5 ♘e8

Während Schwarz noch weit von einer verantwortbaren und effektiven Ausführung seines Schlüsselzugs g5–g4 entfernt ist, hat Weiß an seinem Spielflügel bereits deutliche Fortschritte gemacht. Dies kann man allein schon daran ablesen, dass er bei Gefallen einen ersten kombinatorischen Ansatz wählen könnte. Es bleibt allerdings abzuwägen, ob dieser tatsächlich mehr einbrächte als auf der Hand liegende Verstärkungszüge.

I) Der in der Partie geschehene Verstärkungszug **20.a4** ist bestimmt die zuverlässigere Methode, sich Minimalvorteil zu sichern.

20...♖g7

Allerdings hätte Schwarz den Vorteilsnachweis wohl mit 20...g4!? maximal erschweren können; z.B. 21.fxg4 hxg4 mit folgenden Abspielen:

– 22.♗xg4 ♗xg4 23.♘xg4 (23.hxg4?! ♗e7∓ Δ♗h4) 23...a6≅ 24.♘c3 (24.♘a3 ♘f6) 24...♘f6 25.♘h2 ♖g7

– 22.♘xg4 a6 23.♘a3/♘c3 ♘f6≅

– 22.hxg4 ♗d7 23.♖a3!∓ Δ23...a6 24.♘c7!

21.♖a3

Selbst hier wäre 21.♘xa7!? noch gut spielbar gewesen; z.B. 21...♖c7 22.♗a5 ♖xc2 23.♗xd8

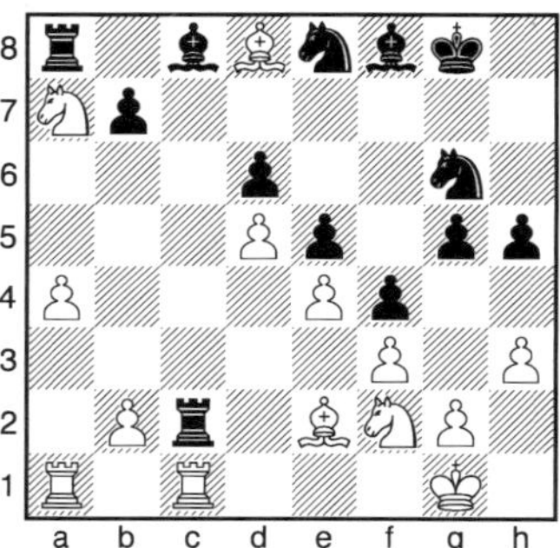

– Allerdings würde 23...♖xe2? hier ausscheiden, weil der weiße a-Bauer (im Unterschied zu Variante **IIB**) bereits auf a4 steht, was nach 24.♘xc8 ♖xb2 das Gewinnverfahren 25.♖a3!+– ermöglicht (weniger klar ist 25.♗xg5 ♖b4); z.B. 25...♖b4 26.a5 oder 25...♗h6 26.♘d3.

– 23...♖xc1+ 24.♖xc1 ♗d7 25.♗b6 ♗xa4 26.♔f1; 26.♖c3

Und nach **21...a6** hätte Weiß sich (statt mit 22.♘c3) vielleicht eher mit **22.♖c3** Minimalvorteil sichern können; z.B. **22...♗d7 23.♘c7!?** (23.♘a3) **23...♗xa4 24.♘e6 ♗xc2 25.♘xd8 ♖xd8 26.♖3xc2** mit leicht besseren Aussichten aufgrund des Läuferpaars.

II) Der ‚erste kombinatorische Ansatz' besteht offenbar in dem Standard-Überlastungsmotiv **20.♘xa7!?**, das folgende Konsequenzen nach sich ziehen könnte:

A) Das rein materialistisch gedachte Herangehen **20...♗xh3??** würde bei präzisem gegnerischem Spiel zum Verlust führen.

1) Höchst unpräzise wäre allerdings das automatische Zurückschlagen 21.gxh3??, denn danach könnte Schwarz die Keule 21...g4!! zum Einsatz bringen. (21...♖xa7?? 22.♕c8+−)

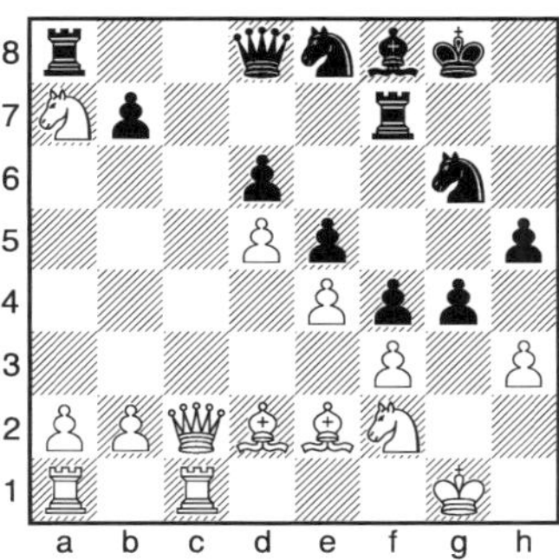

22.fxg4 (22.hxg4 ♕h4⩱) 22...♕h4⩱ Δ23.gxh5 f3! 24.♗f1 ♕g3+ 25.♔h1 ♘h4 (Δ♘g2) z.B. 26.♗e1 ♘g2! 27.♘g4 ♕xh3+ 28.♘h2 ♗h6 (28...♖xa7⩱) 29.♗xg2 fxg2+ 30.♕xg2 ♕xg2+ 31.♔xg2 ♗xc1 32.♖xc1 ♖xa7 33.♖c8 ♖f8 34.♘g4; 34.♗h4

2) Präzise wäre hingegen 21.♘xh3 ♕b6+ (21...♖xa7 22.♕c8+−) 22.♔f1 (22.♔h1; 22.♔h2) mit Gewinnvorteil nach 22...♕xa7 23.♘xg5 bzw. 22...♖c7 23.♕a4; 23.♘c6

B) Auch aus den Verwicklungen nach **20...♖c7? 21.♗a5 ♖xc2 22.♗xd8 ♖xe2 23.♘xc8±** geht Schwarz nach **23...♖xb2 24.♗xg5**; **24.a4** bzw. **23...♗h6 24.♗e7** mit bedeutendem Nachteil hervor.

C) Nur mit **20...♗d7** kann Schwarz ausreichende Kompensation nachweisen.

1) Nach der unnötig riskanten Spielerei 21.♘c6?! bxc6 22.dxc6 müsste eher der Weiße Kompensation nachweisen.

2) Und nach der solideren Fortsetzung 21.♘b5 und der Folge 21...g4 22.fxg4 hxg4 23.hxg4 könnte Schwarz mit 23...♗e7 Δ♗h4 auf Kompensationssuche gehen – oder mit 23...f3 24.gxf3 ♗xb5 25.♗xb5 ♖xf3 unklare Verhältnisse anstreben.

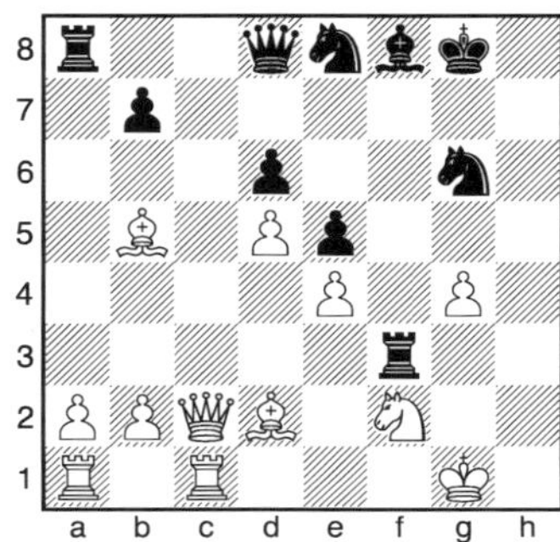

a) 26.♗xe8?? Δ26...♕b6?? 27.♗a5!+−; ⌓26...♕h4−+

b) 26.♕d1 ♖xf2 27.♔xf2 ♕b6+ 28.♗e3 ♕xb5 29.♕e2∞

13

Krejci – Ftaćnik

Slowakei 2022

1.d4 ♘f6 2.c4 g6 3.♗g5 ♗g7 4.♘c3 0-0 5.e4 d6 6.h3 ♘bd7 7.♘ge2 e5 8.d5 a5 9.g4 ♘c5 10.♘g3 c6 11.♕d2 cxd5 12.cxd5 ♗d7 13.f3 ♕b6 14.h4 ♘a4 15.♘xa4 ♗xa4 16.♗e3 ♕b4

Das schwarze Spiel auf Damentausch beruht auf der Überlegung, dass die Verteidigung gegen den weißen Raumvorteil dann leichter fallen sollte. Dabei ist jedoch dem absehbaren Kampf um die einzige offene Linie größte Beachtung zu schenken.

1) In der Partie wählte Weiß mit **17.b3!?** wohl nur den zweitbesten Zug, denn nicht nur wird der Läufer auf ein besseres Feld getrieben, sondern die latente

Schwächung der langen schwarzen Diagonale kann in gewissen Varianten durchaus noch eine Rolle spielen.

17...♕xd2+

Die Alternative 17...♗d7 ist keineswegs schlechter, zumal sich nach 18.♕xb4 axb4 bei überstürztem Handeln die erwähnte ,Schwächung der langen Diagonale' bemerkbar machen könnte; nämlich nach 19.♗d2??

(⌓19.g5± Δ19...♘xd5? 20.exd5 e4 21.♖c1+−; 21.♖d1)

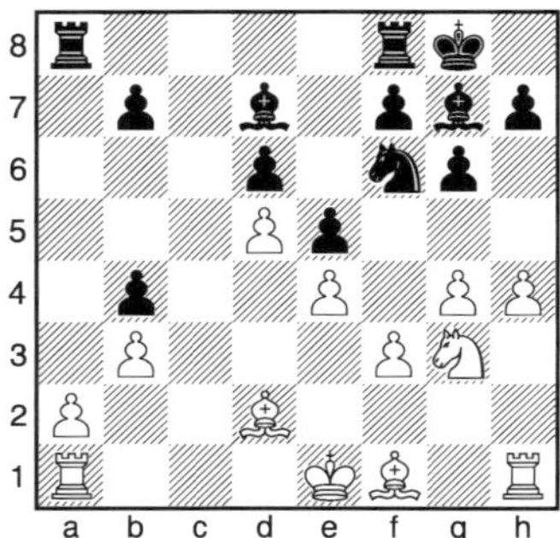

19...♘xd5! 20.exd5 e4∓

18.♔xd2 ♗d7 und jetzt hätten außer dem Textzug **19.♗d3** auch zahlreiche Alternativen wie 19.a4, 19.♗h3, 19.♖c1 oder 19.h5 nicht mehr als ± ergeben.

2) Die Stärke des Ansatzes **17.g5!** liegt darin, dass Weiß sich so unter Tempogewinn die Möglichkeit verschafft, mit ♗h3 die Kontrolle über die Basis der c-Linie zu verschaffen. Dass dieser Umstand die gegnerischen Verteidigungschancen selbstredend stark einschränkt, wird in Varianten wie den folgenden ersichtlich, in denen Weiß jeweils zumindest eine tendenzielle Gewinnstellung erreicht:

a) 17...♘e8

– 18.♗h3 ♘c7 19.♖c1

– ⌓18.♕xb4 axb4 19.♗d2 Δ19...f6 20.♗e2; 20.♔f2

b) Und nach **17...♕xd2+ 18.♔xd2 ♘e8 19.♗h3 ♘c7** ...

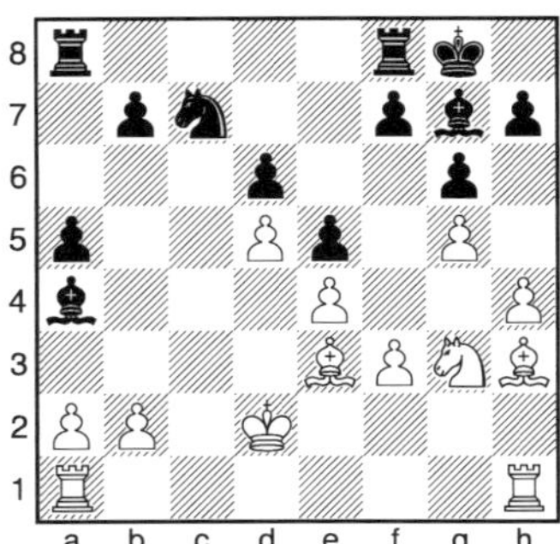

... führt **20.♖ac1** die Liste gewinnträchtiger Züge an.

14

Muharemagic – Kampert

Deutschland 2022

1.c4 ♘f6 2.♘c3 g6 3.d4 ♗g7 4.e4 d6 5.f3 0-0 6.♗e3 c6 7.♕d2 ♘bd7 8.♘ge2 a6 9.♗h6 e5 10.d5

Obwohl der mit **10...♘xe4 11.♘xe4 ♕h4+** zu erzielende Bauerngewinn womöglich nur vorübergehender Natur sein mag, wäre er zumindest besser geeignet, beachtlichen Eröffnungsvorteil davonzutragen als die Partiefolge 10...cxd5 es nach 11.♗xg7 ♔xg7 12.cxd5∞ gewesen wäre.

Nach der zunächst zwangsläufigen Folge **12.g3 ♕xh6 13.♕xh6 ♗xh6** ...

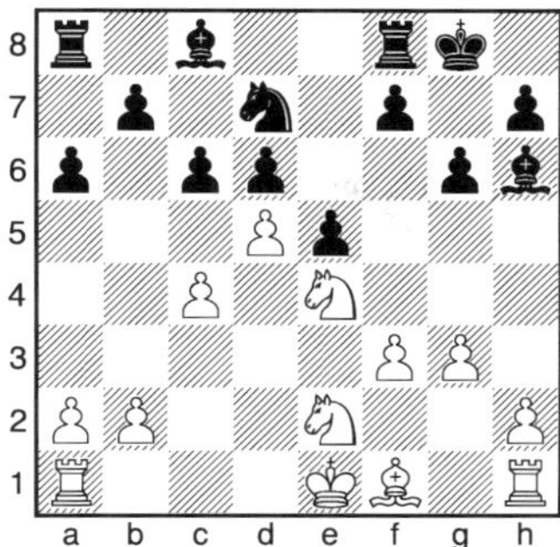

... ergibt sich mehr oder weniger kräftig ausgeprägt ∓ in folgenden Abspielen, die von allerlei wiederkehrenden Motiven geprägt sind:

1) 14.dxc6 bxc6 (14...♘c5!?) **15.♘xd6** (15.♖d1) **15...♘c5** (15...♖b8)

a) 16.♘c3 ♖b8; 16...a5

b) 16.♖d1 ♗e6; 16...♖b8; 16...a5

2) 14.♘xd6 cxd5 (14...♖d8) **15.♘c3** (15.cxd5 ♖d8) **15...dxc4 16.♘d5**

16.♗xc4 b5 17.♗d5 ♖b8

16...b5!? (16...♔g7)

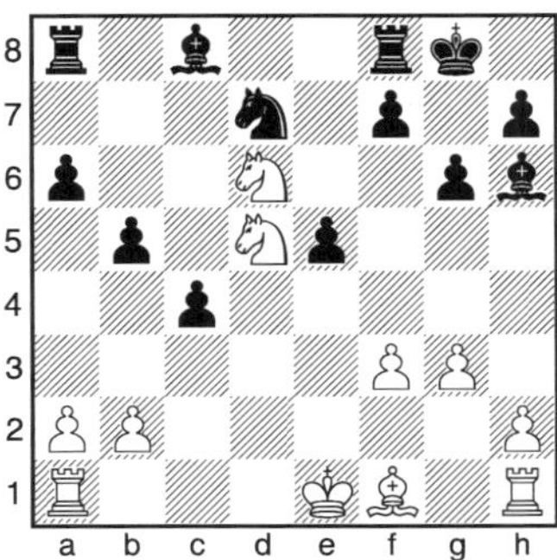

17.♘e7+ ♔g7 18.♘dxc8 ♖axc8 19.♘xc8 ♖xc8

3) 14.♘2c3 ♘b6 (14...♖d8; 14...♗e3)

a) 15.♖d1 cxd5 16.♘f6+ ♔g7 17.♘cxd5 ♘xd5 18.♘xd5 ♗e6; 18...b5!?

b) 15.dxc6 bxc6 16.♖d1

16.♘xd6 ♗e6; 16...♖d8

16...d5 (16...f5!?) **17.cxd5 cxd5 18.♘f6+ ♔g7 19.♘fxd5 ♘xd5 20.♘xd5 ♖d8**

15

Plöhn – Just

Deutschland 2022

1.d4 g6 2.c4 ♗g7 3.e4 d6 4.♘c3 ♘f6 5.♘f3 0-0 6.♗e2 e5 7.♗e3 exd4 8.♘xd4 ♖e8 9.f3 c6 10.♕d2 d5 11.exd5 cxd5 12.c5 ♕e7 13.♗f2 ♘c6 14.0-0 ♗e6 15.♖ac1 ♖ad8 16.♖fe1

Mit seinem letzten Zug (anstelle dessen 16.♘cb5! zumindest kräftigen Minimalvorteil gesichert hätte) spekuliert Weiß offenbar auf mögliche taktische Konsequenzen, die das Gegenüber von Turm und Dame auf der e-Linie mit sich bringen könnte. Dabei ließ er allerdings völlig außer Acht, dass es auch auf der benachbarten d-Linie ein solch brisantes Gegenüber gibt – und dass die Verletzlichkeit der eigenen Damenposition viel konkreter auszunutzen ist als die der gegnerischen.

16...♘xd4 17.♗xd4 ♘e4! 18.♕e3

Das ist womöglich sicherer als die Annahme des Scheinopfers mit 18.fxe4, denn nach 18...dxe4 19.♘b5 führt das ‚echte' Qualitätsopfer 19...♖xd4! 20.♘xd4 ♖d8 zunächst zum Rückgewinn der Figur.

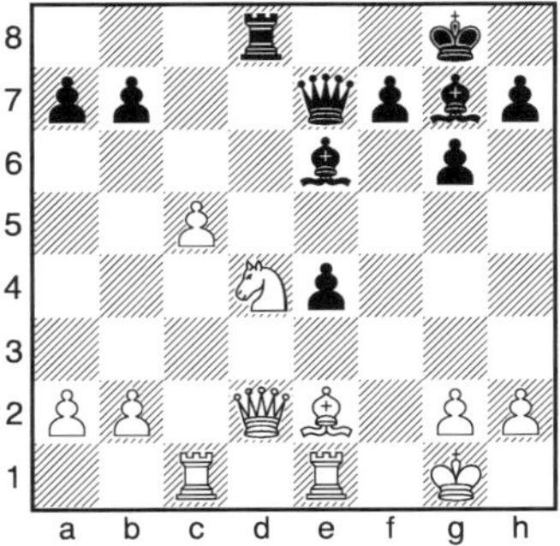

Und angesichts von Läuferpaar und Mehrbauer in Form eines gedeckten Zentrumsfreibauern steht die üppige

Kompensation wohl vollkommen außer Frage. Tatsächlich könnte sich sogar eher *Schwarz* Hoffnung auf Minimalvorteil machen.

18...♗xd4 19.♕xd4 ♕xc5 20.♕xc5 ♘xc5 und nun gelang Weiß mit **21.♘b5** nur knapp der Nachweis, dass er über zumindest magere Kompensation verfügt.

16

Dalinger – Küs

Deutschland 2022

1.d4 d6 2.c4 ♘f6 3.♘f3 g6 4.♘c3 ♗g7 5.e4 0-0 6.♗e2 c6 7.0-0 ♕c7 8.♗g5 h6 9.♗h4 e5 10.dxe5 dxe5 11.♕c2 ♘a6 12.a3 ♘c5 13.b4

Da sich der weiße Damenläufer längerfristig zum Königsflügel orientiert hat, darf Schwarz durchaus darauf hoffen, die für den Königsinder typische und hier bereits freigelegte Felderschwäche d4 in nicht allzu ferner Zukunft als Vorposten nutzen zu können. Alternativ bietet sich ein Konzept, sich unter Scheinopfer eine bewegliche Bauernmajorität am Königsflügel zu verschaffen und den Fianchettoläufer zu aktivieren. Dabei wäre allerdings zu beachten, dass eine üppige Raumnahme am Königsflügel allerlei Felderschwächen im Hinterland hervorrufen würde.

Der in der Partie geschehene Rückzug **13...♘e6** (Δ♘h5) ist zwar nicht erzwungen, wohl jedoch die solideste Methode zur Absicherung von Minimalvorteil. Allerdings hätte zu diesem Zweck nach **14.♖fd1** (etwas wirklich Besseres ist nicht zu sehen) auch tatsächlich **14...♘h5∓** geschehen sollen.

Nach dem ungleich schärferen Herangehen **13...♘cxe4!?** und der erzwungenen Sequenz **14.♘xe4 ♘xe4 15.♕xe4 f5** ergibt sich folgendes Bild:

I) 16.♕c2 e4 17.♗g3 f4 18.♕xe4

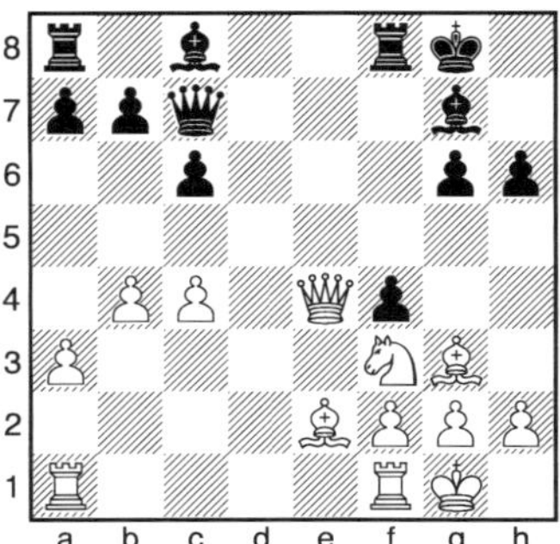

A) 18...♗xa1 19.♖xa1 g5 20.c5 ♗f5 21.♕c4+ ♕f7~∓

B) 18...fxg3 19.♖ad1 gxf2+ 20.♖xf2 ♗f5 21.♕e3 ♖fe8~∓

II) 16.♕e3

A) 16...e4?! 17.♘d4 Δ17...g5? (⌓17...♕e5 18.♖ad1 f4≌)

1) 18.♗g3 f4 19.♕xe4±

2) 18.♘xf5 ♗xf5 19.♗g3±

B) 16...f4 17.♕c5

1) 17...g5?! (u.a. Δb6) 18.♘xg5! b6 19.♘e6! ♗xe6 20.♕e7∞

2) 17...♖e8?! (Δ♗f8) 18.♖ad1! ♗f8

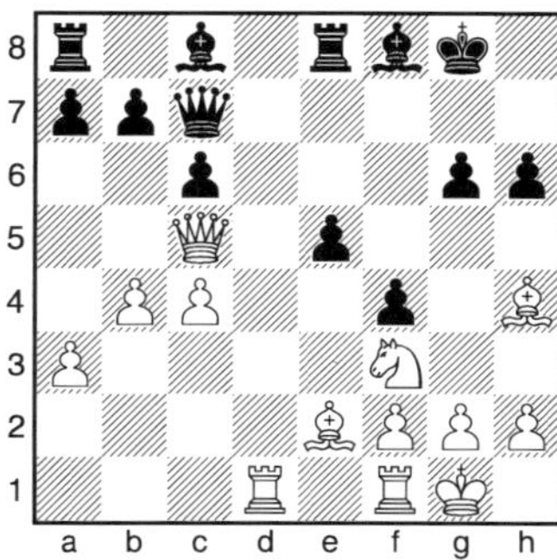

Auf den ersten Blick scheint nun die Notlösung 19.♕a5 ♕xa5 20.bxa5 e4 21.♗f6 exf3 22.♗xf3∞ Δa6 erzwungen, aber bei genauerer Betrachtung gibt es auch eine weniger ‚peinliche' Lösung – und zwar 19.♗d8!! mit den Abspielen:

a) 19...♖xd8 20.♖xd8 ♕xd8 21.♕xe5∞

b) 19...♕g7!? 20.♕a5 e4⩲

3) 17...e4 18.♖ae1!

a) Nach 18...exf3 19.♗xf3 g5 20.♘xg5 hxg5 21.♖e7 ♕b6 führt 22.♖xg7 (22.♕xg5? ♕d4∓) 22...♔xg7 23.♕xg5+ ♔h8 24.♕h6 zum Dauerschach.

b) Und nach 18...g5 19.♘xg5 ...

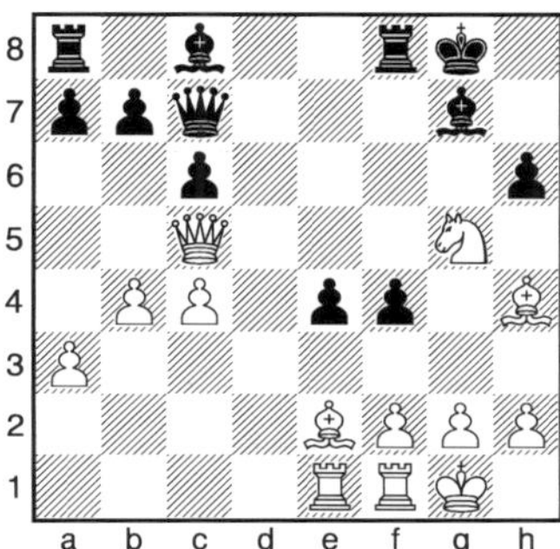

... zieht Weiß sich in zwei Varianten mittels Damenopfer aus der Affäre:

– 19...♖f5 20.♘xe4! (20.♘e6?! ♗xe6∓) 20...♖xc5 21.♘xc5⩲

– 19...b6 20.♕xf8+! (20.♘e6?! ♗xe6∓) 20...♔xf8 21.♘xe4⩲

c) Am besten ist 18...♖e8! – nur muss Schwarz nach 19.b5 ♗f5 20.bxc6 den Fehler 20...bxc6? vermeiden (⌓20... ♕xc6!∓), der nach 21.♘d4± Δ21...♗d7 22.♘b5 ♕e5 23.♕xe5 ♗xe5 24.♖d1 zu beträchtlichem Nachteil führen würde.

17

Wohlfart – Schlamp

Deutschland 2022

1.d4 ♘f6 2.c4 g6 3.♘c3 ♗g7 4.e4 d6 5.♗d3 e5 6.d5 0-0 7.♘ge2 ♘h5 8.0-0 ♘d7 9.♖b1 f5 10.exf5 gxf5 11.f4 e4 12.♗c2 ♘df6 13.h3 ♖f7 14.♗e3 ♗f8 15.b4 ♖g7 16.♕e1 ♕e8 17.♘d1 ♕g6 18.♕f2 ♗e7 19.♗d4 ♗d7 20.♘e3 ♔f7 21.a4 ♕h6 22.c5 ♖ag8

Der imposante schwarze Aufmarsch trifft auf ein Verteidigungsbollwerk, bei dem vor allem der neuralgische Punkt g2 unerschütterlich gedeckt ist. Und wenn es dem Schwarzen nicht gelingt, seinem Angriff eine Spitze zu geben, indem er beispielsweise der Dame mehr Wirkung verschafft, kann Weiß zu Recht darauf verweisen, dass auch sein Gegenspiel am Damenflügel imposante Ausmaße erreicht hat.

I) In der Partie entging es beiden Seiten, dass der vermeintliche Verstärkungszug **23.♗b3??** (Räumung der c–Linie) einen kleinen taktischen Haken hat, der forciert zum Verlust führt. Oder genauer gesagt: zum Verlust hätte führen sollen, denn mit **23...b6??** ließ Schwarz seine Chance ungenutzt verstreichen.

Die Kraft des Zuges **23...♘g3!** liegt darin, dass die Dame schlagartig mehr Wirkung erhält und auch das Feld g3 frei nutzbar wird. Entsprechend ist Weiß rettungslos verloren, wie aus den folgenden Varianten hervorgeht:

A) Der ‚kleine taktische Haken' zeigt sich nach **24.♘xg3 ♖xg3**, weil die eigentlich erforderliche Parade der Doppeldrohung ♕xh3 und ♖xh3 mittels **25.♔h2** (25.♗xf6 ♖xh3) ...

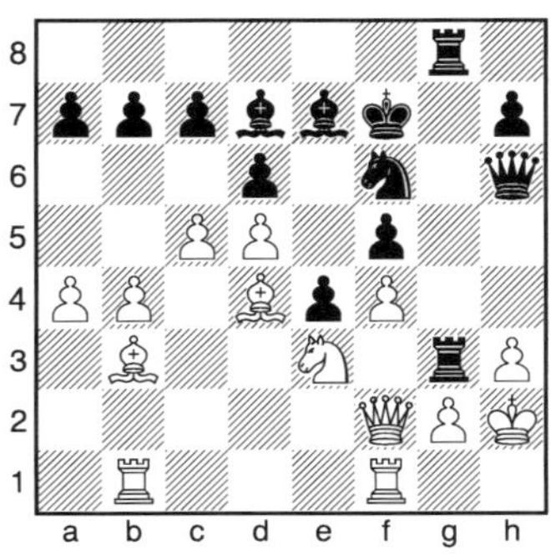

... an **25...♖xe3 26.♗xf6 ♖gg3!** scheitert.

B) Nach **24.♖fe1 ♘xe2+ 25.♖xe2** setzt Schwarz am besten mit **25...♖g3** (25...♕xh3) auf die ‚freie Nutzbarkeit des Feldes g3', denn nach dem vermeintlich sichernden *Sidestep* **26.♔f1** würden mit **26...♘h5!** nebst ♗h4 entscheidende weitere Kräfte vordringen.

C) Besonders spektakulär würde es nach dem Störangriff **24.c6** mit **24...♘xe2+ 25.♕xe2 ♕xh3!!** weitergehen, denn nach Verschwinden des h-Bauern wird u.U. auch das Feld g4 nutzbar.

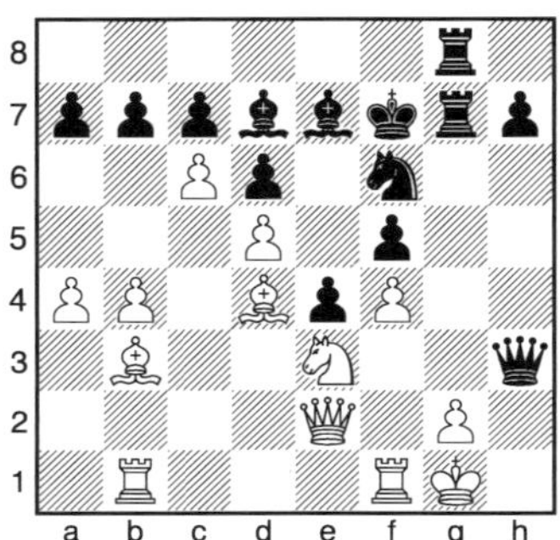

Die resultierenden Varianten sprechen weitgehend für sich.

26.♖f2

26.cxd7? ♖xg2+! 27.♘xg2 ♘g4

26...♖g3! (26...♖g6!? Δ♖h6)

1) 27.cxd7 ♘g4! 28.♘f1 (28.♘xg4 ♖8xg4) **28...♖g6!** (Δ♖h6) **29.♘xg3 ♕xg3 30.♔f1 ♖h6 31.♔e1 ♖h1+ 32.♔d2 ♖xb1** und auf die letzte Falle **33.♖f3** folgt die präzise Antwort **33...♕h2!**, da Weiß nach 33...exf3?? 34.♕e6+ ♔f8 35.♗g7+ ♔xg7 36.♕xe7+ ♔g6 nichts Besseres als Dauerschach bliebe.

2) 27.♘f1

a) Hier würde zur Not sogar **27...♖xb3 28.♖xb3 ♕xb3 29.cxd7 ♕xd5** usw. gewinnen.

b) Deutlich besser wäre schon **27...♖3g6 28.g3 ♘h5!** (28...♘g4) **29.♖h2 ♘xg3 30.♘xg3 ♕xg3+ 31.♔h1** gefolgt vom Kampf um das Mattfeld g1 mittels **31...♗f6!** usw.

c) Am besten ist allerdings eindeutig die direkte Angriffsfortsetzung mit **27...♘g4!** und der mehr oder weniger forcierten Folge **28.♘f1** (28.♘xg4 ♖8xg4) **28...♖g6!!** (Δ♖h6)

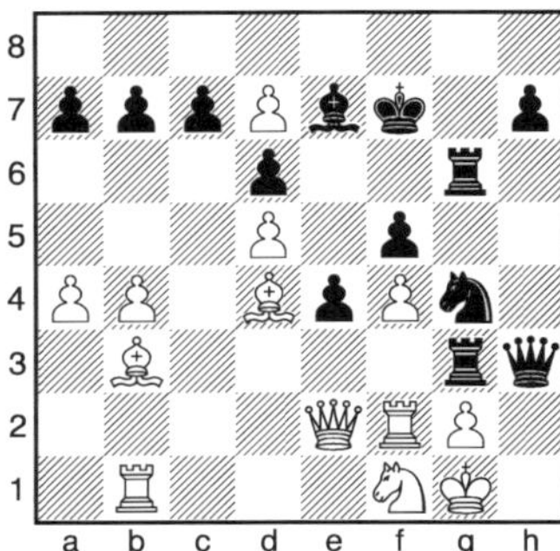

29.♘xg3 ♕xg3 30.♔f1 ♘xf2 31.♗xf2 ♕xg2+ 32.♔e1 e3! 33.♗xe3 (33.♕xe3 ♕h1+) **33...♕h1+ 34.♕f1 ♕e4.**

In der Partie wäre das Ergebnis nach **24.♖bc1** (24.c6; 24.cxb6) **24...♘g3** offen geblieben.

– Allerdings bot Weiß seinem Gegner mit **25.♘xg3??** eine zweite Chance, den ursprünglichen ‚kleinen taktischen Haken' mit **25...♖xg3 26.♔h2 ♖xe3 27.♗xe3 ♘g4+** doch noch zu nutzen.

– Stattdessen war **25.cxd6** der einzige Zug, um die Partie in der Schwebe zu halten; z.B. **25...♘xf1 26.♔xf1 ♗xd6** (26...cxd6?? 27.♖c7+–) **27.♖xc7! ♗xc7 28.d6+ ♗e6.**

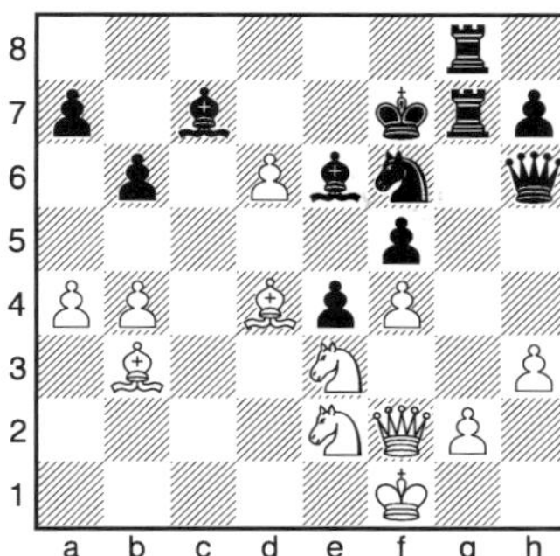

Jetzt könnte Weiß z.B. mit **29.♘xf5** eindeutige Kompensation nachweisen, und wenn Schwarz diese nicht um jeden Preis auf die Probe stellen wollte, wäre er wohl am besten beraten, mit **29...♕g6** die mögliche Zugwiederholung **30.♘h4 ♕h6 31.♘f5** zuzulassen.

II) Der korrekte Läuferzug **23.♗d1!** beruht darauf, dass nach **23...♘g3 24.♘xg3 ♖xg3** das Feld g4 überdeckt wäre, so dass der Defensivzug **25.♔h2** möglich wäre.

III) Infrage kommt übrigens auch das Störmanöver **23.c6**, denn danach würde **23...♘g3??** (⌓23...bxc6 24.dxc6 ♗e6∞) **24.cxd7 ♘xe2+ 25.♕xe2 ♕xh3 26.♖f2** +–; **26.♖b3** sogar vollkommen nach hinten losgehen.

18

Jablonicky – Manik

Slowakei 2022

1.d4 ♘f6 2.c4 g6 3.♘c3 ♗g7 4.e4 d6 5.h3 0-0 6.♗e3 c6 7.♘ge2 ♘a6 8.g4 e5 9.d5 cxd5 10.cxd5 ♕a5 11.♕d2 ♘c5

Auf den ersten Blick hat der letzte schwarze Zug *zwei* kapitale Drohungen mit sich gebracht – auf den zweiten Blick wohl nur *eine*, aber wenn man genauer hinschaut, kommt man zu dem Ergebnis, dass es doch *zwei* sind. Wovon ist die Rede – und wie kann man alles sicher parieren?

1) In der Partie parierte Weiß die offensichtlichere Drohung ♘b3 mit **12.♖b1??** und verließ sich darauf, dass der Bauer e4 ja eben *nicht* bedroht ist. Allerdings würde dies nur für 12...♘cxe4?? 13.♘xe4+– gelten, nicht jedoch für **12...♘fxe4! 13.♘xe4 ♘d3+! 14.♔d1 ♕a4+ 15.♕c2** (15.b3!?) **15...♕xe4**

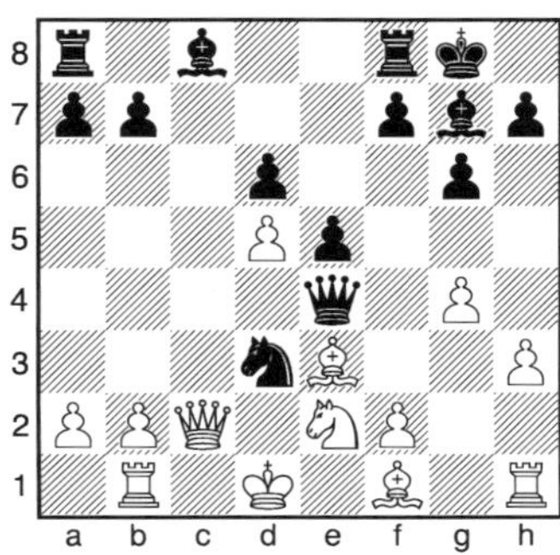

An dieser Stelle ergibt eine grobe Bestandsaufnahme, dass Schwarz selbst nach dem Verlust bzw. Opfer seines Springers mindestens zwei Bauern erhält – und zwar *Zentrums*bauern – und zwar bei anhaltendem Angriff auf eine Stellung mit unrochiertem König, der eben im *Zentrum* feststeckt.

16.♘g3?!

Dieser Schablonenzug bietet sicher nicht die besten Verteidigungschancen.

Besser wäre 16.♖h2!? (nicht 16.♖g1?! wegen der fehlenden Überdeckung von f2 in gewissen Varianten).

a) Mit dem soliden Ansatz 16...♘c5 ist nicht mehr als ∓ zu erzielen; z.B. 17.♕xe4 (17.♗xc5? ♕xd5+ –+) 17...♘xe4 18.f3 ♘c5 (18...♘f6 19.♘c3) 19.♗xc5 dxc5 oder 19.♘c3 f5 usw.

b) Mehr verspricht jedoch 16...♕xd5!? 17.♘c3

– Nach 17...♕f3+?? 18.♗e2 ♘xf2+ 19.♗xf2 ♕f4 hat Schwarz nur Kompensation.

– Hingegen kann er mit 17...♘xb2+ 18.♔e1 ♕a5! auf Gewinn spielen.

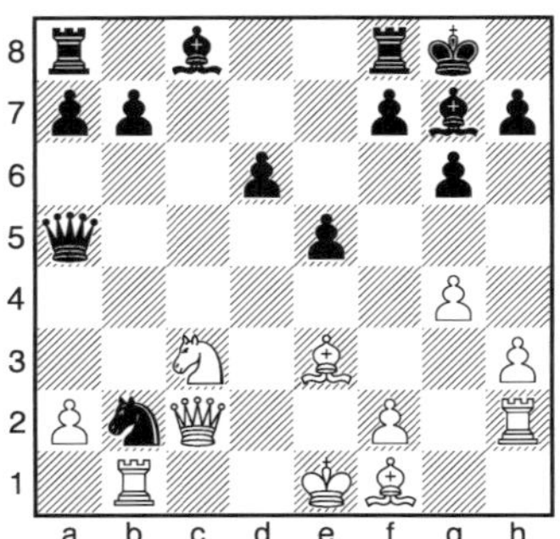

Z.B. 19.♕xb2 e4 20.♗d2 ♕e5 und nun besser 21.♖g2 d5, denn nach 21.♖h1 gibt es außer 21...♗e6 und 21...d5 die zusätzliche Möglichkeit 21...e3 22.fxe3 ♕g3+ 23.♔e2 b6 Δ♗a6+.

16...♕f3+

16...♘xf2+!? 17.♗xf2 ♕xd5+

17.♕e2 und erneut wäre 17...♘xf2+ 18.♗xf2 ♕xd5+ stärker gewesen.

2) Dass **12.0-0-0??** der zweite und viel deutlichere Abstiegskandidat ist, versteht sich angesichts des quasi Reflexzuges **12...b5** wohl von selbst, denn Weiß hätte kaum eine andere Wahl, als mit **13.♗xc5 dxc5 14.g5 ♘d7** eine langfristige positionelle Verluststellung zu akzeptieren.

3) Nach der Notlösung **12.♗xc5 ♕xc5 13.♘g3 ♗d7** bzw. **12...dxc5!?** Δ♘e8-d6 könnte eher Schwarz auf Minimalvorteil hoffen.

4) Bezüglich ‚Hoffnung auf Minimalvorteil' verhält es sich nach dem besten Zug **12.♘c1!** umgekehrt; z.B. **12...b5** ...

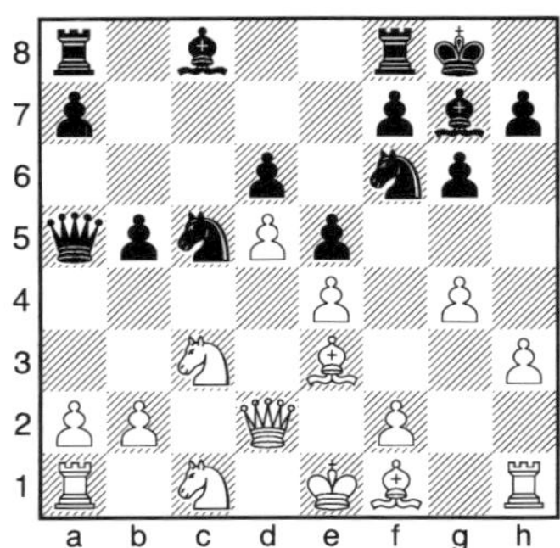

... mit folgenden Abspielen:

a) 13.♗xc5 dxc5 14.g5 ♘h5 15.♘xb5; 15.♗xb5

b) 13.b4 ♕xb4 14.♖b1 ♕a5 15.♖xb5 ♕d8 16.♗xc5 dxc5

19

Beetz – Albayrak

Deutschland 2022

1.♘f3 ♘f6 2.c4 g6 3.♘c3 ♗g7 4.d4 0-0 5.e4 d6 6.♗e2 e5 7.0-0 ♘c6 8.d5 ♘e7 9.♗d2 ♘e8 10.♕b3 h6 11.♖ac1 f5 12.c5 ♔h8 13.exf5 gxf5 14.♖fe1 dxc5 15.♘b5

Nach seinem überoptimistischen Bauernopfer (⌓14.♗e3∞ Δ14...f4 15.cxd6) steht Weiß nunmehr vor der nicht beneidenswerten Aufgabe, wie auch immer geartete Kompensation nachzuweisen. Allerdings darf Schwarz sich keineswegs darauf verlassen, diese Versuche könnten quasi *beliebig* pariert werden. Schließlich ist seine Entwicklung noch nicht abgeschlossen und ebenso, wie seine Königsstellung wohl kein Paradebeispiel für *Sicherheit* bietet, bietet seine Gesamtstellung keines für *Harmonie*.

In der Partie beging Schwarz mit **15...b6??** (statt 15...a6–+; 15...e4) den schweren Fehler, Ansätze für Gegenspiel ausschließlich in der *linken* Bretthälfte zu vermuten. Denn mit dem auf großräumiger Taktik beruhenden Überfall **16.♘xe5!** (räumt die 3. Reihe für den Damenschwenk nach h3!) hätte sein Gegner ihn schlagartig eines Besseren belehren können.

In der Partie hätten nach der diffusen ‚Verstärkungsmaßnahme' 16.♗c4?? außer der Antwort 16...♘g6−+ auch die Alternativen 16...e4 und 16...a6 eine Gewinnstellung ergeben.

16...♗xe5

Die Annahme des Opfers ist erzwungen, da andere Versuche noch klarer zum Verlust führen würden; z.B. 16...a6? 17.d6! ♘xd6 18.♘xd6 ♕xd6 19.♘f7+ ♖xf7 20.♕xf7 ♗e6 21.♕h5 ♕xd2 22.♗f3 ♖f8 23.♖cd1 usw.

Nun ergibt **17.♗xh6** eine tendenzielle Gewinnstellung.

Hingegen hätte Weiß nach 17.♕h3? ♗g7 18.♗xh6 ♔g8 19.♗c4 oder 19.d6 allenfalls gute Kompensation.

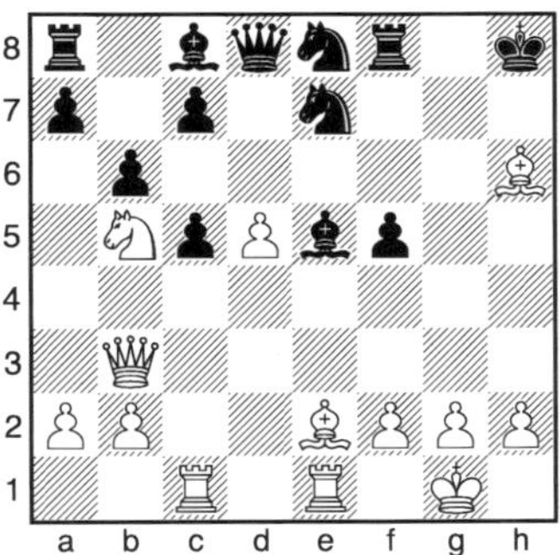

1) 17...♗g7 18.♗g5 ♗f6 19.♕h3+ ♔g8 20.♗c4 ♘d6 21.♘xd6 ♗xg5 22.♖c3

2) 17...♘d6 18.♕h3 ♔g8 19.f4! Δ♕g3+, ♖c3; z.B. **19...♗xb2**

19...♗f6 20.♖c3!; 19...♗g7 20.♕g3; 20...♖c3

20.♖c3 (20.♕g3+ ♔h7/♔h8 21.♗g5) **20...♗xc3 21.♕xc3 ♖f7 22.♗h5 ♖h7 23.♕g3+ ♔h8 24.♘xd6 ♕xd6** (24...cxd6? 25.♕g5 nebst baldigem Matt) **25.♗g5**

20

Kananub – Laohawirapap

Bangkok 2022

1.d4 ♘f6 2.c4 g6 3.♘c3 ♗g7 4.e4 d6 5.♘f3 0-0 6.♗e2 ♘bd7 7.h3 e5 8.d5 ♘c5 9.♕c2 ♘h5 10.b4 ♘d7 11.♗g5 f6 12.♗e3 f5 13.exf5 gxf5 14.♘g5 ♘df6 15.g4 ♘f4

Nach ohnehin nicht gerade solider Partieanlage hat Weiß durch den eine Nummer zu groß geratenen Vorstoß des g-Bauern positionell alle Brücken hinter sich abgebrochen. Schließlich ist in Schachkreisen weithin bekannt, dass ein Vorstürmen auf ganzer Breite in der Regel dazu führt, dass der König keine sichere Bleibe mehr findet. Bei seiner Zugwahl muss der forsche Stürmer nun vorneweg nicht nur das Schachgebot auf g2 beachten, sondern auch die Röntgen-Beobachtung des Springers g5 durch die gegnerische Dame.

Vor der Beschäftigung mit der fehlerhaften Partiefolge hier zunächst ein Blick auf die drei spielbaren Alternativen, die zu unklaren Verhältnissen, Kompensation oder schlimmstenfalls geringem Nachteil geführt hätten:

1) 16.♗xf4 exf4 17.♘e6 ♗xe6 18.dxe6∞

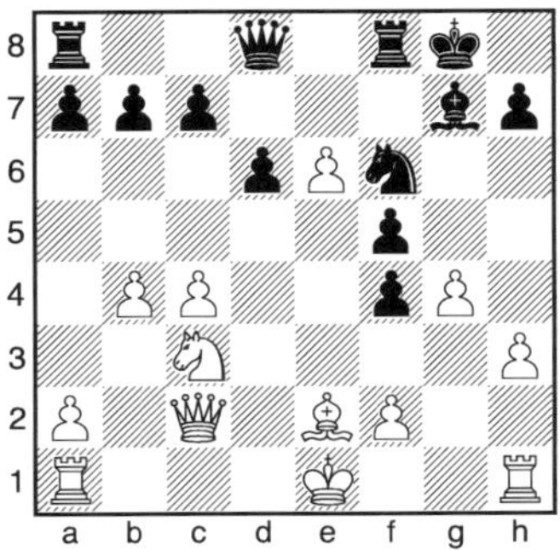

Δ18...♘e4 19.♘xe4 ♗xa1 20.gxf5⩲

2) 16.♖g1 ♘xe2 17.♔xe2 f4 18.♗d2∞

3) 16.0-0-0

a) 16...♘xg4 17.♗xf4 exf4 18.♘e6 ♗xe6 19.hxg4≌

b) 16...♘xe2+ 17.♔xe2 f4 18.♗d2∞

4) In der Partie hatte Weiß bei seiner Wahl **16.gxf5?** die Antwort **16...♘6xd5!** entweder übersehen oder falsch eingeschätzt.

a) Offenbar hatte er nach (dem weiteren Fehler) **17.♘xd5?** auf wer weiß welche Kompensation für den verlorenen Bauern gehofft.

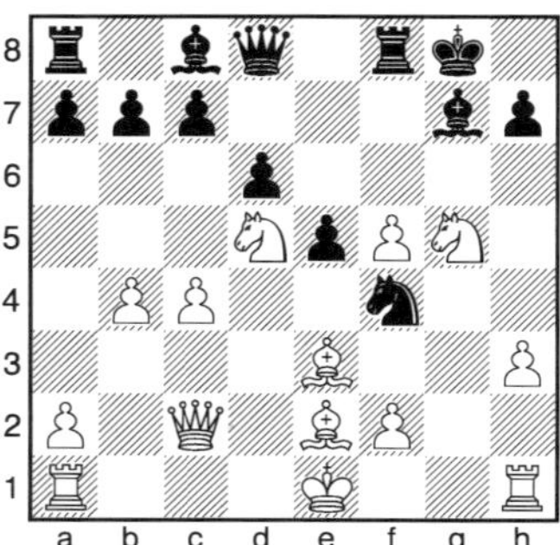

Tatsächlich ‚vergaß' Schwarz es nun, zunächst mit 17...♗xf5! Δ18.♘e4 c6∓ den f- Bauern einzusammeln, der sich nämlich nach dem Gegenfehler **17...♕xg5?** mit **18.f6!∞** äußerst teuer hätte verkaufen können.

b) Von den Alternativen wäre **17.cxd5? ♕xg5** noch schlechter, weil Schwarz nach **18.♗g4** den naheliegenden Fehler **18...h5?** vermeidet (⌓18...♗xf5 19.♗xf5 ♕xf5~-+), der nämlich nach **19.♘e4** ...

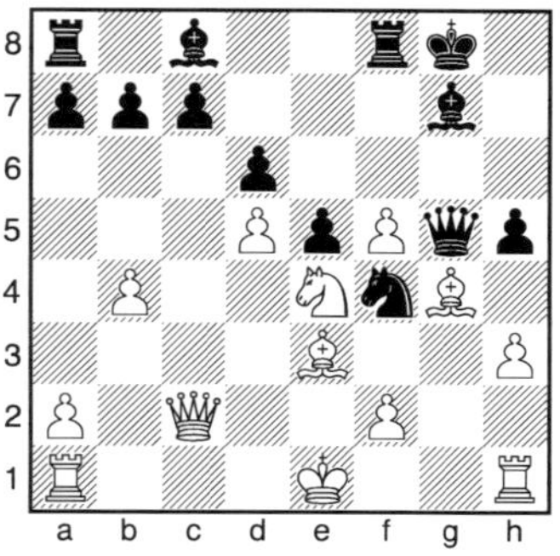

... wegen eines positionellen Figurenopfers nicht zum gewünschten Erfolg führt, wie aus folgenden Varianten hervorgeht:

- Ganz harmlos wäre 19...♗xf5 20.♘xg5 ♗xc2 21.♗e6+≌.

- 19...♕e7 20.0-0-0!! hxg4 21.hxg4≌

- 19...♕h4 20.0-0-0!! hxg4 21.hxg4 ♕xg4 22.f6≌

c) Richtig war auch hier der Störzug **17.f6! Δ17...♘xf6?**

⌓17...♘g2+ 18.♔d2 ♘xf6~∓

18.♗xf4 exf4 19.0-0-0≌

21

Rempel – Schlamp

Deutschland 2022

1.d4 ♘f6 2.c4 g6 3.♘c3 ♗g7 4.e4 d6 5.f3 0-0 6.♘ge2 e5 7.♗g5 c6 8.♕d2 ♘bd7 9.d5 ♘b6 10.♘c1 cxd5 11.cxd5 ♗d7 12.♘b3 a5 13.♖c1 a4 14.♘a1 ♖c8 15.b3 axb3 16.axb3 ♘a8 17.♗e2 b5 18.0-0 ♕b6+

I) Bei dem vermeintlichen ‚Gegenangriff' **9.♗e3?** übersahen beide Seiten die ebenso witzige wie effektive Kreuzfesselung **9...♗h6!∞**.

Nach dem Partiezug 19...♕b7?? hätte Weiß sich mit 20.b4 Δ♘b3-a5-c6 eine tendenzielle positionelle Gewinnstellung verschaffen können.

Danach wäre offenbar nur der Störzug **20.f4** von weiterem Interesse gewesen; z.B. **20...♕b8** mit folgenden Möglichkeiten:

A) Nach **21.fxe5** ist die Rückkehr **21...♕b6!** der einzige Zug.

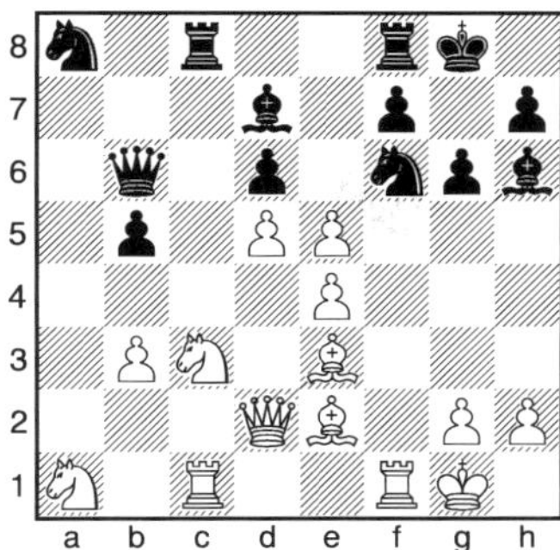

Und nach der beiderseits forcierten Folge **22.♘c2 dxe5** sind die Chancen in komplizierter Stellung verteilt.

B) Nach **21.b4** kann Schwarz solide mit **21...exf4** oder verspielt mit **21...♖xc3!? 22.♕xc3 ♘xe4≌** fortsetzen.

C) Und auch nach **21.♗f3 Δ21...b4 22.♘e2**; **22.♘a2** ist das Gleichgewicht nicht gestört.

II) All das hätte Weiß mit dem einfachen *Sidestep* **19.♔h1** vermeiden können, wonach der Raumvorteil und die latente Schwäche des schwarzen b-Bauern Vorteil in der Größenordnung ± in Aussicht gestellt hätten; z.B. **19...♘h5 20.♗e3 ♕b7 21.b4**

⌓21.♖fd1! Δ21...♘f4 22.♗f1; 21...f5 22.

21...♘f4 22.♘b3 ♘xe2 23.♕xe2 ♘b6!

A) Nun wäre **24.♘xb5?** ein Schritt vom rechten Weg, denn das schwarze Figurenspiel würde dermaßen aufblühen, dass alle Varianten auf unklare Verhältnisse oder gute Kompensation hinauslaufen würden.

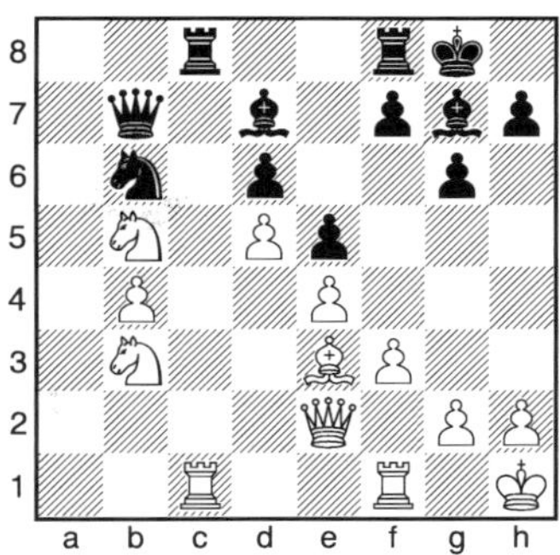

1) 24...♖xc1 25.♖xc1 ♘xd5 26.♘xd6 ♕xb4

2) 24...♕a6 25.♖xc8

a) 25...♖xc8 26.♖a1 (26.♘5d4) 26...♕xb5 27.♕xb5 ♗xb5 28.♗xb6 f5≌

b) 25...♗xb5!? 26.♖xf8+ ♗xf8

– 27.♕f2 ♗xf1 28.♗xb6

– 27.♖a1 ♕xa1+ 28.♘xa1 ♗xe2 29.♗xb6

B) ⌓24.♘a5 ♕a6 25.♘c6! ♗xc6 26.dxc6 ♖xc6 27.♕xb5 ♘c4! 28.♕xa6 ♖xa6

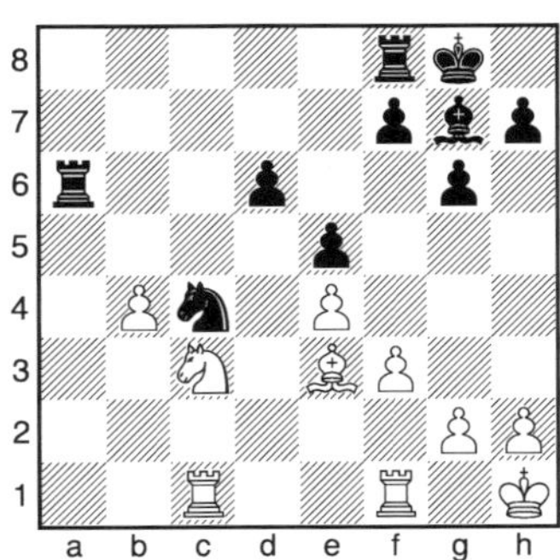

29.♗g5!± (Δ♘d5) **Δ29...f6 30.♘d5**

22

Meißner – Piersig

Deutschland 2022

1.d4 ♘f6 2.♘f3 g6 3.c4 ♗g7 4.♘c3 0-0 5.e4 d6 6.♗e2 e5 7.0-0 ♘c6 8.d5 ♘e7 9.♘e1 ♘d7 10.♘d3 f5 11.♗d2 ♘f6 12.f3 f4 13.a4 g5 14.c5 h5 15.cxd6 cxd6 16.♘f2 ♖f7 17.♘b5 g4

Nach dem vorangegangenen weißen Angriffszug hat Schwarz die damit einhergehende Unterversorgung des Bauern e4 zum Anlass für den sofortigen Vorstoß des g-Bauern genommen. Dies war wohl etwas verfrüht und hätte besser durch 17...♘g6 ersetzt werden sollen, um bei Bedarf den von Weiß anvisierten Bauern d6 überdecken zu können. Vermutlich hatte Schwarz befürchtet, dass seinem Schlüsselzug mit 18.h3 ein weiterer Riegel vorgeschoben wird, aber nach 18...♗f8 oder auch jetzt 18...g4!? wäre der weiße Vorteil noch nicht aus dem Minimalbereich heraus. Wie auch immer, steht Weiß in unserer Ausgangsstellung vor der Frage, wie die gegnerische Übereile ausgenutzt werden könnte.

1) In der Partie reagierte er auf diese Übereile mit dem zu langsamen Herangehen **18.♖c1?** und nach **18...g3 19.♘d3 ♘g6∞** Δh4-h3 ...

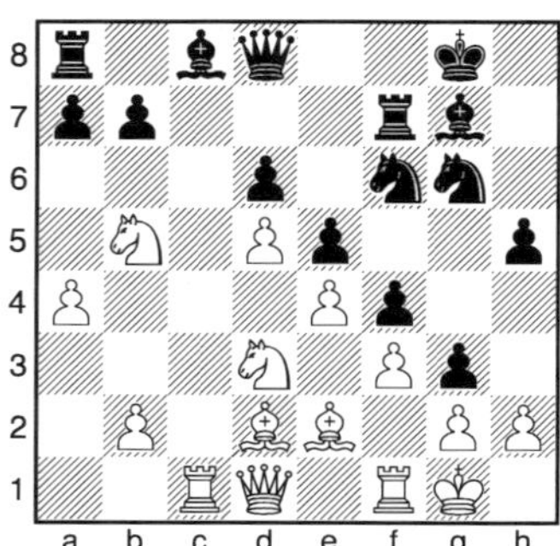

... war er am Königsflügel zu beschäftigt, um seinen eigenen Angriff am anderen Flügel effektiv weiterverfolgen zu können.

2) Nur mit der konsequenten Angriffsfortsetzung **18.♗b4!** war der erfolgte Springerausfall zu rechtfertigen.

a) So bliebe für die Verteidigungsmaßnahme **18...♘e8?** keine Zeit, denn nach **19.fxg4 hxg4 20.♗xg4 ♗xg4 21.♕xg4** (21.♘xg4?? a6-+; 21...♕b6+ Δa6) hat Weiß einen gesunden Mehrbauern und eine zumindest tendenzielle Gewinnstellung.

b) Und auf die konsequente *gegnerische* Angriffsfortsetzung **18..g3** folgt das ebenso überraschende wie wohlbegründete positionelle Figurenopfer **19.♘xd6! gxf2+ 20.♖xf2**, denn nach **20...♖f8 21.♖c1** ...

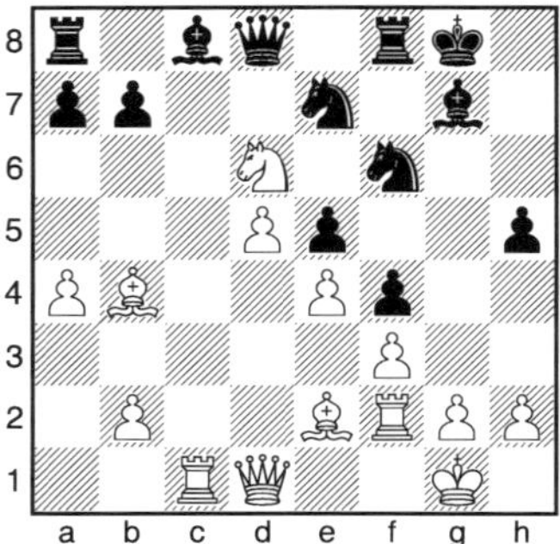

... bietet die extrem aktive Figurenstellung mit der raschen Turmverdopplung auf der c-Linie und dem möglichen Vortrieb des Freibauern dermaßen üppige Spielansätze, dass der Vorteil womöglich bereits im Bereich ± anzusiedeln ist. Kein Wunder, wenn man sich vor Augen führt, dass die schwarze Mehrfigur in dem wenig imposanten Läufer g7 gegeben ist.

23

Atkinson – Höckendorf

Deutschland 2022

1.♘f3 ♘f6 2.c4 g6 3.♘c3 ♗g7 4.e4 d6 5.d4 0-0 6.♗e2 e5 7.d5 ♘a6 8.♗g5 h6 9.♗h4 ♕e8 10.♘d2 ♘xe4 11.♘dxe4 f5

Das thematische Scheinopfer auf e4 wird auch in anderen Stellungen behandelt, und im vorliegenden Fall geht es speziell um die Frage, auf welche Weise Weiß es am besten sicherstellen kann, dass die Nutzung des Figurenfeldes e4 zu langfristigem Positionsvorteil führt.

I) Nach der Partiefolge **12.f3?! fxe4** ...

A) ...stellte die weitere Ungenauigkeit **13.♘xe4?!** sicher, dass Weiß letztlich mit leeren Händen dastand.

13...♗f5∞

Außerdem ist 13...b6 nebst ♘c5 oder auch sogleich 13...♘c5 Δ14.♘xc5 dxc5 nebst e4 bestens spielbar.

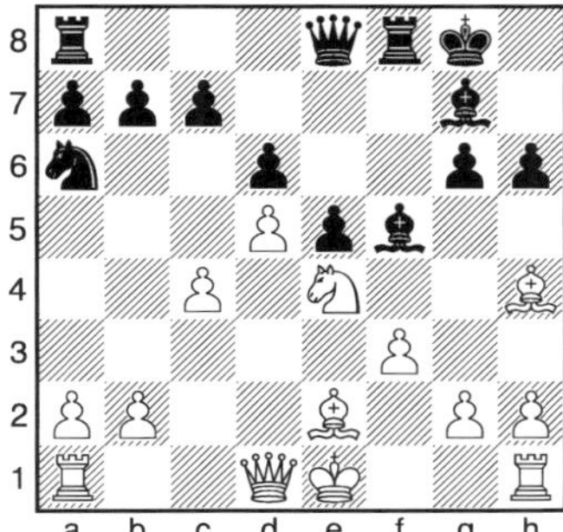

14.♗d3

Von Interesse sind auch die beiden folgenden Alternativen:

– 14.0–0 ♗xe4 15.fxe4 ♖xf1+ 16.♗xf1 c5

– 14.♗f2 ♗xe4 (14...b6 Δ♘c5) 15.fxe4 ♘c5 Δ16.♗xc5 dxc5 17.♕b3 ♕e7! Δ♕h4+ und nicht 17...b6?! 18.0–0–0 oder 18.♗f3 nebst 0–0 mit Minimalvorteil.

14...♘c5?

⌓14...♗xe4 15.♗xe4/fxe4 ♘c5∞

15.0-0?

⌓15.♘xc5 dxc5 16.0–0±

15...♘xd3 16.♕xd3 g5 17.♗g3?!

⌓17.♗e1 ♕g6 18.♗d2

17...♕g6

B) Nach der besseren Wahl **13.fxe4!** und der naheliegendsten Antwort **13...♘c5** sind zwei taktisch gewürzte Abspiele denkbar:

1) 14.b4 ♘xe4 15.♘xe4 ♖f4 16.♗f3 ♖xh4 17.g3

a) Nach 17...♖h3? 18.0-0! wäre die Frage, ± oder bereits +–, unerheblich, zumal Weiß den verlaufenen Turm gar nicht zu fangen bräuchte, sondern einfach am Damenflügel weiterspielen könnte.

b) Besser also 17...♖xe4+! 18.♗xe4 ♗h3 19.♕c2 mit nur geringem weißem Vorteil angesichts des äußerst störenden Läufers auf h3 sowie der Tatsache, dass die lange Rochade für Weiß nicht besonders einladend aussieht.

2) 14.♗f2 ♕e7!? (14...a5) Δ15.b4?! (⌓15.0–0±)

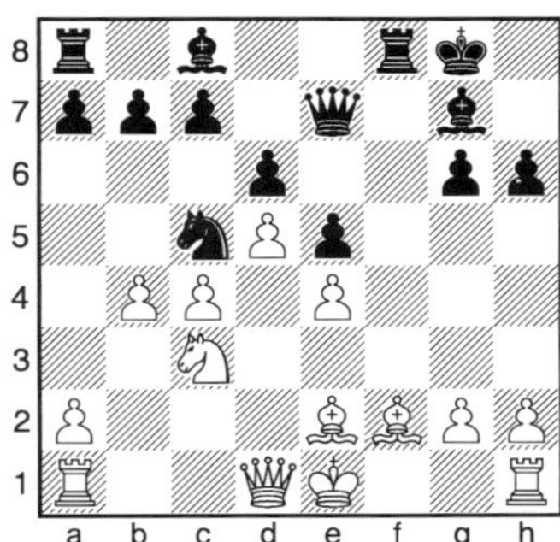

15...♖xf2! 16.♔xf2 ♕h4+ 17.g3 ♘xe4+ 18.♘xe4 ♕xe4⩲

II) Mit **12.♘d2!** sorgt Weiß im Prinzip einfach dafür, dass in der Folge *beide* Springer zum Kampf um das Schlüsselfeld e4 auf dem Brett bleiben.

Allzu naiv wäre das Spiel auf Erhalt des schwarzfeldrigen Läufers in der Version 12.♘xd6? cxd6 13.f3, denn nach 13...e4∓ übernimmt Schwarz die Initiative.

12...g5 13.♗g3 f4 14.♘de4±

14.♗h5!? ♕e7 15.de4 ♗f5 16.♕e2; 16.♗g4

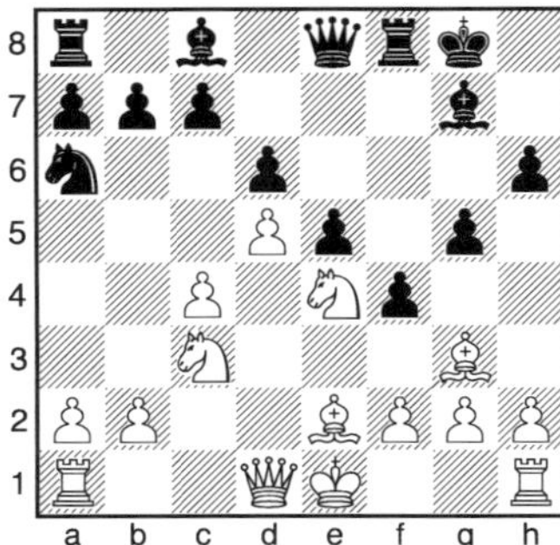

A) 14...♗f5 15.♗d3 (15.♗g4) **15...♕g6 16.♕e2**

B) 14...fxg3 15.hxg3 ♗f5 16.♗g4; 16.♗d3

24

Urban – Hricak

Slowakei 2022

1.c4 d6 2.♘c3 ♘f6 3.d4 g6 4.e4 ♗g7 5.f3 0-0 6.♗e3 e5 7.d5 ♘h5 8.g4 ♘f4 9.h4 f5 10.gxf5 gxf5 11.♕d2 a6 12.0-0-0 b5

In der durchaus richtigen Erkenntnis, dass gegnerisches Angriffsspiel am Königsflügel nicht ‚auf die Schnelle' zu bewerkstelligen ist, hat Schwarz die Öffnung der g-Linie in Kauf genommen. Dabei hat er sich außerdem auf seinen äußerst störenden Vorpostenspringer sowie eventuelle Spielansätze auf der f-Linie verlassen. Dann ist ihm aber womöglich klargeworden, dass Weiß bei der Entwicklung seiner Figuren am Königsflügel zwecks anschließendem Spiel auf der g-Linie gar nicht zur Eile gezwungen ist, sondern die Sache auch ‚gemütlich' angehen kann, wenn es Schwarz nicht gelingt, sich effektives Gegenspiel zu verschaffen. In diesem Sinne ist der vorangegangene Vorstoß des b-Bauern zu verstehen, wonach die Aufgabe von Weiß in dem Nachweis besteht, dass dieser keineswegs zu effektivem Gegenspiel führt.

1) Bei dem Partiezug **13.♘ge2?** glaubte Weiß womöglich, damit zwei Fliegen mit einer Klappe zu schlagen – nämlich das Problem des ‚äußerst störenden Vorpostenspringers' zu lösen und schleunigst mit ♖g1 nachrücken zu können. Nach dem Gegenfehler **13...♘xe2+?** wurde klar, dass auch Schwarz sich nur oberflächlich mit der gegebenen Stellungsproblematik beschäftigt hatte, zumal ja das Schlagen auf f4 wegen der Aktivierung des g7 kaum infrage kam.

Außerdem hätte er nach 13...b4 14.♘a4 fxe4 15.fxe4 mit 15...♗g4∞ ...

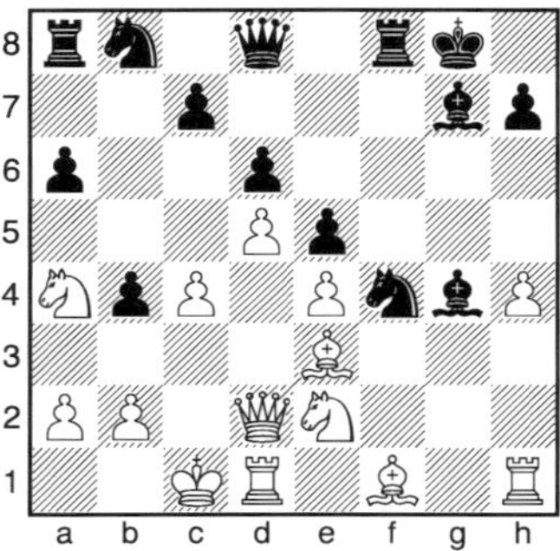

... auch einen seiner Sorgenläufer ‚äußerst störend' ins Spiel bringen und nach beispielsweise 16.♖e1 mit 16...♘d7 die Entwicklung seines Damenflügels vorantreiben können.

Und da er nach der Partiefolge **14.♗xe2 f4 15.♗f2** ohne jegliches Gegenspiel auf *zwei* Sorgenläufern sitzen blieb, möchte man eigentlich schon von einer tendenziellen Verluststellung sprechen.

2) Die Alternative **13.a3!?** mit der möglichen Folge **13...bxc4 14.♗xc4 fxe4 ♘xe4** ist immerhin für ± gut, wobei die wie auch immer geringe Schwächung der Rochadestellung letztlich wohl besser vermieden werden sollte.

3) Am besten ist **13.cxb5** mit tendenzieller Gewinnstellung, denn wie bei jedem ‚seriösen' Gambit gilt speziell bei einem

‚halbseidenen', dass eine mögliche Widerlegung in der Regel über die Annahme des Gambitbauern führt.

13...fxe4

Schwarz hat keine sinnvollen Wartezüge (z.B. 13...♘h5?! 14.♖h2!), während Weiß mit ♔b1 oder h5 sowohl sinnvoll abwarten, als auch mit ♗c4 nebst ♘ge2 seine Entwicklung vorantreiben kann.

14.fxe4

14.♘xe4?! axb5 15.♔b1 ginge zur Not auch, aber Weiß kann sich erlauben, jegliche Komplikationen zu vermeiden.

Nun würden Schwarz nach **14...♗g4 15.♖e1** ...

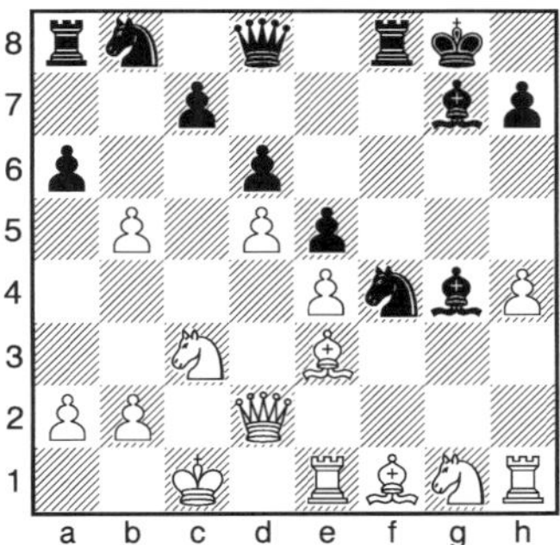

... erneut sinnvolle Wartezüge fehlen; z.B. **15...h5 16.♔b1** nebst ♗c4 nebst ♘ge2 usw.

25
Mohammad – Seger
Deutschland 2022

1.d4 ♘f6 2.c4 g6 3.♘c3 ♗g7 4.e4 d6 5.♘f3 0-0 6.♗e2 e5 7.0-0 ♘c6 8.d5 ♘e7 9.♘e1 ♘d7 10.♗e3 f5 11.f3 f4 12.♗f2 g5 13.♖c1 ♘g6 14.c5 ♘xc5 15.b4 ♘a6 16.♘b5 b6 17.♕a4 h5 18.♘xd6 cxd6 19.♗xa6 ♗d7

Zwar kann Schwarz nicht mehr daran gehindert werden, den Schlüsselzug seines Angriffs (g5–g4) auszuführen, aber danach ist noch nicht ersichtlich, wie die erforderlichen Figurenmanöver zu bewerkstelligen sind, damit diesem Angriffs*signal* auch ein wirklich ernstzunehmender *Angriff* folgen kann. Denn am anderen Flügel ist nicht nur der Bauer a7 in akuter Gefahr, sondern die Kontrolle der c–Linienbasis c8 ermöglicht Weiß rasche Maßnahmen zum Einbruch auf der einzigen offenen Linie.

I) In der Partie wählte Weiß mit dem Rückzug **20.♕a3** das solideste Verfahren – und hatte damit Glück ...

A) ... weil Schwarz mit dem überstürzten Vorstoß **20...g4?** sein Angriffssignal quasi hinausposaunte. Denn danach hätte **21.♗b7 g3 22.hxg3 fxg3 23.♗xg3 ♖b8 24.♗c6±** zu deutlichem Vorteil geführt, während 24.♕xa7?? ♗b5–+; 24...♕g5 ebenso deutlich nach hinten losgegangen wäre.

B) Zur Schadensbegrenzung wäre nur **20...♕b8!∓** Δg4 infrage gekommen, während sich **20...♖f7?** in einer trickreichen Varianten als untauglich herausgestellt hätte: **21.♗b7 ♖b8 22.♕xa7!**

Nach 22.♗c6? ♗c8!∞ steht der eigene Läufer dem weißen Angriff im Wege.

22...♗b5

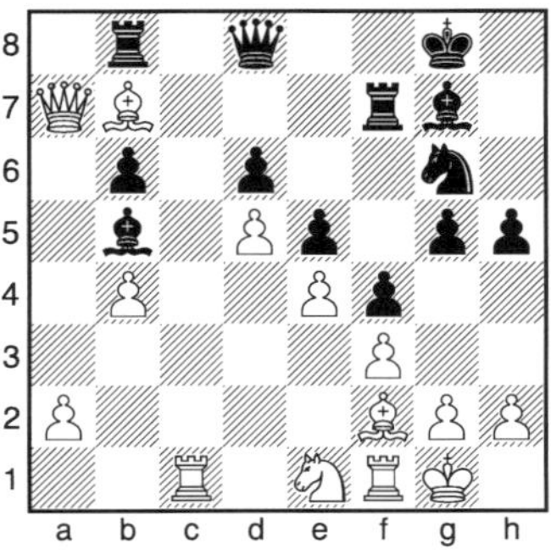

23.♗xb6 ♖fxb7 24.♕xb7 ♕xb6+ 25.♕xb6 ♖xb6 26.♖f2± Δ♖fc2 usw.

II) Die weißfeldrig gründlich geschwächte gegnerische Stellung schreit geradezu nach dem positionellen Qualitätsopfer **20.♖c6!** mit der unmittelbaren Anschlussdrohung ♗b7.

Nach 20.b5?! ♖f7∞ oder 20.♗b5?! ♗xb5 21.♕xb5 g4∞ kann Weiß keine großen Sprünge machen.

Hier ein Überblick über die zahlreichen und zum Teil recht komplizierten Möglichkeiten:

A) Nach Annahme des Opfers mit **20...♗xc6? 21.dxc6** muss Schwarz auf den Ausbruchsversuch **21...d5** setzen (21...♘e7? 22.♗b7+−), u.a. auch, weil dieser dem Gegner die Gelegenheit zu einem naheliegenden Fehler gibt.

1) Denn nach 22.♕b3? ♘e7 23.exd5 ♔h8 24.♗c4 g4∞ ...

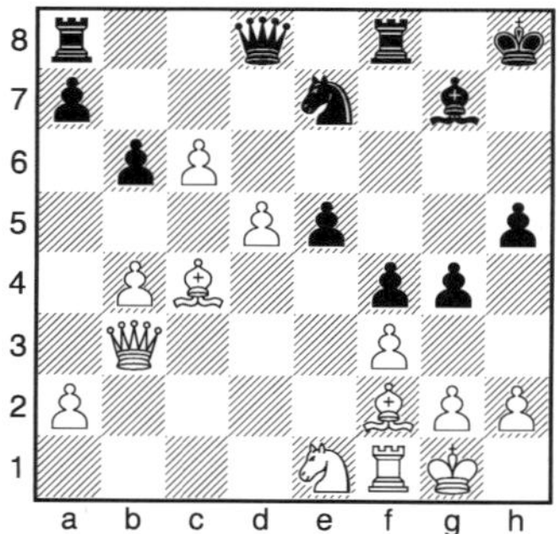

... kommen die verbundenen Freibauern im Gegensatz zum schwarzen Gegenspiel nicht von der Stelle.

2) Ganz anders nach 22.♗b7 dxe4 23.fxe4± − nicht jedoch 23.♗xa8? e3⩱.

B) 20...♕e7 21.♗b7 ♖ad8 Δ22.♕xa7? (⌓22.♕a3 Δ♖c7±) **22...♗c8 23.♖xc8** (23.♖xb6? ♖d7∓) **23...♖xc8 24.♕a6⩱**

C) 20...♖f7 21.♗b7 ♖b8 22.♕xa7 ♗e8

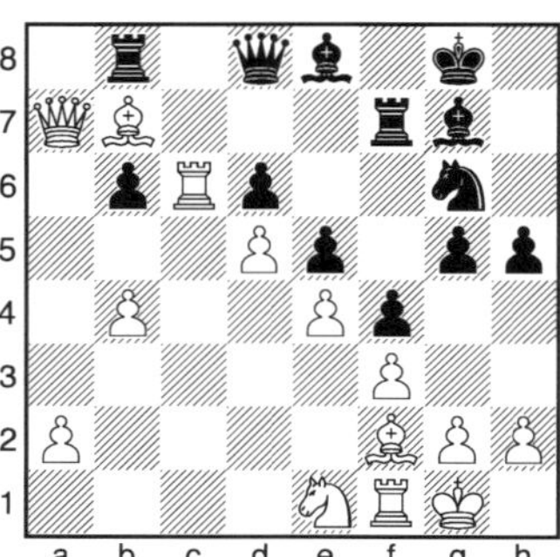

1) 23.♖xb6? ♕c7 24.b5 ♖xb7 25.♖xb7 ♕xb7 26.♕xb7 ♖xb7 27.a4⩱

2) 23.♗xb6 ♖fxb7 24.♕xb7 ♗xc6 25.♕xg7+ (25.♕c7!?) 25...♔xg7 26.♗xd8 ♗xd5

a) 27.exd5?! ♖xd8 28.♘d3± ♘e7

b) 27.♗c7 ♖c8 28.♗xd6 ♗xa2 29.♖f2±

D) 20...♗e8 21.♗b7 ♖b8 22.♕xa7 ♖f7 23.♗xb6± siehe C)

E) 20...♕b8!? 21.♘d3 g4 22.♖fc1 gxf3 23.gxf3± Δ♔f1

F) 20...♖b8!? 21.♕c2±

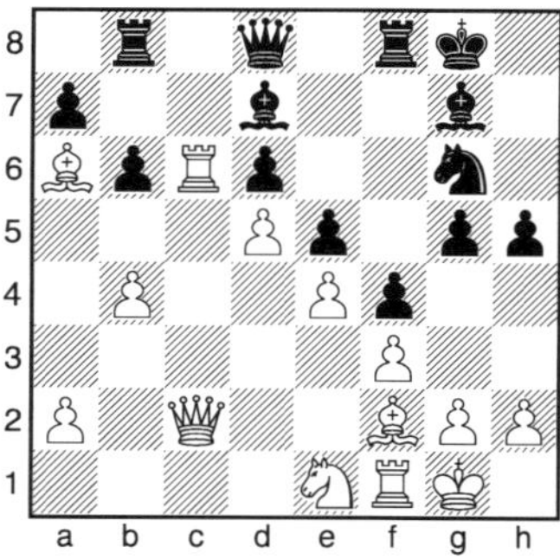

Δ21...♗xc6? (⌓21...♖f6) **22.dxc6 ♕c7 23.♗c4+ ♔h8 24.b5±**

26

Walter – Vonderhecken

Deutschland 2022

1.d4 ♘f6 2.c4 g6 3.♘c3 ♗g7 4.e4 d6 5.f3 0-0 6.♗e3 ♘c6 7.♘ge2 e5 8.d5 ♘e7 9.g4 a6 10.♘c1 c6 11.♕d2

Nach Abschließung des Zentrums hat Weiß durch den Vorstoß des g-Bauern nicht nur Gegenspiel am Königsflügel ausgeschlossen bzw. erschwert (♘h5-f4; f7-f5), sondern auch eigene Angriffsabsichten (h4-h5) in diesem Bereich bekundet. Will Schwarz nicht langfristig in die Defensive gedrängt werden, sollte sein Plan daran ansetzen, dass Weiß noch nicht rochiert hat und wohl nur noch die lange Rochade in Betracht kommt.

I) In der Partie setzte Schwarz mit **11...cxd5?! 12.cxd5 b5** ziemlich schablonenhaft fort.

A) Nach **13.♘d3**~± hatte Weiß mit 0-0-0; h4-h5 einen einfachen Anschlussplan, während bei Schwarz beide Läufer in eine eher freudlose Zukunft schauten.

B) Von größerem Interesse war **12...♘d7**, um ungeachtet einer möglicherweise offenen g-Linie typisches Gegenspiel am Königsflügel zu suchen.

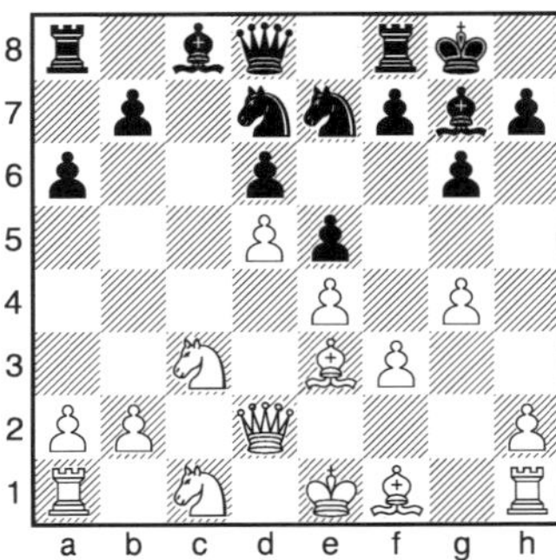

1) So hätte Weiß nach seinerseits schablonenhaftem Spiel mit 13.♘d3 f5 14.gxf5 gxf5 15.0-0-0 ♘f6 allenfalls Minimalvorteil.

2) Einen besseren Eindruck macht 13.h4 f5 14.h5, denn wenn Schwarz mit 14...f4?! (⌓14...fxg4 15.fxg4 ♘f6) 15.♗f2 g5 den Königsflügel abriegelt, geht es z.B. mit 16.a4± am Damenflügel weiter.

II) Die Pointe des scharfen Herangehens **11...b5!** besteht darin, dass am Damenflügel nicht nur die c-Linie aufgeht und Weiß folglich auch nicht mehr *lang* rochieren kann. Auch würde die Annahme des Bauernopfers dazu führen, dass der schwarze Springer via c6 Zutritt zu d4 erhält. Hier ein Überblick über die teilweise komplizierten Varianten, bei denen eher Weiß auf der Hut sein muss, nicht in Nachteil zu geraten:

A) 12.cxb5? cxd5 13.exd5 axb5 14.♗xb5 ♗b7∓ 15.♗c4 (15.♗g5 ♕b6) **15...♕c7 16.♗b3 ♖a5**

B) 12.g5?! ♘h5 13.dxc6 ♘xc6∓

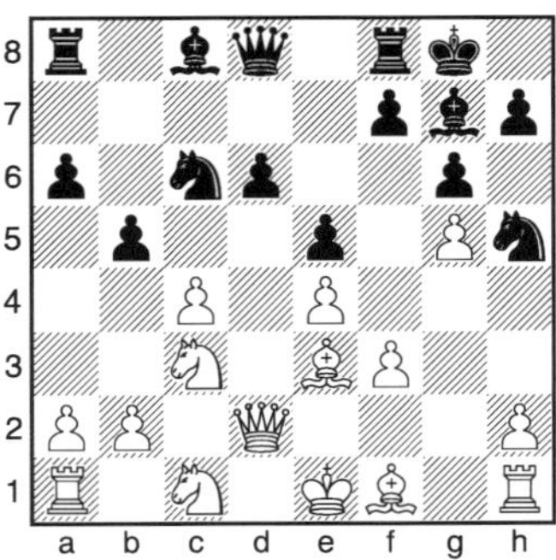

1) 14.cxb5 ♘d4 15.♗xd4 exd4 16.♘d5 f5; 16...♗e6

2) 14.♘b3 ♗e6

a) 15.♘d5 bxc4 16.♗xc4 a5; 16...♗e6

b) 15.cxb5 axb5 16.♗xb5 ♘b4 Δ17.0-0 ♘f4 18.h4 ♖b8

C) 12.♗g5?! bxc4 13.♗xc4 cxd5∓ Δ14.exd5?! (⌓14.♘xd5 exd5 15.♗xd5 ♖b8) **14...e4!∓** (14...♕c7)

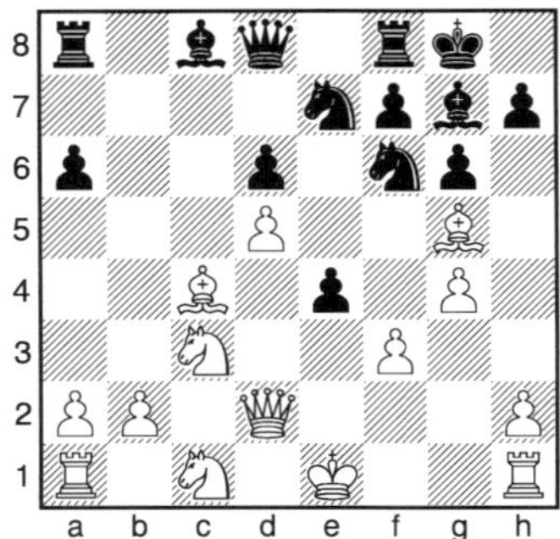

1) 15.♕f4? ♘xg4!?−+ (15...♘d7)

a) 16.fxg4 f6 17.♗h6 g5

b) 16.♗xe7 ♕xe7 17.fxg4 f5; 17...♗e5

2) 15.♗xf6? ♗xf6 16.♘xe4 ♗h4+ −+; 16...♗g7

3) 15.♘xe4 ♘xe4 16.fxe4 ♗xg4

D) Am sichersten ist noch **12.dxc6** mit folgenden Möglichkeiten:

1) 12...bxc4 13.♗xc4 ♘xc6∞

2) 12...♘xc6 Δ13.cxb5? (⌓13.♘b3∞) 13...axb5

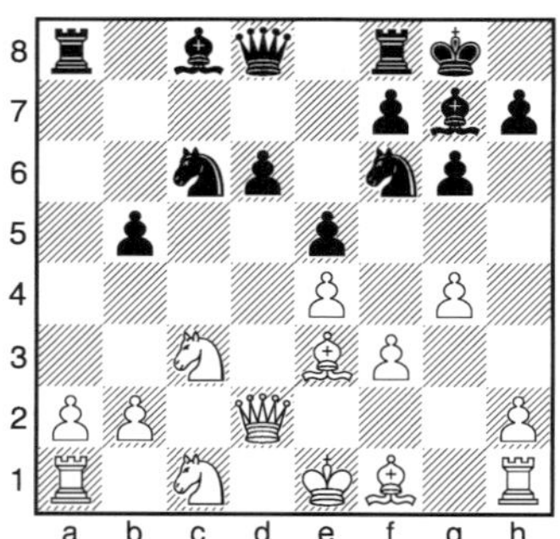

a) 14.♘xb5? ♗xg4!?−+; 14...d5

b) 14.♗xb5 ♘d4 15.♗e2 ♗b7∓

27

Sroczynski – Weber

Deutschland 2022

1.d4 ♘f6 2.c4 g6 3.♘c3 ♗g7 4.e4 d6 5.♘f3 0-0 6.♗e2 e5 7.0-0 ♘c6 8.d5 ♘e7 9.♘e1 ♘d7 10.♗e3 f5 11.f3 f4 12.♗f2 g5 13.a4 a5 14.♘d3 b6 15.♗e1 ♖f7 16.♘b5 ♗f8 17.b4 axb4 18.♗xb4 ♘f6 19.a5 c5 20.♗c3 bxa5

Angesichts der Möglichkeit, ohne weitere Vorbereitung den g-Bauern vorzustoßen (mangelnde Überdeckung des Bauern e4) und den Turm bereits auf g7 einzusetzen, steht Schwarz offenbar bereit, einen vielversprechenden königsindischen Standardangriff abzuspulen. Tatsächlich müsste Weiß sich nun mit aller Macht dagegenstemmen – es sei denn, er könnte seinen Gegner in anderen Bereichen so nachhaltig beschäftigen, dass dieser keine Zeit mehr hätte, den geplanten Angriff fortzusetzen.

1) In der Partie setzte Weiß mit **21.♘f2?** und auch seinem nächsten Zug auf das Verfahren, mit aller Macht dagegenstemmen' – und zog damit den wichtigsten Angreifer zurück, der die besagte ‚Beschäftigungstherapie' überhaupt erst ermöglicht hätte.

21...h5

Da der Vorstoß des g-Bauern nicht wegließ, kam auch 21...♘g6!?∞ infrage, um in Varianten wie beispielsweise 22.♕a4 ♗d7 23.♗xa5 ♕c8 bequemer im beengten Hinterland manövrieren zu können.

22.h3?!

Damit gibt Weiß die Initiative endgültig aus der Hand, statt mit 22.♕a4 ...

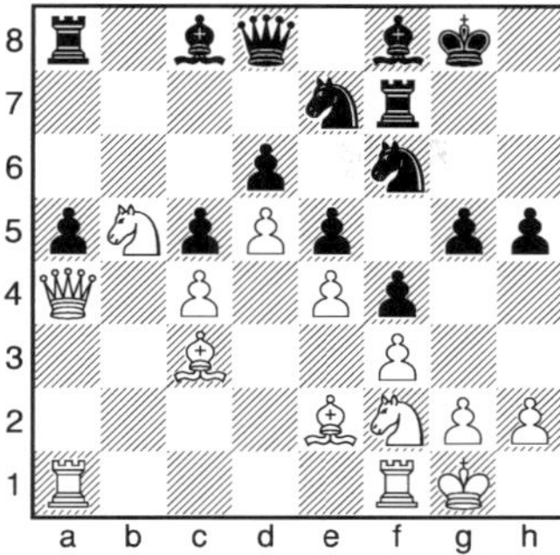

... Δ22...g4?! (⌓22...♘g6 23.♗xa5 ♕e7∞) 23.♗xa5 ♕d7 24.♘c7!± weiterhin darum zu kämpfen.

22...♘g6∓ Δ♘h4, ♖g7 usw.

Was die ‚Beschäftigungstherapie in anderen Bereichen' betrifft, bietet sich zunächst der Einbruch am Damenflügel via a5 an.

2) 21.♕d2!?

Nach 21.♕a4? ♗d7∞ steht die Dame offenbar ziemlich unpraktisch.

a) Nach **21...♘g6?! 22.♗xa5±** können die weißen Leichtfiguren das Einbruchsfeld c7 nutzen.

b) Und nach **21...a4** kann Weiß mit **22.♘xd6! ♕xd6 23.♘xe5** auf das anschließend behandelte Zertrümmerungsopfer zurückgreifen.

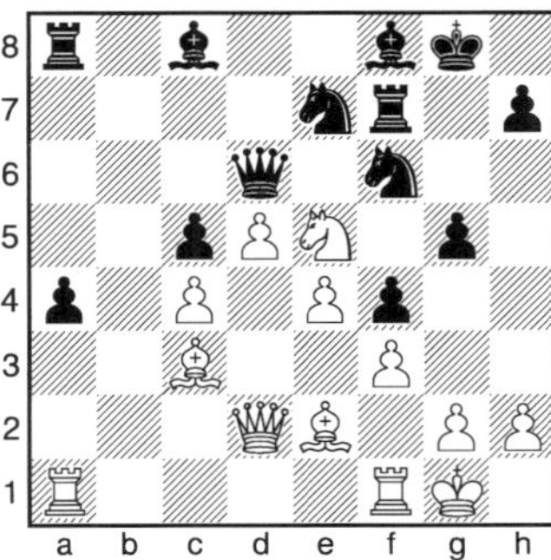

Nach **23...♖g7** würde der zu direkte Ansatz 24.♘d3?! nach 24...♘e8! 25.e5 nur Kompensation abliefern, weil Schwarz in der Folge das Gegenspiel mit ♘f5 usw. hätte, aber mit **24.♖a3** Δ♖fa1 usw. könnte Weiß kräftigen Minimalvorteil erzielen.

3) Der sofortige Einschlag **21.♘xd6!** verspricht den größten Vorteil.

Hingegen würde 21.♗xe5? dxe5 22.♘xe5 nur Kompensation abliefern.

21...♕xd6 22.♘xe5

Vollkommen falsch wäre der Ansatz 22.♗xe5? ♕d8∓ Δ♘e8, ♘g6 usw.

Und nach **22...♖g7** ...

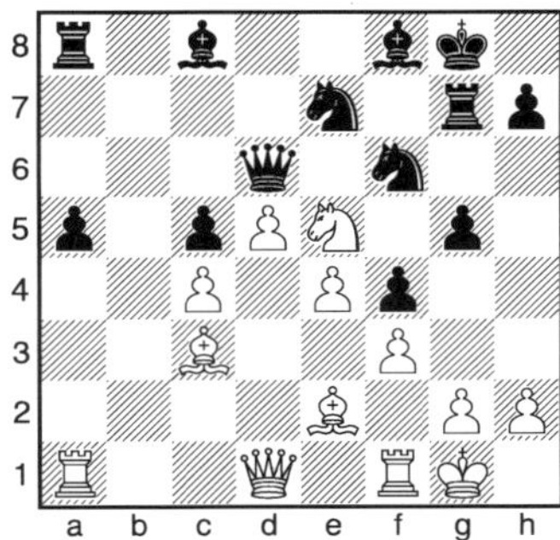

... führt **23.♖a2** Δ♕a1 die Liste der Fortsetzungen im Bereich ± an.

28
Pechac – Dobrotka
Slowakei 2022

1.d4 ♘f6 2.c4 d6 3.♘c3 e5 4.♘f3 ♘bd7 5.e4 g6 6.♗e2 ♗g7 7.♗e3 0-0 8.d5 a5 9.♘d2 ♘c5 10.a3 ♗d7 11.b4 axb4 12.axb4 ♖xa1 13.♕xa1 ♘a6 14.c5 ♘g4 15.♗xg4 ♗xg4 16.♕a4 ♗c8 17.c6 f5

Offenbar hat Weiß an seinem Spielflügel wesentlich größere Fortschritte erzielt als Schwarz in der anderen Bretthälfte, und hätte er bereits rochiert, dürfte er wohl mit Fug und Recht eine positionelle Gewinnstellung beanspruchen. Nach dem Vorstoß des f-Bauern – dem einzigen

Hoffnungsschimmer, den Schwarz im Sinne von *Gegenspiel* zu bieten hatte – stellt sich nun die Frage, ob die Drohung f5–f4 einen Verteidigungszug erforderlich macht oder ob das Angriffsspiel unbeirrt weitergehen kann.

1) In der Partie ging Weiß wohl davon aus, dass der Angriff nicht wegläuft, und machte sich die Sache mit **18.f3?** allzu einfach – wobei er allerdings die trickreiche Läuferaktivierung **18...♗h6!** übersehen hatte.

Übrigens wäre 18...♕h4+? die falsche Zugfolge, denn Weiß reagiert nicht automatisch mit 19.g3? ♕h3∓, sondern wohldurchdacht mit 19.♔e2!± und der möglichen Folge 19...♗h6 20.g3 ♕h3 21.♗xh6 ♕xh6 22.h4, wonach die Gegenspielchancen drastisch reduziert wären.

19.♗xh6 ♕h4+ 20.♔d1?

Nach dieser mehr gefühlsmäßigen (bloß so schnell wie möglich so weit wie möglich weg von jeglicher Königsgefährdung) als auf konkreter Berechnung beruhenden Entscheidung, ist Schwarz wieder voll im Spiel.

Besser war 20.♔e2 ♕xh6 21.♕b5 mit folgenden Möglichkeiten:

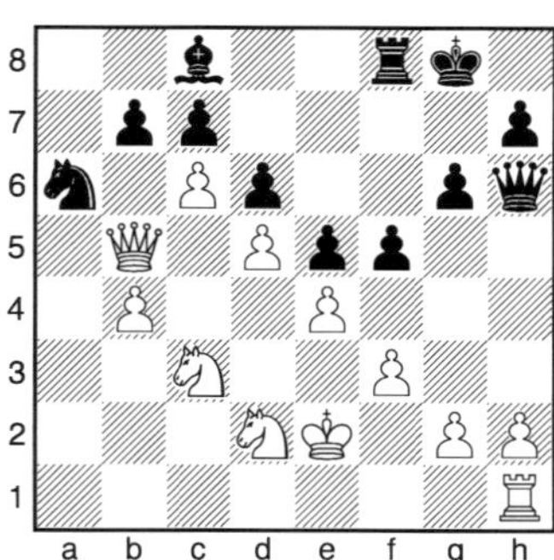

– Nach 21...bxc6?! 22.dxc6± fiele Weiß das traumhafte Springerfeld d5 in die Hände.

– Und nach 21...b6 22.♕c4± müsste Schwarz sich früher oder später auf die Drohung a1 einrichten.

20...♕xh6 21.♕b5 b6??

Nach 21...bxc6 22.dxc6 wäre klargeworden, warum der König nach e2 gehörte, denn außer 22...♕g5∞ müsste jetzt auch die Einbruchsdrohung 22...♕e3 berücksichtigt werden.

22.♔c2+–

Nun ist der König endgültig in Sicherheit und die Drohung ♖a1 bestimmt das weitere Geschehen. Hier noch ein Blick auf die möglichen und teilweise sehr unterhaltsamen Konsequenzen: **22...♕g5 23.♖a1 ♕xg2 24.♖xa6 ♗xa6 25.♕xa6**

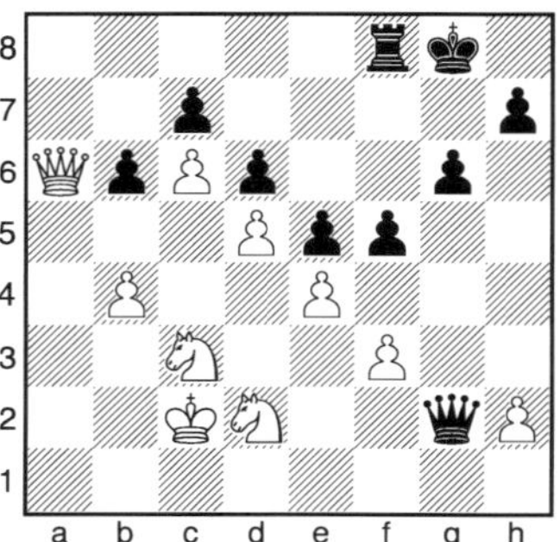

25...♕xh2

25...h6 26.♕b7 ♖f7 27.♕c8+ ♔g7 28.h4

26.♕b7 ♖f7 27.♕c8+ ♔g7 28.exf5 gxf5 29.♘b5 e4 30.fxe4 fxe4 31.♘xc7! (31.♕g4+) **31...e3 32.♕g4+ ♔h8 33.♕d4+ ♔g8 34.♕xe3 ♖xc7 35.♕e8+ ♔g7 36.♕b8**

2) Die weiße Stellung ist dermaßen gut, dass selbst **18.0-0!?** für beträchtlichen Vorteil reicht; z.B. **18...f4 19.♗a7±** **Δ19...b6?** (19...f3!?) **20.f3 g5 21.♕b5 g4 22.fxg4 ♕g5 23.♘f3 ♕xg4 24.♖a1** ...

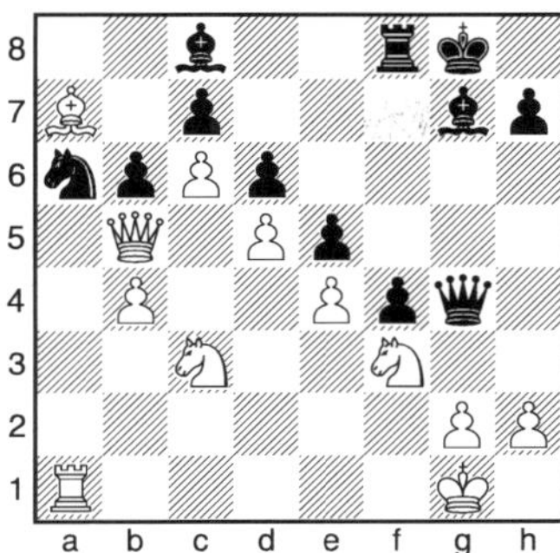

... mit Gewinn in Varianten wie **24...♖f6 25.♖xa6 ♖g6 26.♘e1 ♗xa6 27.♕xa6 f3** und nun stellt die Wiederbelebung **28.♗xb6!** gleichzeitig den einzigen Gewinnzug dar.

3) Klar am stärksten ist jedoch die sofortige Forcierung der Ereignisse mit **18.b5!** und der möglichen Folge **18...f4**, wonach Weiß sogar die Qual der Wahl hat.

Nach 18...♘c5 19.♗xc5 dxc5 führt 20.♕c4 die Liste der gewinnverheißenden Fortsetzungen an.

a) So wäre nach **19.♗a7 ♘c5 20.♗xc5 dxc5 21.f3** (21.0–0) jegliches Gegenspiel erloschen, denn dem Versuch **21...♕h4+** fehlt nach **22.♔e2** die dringend erforderliche Nachhaltigkeit.

b) Derweil entscheiden sich gute Rechner wohl eher für die lebendigere Variante **19.cxb7**

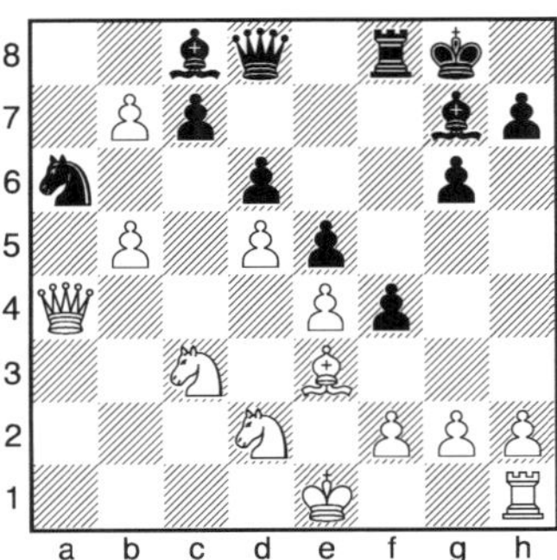

19...fxe3 20.bxa6 exd2+ 21.♔xd2 (21.♔e2?! ♕h4) nebst Königssicherung nach **21...♖xf2+ 22.♔d3** bzw. **21...♗h6+/♕g5+ 22.♔d3/♔c2.**

29

Aronian – Marjanovic

Bukarest 1999

1.♘f3 ♘f6 2.g3 g6 3.♗g2 ♗g7 4.0-0 0-0 5.c4 c6 6.d4 d6 7.♘c3 ♕a5 8.e4 e5 9.h3 ♘bd7 10.♖e1 exd4 11.♘xd4 ♘e5 12.♗f1 ♖e8 13.♗e3 ♗e6 14.♘xe6 ♖xe6 15.a3

Weil die momentane Felderschwäche f3 eine relativ simple Überlastungskombination gestattet.

15...♘xe4! 16.♗d4?!

– Offenbar wäre 16.♘xe4? wegen 16...♕xe1! 17.♕xe1 ♘f3+ bzw. 17.♘xd6 ♖xd6–+ vollkommen hoffnungslos.

– Aber mit 16.♖c1 war der Nachteil angesichts des Läuferpaars und der Schwäche d6 in erträglichen Grenzen zu halten; z.B. 16...♘xc3 17.♖xc3 ♘d7 oder 17...♖ae8∓.

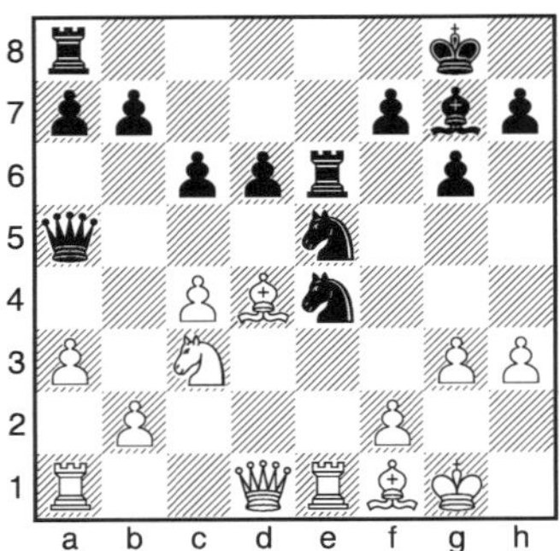

16...♘g5

16...♘f3+!? 17.♕xf3 ♘g5 18.♕d3 ♗xd4

17.♔g2?

⌓17.♗xe5 ♗xe5 mit zunächst nur tendenzieller Gewinnstellung.

17...♘ef3+– Δ18.♖xe6 ♕f5!

30
Basagic – Holoubkova
Moskau 1994

1.d4 ♘f6 2.c4 g6 3.♘c3 ♗g7 4.e4 d6 5.f4 0-0 6.♘f3 ♘a6 7.♗e2 e5 8.fxe5 dxe5 9.d5 ♘c5 10.♕c2

Weil die Damenstellung auf der Diagonale b1–h7 offenbar eine ‚petite combinaison' gestattet.

10...♘fxe4! 11.♘xe4 ♗f5∓ 12.♗d3

Auch mit 12.♗g5 war nicht an dem deutlichen schwarzen Vorteil zu rütteln, wie ein Blick auf folgende Abspiele bestätigt:

1) 12...f6 13.♘xf6+ ♗xf6 14.♗xf6 ♕xf6 15.♕c3 ♕b6 mit den Drohungen ♘e4, ♘a4 und e4.

2) 12...♗xe4 13.♗xd8 ♗xc2 14.♗e7 b6; 14...♘d3+; 14.♘a4

12...♗xe4 13.♗xe4 f5 14.♗xf5 ♖xf5

Nach 14...gxf5? 15.e3∞ stände Schwarz hingegen mit leeren Händen da.

15.♗e3 e4 16.♗xc5 exf3 17.0-0 ♕g5

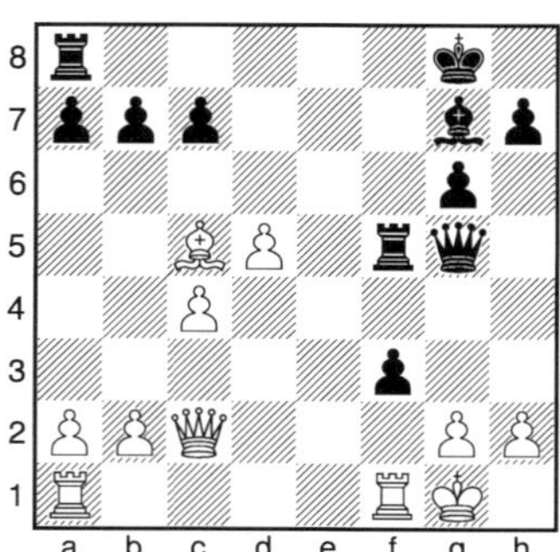

Und hier wäre der Nachteil nur mit **18.♔h1 ♕xg2+ 19.♕xg2 fxg2+ 20.♔xg2 ♖g5+** im Bereich ∓ zu halten gewesen.

31
Cooke – Zimmerman
Budapest 2001

1.d4 ♘f6 2.c4 g6 3.♘c3 ♗g7 4.e4 d6 5.f3 0-0 6.♗e3 ♘c6 7.♗d3 e5 8.♘ge2

Weil Schwarz dank der verdeckten Gabeldrohung auf d4 mit **8...♘g4!** die Initiative an sich reißen kann; z.B. **9.fxg4** (statt der Partiefolge 9.♗d2?? exd4–+) **9...exd4 10.♘xd4 ♘xd4 10.0–0 ♕h4! 11.h3 h5** (11...♗e5!?) **12.gxh5** und nun würde **12...♗xh3!? 13.♕e1 ♕xh5 14.gxh3 ♕xh3 15.♕f2 ♗e5** oder **15...f5** gute Kompensation ergeben.

32
Nobili – Maurer
Cannes 2000

1.d4 ♘f6 2.c4 g6 3.♘c3 ♗g7 4.e4 d6 5.♗e2 0-0 6.♘f3 e5 7.0-0 ♘c6 8.d5 ♘e7 9.b4 a5 10.♗a3 ♘h5 11.♖e1 f5 12.♘d2 ♘f6

In der Partie musste Weiß sich nach dem positionell durchaus soliden Zug **13.f3??** (⌓13.c5∓) wegen der forcierten taktischen Folge **13...axb4 14.♗xb4 c5! 15.dxc6 ♕b6+ 16.♔h1 ♕xb4** von einer Figur verabschieden.

33
Vargas – Arroyo Bravo
Manizales 2022

1.d4 ♘f6 2.c4 g6 3.♘c3 ♗g7 4.e4 d6 5.♗e2 0-0 6.♘f3 ♘bd7 7.0-0 c6 8.♗e3 ♘g4 9.♗g5 f6 10.♗c1 e5 11.dxe5

Bei der Beantwortung der Testfrage geht es vorrangig um die Sicherheit des Bauern d6 – und zwar nicht allein um die kurz–, sondern auch um die langfristige. Darüber hinaus muss Schwarz sich allerdings beizeiten auch Gedanken über die Zukunft des momentan eingesperrten Fianchetto-Läufers sowie über mögliches Gegenspiel machen.

1) In der Partie wählte Schwarz die Schlagversion **11...♘dxe5** und nahm somit die Schwäche d6 in Kauf, um sich Gegenspiel auf der e-Linie zu verschaffen. Darauf reagierte Weiß mit dem Ausweichmanöver **12.♘d4**, um dem beengt stehenden Gegner keinen Figurentausch zu gestatten und den Vorstoß f2-f4 folgen zu lassen.

Mit der direkteren Folge 12.♘xe5 ♘xe5 13.f4 ♘f7 14.♗e3 (14.f5!?) 14...♖e8 (14...f5 15.♗d4) 15.♗f3; 15.♕d2 war solider Minimalvorteil zu erreichen.

12...f5

Es ist verständlich, dass Schwarz die Lockerung der Rochadestellung in Kauf nimmt, um den königsindischen Läufer wieder zu Wort kommen zu lassen. Dies war mit 12...♘h6!? 13.f4 ♘ef7 zu vermeiden, wonach die schwarze Stellung zwar beengt wirkt, aber äußerst robust ist.

Nun war mit **13.exf5** mehr oder weniger deutlich ± zu erreichen.

Nach dem schwachen Partiezug 13.h3? hätte 13...♘h6 nahezu ausgeglichen.

Hier ein Blick auf einige Varianten (zwei riskante und eine solide) nach **13...gxf5 14.h3 ♘f6 15.♕c2 ♘e8 16.f4**

a) 16...♕b6?! 17.♖d1 (17.♗e3? ♘g4!∓) **17...♘g6** (17...♘g4? 18.♕d3!~+-) **18.♔h2! ♗xd4 19.♘a4 ♕c7 20.♖xd4±**

b) 16...c5?! 17.♘f3! ♘c6 18.♗e3±

c) 16...♘g6 17.♕d3~±; 17.♘f3!?; 17.♗e3!? c5!? 18.♘f3

2) Nach **11...dxe5 12.b4** verzeichnet Weiß soliden Minimalvorteil, der nach **12...f5?! 13.c5** (13.b5; 13.♘g5) sogar in den Bereich ± oder nach 13...a5? (⌓13...♕e7) 14.b5! noch darüber hinauswachsen könnte; und zwar 14...cxb5 (14...♘xc5? 15.♘a3+-)

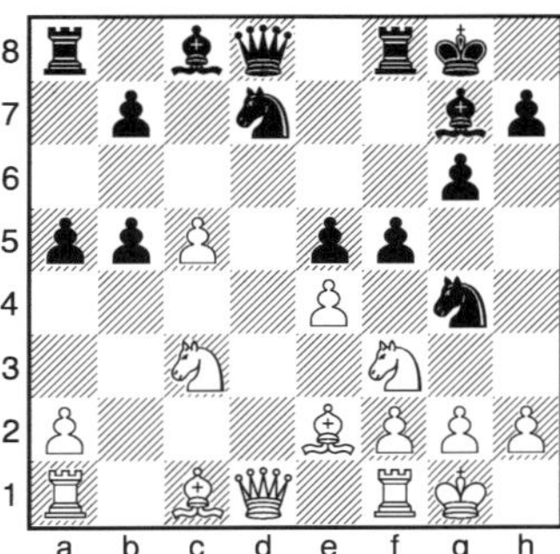

a) 15.♕d5+ ♔h8 16.♗xb5

b) 15.♕d6 Δ15...b4 16.♘d5

c) 15. ♘xb5 ♘xc5 16.♘d6! Δ♗c4+

3) Das interessante an der Variante **11...♘gxe5!** ist, ...

a) ...dass **12.♕xd6** womöglich gar nicht der beste Zug ist, weil er angesichts der gehörigen schwarzen Kompensation keinen nennenswerten Vorteil ergibt.

12...♘xf3+ 13.gxf3 (13.♗xf3 ♘e5≌) **13...f5 14.exf5**

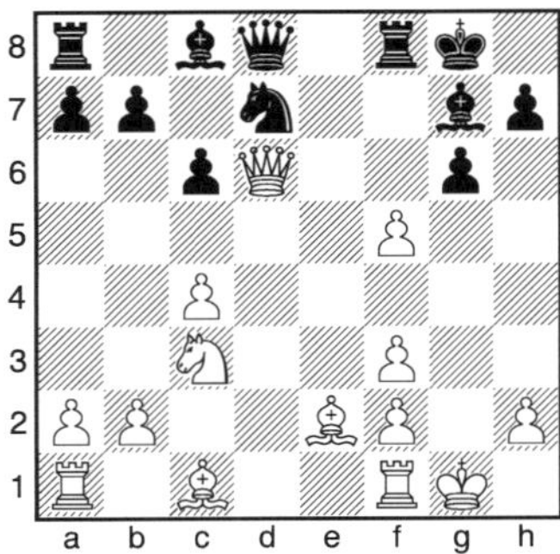

14...♖f6! (14...♖xf5? 15.♘e4±; 15.♖d1) **15.♕g3 ♖xf5 15.♘e4⩲; 15.♖d1**

b) Harmlos ist auch **12.♘xe5 dxe5!∞ Δ13.b4 ♖e8** nebst ♘f8-e6; **13...♕e7**.

c) Aber solider Minimalvorteil ist mit **12.♘d4!? ♖e8 13.♗e3⩲** zu erreichen.

34
Xiong – Golizadeh
Internet 2022

1.d4 ♘f6 2.c4 g6 3.♘c3 ♗g7 4.e4 d6 5.♗e2 0-0 6.♗e3 e5 7.d5 a5 8.h4 h5 9.♘h3 ♘a6 10.♘g5 ♘c5 11.f3 c6 12.♖c1 cxd5 13.cxd5 b6 14.a3 a4 15.♗b5 ♗d7 16.0-0 ♗xb5 17.♘xb5 ♕d7 18.♕e2 ♖fc8 19.♖fd1 ♗f8 20.♖c2 ♕b7 21.♖dc1 ♕a6 22.♕f1 ♖ab8 23.♖c3 ♘b3

Es leuchtet ein, dass die bereits erfolgte Turmverdopplung auf der einzigen offenen Linie sowie die beiden an vorderster Front postierten Springer auf eine klare Gewinnstellung hindeuten. Allerdings können die Springer nichts ohne die Hilfe der Türme leisten – und diese können wiederum nichts leisten, wenn aus der einzigen offenen Linie unversehens eine ‚verkorkte' Linie wird. Ganz am Rande kann übrigens auch noch ein kleines Detail im größeren taktischen Rahmen eine Rolle spielen, dass nämlich die ungedeckte Dame auf a6 unter Röntgenbeobachtung ihrer Gegenspielerin auf f1 steht.

I) In der Partie vergab Weiß mit **24.♖1c2??** den klaren Gewinnvorteil, wonach Schwarz ihm allerdings ...

A) ...mit der Ungenauigkeit **24...♖xc3?! 25.♖xc3** Δ♘xf7! (25.bxc3!? Δ♘xf7!) zunächst zu Minimalvorteil – und danach mit dem Bock **25...♖c8?? 26.♖c6+–** ...

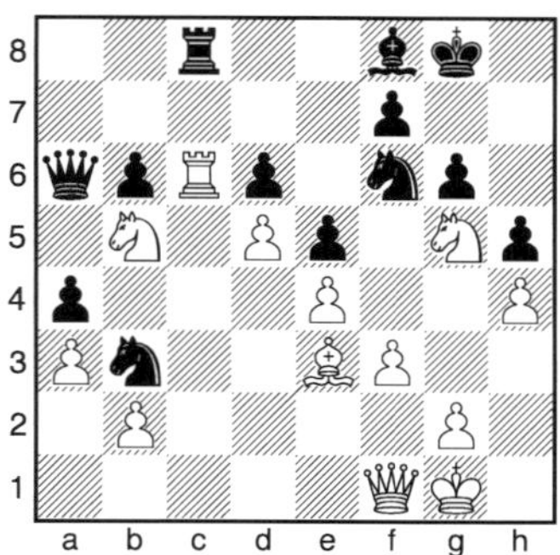

... noch zu einer positionellen Gewinnstellung verhalf.

Stattdessen hätte der einzige Zug 25...♘c5∞ das Gleichgewicht gewahrt, weil der Kombinationsversuch 26.♘xf7?? diesmal daran scheitern würde, dass nach 26...♔xf7 27.♗xc5 bxc5–+ das geplante Abzugsfeld d6 von der Dame gedeckt wäre.

B) Zur sicheren ‚Verkorkung' der schicksalhaften c-Linie wäre außer **24...♘c5** auch die Alternative **24...♖c5!** in Betracht gekommen, wonach **25.♗xc5?? bxc5** zu einer Verluststellung – **25.♘c7 ♕xf1+ 26.♔xf1 ♘d4** oder **26...♖b7** hingegen zu unklaren Verhältnissen geführt hätte.

II) Vor einer Beschäftigung mit den beiden Gewinnzügen sei erwähnt, warum der Kombinationsversuch **24.♘xf7??** an *dieser* Stelle zwar nicht zum Verlust – wohl jedoch zu keinerlei Vorteil geführt hätte: **24...♘xc1 25.♖xc1 ♖xc1 26.♗xc1 ♖c8 27.♗g5**

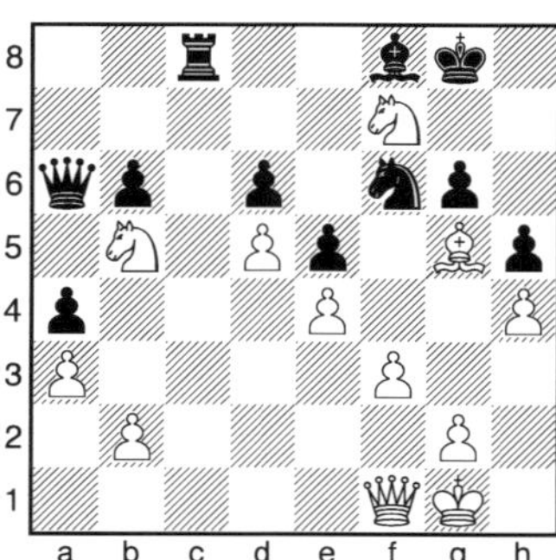

A) 27...♘d7?

1) 28.♘h6+? ♗xh6 29.♗xh6 ♖c5 30.♘c3 (30.♘xd6? b5–+) 30...♕xf1+ 31.♔xf1 b5∓

2) Nur mit der ‚Extreminvasion' 28.♘d8! bleibt Weiß im Spiel.

B) Nach **27...♖c5! 28.♘fxd6 ♘d7∓** steht Schwarz klar besser, aber bis zu einer

*Gewinn*stellung hätte er noch alle Hände voll zu tun.

III) Das sofortige Verfahren **24.♖xc8 ♖xc8 25.♖c6!** hätte zu der ‚positionellen Gewinnstellung' geführt, die in der Partie erst im zweiten Anlauf erreicht wurde.

IV) Taktisch am interessantesten sind jedoch die Konsequenzen des ‚Vorstoppers' **24.♖c7!?**, wie die folgenden Varianten veranschaulichen mögen:

A) Nach **24...♘xc1? 25.♖a7** ist es sofort aus.

B) Nach **24...♖xc7 25.♖xc7 Δ25...♖b7** ...

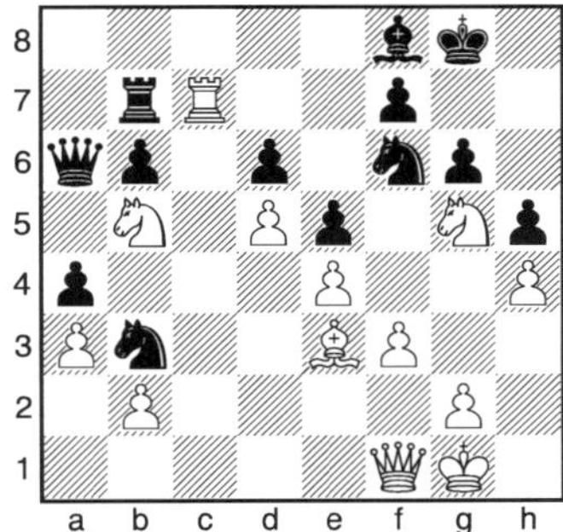

...führt **26.♖xf7!** die Liste der Gewinnzüge an.

C) Die beste Verteidigung besteht in **24...♘e8** mit folgenden Abspielen:

1) 25.♖a7 ♖xc1 26.♗xc1 ♕c8 27.♗e3

2) 25.♖xc8 ♖xc8 26.♖c6

3) Am stärksten ist jedoch 25.♖xf7!, wobei man allerdings vorhersehen muss, dass nach den Abtauschen 25...♖xc1 26.♗xc1 ♘xc1

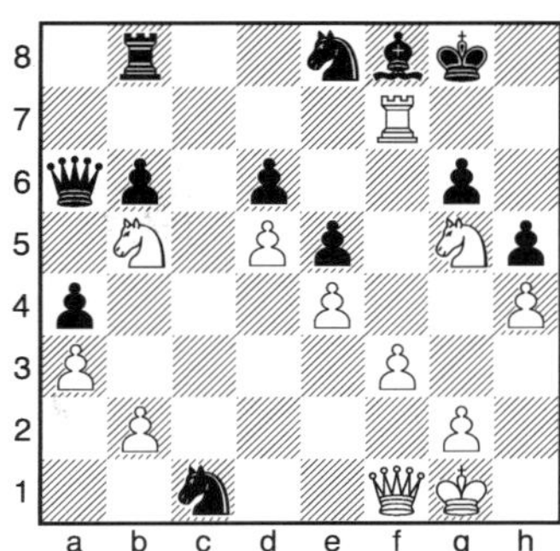

...die Verlagerung des Spiels zum Königsflügel mit dem Kraftzug 27.f4! Δ27...exf4? 28.♖xf8+! den Gewinn sicherstellt.

35

Prohorov – Zhukov

Internet 2022

1.♘f3 ♘f6 2.c4 g6 3.♘c3 ♗g7 4.d4 0-0 5.e4 d6 6.♗e2 e5 7.0-0 exd4 8.♘xd4 ♖e8 9.f3 ♘c6 10.♗e3 ♘h5 11.f4 ♘f6 12.♗f3 ♗g4 13.♘xc6 ♗xf3 14.♕xf3 bxc6 15.♖ae1 ♕b8

Mit seinem letzten Zug versucht Schwarz, die Beschädigung seiner Bauernstellung am Damenflügel wenigstens zur Aktivierung der Dame zu nutzen. Bei der Wahl seiner Antwort muss Weiß vor allem beachten, dass die gegnerische Dame auf der b-Linie nicht nur den Bauern b2 anvisiert.

I) Mit dem schlimmen Fehler **16.♖f2?** vergab Weiß bedeutenden Vorteil und gestattete seinem Gegner sogar, mit **16...♕b4!** auf Minimalvorteil abzuzielen, weil in gewissen Folgevarianten der Turm e1 ungedeckt ist.

A) In der Partie setzte Weiß auf den Versuch, das Spiel mit **17.e5!?** zu komplizieren und sich womöglich Angriffschancen auf der f-Linie zu verschaffen.

17...dxe5 18.fxe5?!

Das ist allerdings viel zu direkt gespielt, während der Schaden nach 18.♕xc6 tatsächlich minimal geblieben wäre.

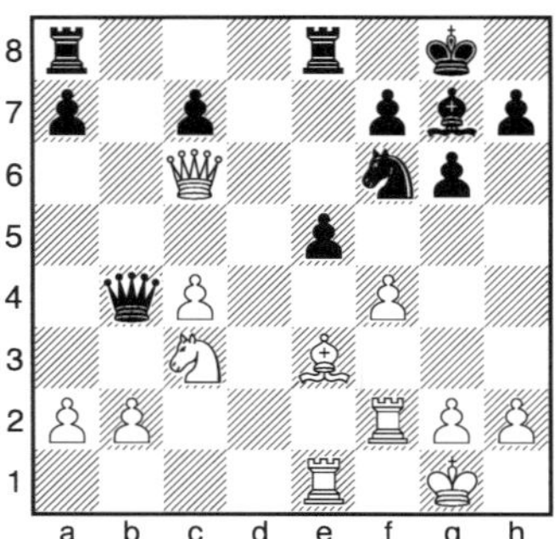

– 18...exf4 19.♖xf4 ♕xb2 20.♘e4 ♘xe4 21.♖xe4 ♕b8 22.♗f2 ♖xe4 23.♖xe4 ♕d8∓

– 18...♘g4 19.♖fe2 ♘xe3 20.♖xe3 ♕xb2 Δ21.fxe5? (◯21.♘d5 ♖ac8∓) 21...♕b6 22.♕xb6 cxb6∓

18...♖xe5

1) Und nach dem weiteren Fehler **19.♗d2? ♖xe1+ 20.♗xe1 ♕xc4–+** neigte sich die Waagschale endgültig zum Verlust.

2) Besser war auch hier 19.♕xc6 ♖ae8 20.♖fe2

a) Ungenau wäre jetzt allerdings 20...♘g4?, denn nach 21.♗c5 ♕b8 führt der prophylaktische *Sidestep* 22.♔h1! zu einer unklaren Stellung, weil nach 22...♖8e6 23.♖xe5 ♗xe5 24.♕d7! die aktive Damenposition Schlimmeres verhindert.

b) Hingegen führt 20...♖8e6!∓ ...

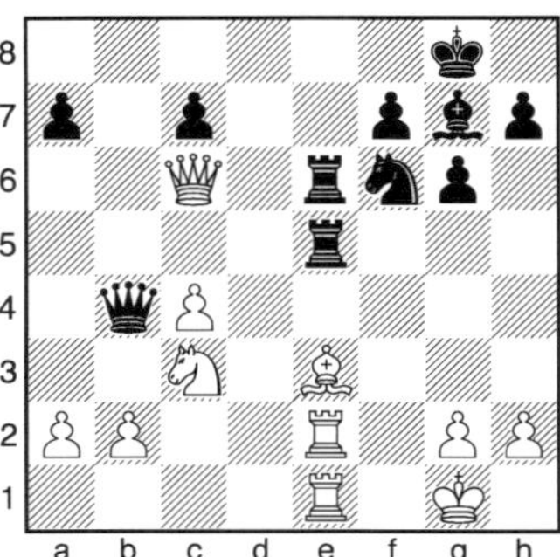

... zu bedeutendem Vorteil; z.B. 21.♕xc7 (21.♕f3 a6; 21.♕a8+ ♗f8)

21...♘g4 22.♘d5 ♕f8!; 22.♗d2 ♕xb2; 22.a3 ♕f8!

B) Als womöglich etwas bessere Alternative kommt höchstens **17.♖c1!?** in Betracht; z.B. **17...♕xc4?!**

(◯17...♘d7! Δ18.♘d1 ♕a5∓)

18.♘d5 ♕xe4 19.♘xc7

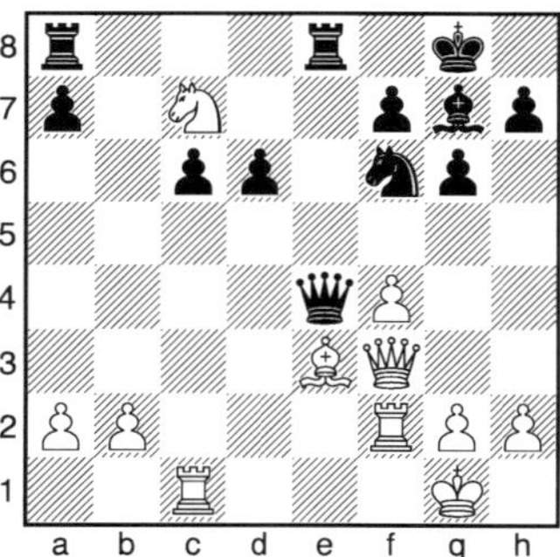

In dieser äußerst komplizierten Stellung kann Schwarz auf verschiedene Art Kompensation nachweisen:

1) 19...♕xe3 20.♕xe3 ♖xe3 21.♘xa8 c5⩱

2) 19...♘g4 Δ20.♕xg4?? (◯20.♘xa8 ♘xf2∞) 20...♕xe3 21.♖cf1 ♗d4–+

3) Einen ganz besonderen Reiz hat jedoch 19...♘d5!?, weil der schwarze Springer das vorherige Einbruchsfeld seines weißen Gegenspielers betritt; z.B. 20.♘xe8 ♖xe8 21.♕xe4 ♖xe4 22.♗xa7 ♖e7⩱.

II) Mit der korrekten Wahl **16.♖e2** konnte Weiß zumindest kräftigen Minimalvorteil erzielen.

Am Rande sei erwähnt, dass die Alternativen 16.b3 und 16.♗d4 womöglich sogar etwas besser sind.

A) 16...♕b4?! 17.e5 dxe5 18.fxe5 ♖xe5 19.♗d4 ♖xe2 20.♘xe2 ♕xc4

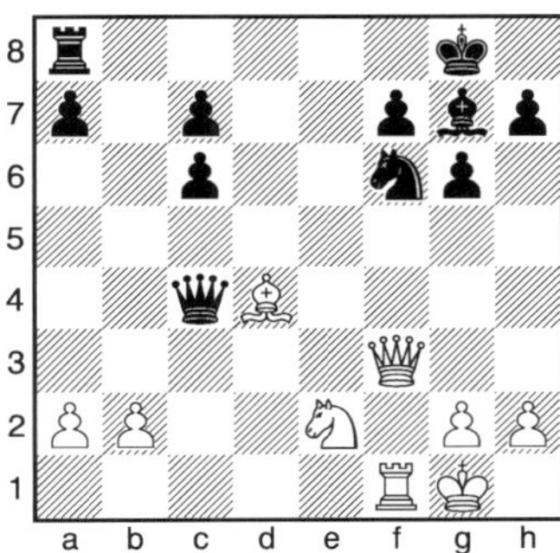

Nun führen gewisse Varianten zu einem Damenendspiel mit weißem Mehrbauern, dessen Verwertung jedoch erhebliche technische Schwierigkeiten bieten würde.

1) 21.♗xf6 ♗xf6 22.♕xf6 ♕xe2 23.♕xf7+ ♔h8 24.♕f6+ ♔g8

a) 25.♕xc7?! ♕xb2 27.♕xc6 ♕b6+ =

b) ⌓25.♕xc6 ♕e3+ 26.♔h1 ♖f8

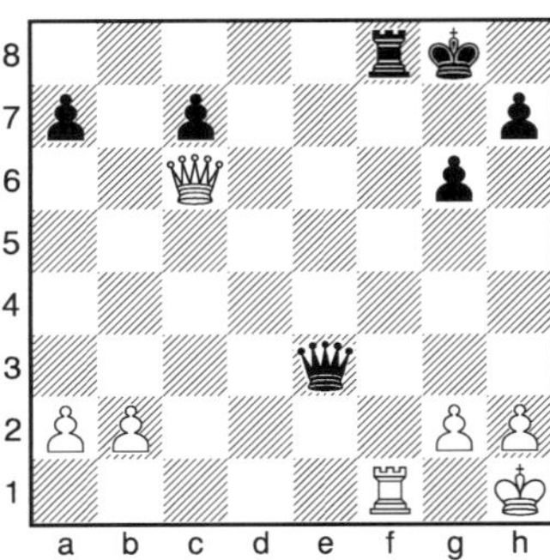

– 27.♕c4+ ♔g7 28.♕xc7+ ♔h6

– 27.♖xf8+ ♔xf8 28.♕f6+ ♔g8 29.♕d8+ ♔f7 30.♕xc7+ ♔f6

2) 21.b3 ♕e6 22.♗xf6 ♗xf6 23.♕xf6 ♕xe2 24.♕xf7+ ♔h8

a) 25.♕f6+ ♔g8 26.♕xc6 ♕e3+ 27.♔h1 ♖f8

b) 25.♕xc7 ♕e3+ 26.♔h1 ♕e2

B) Als Verbesserungsversuch kommt **16...♕c8!?** Δ♕e6 in Betracht **Δ17.e5?!** (⌓17.♗d4±)

1) 17...♘g4?! 18.♗c1!?±; 18.♗d2 Δ18...dxe5 19.f5

2) 17...dxe5 18.fxe5

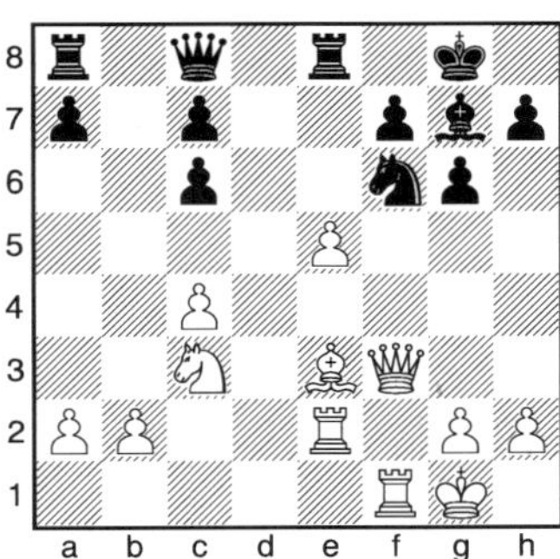

a) 18...♖xe5?! 19.♗d4 ♖f5 20.♕xc6±

b) ⌓18...♘g4! 19.♕xf7+ ♔h8⩱

36

Sorokin – Klenburg

Internet 2022

1.♘f3 ♘f6 2.c4 g6 3.♘c3 ♗g7 4.e4 0-0 5.d4 d6 6.♗e2 e5 7.0-0 ♘c6 8.d5 ♘e7 9.b4 ♘e8 10.a4 f5 11.a5 ♘f6 12.♖e1 h6 13.♘d2 ♔h8 14.a6 b6 15.c5 fxe4 16.♘dxe4

In diesem Beispiel wird offenbar die Frage diskutiert, ob der Vorstoß des c-Bauern verfrüht – oder zum genau richtigen Zeitpunkt geschah. Für die erstgenannte Ansicht spricht vor allem die eventuelle Gefährdung des Bauern d5 und für die zweitgenannte – die eventuelle Gefährdung des Turms auf a8. Was auch immer geschieht, müssen beide Seiten beachten, dass es nach dem Verschwinden der weißen Zentrumsbauern zur Öffnung *beider* langer Diagonalen kommen kann und dass auch auf a1 noch ein ungedeckter Turm herumsteht.

I) In der Partie wählte Schwarz mit **16...♘f5?** den eindeutig schwächsten Kandidaten und musste sich nach der einfachen Folge **17.♘xf6 ♕xf6 18.♘e4±** mit einer langfristigen Verteidigungsstellung ohne nennenswertes Gegenspiel anfreunden.

II) Von größerem Interesse ist zunächst das Spiel auf Bauerngewinn mit **16...♘xe4 17.♘xe4 dxc5**.

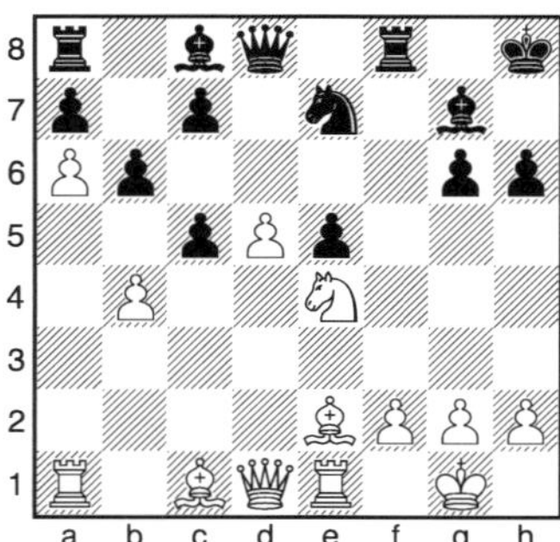

Dieses kann Weiß auf zweierlei Art beantworten, wobei der Einsatz des Damenläufers auf der Diagonale a3–f8 seinen Haupttrumpf bildet.

A) 18.bxc5

1) 18...bxc5? 19.♗e3± (19.♗a3) 19...♘xd5 (19...♕xd5? 20.♗xc5+–) 20.♗xc5⩲

2) 18...♘xd5/♕xd5 19.♗a3⩲

B) 18.d6

1) Schwach ist 18...cxd6?! 19.♘xd6 mit der offensichtlichen Drohung ♘f7+ und der möglichen Folge 19...♗e6 20.bxc5 bxc5 21.♗a3±.

2) 18...♘c6?! 19.bxc5± Δ19...♘d4 20.cxb6 (20.♗a3) 20...axb6 (20...cxb6 21.♗d3) 21.dxc7 ♕xc7 22.♗b2; 22.♗e3

3) Am sichersten ist 18...♘f5 mit der möglichen Folge 19.bxc5 bxc5 20.♕d5 ♖b8 21.dxc7 ♕xc7 22.♗a3 ♘d4

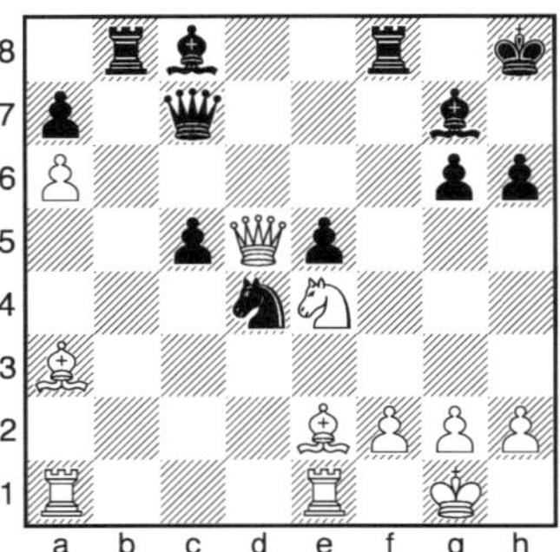

Δ23.♗xc5?! (⌓23.♕xc5⩲) 23...♖d8∞; 23...♗e6.

III) Der sofortige Bauerngewinn **16...♘exd5!∞** ist sicher am chancenreichsten, wonach allerdings das eingangs Gesagte bezüglich der ‚Öffnung beider langer Diagonalen' geradezu schlagartig eintritt. Dass dies selbstverständlich größtmögliche taktische Aufmerksamkeit auf beiden Seiten des Bretts erfordert, geht aus folgenden teilweise längeren und weitgehend forcierten Abspielen hervor:

A) 17.♘xd5 ♘xe4 18.♗f3 (18.f3 ♘f6) **18...♘xf2! 19.♔xf2 Δ19...e4??** (⌓19...c6⩲) **20.♖xe4 ♗xa1 21.♗g5+–; 21.♗xh6**

B) 17.cxd6 ♘xc3 18.♘xc3 cxd6 Δ19.♗f3 d5! (19...♖b8)

1) Nach dem weniger guten 20.♘xd5?! führt 20...e4! auf komplizierte Weise zu einem geringfügig besseren Endspiel; z.B. 21.♗b2 exf3 22.♘xf6 22...♗f5! 23.♕xd8 ♖axd8 24.♖ad1 Δ24...♖xd1 (24...fxg2!?; 24...♗d3!?) 25.♖xd1 ♗f6

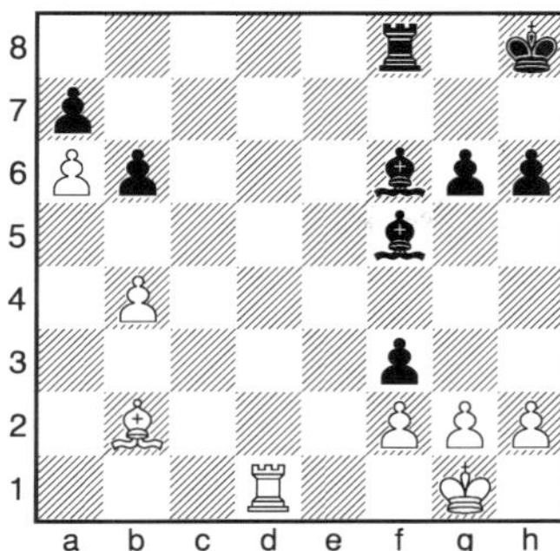

26.♖d8 ♔g7 27.♖xf8 ♔xf8 28.♗xf6 ♗c8; 28..fxg2

2) Auf das bessere 20.♗xd5 ist 21.♗g4!? ein letzter trickreicher Versuch in Vorteil zu kommen (21...♘xd5 22.♕xd5 ♗f5∞), der nach dem fehlerhaften Reflexzug 21...f3? (statt 21.♗f3∞) 21...♘xd5 22.♘xd5 (22.♕xd5? e4–+) 22...♗e6∓ zum Erfolg führen würde.

C) 17.♗f3 stellt offenbar die größte Herausforderung für den Verteidiger dar.

1) 17...♘xe4

a) 18.♕xd5? ♘xc3 19.♕xa8 e4∓

b) 18.♘xd5 ♘xf2! 19.♔xf2 c6!⩱

c) 18.♘xe4 dxc5 19.bxc5 c6

2) 17...♘xc3 18.♘xc3 d5! 19.♘xd5? (⌓19.♗xd5∞) 19...e4∓

3) 17...dxc5

a) 18.♘xd5 ♘xd5 (18...♕xd5? 19.♕e2±) 19.bxc5 c6

b) Und nach 18.♘xf6 ♘xc3 19.♕xd8+ ♖xd8 20.♗xa8 ♗xf6 21.bxc5 ...

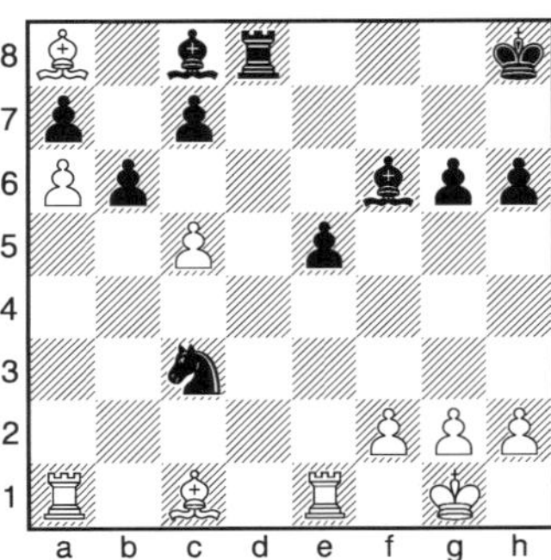

... sorgt 21...b5! für die Sicherheit des Springers, auf dessen störender Wirkung die schwarze Kompensation beruht.

37

Müller, J. – Köhler

Deutschland 2022

1.d4 ♘f6 2.c4 g6 3.♘c3 ♗g7 4.e4 d6 5.♗e2 0-0 6.♘f3 e5 7.0-0 ♘c6 8.d5 ♘e7 9.♘e1 ♘e8 10.♗e3 f5 11.f3 f4 12.♗f2 g5 13.c5 ♖f7 14.cxd6 cxd6 15.♖c1 h5 16.♘b5 a6

Für einen echten Scherzartikel müsste die Aufgabenstellung eigentlich nicht lauten ‚Wie kann Weiß sicheren Ausgleich nachweisen?‘, sondern ‚Wie kann Weiß nachweisen, dass notfalls sogar 17.♘c7 spielbar ist bzw. nicht zwangsläufig zum Verlust führt?‘

In der Partie machte er sich mit **17.♘c7?!** an die besagte Beweisführung.

Noch absurder wäre höchstens der Ansatz 17.♘a7?, um zu beweisen, dass nach 17...♗d7 18.♕b3 ♕b8 19.♕b6 *kein* Material verlorengeht – jedenfalls *noch* nicht.

Daran, unklare Verhältnisse mit einem der beiden soliden Rückzug zu erreichen, war Weiß offenbar nicht interessiert:

– 17.♘c3 (Δ♘a4) 17...♗d7 Δ18.♘a4 ♘c8!

– 17.♘a3 (Δ♘c4) 17...b5 Δ♗h6, ♖g7 usw.

17...♘xc7 18.♗b6 ♘g6

Auf eine Notlösung wie 18...♘exd5 19.exd5 ♗f5 20.♗d3 ♗xd3 21.♘xd3⩱ 21...♖d7 Δ♕e7 usw. braucht Schwarz nicht zurückzugreifen. Und zwar unter anderem deswegen nicht, weil durchaus die Chance besteht, dass Weiß die selbstauferlegte Beweisführung überstürzt angeht.

19.♕c2?

Und schon ist es passiert! Denn der Abzug der Dame von der Diagonale d1–h5 gewährt dem Gegner einen mächtigen Königsangriff.

Besser war z.B. 19.♖c3 Δ♕c2 oder 19.♖f2 Δ20.♗d3/♗f1 nebst ♖fc2 mit weiterhin unklaren Verhältnissen.

19...g4! 20.♗xc7 und jetzt verpasste Schwarz die gewinnträchtige Fortsetzung **20...♕h4** ...

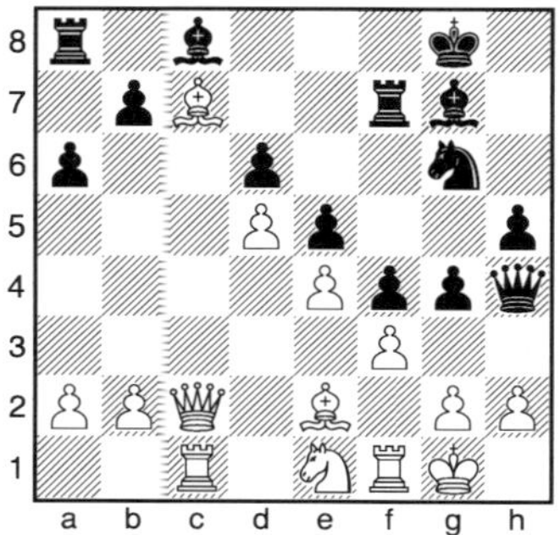

... mit folgenden Abspielen:

– 21.♗xd6?! g3 22.h3 ♗xh3 23.gxh3 ♕xh3 24.♗c4 ♘h4−+

– 21.fxg4 hxg4 Δ22.♗xd6 ♗d7~−+ Δf3; z.B. 23.♕b3 f3 Δ24.gxf3? g3 nebst baldigem Matt.

38

Thomas – Necula

Internet 2022

1.d4 d6 2.♘f3 g6 3.c4 ♗g7 4.♘c3 ♘f6 5.e4 0-0 6.h3 ♘bd7 7.♗e3 e5 8.d5 a6 9.g4 ♔h8 10.♗e2 ♘g8 11.h4 h6 12.♕d2 c5 13.0-0-0 ♗xg4 14.♖dg1 h5

Im verflixten 13. Zug hatte Weiß (statt solide mit 13.♖g1, scharf mit 13.b4 oder auch verspielt mit 13.♘g5!? mehr oder weniger deutlichen Vorteil abzusichern), den Bauern g4 eingestellt. Obwohl er selbst es sicherlich als ‚Opfer' bezeichnet hätte, nach dem am Königsflügel ‚irgendwann bestimmt irgendwas drin sein müsste'. Von dieser Art ‚Glücksspiel' inspiriert hatte sein Gegner im letzten Zug (statt mit ♗h5 Minimalvorteil abzusichern) auf ‚Intuition' gesetzt und den angegriffenen Läufer ‚supersolide' mit h5 gedeckt. Danach hätte Weiß sein Einstell-Opfer nun als goldrichtig ausweisen und das Feld g4 zu einer Art ‚schicksalhaftem Ort' weihen können.

Und zwar mit dem Opfer **15.♖xg4!** – also auf genau *dem* Feld, auf dem der Bauer ‚eingeopfert' wurde!

Stattdessen gab er sich nach 15.♘g5? ♗xe2 16.♕xe2 mit Minimalnachteil zufrieden.

Nach der zunächst erzwungenen Folge **15...hxg4 16.h5 g5** ...

(16...♘f6? 17.hxg6+ ♔g8 18.♘xe5+−; 18.gxf7+ ♖xf7 19.♘g5)

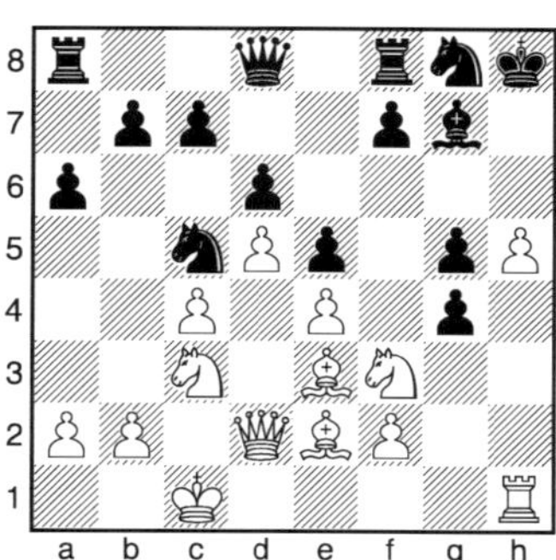

... könnte er dann mit **17.♘h2** oder **17.h6** auf Vorteil zwischen ⩲ und ± abzielen, derweil **17.♘xg5?** nach **17...♗h6 18.b4** (18.♗xg4?! ♘d3+!∓) **18...f6!** zu unklaren Verhältnissen führt.

39

Josse – Popadic

Internet 2022

1.c4 ♘f6 2.♘c3 g6 3.e4 d6 4.d4 ♗g7 5.♗e2 0-0 6.♘f3 e5 7.d5 a5 8.♗g5 h6 9.♗h4 ♘a6 10.♘d2 ♕e8 11.b3 ♗d7 12.a3 ♘h7 13.♖b1 f5 14.f3 ♗f6 15.♗f2 ♗e7 16.b4 ♕f7 17.♕c2 axb4 18.axb4 ♘f6 19.0-0 ♘h5 20.♖fe1 ♘f4 21.♗f1 ♔h7 22.♔h1 ♘h5 23.♖ec1 f4 24.♘d1 ♕f6 25.c5 ♕g5 26.c6 ♗c8 27.b5 ♘c5 28.♗xc5 dxc5 29.♔g1 ♘g3 30.hxg3 fxg3 31.♗c4 b6 32.♘f1 ♕h4 33.♖a1 ♖xa1 34.♖xa1 g5 35.♖a7 ♗d6 36.♖a8 g4

Als Symbol für die schwarze Misere können hier wohl die schwarzen Läufer angesehen werden, für die man den Begriff ‚Läuferpaar' ganz bewusst vermeidet, zumal bei dessen Verwendung zumeist doch so etwas wie ‚stark' oder ‚kräftig' mitschwingt. Tatsächlich könnte man hier eigentlich sogar so weit gehen, Spekulationen darüber anzustellen, ob Schwarz nach einem Kuhhandel wie ‚Tausche Läuferpaar gegen einen Springer auf f4 oder g5' nicht besser dastände.

Vor einer Beschäftigung mit dem ‚Fast-sogar-Verlustzug' – hier ein kurzer Blick auf die ‚Total-Gewinnvarianten':

1) 37.♘de3+– Δ37...gxf3 38.gxf3

2) 37.♖xc8 ♖xc8 38.fxg4+– Δ38...**♖f8 39.♘de3**

3) Die einzig interessante Möglichkeit ist **37.f4 ♖xf4** ...

(38...exf4? 39.♖xc8 ♖xc8 40.e5+ +–)

... und zwar unter anderem, weil danach auch *Weiß* noch danebengreifen kann; z.B. **38.♖xc8??** (⌓38.♘de3+–) **38...♖xf1+ 39.♔xf1 ♕h1+ 40.♔e2 ♕xg2+ 41.♔d3 ♕xc2+ 42.♔xc2 g2**

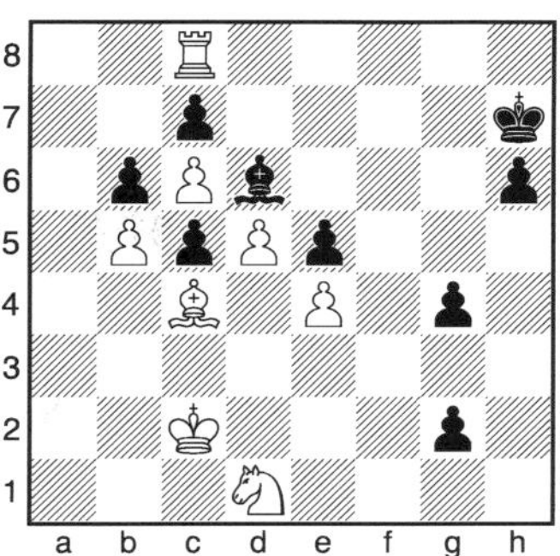

Und was diese Variante so interessant macht, ist die Tatsache, dass Weiß ungeachtet der Entstehung einer neuen schwarzen Dame *nicht* verloren ist! – Denn nach dem stillen Kraftzug **43.♖d8!** und der forcierten Folge **43...g1♕ 44.♖xd6 cxd6 45.c7** kann nunmehr die Entstehung einer neuen *weißen* Dame nicht verhindert werden; z.B. **45...♕g2+ 46.♔c1**

46.♔b3?? ♕f3+ 47.♘c3 ♕f8–+

46...♕xe4 47.c8♕ ♕xc4+ 48.♔b1 ♕xb5+ 49.♔c1

49.♘b2? ♕f1+ 50.♔a2 ♕f7 51.♕xg4 ♕xd5+∓

Und nach **49...♕c4+ 50.♔b2** ...

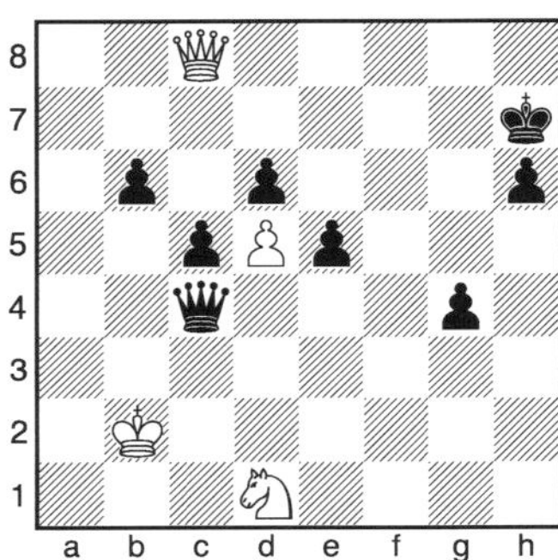

... ist ein klarer Gewinnweg nicht ersichtlich, während **50...♕xd5?! 51.♕f5+** wohl zum sofortigen Ausgleich führt, weil jeder Fluchtversuch vor dem Dauerschach beide Bauern am Königsflügel kosten würde.

4) In der Partie gab Weiß mit dem wahren Schlafwagenzug **37.♗e2??** dem schwarzen c-Bauern freie Fahrt und weckte somit den im Dornröschenschlaf befindlichen königsindischen Läufer auf, wohl weil er diesen angesichts von dessen harmonischer Einfügung in die Bauernkette für etwas gehalten hatte, was man spöttisch als ‚Großbauer' bezeichnet.

Indes ließ Schwarz – na klar, schließlich saß er seinem Gegner ja offenbar in einem Schlafwagenabteil gegenüber – mit **37...gxf3?!** die einmalige Chance ungenutzt verstreichen, die auf weißer Seite bestimmt zu einem eher jähen Erwachen geführt hätte.

Tatsächlich hätte Weiß sich nach 37...c4! plötzlich hellwach verteidigen müssen, um nicht sogar in *Nachteil* zu geraten.

– Wie beispielsweise nach 38.♘de3?? ⌓38.♕xc4 ♗c5+ 39.♕xc5 bxc5 40.d6≌ Δ♗c5−+

– 39.♕d2 gxf3 40.♗xf3 ♖xf3 41.gxf3 ♗h3 42.d6 g2

– 39.♕c3 ♗d4 40.♕c1 gxf3 41.♗xf3 (41.gxf3 g2) 41...♖xf3 42.gxf3 ♗h3 43.♕e1

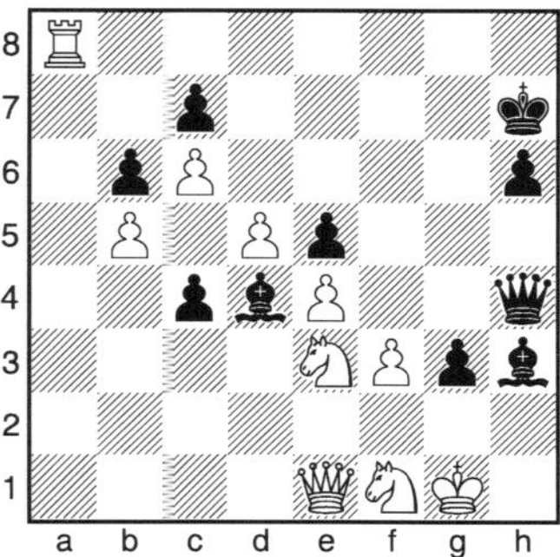

Und auch diese Stellung ist einzigartig, denn noch nie sah man, wie ein derart brutal starkes Läuferpaar schnellstmöglich für zwei lächerlich schwache Springer hergegeben wird: 43...♗xf1 44.♔xf1 ♗xe3 45.♕xe3 ♕h3+ 46.♔e1 ♕h1+ 47.♔d2 g2 48.d6

– Hier ist größte Aufmerksamkeit gefordert, weil das überstürzte 48...g1D?? 49.♕xg1 ♕xg1 50.d7= erneut zu einer Situation führen würde, in der die Entstehung einer neuen Dame nur durch Dauerschach verhindert werden könnte.

– Nach dem feinen Zwischenzug 48...♕h2! und der Folge 49.♔c3 g1D 50.♕xg1 ♕xg1 51.d7 ...

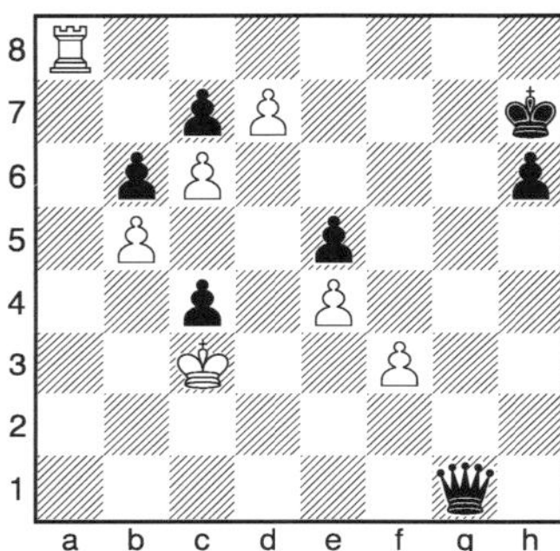

... kann die neue Dame hingegen vorbildlich ihre Beweglichkeit demonstrieren, was zwar zu keinem Matt führt, wohl jedoch zu einem mühelos gewonnen Damenendspiel: 51...♕c1+ 52.♔b4 ♕c2! 53.♖a3 ♕b2+ 54.♔xc4 (54.♔a4 ♕d2!) 54...♕xa3 55.d8D ♕c5+ 56.♔d3 ♕xb5+ 57.♔d2 ♕xc6.

38.♗xf3 ♗e7??

Hat man dafür noch Worte? Schwarz ist sich ja ganz offenbar bewusst, dass es sich bei dieser Figur um einen *Läufer* handelt, aber er zieht diesen auf höchst sinnlose Weise *zurück*, wonach Schwarz mit **39.♖a7** den wohl besten von rund einem Dutzend Gewinnzügen wählte.

Dabei hätte 38...c4 immer noch zumindest für ausreichende Kompensation gesorgt; z.B. 39.♘de3 ♗c5 40.♕c3 ♖xf3

– Nun käme nach dem schrecklichen Fehler 41.♖xc8?? und der Folge 41...♗xe3+ 42.♕xe3 ♖xe3 43.♘xe3 ♕f4 bereits Matt in Sicht.

– Hingegen hätte 41.gxf3 g2 42.♘h2 ♕g5 43.♖a3 h5 44.♕c1 h3 45.♖c3 ♕h6! zu der besagten Kompensation geführt.

40

Sadhwani – Yakubboev

Internet 2022

1.d4 ♘f6 2.c4 g6 3.♘c3 ♗g7 4.e4 d6 5.♘f3 0-0 6.♗e2 e5 7.0-0 ♗g4 8.d5 a5 9.♗e3 ♘a6 10.♘e1 ♗xe2 11.♕xe2 ♘c5 12.♗xc5 dxc5 13.♘d3 ♕e7 14.♖ad1 ♘e8 15.b3 b6 16.a4 ♘d6 17.♘b5 ♖ae8 18.♖de1 ♕d7 19.f3 f5 20.♔h1 f4 21.♖g1 ♘f7 22.g3 fxg3 23.♖xg3 ♔h8 24.♕g2 ♘d6 25.♘a7 ♗f6 26.♘c6 ♘f7 27.♖g1 ♘d8

Angesichts seiner defekten Bauernstruktur und dem nur passiv verwendbaren Läufer kämpft Schwarz offenbar mit dem Rücken zur Wand, aber andererseits steht seine gesamte Truppe zur zähen Defensive bereit und der Schwächling auf f3 hindert Weiß daran, seinen Angriff quasi beliebig voranzutreiben.

I) Nach **28.♘xd8 ...**

A) ...spekulierte Schwarz bei **28...♕xd8?** womöglich bereits auf die naheliegende Antwort **29.♕h3?** (⌓29.f4±; 29.♖h3), weil er darauf die recht plump wirkende, aber nichtsdestoweniger effektive Positionsfalle **29...♗h4! 30.♖g4 g5**∞ ...

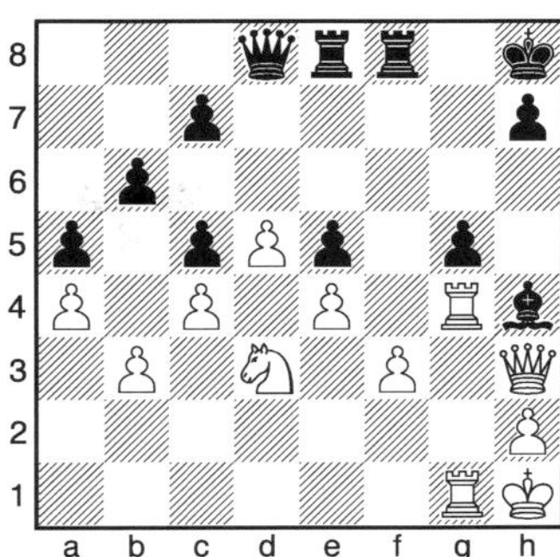

... mit entlastender Blockade auch des Königsflügels und anschließender Massage des Bauern f3 erspäht hatte.

B) Nach dem korrekten Zug **28...♗xd8** ist vor allem die Angriffsfortsetzung **29.♕d2!?** Δ♕h6 von Interesse.

(Nach 29.♕h3 ♕xh3 30.♖xh3 ♔g8 hat Weiß nur Minimalvorteil.)

Danach kann es in folgenden Varianten mitunter recht munter zugehen:

29...♗h4

29...♗f6 30.♕h6 ♗g7 31.♕h3 ♕xh3 32.♖xh3 ♔g8 33.♔g2 Δ♔f2–e2

1) 30.♘xe5? ♖xe5 31.♕h6 ♕f7 32.♕xh4 ♖h5 33.♕g4 ♕f6 34.♖h3 ♖xh3 35.♕xh3 Δ35...♕xf3+?? (⌓35...♔g8⩲) **36.♕xf3 ♖xf3 37.e5+–**

2) 30.♖xg6?

a) 30...♕f7?? 31.♖6g4 (31...♖c6!?) 31...♕xf3+ 32.♕g2 ♕xg2+ (32...♕xd3?! 33.♖g7! Δ♖xh7+) 33.♔xg2 ♗d8 34.♖f1 ♖xf1 35.♔xf1 ♖f8+ 36.♔e2

b) 30...hxg6

– 31.♖xg6? ♖xf3 32.♖h6+ ♔g7 33.♖xh4 ♖f1+ 34.♔g2 ♖f6∓

– Nach der korrekten Folge 31.♘xe5! ...

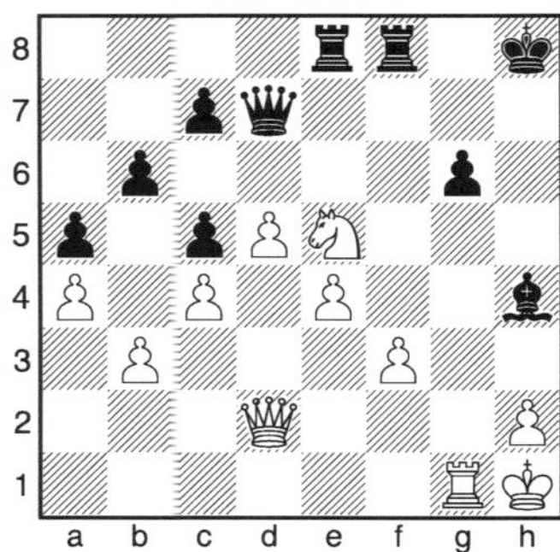

... ♖xe5 32.♕h6+ ♕h7 33.♕xf8+ ♕g8 kann Weiß auf dreierlei Art Kompensation erzielen, aber eben nicht mehr:

- 34.♕h6+ ♕h7 35.♖xg6; 35.♕xg6
- 34.♕xg8+ ♔xg8 35.♖xg6+
- 34.♕f4 ♖h5 35.♕xc7

3) Hingegen ergibt **30.♖g4! ♗f6 31.♕g2** beachtlichen Vorteil nach beispielsweise **31...♗g7 32.h4 ♕f7 33.♖f1** usw.

II) Die Alternative **28.♖h3** führt nach **28...♔g8** zu Minimalvorteil, der jedoch nach Damentausch kräftiger ausfallen kann, weil dann der weiße König aktiv werden könnte, wie es in Variante **A** veranschaulicht wird:

A) 29.♘xd8 ♗xd8 30.♕g4± (30.♖g3) Δ30...♕xg4?! (⌓30...♕g7) 31.fxg4

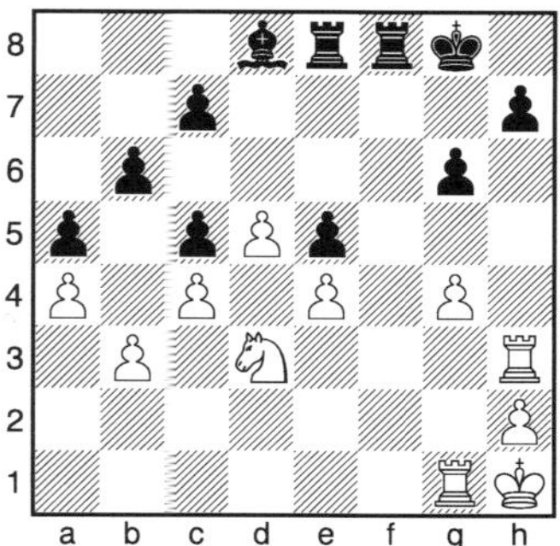

Nun könnte Weiß wie angedeutet mit ♔g2 nebst ♖f3 den Abtausch eines Turmes anstreben, damit sich sein König noch freier bewegen kann.

B) Alternativ könnte er mit dem Bauernopfer 29.f4!? ♘xc6 30.dxc6 ♕xc6 gefolgt von 31.f5 auf Angriff spielen. Nur sollte er nach 31...♗g7! nicht mit 32.fxg6?! h6∞ fortsetzen, sondern besser mit 32.♘f2± Δ♘d1–c3–d5.

III) Bei dem vermeintlichen Schnapszug **28.♘b8!?** handelt es sich in Wirklichkeit um einen der Spitzenkandidaten, weil er zur entscheidenden Ablenkung der schwarzen Dame **(A)** oder zumindest zur mehr oder weniger vorteilhaften Nutzung des Feldes d7 für den Springer führt **(B–E)**.

A) 28...♕c8? 29.f4!+–

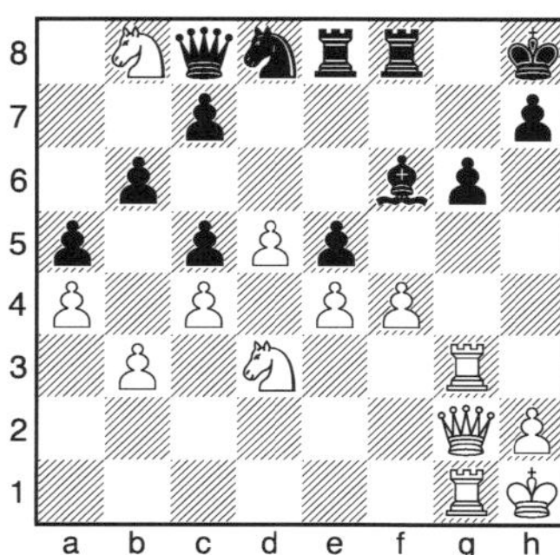

1) 29...♕xb8? 30.♖xg6; 30.fxe5

2) 29...♖g8

a) 30.f5 g5 31.♘f2 (31.h4) Δ31...♕xb8 32.♘g4 ♗g7/♗e7 33.♕h3

b) 30.fxe5 ♗xe5 31.♘xe5 ♖xe5 32.♕b2 (32.♕f3) 32...♖ge8 33.♖g5 ♕h3 34.♘d7!

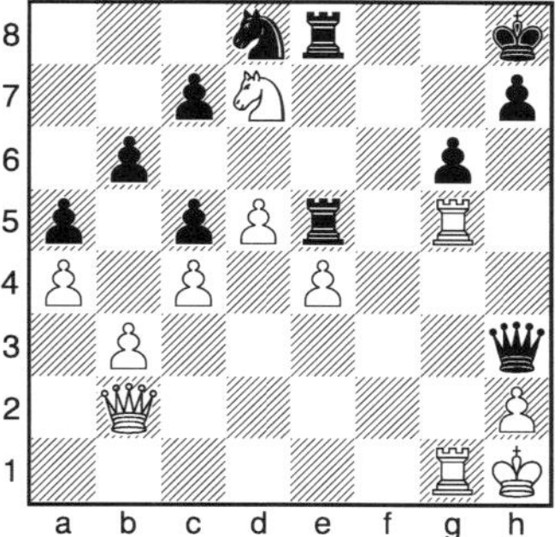

Wie gesagt: ... die mehr oder weniger vorteilhafte Nutzung des Feldes d7 für den Springer.

34...♕f3+ 35.♖5g2 ♘f7 36.♖e1 ♔g7 37.♔g1; 36...♔g8 37.♕f2!

B) 28...♕e7 29.♕h3

1) 29...♗h4? 30.♘xe5 ♖xe5 31.♕xh4+−

2) 29...♔g7 30.♘d7 ♖f7 31.♘xf6 ♕xf6 32.♖f1

C) 28...♕f7 29.♕h3 ♖g8 30.♖f1; 30.♘d7

D) 28...♕d6 29.♕h3 ♔g7 30.♘d7 ♖f7 31.♘xf6 ♕xf6 (31...♖xf6? 32.♘f2+−) 32.♖f1

E) 28...♕g7 29.♕h3 ♔g8 30.♘d7 ♖f7 31.♘xf6+ ♕xf6 ♕h6; 31...♖xf6 32.♘f2

41

Morrison – Modi

England 2022

1.d4 ♘f6 2.c4 g6 3.♘c3 ♗g7 4.e4 d6 5.♘f3 0-0 6.♗e2 ♘bd7 7.0-0 e5 8.♗e3 ♖e8 9.♕c2 c6 10.d5 ♘g4 11.♗g5 f6 12.♗h4 ♘h6 13.♖ad1 c5 14.♘e1 ♖f8 15.g4 a6 16.♔h1 ♕e8 17.♖g1 ♔h8

In dieser ziemlich vertrackten Stellung leidet Schwarz offenbar an einem schwer zu kurierenden Figurenstau am Damenflügel. Als Schlüsselzug zur Befreiung wäre der Vorstoß f6–f5 erforderlich, und während Schwarz alle Vorbereitungen in diese Richtung trifft, tut Weiß alles in seiner Macht Stehende, um diesen zu vereiteln oder zumindest zu erschweren und so lange wie möglich hinauszuzögern.

Der Partiezug **18.♘d3?** war nicht nur strategisch zweifelhaft, denn eigentlich gehört dieser Springer besser via g2 nach e3, aber vermutlich spielte Weiß mit dem Gedanken, mit b4 oder a3 nebst b4 eine zweite Front zu eröffnen. Viel wichtiger ist jedoch, dass dieser Ansatz ein gehöriges taktisches Loch hat, das Schwarz augenblicklich die gewünschte Befreiung ermöglicht.

Nach einer vorbeugenden Maßnahme wie 18.f3 Δ18...f5 19.exf5; 19. g5 oder 18.b3 Δ18...f5 19.g5; 19.f3 läge der Vorteil zumindest tendenziell im Bereich ±.

18...♘b6!

18...g5? 19.♗g3 ♘b6 wäre die falsche Zugfolge wegen 20.h3 ♘xc4 21.♘xc5± Δ21...♘xb2 22.♕xb2 dxc5 23.♕b6~+−.

19.♕b3

Diese Forcierung der Ereignisse ist womöglich noch am besten, wie ein Blick auf die Alternativen bestätigt:

1) Nach 19.b3?! g5 20.♗g3 ♗xg4 ...

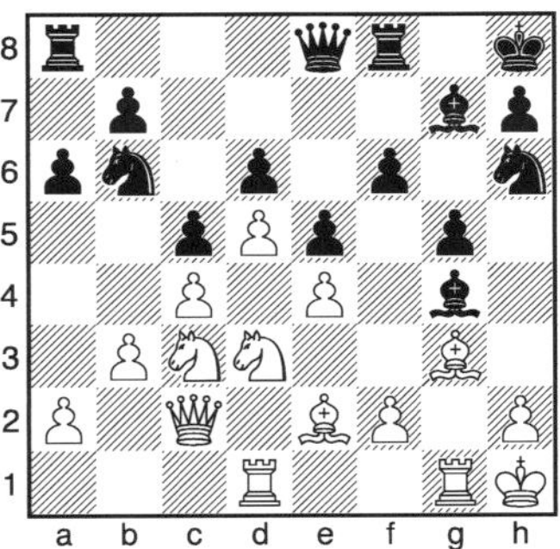

... 21.f3 oder 21.♗xg4 ♘xg4 22.♕e2 ist der schwarze Vorteil angesichts der mangelnden Stellungsharmonie noch nicht aus dem Minimalbereich heraus.

2) Und wenn Schwarz nach 19.h3 (19.f3) 19...♘xc4 20.♘xc5 den gierigen Ansatz 20...♘xb2? 21.♕xb2 dxc5 22.♕b6± vermeidet, kann er sich stattdessen mit 20...dxc5 21.♗xc4 b5 nebst ♘f7–d6 gleiche Chancen sichern.

Nach dem geradezu grotesken Rückzug **19...♘d7?** konnte Weiß in der Partie mit **20.a4±** (20.f3) doch noch bedeutenden Vorteil erzielen.

Hingegen hätte das Scheinopfer **19...♘xc4!** zu gleichen Aussichten geführt.

1) 20.♕xc4 b5 21.♕b3 c4 Δ22.♕c2?! (⌓22.♕b4 cxd3 23.♖xd3∞) **22...cxd3 23.♕xd3 g5 24.♗g3 ♘xg4 25.f3 ♘h6∓**

2) 20.♘xc5

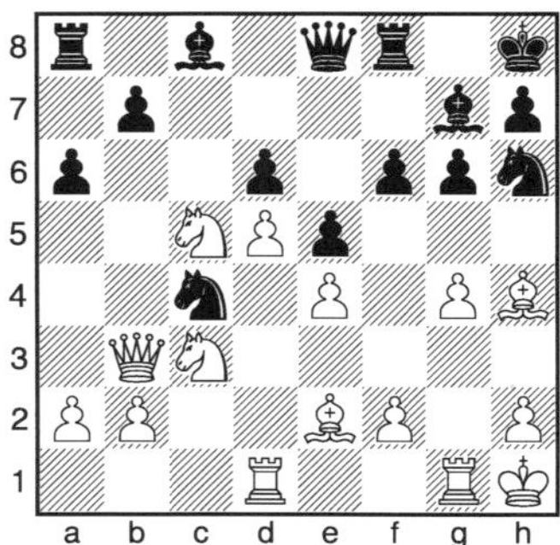

a) 20...dxc5?! 21.♕xc4 g5 22.♗g3 ♗xg4 23.f3∓ Δ♕xc5; 23.♗xg4 ♘xg4 24.♕xc5

b) 20...♘xb2 21.♕xb2 dxc5 22.a4⩲; 22.♕b6

42

Fischer – Ehmann

Deutschland 2022

1.d4 c6 2.c4 d6 3.♘c3 ♘f6 4.♘f3 g6 5.e4 ♗g4 6.♗e2 ♗g7 7.0-0 0-0 8.b3 ♘bd7 9.♗b2 e5 10.dxe5 dxe5 11.♕c2 ♘h5 12.♖ad1 ♕e7 13.g3 ♖ad8 14.♘h4 ♗h3 15.♖fe1 ♘f4 16.♗f1 ♗xf1 17.♔xf1 ♘e6 18.♘f3 ♕f6 19.♕e2 ♖fe8 20.b4

Die Beantwortung der Ausgangsfrage hängt natürlich von der Sicherheit eines auf dem Traumfeld d4 erscheinenden *Bauern* ab, denn wenn dieser nicht verlorenginge, würde er seinem Besitzer als Zentrumsfreibauer gewaltigen Vorteil einbringen.

1) In der Partie eliminierte Schwarz mit **20...♘g5?? 21.♘xg5 ♕xg5** den Bewacher des Vorpostenfeldes d4 – gleichzeitig aber auch dessen möglichen Besatzer. Und sollte dies mit dem Plan geschehen sein, in der Folge den verbleibenden Springer dort zu stationieren, so wäre dies zwar möglich, allerdings unter so erheblicher Materialreduktion, dass das ganze Manöver zu nichts Greifbarem führen würde, wie die folgende Beispielvariante veranschaulicht: 22.a3 ♘f8 23.♖xd8 ♖xd8 24.♖d1 ♘e6 25.♘a2 ♘d4 26.♗xd4 cxd4 27.♘c1∞ nebst ♘d3.

2) Vor dem sofortigen **20...♘d4! 21.♘xd4 exd4** scheute Schwarz bestimmt zurück, weil er nach **22.♘a4** (22.♘b1? d3–+) die taktisch wohlbegründete Deckungsmöglichkeit **22...c5!** übersehen hatte, die auf der ungedeckten Stellung des weißen Randspringers beruht.

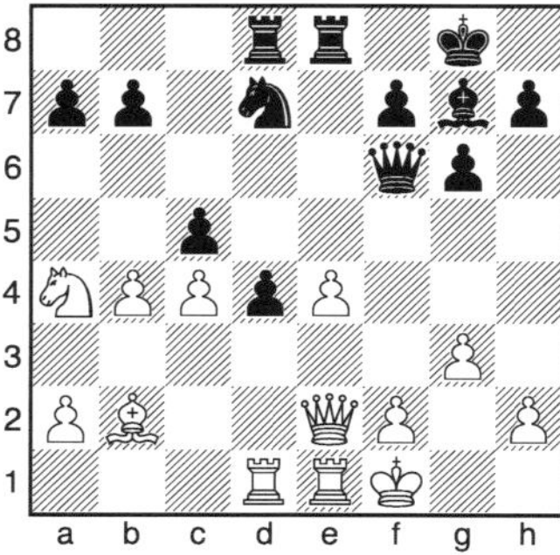

a) Nach **23.♘xc5** gewinnt **23...♘xc5 24.bxc5 d3** ohne viel Federlesens – und auf einen neutralen Zug wie z.B. **23.♔g1** sichert **23...b6** den gedeckten Zentrumsfreibauern zuverlässig ab.

b) Und nach **23.bxc5 ♕c6! 24.♕c2** ...

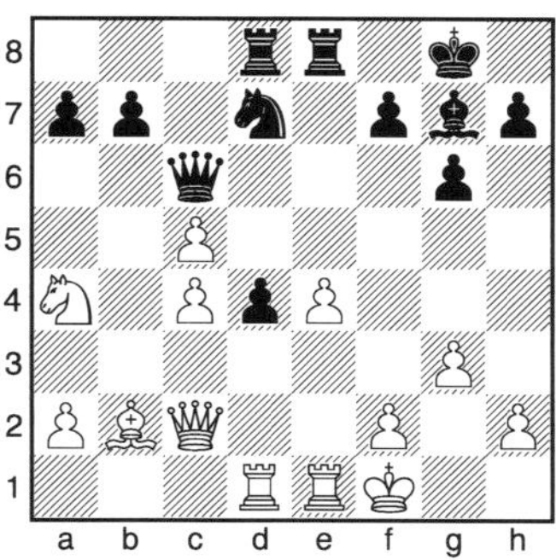

– ... vermeidet Schwarz das überstürzte

24...♘xc5? 25.♘xc5 ♕xc5, weil er nach 26.♕d3 nicht mehr als Minimalvorteil vorzuweisen hätte.

– Ganz anders nach 24...♘f8!–+, weil dieses Manöver nicht nur positionell 25...♘e6 droht, sondern auch den taktischen Überfall 25...f5 usw.

43

Brunner – Van den Dikkenberg

Internet 2022

1.d4 ♘f6 2.c4 g6 3.♘f3 ♗g7 4.♘c3 0-0 5.e4 d6 6.♗e2 e5 7.0-0 ♘c6 8.d5 ♘e7 9.b4 a5 10.bxa5 c6 11.a4 ♖xa5 12.♘d2

Weiß nutzt seinen Raumvorteil im Zentrum sowie sein Figurenübergewicht am Damenflügel zu einem wirksamen Druckspiel in diesem Bereich. Nach seinem letzten Zug droht die Blockade des a-Bauern gesprengt zu werden, dessen weiteres Vorrücken zu einer weiteren Einengung führen würde. Zusätzlich droht unter Umständen auch die Freilegung der Schwäche d6, die in der Folge u.a. mit ♗a3 gefährdet werden könnte. Schwarz hat nun zu entscheiden, ob er sich mit ‚herkömmlichen Mitteln' zur Wehr setzen sollte, oder ob ein energischer Ausbruchsversuch den Vorzug verdient.

In der Partie setzte Schwarz auf den Gegenangriff **12...b5?**, der sich jedoch als viel zu unsolide und entsprechend nachteilig hätte erweisen sollen.

Nach 12...♖a8 13.♘b3 hätte Weiß nur geringfügig besser gestanden. Und eventuell wäre auch die Blockademaßnahme 12...c5!? infrage gekommen, die zu einer dem ‚Tschechischen Benoni' (1.d4 ♘f6 2.c4 c5 3.d5 e5) ähnlichen Bauernstruktur geführt hätte.

13.♘b3?

In der Folge übersehen beide Gegner, dass dieser unbedachte ‚Angriffszug' eine pointierte Parade ermöglichte.

– Auch 13.dxc6? hätte bei präziser Defensive zu nichts geführt; z.B. 13...bxa4 14.♗a3 ♘xc6 15.♘b5 ♘d4!? (15...♘e8∞) 16.♘xd6 ♖a8 (16...♕b6∞) Δ17.♘xc8 ♕xc8 18.♗xf8 ♗xf8⩲.

– Hingegen wäre man nach 13.cxb5 cxd5 14.♘xd5 ♘exd5 15.exd5 ♘xd5

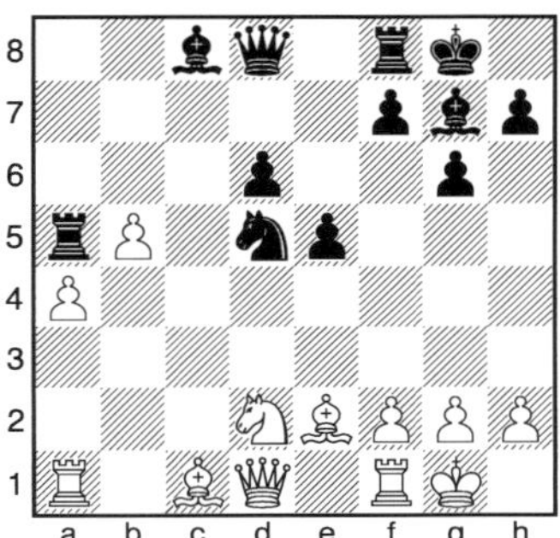

16.♖a3 (16.♘c4, ♘e4) angesichts der verbundenen Freibauern schon geneigt, dem Weißen eine tendenzielle Gewinnstellung zuzusprechen.

13...bxc4??

Bei einer Internet-Partie hält man angesichts solcher Schnitzer stets einen ‚mouse slip' für möglich.

Wie auch immer, hätte Weiß nach 13...b4! 14.♘xa5 ♕xa5 15.♘a2 ♘xe4 16.dxc6 allenfalls über Minimalvorteil verfügt.

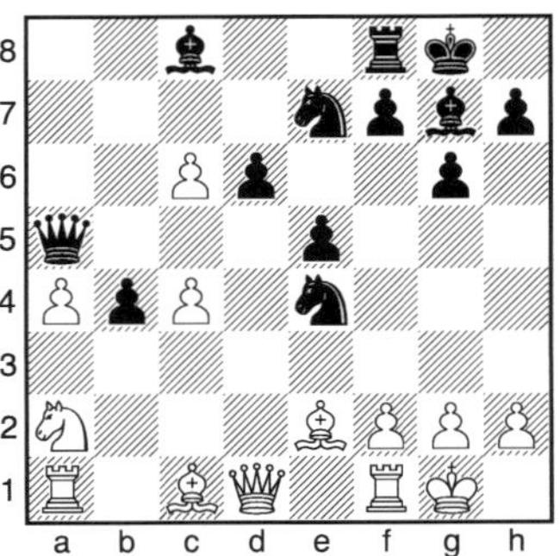

Δ16...♘xc6??

(⌓16...♗e6; 16...b3!? 17.♕xb3 ♘xc6) 17.♗f3+− Δ17...♗f5 18.g4 ♘xf2 19.♖xf2 e4 20.♗b2! (20.gxf5) 20...♗xb2 21.♖xb2 exf3 22.gxf5 ♕xf5 23.♖f2

14.♘xa5 ♕xa5 und nun hätte statt **15.♗d2** wohl auch 15.♕d2 zu einer relativ klaren Gewinnstellung geführt.

44

Papp – Roebers

Internet 2022

1.d4 ♘f6 2.c4 g6 3.♘c3 ♗g7 4.e4 d6 5.h3 0-0 6.♗e3 e5 7.d5 a5 8.g4 ♘a6 9.♘ge2 ♘c5 10.♘g3 b6 11.♕d2 a4 12.♗e2 ♗d7 13.♔f1 ♕e8 14.♔g2

Als Symbol für die positionelle schwarze Misere kann die Tatsache angesehen werden, dass der Königsspringer – und somit die Figur, die von ihrem aktuellen Standort *wegziehen* müsste, um das übliche Gegenspiel mit f7–f5 einzuleiten – momentan über keinen Zug verfügt (und dass ganz am Rande auch g4–g5 mit Bauerngewinn droht).

1) Und als Beispiel dafür, dass nicht einmal die Zeit für einen einzigen Vorbereitungszug bleibt, um dessen Pattsituation zu beheben, können die Konsequenzen von **14...♔h8?** Δ♘g8 angesehen werden, die durchweg zu mehr oder weniger klarem Nachteil führen; z.B. **15.♕c2** (15.f3!?) **Δ15...♘g8 16.b4! axb3 17.axb3 Δ17...f5**

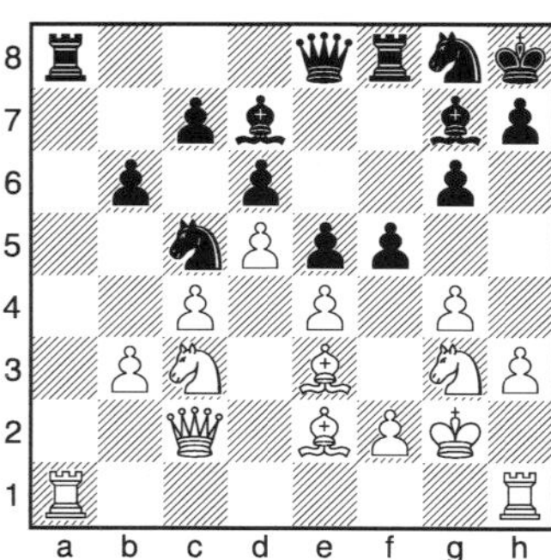

a) 18.♖xa8 ♕xa8 19.gxf5 gxf5 20.exf5 ♘e7

b) 18.gxf5

– 18...♖xa1 19.♖xa1 gxf5 20.exf5 e4

– 18...gxf5 19.exf5 ♘e7

2) In dieser Erkenntnis machte Schwarz aus der Not eine Tugend und trat mit **14...♘fxe4!** den Beweis an, dass dieser Springer zwar *positionell* pattgesetzt sein mochte – nicht jedoch *taktisch*! Danach führten die weiteren Züge **15.♘gxe4 ♘xe4 16.♘xe4 f5** zu folgender Schlüsselstellung ...

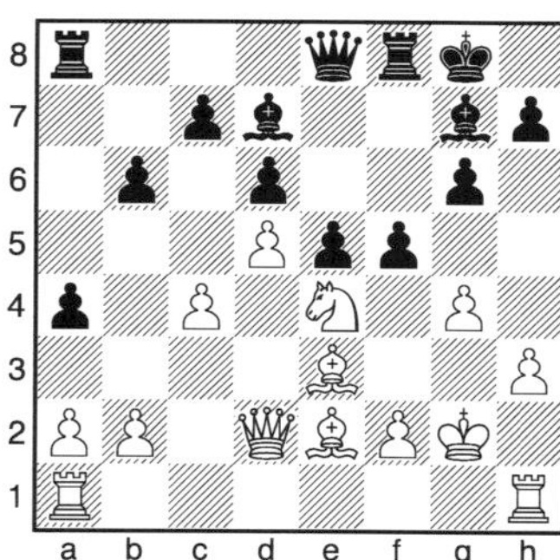

... mit mehr oder weniger kräftigem weißem Minimalvorteil in allen Varianten (außer 17.f3? fxe4 18.fxe4 c5!∞ Δ19.dxc6 ♗xc6 20.♗d3 ♕e7 nebst ♕b7).

a) In der Partie wäre nach **17.♗f3** (statt 17...f4?? 18.♗xb6+−) die korrekte Folge **17...fxe4 18.♗xe4 ♗f5! 19.f3** (19.gxf5? gxf5⩲) **19...♗xe4 20.fxe4** gewesen.

b) 17.♘c3 Δ**17...f4 18.♗xb6 cxb6 19.♘e4** (19.♗f3) **19...♕e7!?** Δ**20.♕b4?** (⌓20.f3) **20...♗f5! 21.gxf5 gxf5 22.♕xd6 ♕h4 23.♘d2 e4≌**

c) 17.♗d3 fxe4 (17...f4!?18.♗xb6 f3+) **18.♗xe4 ♗f5** siehe Variante a)

45

Yang – Priyanka

Internet 2022

1.c4 ♘f6 2.♘c3 g6 3.e4 d6 4.d4 ♗g7 5.♘ge2 0-0 6.♘g3 e5 7.d5 a5 8.♗e2 ♘a6 9.h4 h5 10.♗g5 ♕e8 11.♕c2 ♘h7 12.♗e3 c6 13.♕d2 ♕e7 14.♗h6 ♘c5 15.♖d1 ♖d8 16.b3 ♗f6 17.♘f1 ♗xh4 18.g3 ♗g5 19.♗xg5 ♕xg5 20.♘e3 ♘f6 21.♕c2 ♘g4 22.♘g2 ♕f6 23.f3 ♘h6

1) Bei seinem überstürzten Herangehen **24.g4??** hatte Weiß offenbar übersehen, dass Schwarz durchaus **24...hxg4!** antworten konnte.

a) Entsprechend war **25.♖xh6?** womöglich eine Schockreaktion, die nach **25...gxf3** zu einer glatten Verluststellung führte.

b) Nur mit **25.♕d2 g5∓** war der Schaden in Grenzen zu halten.

(25...gxf3? 26.♗xf3≌ Δ26...♘g4 27.♔e2!; 26...g5 27.♖h5)

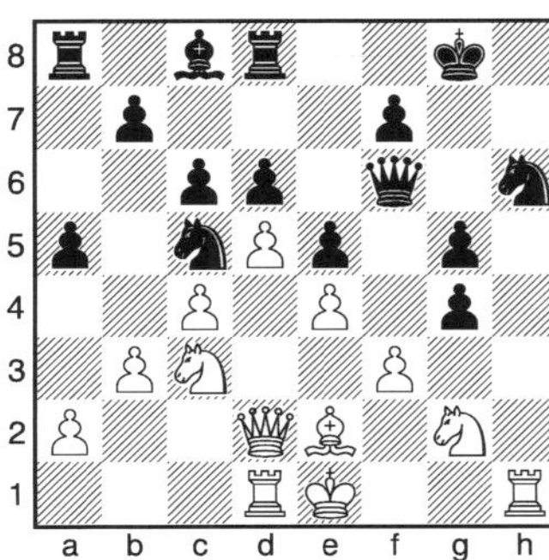

Z.B. 26.♖h5 ♔f8! 27.♕xg5 ♕xg5 28.♖xg5 ♔e7 Δ♖g8

2) Hingegen hätte die Druckerhöhung mit **24.♕d2±** zu deutlichem Vorteil geführt, weil der Hebel g4 unter verbesserten Bedingungen nachgeliefert werden konnte. Und Schwarz müsste auf eine Weise reagieren, die es sicherstellt, dass er die Stellung am Königsflügel nach späterem g4xh5 stets mit g6–g5 geschlossen halten könnte, wie es in folgenden Varianten veranschaulicht wird:

a) 24...♕g7 25.g4 ♔h7 Δ**26.gxh5 g5**

b) 24...♔h7 25.g4 ♘g8 (25...♕g7) Δ**26.gxh5 g5**

c) 24...♔g7 25.g4 ♕e7 (25...♘g8) Δ**26.gxh5 g5**

46

Jodorcovsky Werjivker – Koutlas

Internet 2022

1.d4 ♘f6 2.c4 g6 3.♘c3 ♗g7 4.e4 d6 5.♗e2 0-0 6.♘f3 e5 7.d5 a5 8.♗g5 h6 9.♗h4 ♘a6 10.♘d2 ♘c5 11.0-0 ♕e8 12.♕c2 ♘h7 13.b3 f5 14.f3 g5 15.♗f2 f4 16.a3 h5

Bei diesem typischen Wettrennen an entgegengesetzten Flügeln sind beide Seiten zur Ausführung ihrer jeweiligen Schlüsselzüge (b3–b4 bzw. g5–g4) bereit. Als hervorstechender Unterschied zu üblichen Stellungen ist die ungewöhnliche Position der schwarzen Dame zu beachten, die zwar einerseits sofort vor den gegnerischen König gelangen kann, andererseits jedoch den Schwachpunkt c7 im Stich gelassen und entsprechend schutzbedürftig gemacht hat.

I) 17.♖ab1? hätte sich nach **17...g4∞** eigentlich als Tempoverlust herausstellen sollen.

Von Interesse war auch der Vorbereitungszug 17...♕g6!? Δ18.b4?! (⌓18.♘b5 ♘a6 19.c5±) 18...axb4 19.axb4 ♘a6 20.c5 g4 (Δg3) 21.♗h4! ♗f6 22.♗xf6 ♕xf6 23.♘a4 ♕h4 24.♖fc1 ♘g5 25.cxd6 ♖f7!⩲ Δ26.b5 g3 27.♘f1

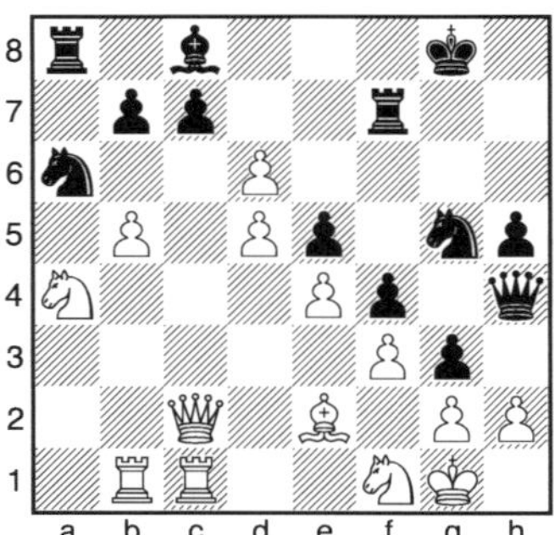

27...♘h3+! 28.gxh3 ♖g7 usw.

A) Auf den verspäteten Vorstoß **18.b4** folgte mit **18...♘d7??** ein unbegreiflicher Fehler.

Nach 18...axb4 19.axb4 ♘a6 20.c5 ♕g6 (Δg3) 21.♗h4 ♗f6 22.♗xf6 ♕xf6 23.♘a4 hätte Weiß allenfalls über Minimalvorteil verfügt.

19.♘b5+−

19.fxg4 hxg4 20.♘b5; 20.♗xg4!? ♘df6 21.♗xc8 ♕xc8 22.bxa5 ♖xa5 23.c5 Δ♘c4

19...g3

19...♕d8 20.c5; 20.fxg4 hxg4 21.♗xg4

20.hxg3 fxg3 21.♗xg3 ♕g6 22.♗h4

B) Nach der Ungenauigkeit **18.♘b5?!** sichert Schwarz sich mit dem Bauernopfer **18...g3!?** (18...♘a6 19.c5∞) genügend Gegenspiel, wie aus folgenden zum Teil längeren und komplizierten Varianten hervorgeht:

1) 19.hxg3 fxg3 20.♗xg3 ♕g6⩲ Δ♗h6 z.B. **21.♗h2 ♗h6**

2) 19.♘xc7 ♕e7! (19...gxf2+?? 20.♖xf2+−)

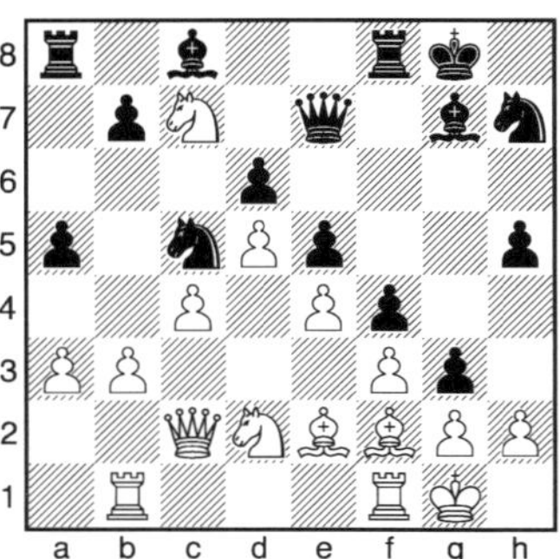

a) 20.♘xa8? ♕h4 21.hxg3 fxg3 22.♗xg3 ♕xg3∓

b) 20.hxg3 ♕xc7 21.b4⩲ oder 20...fxg3 21.♗xg3 ♕xc7 21.b4⩲

3) 19.♔h1 h4! (19...gxf2?? 20.♘xc7+−)

a) 20.♘xc7? ♕d7! 21.♘xa8 h3 22.♗xg3 hxg2+ (22...fxg3?? 23.♖g1!+−) 23.♔xg2 ♕h3+ 24.♔f2 fxg3+ (24...♘g5!?) 25.hxg3 ♕h2+ 26.♔e1 ♗h3∓

b) ⌓20.♗xc5 Δ20...dxc5 21.♘xc7 ♕h5 22.♘xa8 h3

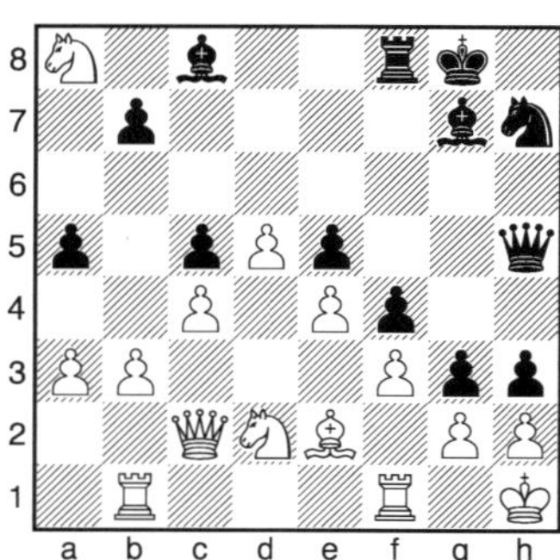

23.♖g1 hxg2+ 24.♖xg2 ♗h3 25.♖bg1 ♗xg2+ 26.♖xg2 ♖xa8⩲

II) Nach dem sofortigen Vorstoß **17.b4!** führen fast alle Varianten zu einer Gewinnstellung.

A) 17... axb4 18.axb4 ♖xa1 19.♖xa1 ♘a6 20.c5+−

B) 17...♘a6 18.c5!

1) 18...♕g6 19.cxd6+− (19.c6) **19...cxd6 20.♘a4**; **20.b5**

2) 18...axb4 19.axb4+- Δ**19...♘xb4 20.♕b2** (20.♕b3)

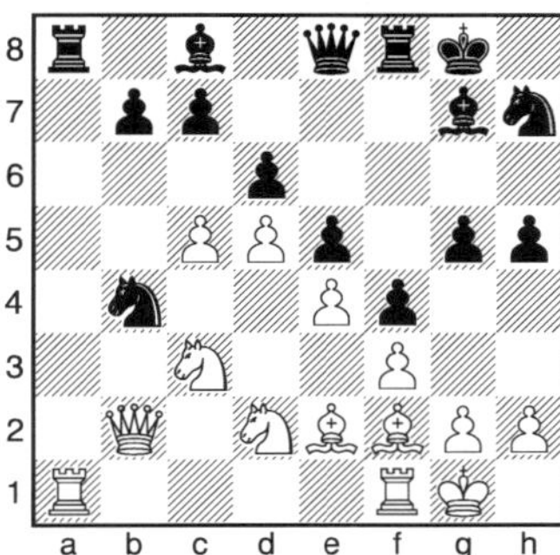

a) 20...♖xa1 21.♖xa1 ♘a6 22.c6

b) 20...♘a6 21.cxd6 (21.♘b5) 21...cxd6 22.♘b5; 22.♘c4

3) 18...dxc5 19.b5+-; 19.bxc5

4) Nur nach dem kompromisslosen Vorstoß **18...g4** mit der möglichen Folge **19.c6 g3! 20.hxg3 fxg3 21.♗xg3 ♕g6** bleibt Weiß auf eine zunächst nur tendenzielle Gewinnstellung eingeschränkt.

47

Parkhov – Bakalchuk

Israel 2022

1.d4 ♘f6 2.c4 g6 3.♘c3 ♗g7 4.e4 d6 5.♗e2 0-0 6.♗e3 ♘a6 7.♘f3 c6 8.0-0 e5 9.d5 ♘g4 10.♗g5 f6 11.♗h4 c5 12.a3 h5 13.h3 ♘h6 14.♗g3 ♘f7 15.♘h4 ♔h7

Angesichts der massiv gelockerten schwarzen Königsstellung ist es kein Wunder, dass es nicht nur eingefleischten ‚Hau ruck und hau rein'-Spielern geradezu unwiderstehlich in den Fingern juckt. Wenn man jedoch vergleichsweise einfache und vollkommen risikofreie Verfahren quasi von Hause aus links liegen lässt, besteht stets die Gefahr, zum Opfer eines recht häufig anzutreffenden Leidens zu werden, das bei Fach- bzw. Schachärzten als ‚Opferitis' bekannt ist.

1) Selbst die solide Partiefolge **16.♗d3** reichte für ±, obwohl Schwarz Zeit für das wichtige Verteidigungsmanöver **17...♗h6 17.♘e2 ♖g8** erhielt.

Die beiden sofortigen Opferansätze sind vollkommen verfehlt.

2) So reicht **16.♘xg6?? ♔xg6 17.♗xh5+ ♔h7 18.f4** nach **18...♕e7** maximal für Kompensation.

3) Und **16.♗xh5?? gxh5 17.♕xh5+ ♘h6 18.f4** reicht nach **18...♕e8** maximal für Minimalvorteil.

4) Hingegen steht Weiß nach der ebenfalls ‚konkreten Aktion' **16.f4! exf4 17.♗xf4** (17.♗xh5!?) ...

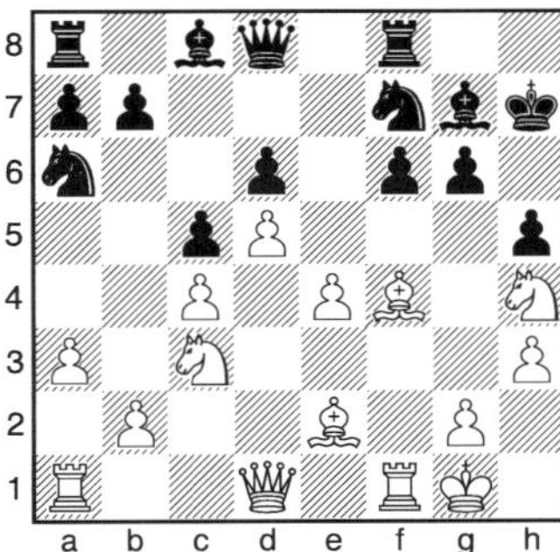

... auch ohne (sofortiges) Figurenopfer in allen Varianten auf Gewinn.

a) Besonders krass nach **17...g5? 18.♗d3** Δe5+ oder auch umgekehrt **18.e5** Δ♗d3+, denn in diesem Fall würde die Annahme des angebotenen Opfers zu einem noch rascheren Zusammenbruch führen.

b) Nach dem Gegenstoß **17...f5** kann es dann allerdings doch mit dem Opfer **18.♘xg6** (18.exf5) und der Folge **18...♔xg6** (18...♗d4+ 19.♔h1) **19.♗d3** oder **19.♗xh5+** weitergehen

c) Auch nach **18...♘e5 19.♗xh5! gxh5 20.♕xh5+ ♔g8 21.♗xe5** macht Weiß rapide Fortschritte:

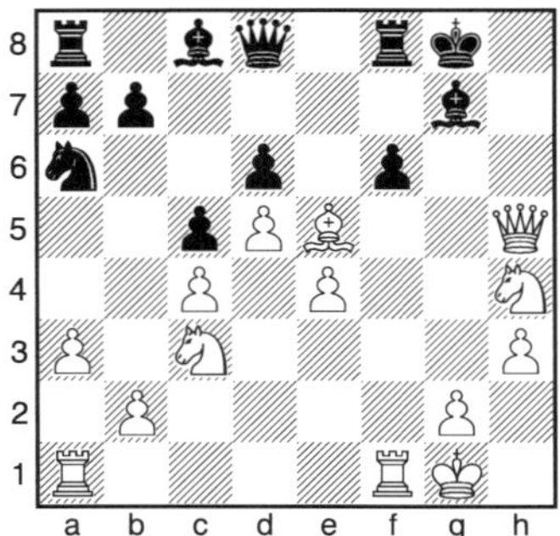

– Besonders krass nach Öffnung der f-Linie mit 21...fxe5? und der Folge 22.♖xf8+ ♕xf8 23.♖f1 ♕e7 24.♘b5; 24.♘g6.

– Und nach 21...dxe5 führt 22.♖f3 die Liste der Gewinnzüge an.

d) Bleibt zuletzt noch **18...♘c7** mit der möglichen Folge **18.♗xh5! gxh5 19.♕xh5+ ♔g8 20.♖f3** (20.♘g6) **Δ20...♘e5 21.♗xe5** (21.♖g3 Δ♖f1, ♗h6)

– 21...fxe5 22.♖af1; 22.♖xf8+ ♕xf8 23.♖f1

– 21...dxe5 22.♖af1; 22.♘g6; 22.♖g3

48

Turzo – Wieczorek

Internet 2022

1.d4 ♘f6 2.c4 g6 3.♘c3 ♗g7 4.e4 d6 5.♗e2 ♘bd7 6.♘f3 e5 7.♗e3 h6 8.0-0 ♘g4 9.♗c1 0-0 10.h3 exd4 11.♘xd4 ♘gf6 12.♖e1 c6 13.♗f1 ♘c5 14.♗f4 ♘h5 15.♗e3 a5 16.♕d2 ♔h7 17.g4 ♘f6 18.♗g2 ♖e8 19.♗f4 a4 20.♖ad1 ♕e7

Bei dieser Aufgabe ist klar, dass sich alles um den todgeweihten Bauern d6 dreht. Wie es jedoch so oft in Stellungen der Fall ist, in denen eine Seite ‚vor Kraft kaum laufen kann', besteht auch hier das Problem darin, dass Weiß in gleich *zweifachem* Sinn die Qual der Wahl hat. Denn einerseits gibt es in beiden Bereichen ‚Drucksteigerung' und ‚konkrete Aktion' interessante Kandidaten – aber andererseits gibt es eben *mehrere* Kandidaten, von denen je *einer* zu einer Gewinnstellung führt – der andere jedoch nur zu deutlichem Vorteil bzw. sogar zu völlig unklaren Verhältnissen.

I) In der Partie griff Weiß mit **21.♘xc6??** vollkommen daneben, weil er nach **21...bxc6 22.♗xd6** den rettenden Schwenk **22...♕a7** übersehen hatte. Und nach der Notlösung **23.e5** hätte **23...♘fd7 24.♗xc6 ♗b7 25.♗xc5 ♘xc5 26.♗xe8 ♖xe8** zu den besagten unklaren Verhältnissen geführt.

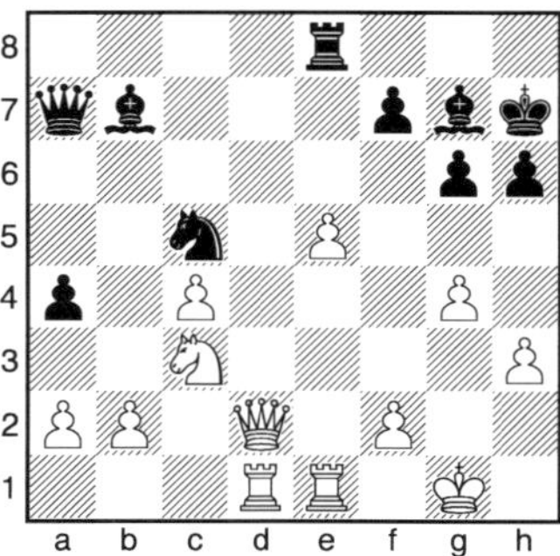

Denn hier sind zwei Leichtfiguren einem Turm eindeutig überlegen und nach beispielsweise 27.♘b5 ♕b6 28.♘d6 ♖e7 müsste sogar eher der *Weiße* auf der Hut sein, nicht in Nachteil zu geraten.

II) Das eindeutige Gewinnverfahren im Bereich ‚konkrete Aktion' besteht in **21.♘db5! cxb5 22.♗xd6** mit folgenden längeren und zum Teil komplizierten Varianten:

A) 22...♘cxe4 23.♘xe4 ♘xe4 24.♖xe4 ♕d8 25.♖xe8 ♕xe8 26.c5+– z.B. 26...♕e6 27.♗d5 ♕f6 28.♖e1! ♕xb2 29.♕xb2 ♗xb2 30.♖e7

B) 22...♕d8

1) 23.♗xc5 ♕xd2 24.♖xd2

a) Nach 24...bxc4 ist die Feinheit 25.♗a3!

erforderlich, weil auf den ‚Normalzug' 25.♖ed1? ...

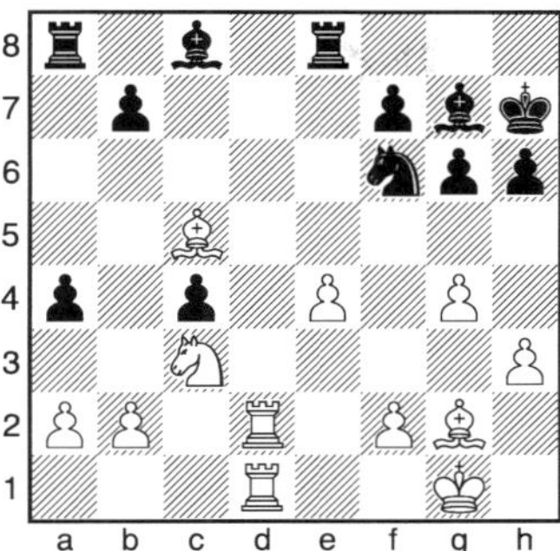

... das subtile Störmanöver 25...a3! 26.♗xa3 ♘xg4! folgt, welches nach 27.♘b5 ♘e5 28.♘c7 ♖xa3! 29.bxa3 nur für ± reicht.

b) 24...♘d7 25.♗b4 bxc4

– 26.♘d5 ♖a7 27.f4 b6 28.e5

– 26.♘b5 ♗e5 27.♖ed1 ♘f8 28.♗d6; 28.♗f1

2) 23.e5

a) 23...♘xg4 24.hxg4 ♘e6 25.cxb5

b) 23...b4 24.♘b5 (24.exf6) 24...♘xg4 25.♘c7

III) Der schwächere Kandidat im Bereich ‚Drucksteigerung' **21.♘c2?!** führt nach **21...♗f8 Δ22.♗xd6!?** (22.♕e3!?) **22...♕xd6 23.♕xd6 ♗xd6 24.♖xd6 ♘fd7 25.♖ed1** nur zu ±, denn nach beispielsweise **25...♘e5 26.♘e3** ...

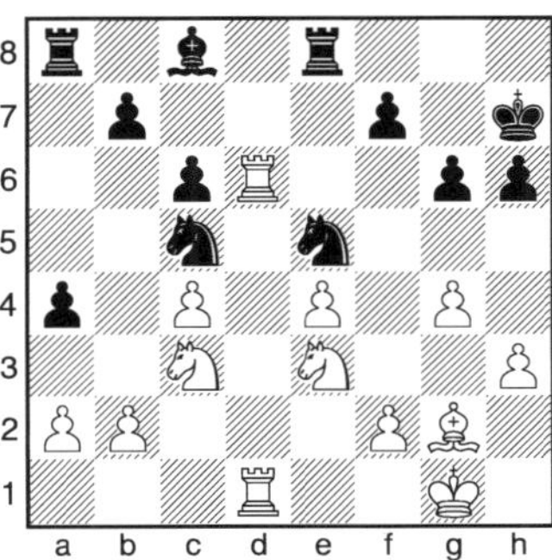

... verfügt Schwarz nach Zügen wie 26...g5, 26...♗e6 oder 26...♘e6 über lästiges Gegenspiel.

IV) 21.b4!

A) Der schlechteste Zug **21...♘e6?** bringt wenigstens den eventuellen Vorteil mit sich, dass ein allzu zögerlicher Gegner über die Frage, ob nun **22.♘f5 gxf5 23.exf5** oder vielleicht nicht doch **22.♘xc6 bxc6 23.♗xd6** am deutlichsten gewonnen ist, so lange nachgrübelt, dass er darüber in Zeitnot gerät.

B) 21...axb3

1) Hier wäre das automatische Zurückschlagen 22.axb3?? grob fehlerhaft, weil Weiß nach 22...♘fd7 (Δ♗xd4) mit 23.♘ce2 höchstens Minimalvorteil erreicht – es sei denn, der Gegner käme ihm mit 23...♘xe4?? 24.♗xe4 ♕xe4 25.♘c1+–; 25.♘g3 hilfreich entgegen.

2) Zum Gewinn reicht hingegen 22.♘xb3 mit folgenden Abspielen:

a) 22...♘xb3 23.axb3 ♗f8 Δ24.♗xd6? (⌓24.♕b2+–) 24...♕xd6 25.♕xd6 ♗xd6 26.♖xd6 ♘d7 27.♖ed1± z.B. 27...♘c5 28.b4 ♘e6

b) 22...♘fd7 23.♗xd6 ♕e6 24.♘xc5 (24.e5 ♕xc4) 24...♘xc5

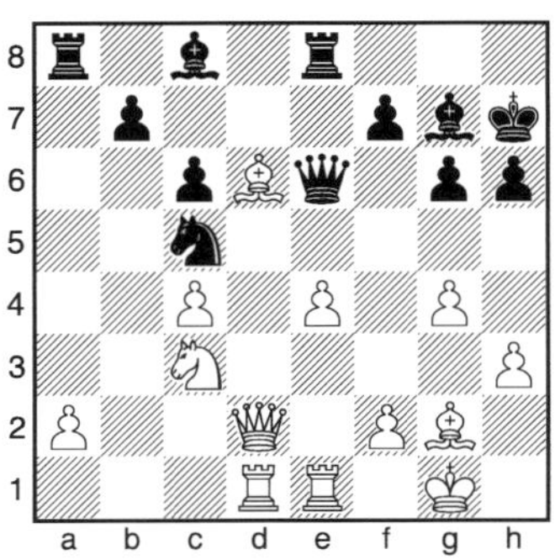

– 25.♗xc5 ♕xc4 26.♗d4 ♖d8 27.e5 ♘c5 28.♗f1 ♕e6 29.♘b5 ♖xa2 30.♕c1 cxd4 31.♗c4 ♖a1 32.♕xa1 ♕xc4 33.♘xd4

– 25.e5 ♕xc4 26.♗f1 (26.♖c1) 26...♕b4

27.♕e3 b6 28.♖d4 ♕a5 29.♗g2 ♗b7 30.f4

C) Nach **21...♘cd7** verhält es sich witzigerweise im Vergleich zur Ausgangsstellung umgekehrt, was die Qualität der beiden Aktions-Kandidaten anbetrifft:

1) 22.♘db5?! cxb5 23.♗xd6 ♕d8

a) 24.c5 ♘xg4! 25.hxg4 ♘e5 26.♕f4 ♕h4 27.♘xb5 ♗xg4 28.♘c7 g5 29.♕h2 ♕xh2+ 30.♔xh2 ♗xd1 31.♖xd1±

b) 24.♘xb5 ♘xg4! 25.♘c7 (25.hxg4 ♘e5) 25.♘ge5± und hier ist 26.♗xe5 ♗xe5 27.♘xa8 wohl etwas genauer als sogleich 26.♘xa8 ♘xc4 27.♕c2 ♘xd6 28.♖xd6 ♕h4 29.♘c7 ♖f8.

2) 22.♘xc6! bxc6 23.♗xd6+−

a) 23...♕e6 24.e5 ♘xg4 25.hxg4 ♕xg4 26.♖e4 ♕h5 27.f4

b) Hingegen wäre nach 23...♕d8 24.e5 (24.♕f4) 24...♘xg4 ...

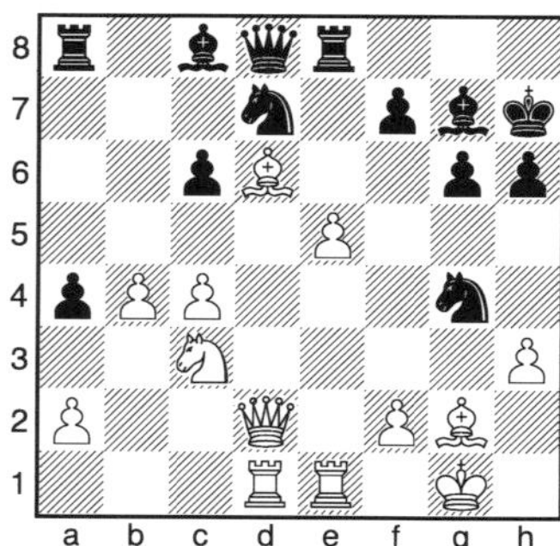

... das automatische Zurückschlagen 25.hxg4?? wegen der Antwort 25...♘xe5∞ katastrophal.

Zum Gewinn führt einzig 25.♕f4! mit folgenden verzwickten ‚Fressvarianten':

− 25...♘gxe5 26.♗xe5 ♖xe5 27.♖xe5 ♗xe5 28.♕xe5 ♘xe5 29.♖xd8 ♗b7 30.♖xa8 ♗xa8 31.c5

− 25...♘dxe5 26.♗xe5 ♖xe5

− 27.♕xe5 ♕xd1 28.♕xg7+ ♔xg7 29.♘xd1 ♘f6 30.♗xc6

− 27.♖xe5 ♕xd1+ 28.♘xd1 ♘xe5 29.b5

49

Maksimenko − Lopez del Alamo

Internet 2022

1.d4 ♘f6 2.c4 g6 3.♘c3 ♗g7 4.e4 d6 5.♗e2 0-0 6.♗e3 e5 7.d5 c6 8.g4 cxd5 9.cxd5 a6 10.h4 b5 11.f3 h5 12.g5 ♘fd7 13.♘h3 ♘b6 14.a4 b4

Mit dem vorangegangenen Flügelhebel wollte Weiß rechtzeitig dem gegnerischen Plan vorbeugen, das Feld c4 für effektives Gegenspiel zu nutzen − und nachdem Schwarz darauf falsch reagiert hat (indem er diesen Stützpunkt aufgab, statt ihn mit 14...♘c4∞ zu nutzen), kann Weiß nunmehr auf Vorteil hoffen, wenn es ihm gelingt, von den gegnerischen Entwicklungsproblemen am Damenflügel zu profitieren.

I) Nach **15.♘b1?! a5 16.♘f2** kam Weiß nicht über Minimalvorteil hinaus, weil Schwarz sich in der Folge am Damenflügel freier bewegen und vor allem das Feld c5 für defensive Zwecke nutzen konnte.

II) Hingegen hätte **15.a5!** zu Raumgewinn und Linienöffnung und entsprechend deutlicherem Vorteil geführt.

A) Jetzt wäre da zunächst der trickreiche Ansatz **15...♘c4?!**, bei dem Schwarz nach **16.♗xc4 bxc3** auf taktische Möglichkeiten auf der c-Linie hofft, zumal ja die Felder c4 und h3 gegebenenfalls von der Dame ‚aufgespießt' werden können.

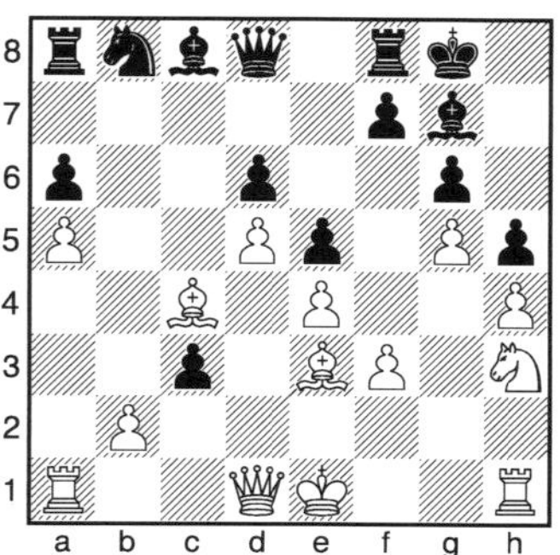

1) Dies würde beispielsweise nach **17.bxc3? ♗xh3 18.♖xh3 ♕c8 19.♗f1 ♕xc3+** deutlich, weil der weiße Vorteil nach **20.♔f2!±** (20.♗d2 ♕d4!) **20...♘d7 21.♕c1!** noch nicht weit aus dem Minimalbereich heraus wäre.

2) Ganz anders sieht die Sache nach dem präzise berechneten Vorstoß **17.b4!** aus, mit dem Weiß eine zumindest tendenzielle Gewinnstellung erreicht.

(Selbst die solidere Version 17.b3!? ist noch für kräftiger ± gut als Variante 1)

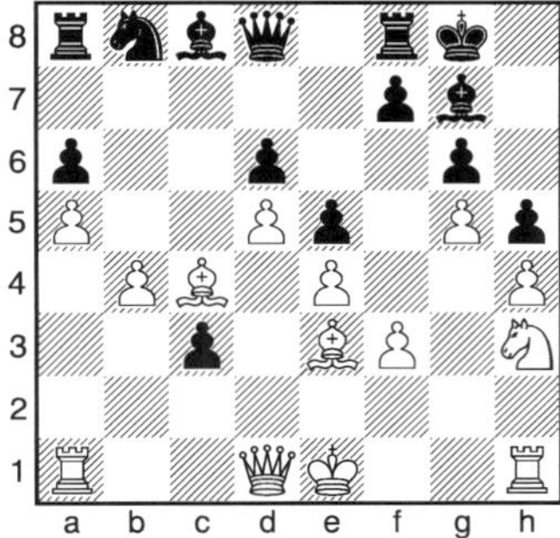

Hier ein Blick auf zwei Mustervarianten, aus denen hervorgeht, wie zuverlässig der schwarze Springer dominiert wird und wie harmlos bzw. sogar verletzlich der schwarze Freibauer ist:

a) 17...♕c7 18.♕b3 ♗xh3 19.♖xh3 ♖c8 20.♗d3 ♘d7 21.♖h2; 21.♖c1

b) 17...♗xh3 18.♖xh3 ♕c8 19.♗f1 ♘d7 20.♖c1; 20.♕a4

A) Und nach **15...bxc3 16.♗xb6** (16.axb6!?) **16...♕e7** ergibt sich folgendes Bild:

1) 17.bxc3 ♗xh3 18.♖xh3 ♘d7 19.♗e3±

2) 17.b4

a) 17...f5?! 18.gxf6 (18.♘f2!?) 18...♗xf6

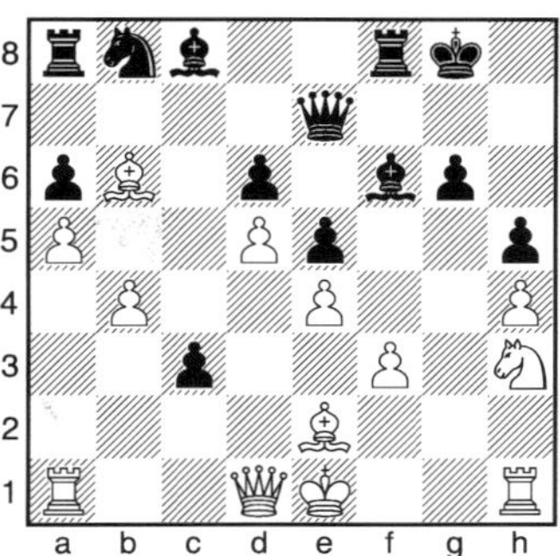

19.♘g5! ♗xg5 20.hxg5 Δ20...♕xg5 21.♖g1+−; 21...♕c1

b) 17...♗xh3 18.♖xh3 ♕b7 19.♕b3± (19...♕a4) 19...♘d7 20.♗e3 ♖fc8 21.♖b1!

c) 17...♕b7 18.♕b3± (18.♘f2!?) 18...♘d7 (18...♗xh3 siehe Variante 1) 19..♗e3 ♖fc8 20.♖b1

50

Vargas – Dias

Internet 2022

1.♘f3 ♘f6 2.c4 g6 3.♘c3 ♗g7 4.e4 d6 5.d4 0-0 6.♗e2 ♘fd7 7.0-0 e5 8.d5 f5 9.♘g5 ♘f6 10.f4 ♘xe4

Gemäß allgemeiner Schachlogik müsste **11.♘cxe4** allein schon deshalb besser sein, weil danach *beide* Springer in die gegnerische Stellung hinein wirken.

Nach der Partiefolge 11.♘gxe4?! fxe4 12.♘xe4 hätte 12...♕e7!? eher dem Schwarzen Minimalvorteil in Aussicht gestellt ...

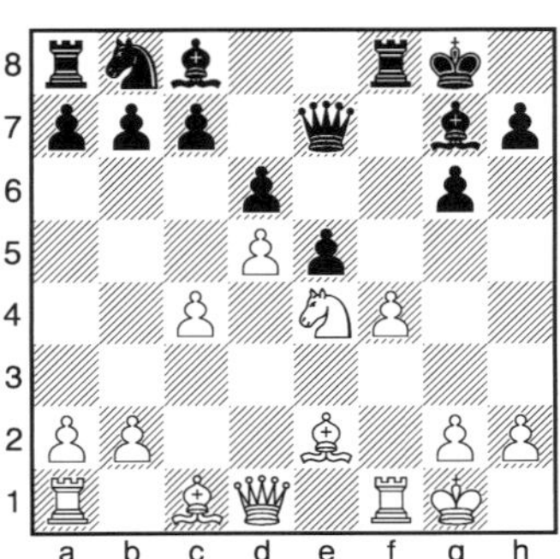

...weil die Öffnung des Zentrums allerlei Felderschwächen freigelegt hat, die durch die üppige weiße Raumnahme hervorgerufen wurden.

I) So wird nach **11...fxe4? 12.♗g4!** das Feld e6 nutzbar, was bei präzisem Spiel zu bedeutendem Vorteil führt, wie aus folgenden Varianten hervorgeht:

A) 12...exf4 13.♗e6+ ♔h8

1) 14.♘f7+? ♖xf7 15.♗xf7 ♘a6≅ (15...f3) 16.♗xf4 ♘c5

2) 14.♗xc8!? ♕xc8 15.♘e6

3) 14.♖xf4! Δ14...♗f6? (⌓14...♖xf4 15.♗xf4±)

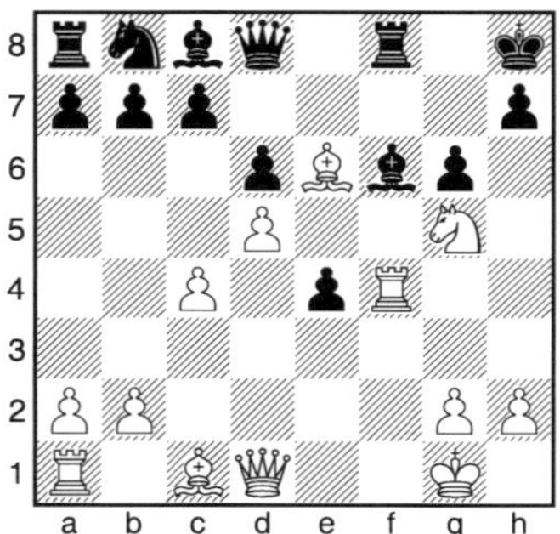

15.♖xf6! (15.♕g4) 15...♕xf6 16.♗e3! (16.♘xe4) 16...c5 17.♗xc8 ♖xc8 18.♕b3!

B) 12...♘a6 13.♗e6+ (13.♗xc8!?) **13...♗xe6** (13...♔h8? 14.fxe5+−) **14.♘xe6 ♕e7 15.♘xf8 ♖xf8 16.fxe5 ♖xf1+ 17.♕xf1 ♕xe5 18.♕f4!±**

II) Und nach **11...exf4** gewährleistet der taktische Zwischenzug **12.♘xd6!** zumindest Minimalvorteil, wie in folgenden Varianten veranschaulicht wird:

A) 12...♕xd6 13.♗xf4 (13.♔h1!?) **Δ13...♕c5+ 14.♔h1 ♖e8** (14...h6 15.♘f3) **15.d6**; **15.b4!?**

B) 12...♕xg5 13.♗xf4 ♕f6

1) 14.♗xc8 ♖xc8

a) 15.♗f3 Δ15...g5 16.♗d2; 16.♗g3

b) 15.♔h1 d7 16.♗f3; 16.♖b1

2) 14.♘b5!? ♘a6 15.♘xc7 ♘xc7 16.♗xc7 ♕xb2 17.♖b1

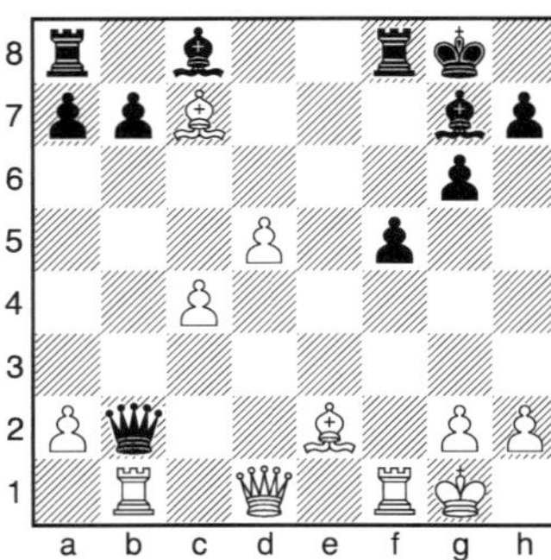

a) 17...♕d4+ 18.♔h1! b6 19.d6; 19.♗f3

b) 17...♕xa2 18.d6; 18.c5!?

C) 12...cxd6 13.♗xf4 ♗xb2

13...♖e8 14.♘e6!?; 14.♖b1

14.♖b1 (14.c5!?) **14...♗e5 15.♕d2 ♗xf4 16.♕xf4 Δ16...♘a6?**

16...h6?? 17.♘e6+− Δ17...g5 18.♕e3

⌓16...♕e7 17.♖fe1±

17.♖b3!

1) Nach Hinzuziehung eines Turms wäre der Nachteil nur noch mit 17...h6 18.♘e6± g5 19.♕e3; 18...♗xe6 19.♕xh6 einzugrenzen.

2) Denn 17...♖e8? ...

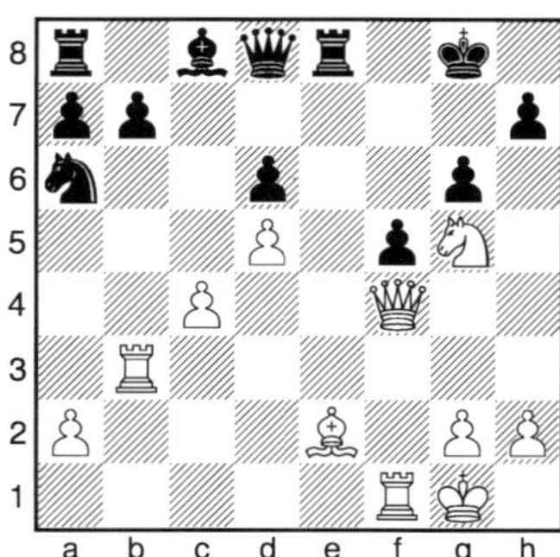

... erlaubt bereits das Zertrümmerungsopfer 18.♘xh7! mit raschem Gewinn in folgenden Abspielen:

a) 18...♖xe2 19.♕h6

b) 18...♔xh7 19.♖h3+ ♔g8 20.♕h6; 20.♗h5

c) 18...♕e7 19.♗h5! (19.♖h3) 19...♕xh7 20.♗xg6; 19...♔xh7 20.♗xg6+

51

Kholopov – Shnayder

Russland 2022

1.d4 ♘f6 2.c4 g6 3.♘c3 ♗g7 4.e4 d6 5.♗e2 0-0 6.♗e3 e5 7.d5 ♘bd7 8.g4 ♘c5 9.f3 a5 10.h4 c6 11.h5 cxd5 12.cxd5 ♗d7 13.♕d2 ♖e8 14.♗b5 ♗xb5 15.♘xb5 ♕d7 16.♗xc5

I) Angesichts der Entscheidung für **16...dxc5??** ist man spontan fassungslos, weil doch die auf der Hand liegende Antwort **17.a4** zu einem Lehrbuchbeispiel für eine ‚positionelle Gewinnstellung' führt. Nach den weiteren Zügen **17...♖ed8 18.♘e2 ♘e8 19.0-0-0** ...

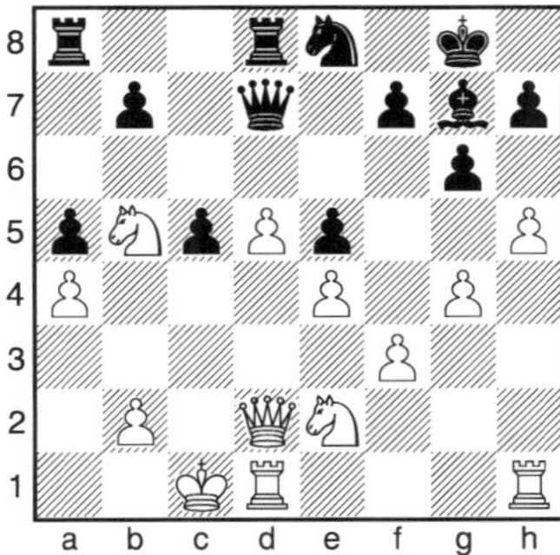

... wird das ganze Ausmaß der Misere deutlich erkennbar: In Ermangelung möglicher Linienöffnung ist die gesamte schwarze Armee zu Passivität verurteilt, während Weiß seinen langfristig entscheidenden Hebel längst angesetzt hat und für den (unwahrscheinlichen) Fall eines Endspiels über einen gedeckten Zentrumsfreibauern und die bessere Leichtfigur verfügt.

II) Offenbar beruhte die unglaubliche Fehlentscheidung aber wohl darauf, dass Schwarz nach **16...♕xb5!** allen Ernstes den Bauernverlust **17.♗xd6** befürchtet hatte. Dabei sollte gerade ein *Russe* den weisen Rat des seinerzeitigen Fast-Weltmeisters David Bronstein kennen: Wenn du einen Bauern verlierst, mach ein Opfer daraus!

Hier ein Blick auf einige der möglichen Varianten, von denen die besten nach einem zusätzlichen Figurenopfer zu ausreichender Kompensation führen.

A) Allerdings nicht in der sofortigen Version **17...♘xd5?**, obwohl Weiß selbst dann über viele Züge hinweg äußerst präzise spielen muss, um eine Gewinnstellung zu erhalten; und zwar **18.exd5**

(18.♕xd5?? ♕xb2–+ u.a. Δ♕g2)

18...e4!

1) 19.hxg6? exf3+ 20.♔f2 ♕b6+ 21.♔xf3 ♕xd6 22.gxh7+ ♔h8⩱

2) 19.h6! ♗f6 20.0–0–0 ♖ac8+ 21.♔b1 exf3 (Δ♖ed8; Δ♗g5) 22.♖h2!! (22.♗a3? ♖c3!∞) 22...♗g5! (23.♗c3 a4! Δ24.♕xa4 ♕c2!+–) 23.♕d4! (23.♕xg5?? ♕d3+ –+) 23...♗f6! 24.a4! ♕b3

a) 25.♕d3? ♖c3⩱ z.B. 26.♕d2 ♖e4 27.♗a3 ♖xa4 28.♖e1 ♕b5 29.♗d6 (29.♗e7 ♕b3 30.♗a3) 29...♖b3 30.♘xf3 (30.♕c1 ♖c3 31.♕d2 ♖b3) 30...♖xb2+ 31.♕xb2 ♗xb2 32.♖xb2 ♕d3+ 33.♖c2 ♕b3+ 34.♖b2 ♕d3+

b) 25.♕xf6!! ♕xd1+ 26.♔a2 ♕xa4+ 27.♗a3 ♕c4+ 28.b3 ♕c3

– 29.♕xc3? ♖xc3 30.d6 f6! (30...♖d3 31.♘xf3) 31.♖d2 ♔f7∞

– 29.♗b2! ♕xf6 30.♗xf6 ♖e3 31.d6 ♖d3 32.♘xf3! ♖xd6 34.g5

B) Korrekt ist **17...♖ad8** mit folgenden Möglichkeiten:

1) 18.♗c7 ♖d7 19.d6 ♗f8⩱

2) 18.♗a3 ♘xd5 19.exd5 ♖xd5 20.♕e2 ♕c6!⩱ Δe4

3) 18.h6 ♗xh6! 19.♖xh6 ♖xd6 20.♘e2 ♖c8∞ 21.♖h2 ♕b6; 21.♘c3 ♕c5

52

Safin – Shnayder

Russland 2022

1.d4 ♘f6 2.c4 g6 3.♘c3 ♗g7 4.e4 d6 5.♗e2 0-0 6.♗g5 ♘bd7 7.♕c2 c6 8.0-0-0 e5 9.d5 cxd5 10.♘xd5 ♕a5 11.♔b1 ♘xd5 12.cxd5

Bei entgegengesetzten Rochaden müssen beide Seiten noch ihren bisher vernachlässigten Flügel entwickeln. Mit der richtigen Fortsetzung kann Schwarz diese Aufgabe schneller erledigen, weil die latent brenzlige Situation auf der Diagonale b1–h7 einen wichtigen Tempogewinn ermöglicht. Selbstverständlich darf dabei aber nicht die Sicherheit des Bauern d6 in Vergessenheit geraten.

I) Nach dem fehlerhaften Partiezug **12...♘f6?** hätte Weiß mit **13.f3** (statt 13.♗d3) nicht nur das taktische Kernmotiv ♘xe4 aus der Welt geschafft, sondern nach **13...♗d7** außer mit **14.♗d3** auch mit der interessanten Alternative **14.g4!?** Minimalvorteil erzielen können.

II) Von dem deutlich stärkeren Ansatz **12...♘c5!** Δ♘xe4 ...

A) ...war Schwarz offenbar angesichts der ‚Drohung' **13.♗e7?** zurückgeschreckt. Allerdings waren diese Bedenken vollkommen unbegründet, denn tatsächlich hätte diese naive Fortsetzung nach **13...♘xe4!** sogar zum Verlust geführt, zumal dieses Opfer ja mit der brachialen Anschlussdrohung ♘xf2 erfolgt und entsprechend nicht ignoriert werden kann.

(Nebenbei bemerkt würde sogar die ‚sichere' Lösung 13...♖e8 14.♗xd6 ♘xe4 15.♗c7 b6–+ noch vollkommen ausreichen.)

Nach **14.♗d3** (14.♗xf8 ♘xf2; 14...♗f5) **14...♘c5!** (14...♖e8) ...

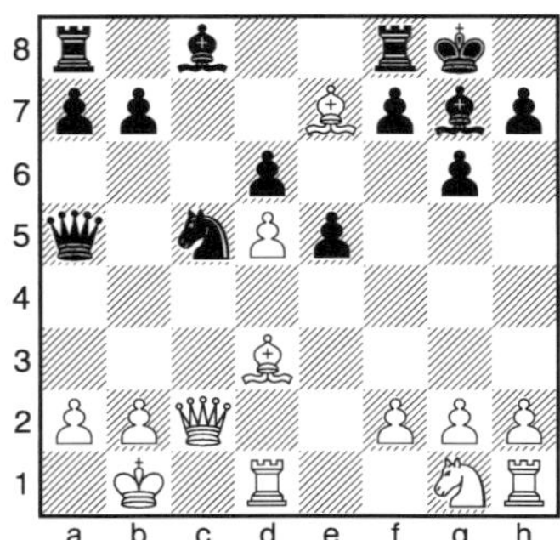

... **15.♗xf8 ♘xd3** (15...♔xf8) **16.♖xd3 ♗f5 17.♘e2 ♖xf8** steht Weiß eigentlich schon aufgabereif.

B) Erzwungen war also der Sicherungszug **13.f3**, wonach es (typisch ‚Königsindisch') mit **13...f5!** weitergeht.

1) Nun verliert **14.♗e7?** immer noch wegen der Freilegung der kritischen Diagonale mit **14...fxe4** – und zwar besonders drastisch nach **15.♗xf8? exf3**, während Weiß nach **15.fxe4** wieder ‚solide' **15...♖f7** spielen – oder mit **15...♘xe4!?** beim Thema bleiben kann.

Und die Alternativen führen mehr oder weniger ausgeprägt zu Vorteil in der Größenordnung ∓.

2) 14.♗e3 (14.♗d2 ♕d8)

a) 14...fxe4 15.♗xc5 exf3 16.♘xf3 ♕xc5 17.♕xc5 dxc5

b) 14...♗d7 15.♗xc5 ♖ac8!

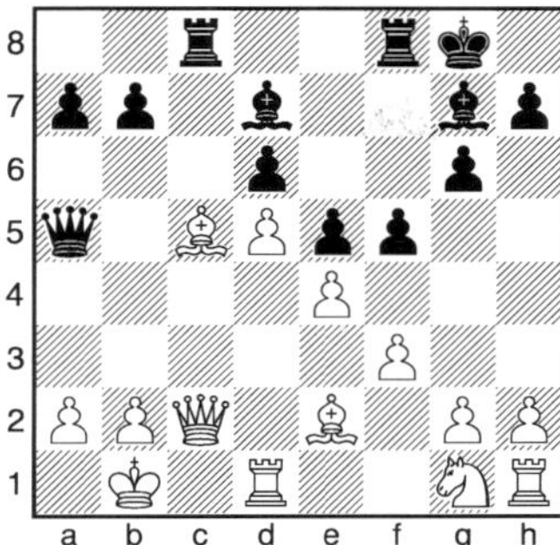

– 16.b4 ♕d8 Δ17.♗c4 dxc5 18.b5 ♕a5

– 16.♕d2 ♕xd2 17.♖xd2 ♖xc5 18.♗d3 ♗h6

3) Am besten ist noch **14.♗d3** mit der möglichen Folge **14...♗d7 15.♘h3** (15.♗e7? ♖fc8–+; 17.♗d2 ♕a4; 17...♕d8) **15...h6**

a) 16.♗e7? ♖fc8 17.♕d2 ♕b6–+

b) 16.♗e3 fxe4 (16...♘xd3 17.♕xd3/ 17.♖xd3 ♖fc8) 17.♗xe4 (17.fxe4 ♖ac8) 17...♘xe4 18.fxe4 ♖ac8 und nach 19.♕d2 wickelt Schwarz am besten mit 19...♕xd2 20.♖xd2 ♗xh3 21.gxh3 ♖c4 22.♗xa7 ♖xe4 ...

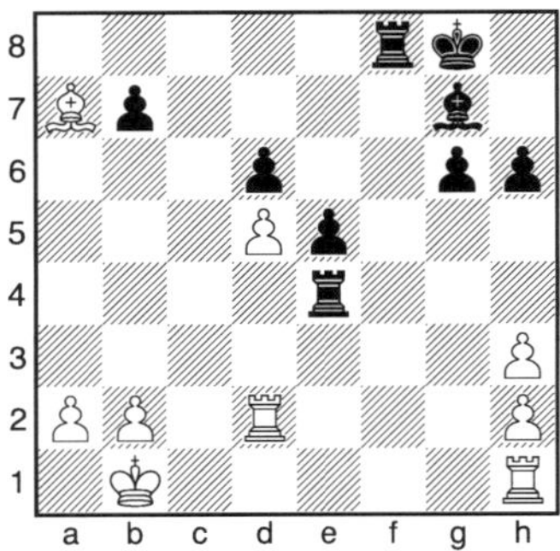

... zu einem ziemlich bequemen Endspiel ab.

53

Real de Azua – Ardila

Internet 2022

1.d4 ♘f6 2.c4 g6 3.♘c3 ♗g7 4.e4 d6 5.h3 0-0 6.♗e3 e5 7.d5 c6 8.♘f3 a6 9.♘d2 cxd5 10.cxd5 b5 11.a3 ♘bd7 12.♗e2 ♘c5 13.♖c1 ♘e8 14.b4 ♘d7 15.g4 f5 16.gxf5 gxf5 17.exf5 ♖xf5 18.♗g4 ♖f8

Nach beiden Kandidatenzügen kämen die Springer in dem Sinne nicht ideal zu stehen, weil sie sich (was hier gar nicht erforderlich ist) gegenseitig decken und somit auch gegenseitig ein Feld versperren. Bei der Suche nach der richtigen Lösung hilft also die Überlegung auf die Sprünge, aus welcher Stellung heraus einer der Springer auf eine Weise sinnvoll weiterziehen könnte, damit letztlich *beide* ideal zu stehen kommen, womit im gegebenen Fall klarerweise eine *offensive* Idealstellung gemeint ist.

Die Fortsetzung **19.♘ce4!** ist deutlich besser, weil auch der zweite Springer via f3 zum Königsflügel verlegt werden kann, was in vielen der folgenden Varianten von entscheidender Bedeutung ist.

In der Partie war der Vorteil von Weiß nach 19.♘de4? ♘df6 nur knapp aus dem Minimalbereich heraus, eben weil ihm die besagte Möglichkeit fehlte.

Und 19.♗e6+ ♔h8 20.♘ce4 ♘df6 21.♘g5 führt über Zugumstellung zu einer der folgenden Varianten.

19...♘df6

19...♔h8 20.♘g5 oder 20.♗e6 führt über Zugumstellung zu einer der folgenden Varianten.

20.♘g5

I) 20...♔h8 21.♗xc8 (21.♗e6) **21...♖xc8 22.♘e6**

II) 20...♗d7 21.♗e6+ (21.♘e6) **21...♔h8**

A) Nach dem nicht sonderlich inspirierten Qualitätsgewinn **22.♘f7+?! ♖xf7 23.♗xf7 ♕e7** ...

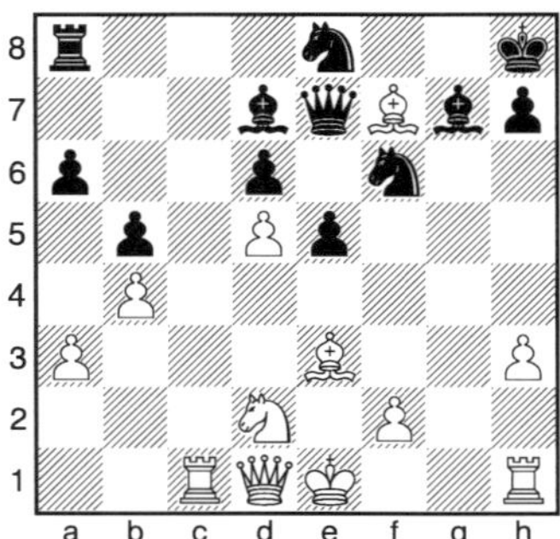

... ist Weiß noch ein gutes Stück von einer Gewinnstellung entfernt.

B) 22.♘df3! Δ♖g1; z.B. **22...♕e7 23.♖g1**; **23.♘h4**

III) 20...♘xg4 21.hxg4 ♘f6

21...h6 22.♘ge4 ♗b7 23.♗xh6 ♗xd5 24.♕c2 ♕b6 25.♖h2!

A) Nach **22.♘e6?! ♗xe6 23.dxe6 ♖c8** dringt der Angriff aufgrund einer bald folgenden Verteidigungsressource nicht durch (siehe Diagramm).

23...♕e7? 24.♘g5; 23...♕e8? 24.♕b3+−

24.g5 ♘d5 25.♖xc8 ♕xc8 26.♕b1

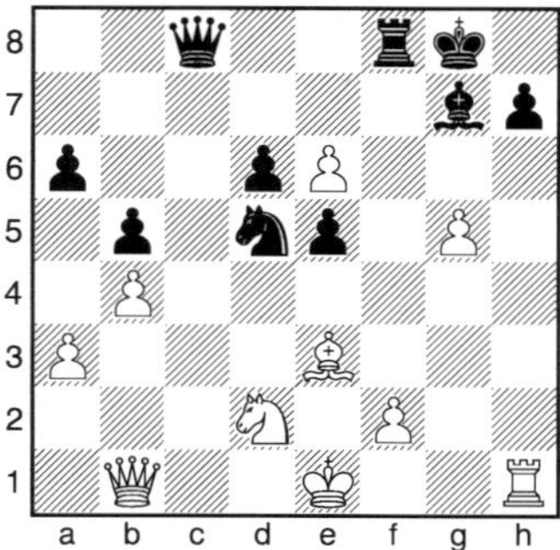

Nach der besagten Ressource **26...h6!** und der Folge **27.gxh6 ♗f6 28.h7+ ♔h8 29.♗h6** kann Schwarz sich bei weiter präziser Verteidigung auf den Beinen halten.

1) Allerdings nicht nach 29...♗g7 30.♗xg7+ ♔xg7, weil der Angriff nach dem Räumungsopfer 31.h8♕+! langfristig durchdringt; und zwar 31...♖xh8 32.♖g1+ ♔f8 33.♕f5+ ♔e8 34.♕f7+ ♔d8 35.♖g8+ ♖xg8 .♕xg8+ ♔c7 37.♕f7+ ♔b6 .e7 ♕c1+ 39.♔e2+− Δ39...♘f4+ 40.♕xf4

2) 29...♕e8 30.♘e4 ♘c3

(− 30...♕xe6?? 31.♕b3; 31.♖g1+−

− 30...♖xe6?? 31.♖g1+−)

31.♕c2 ♘xe4 32.♕xe4

a) Mit der scheinbar narrensicheren ‚Fesselung' 32...♕a8? könnte Schwarz immer noch straucheln.

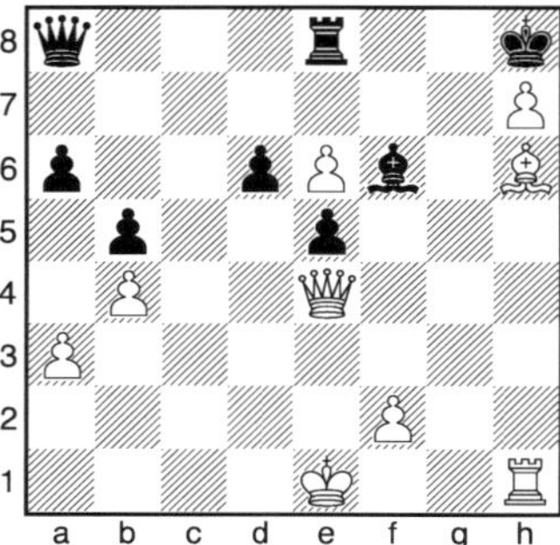

Denn nach 33.♕g6!!+− Δ33...♕xh1+ 34.♔e2 ♕h4 35.♕xe8+ ♔xh7 .♗e3 zeigt sich, dass diese Fesselung ja keineswegs von der ‚echten' Sorte war.

b) 32...♕c3+ 33.♗d2 ♕a1+ 34.♔e2 ♕a2 35.♖g1 ♕c4+ .♕xc4 bxc4 37.♖g6 ♗e7 .f4 ♔xh7 39.f5 ♖f8 40.♖h6+

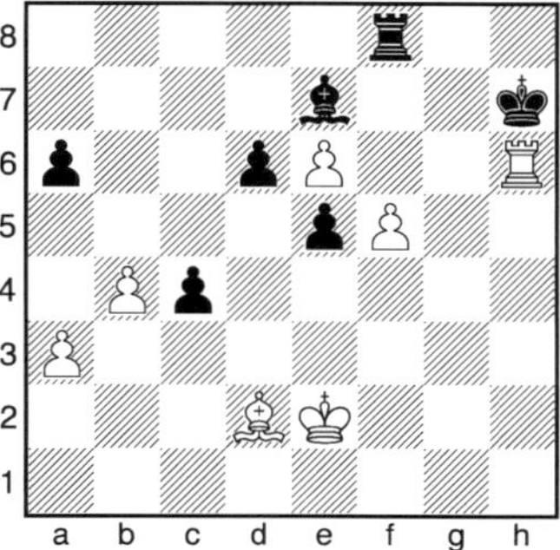

Selbst hier muss Schwarz noch auf der Hut sein, weil 40...♔g8?? an 41.♗g5!+− scheitert. Hingegen bleibt der Vorteil nach 40...♔g7 41.♖h5 ♖c8 noch im Bereich ±.

B) 22.♘de4 h6 23.♘xf6+ ♕xf6 24.♕d3+−

1) 24...e4 25.♕xe4 ♗f5 26.gxf5 hxg5 27.♕e6+ ♕xe6 28.fxe6 ♖f5 29.♖d1

2) 24...♗f5

a) 25.gxf5? hxg5 26.♖g1 ♕xf5 27.♕xf5 ♖xf5 28.♗xg5±

b) 25.♘e4! ♘xe4 26.♕xe4 ♕f3 27.♕xf3 ♖xf3 28.♖c6 28...a5 28...♗f8 28...♖f6 29.♔e2

C) 22.♖c6 ♗xg4 23.♕c2

1) 23...♕d7 24.♘xh7 ♗f5 25.♘xf8 ♖xf8 26.♕b3+−

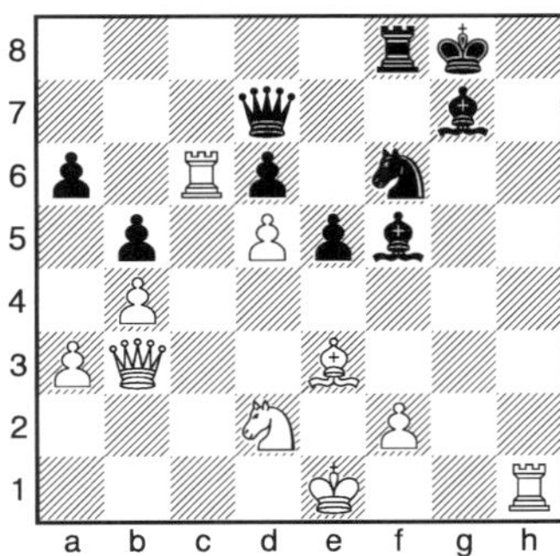

Und hier bleibt auch der letzte Trickversuch 26...♗e6 27.dxe6 ♕xc6 nach 28.e7+ ♖f7 29.♖h4 ♕c1+ 30.♔e2 ♕c7 31.♘f3/♘e4 31...♕xe7 32.♘g5 zum Scheitern verurteilt.

2) 23...e4 24.♘e6 ♗xe6 25.dxe6 ♕e7 26.♘xe4 ♕xe6 27.♘g5+− (27.♘xf6+±; 27.♘xd6±) 27...♕d5/♕g4 28.♖xh7!

54

Supatashvili – Maximov

Internet 2022

1.d4 ♘f6 2.c4 g6 3.♘c3 ♗g7 4.e4 0-0 5.♗e2 d6 6.♗e3 e5 7.d5 ♘fd7 8.h4 f5 9.h5 f4 10.♗d2 ♘f6 11.hxg6 hxg6 12.♘f3 ♘a6 13.♕c2 c6 14.a3 cxd5 15.cxd5 ♗d7 16.b4 ♖c8 17.♕b3

Das königsindische Spiel am Königsflügel ist offensichtlich ausgeblutet, denn die einzige dort geöffnete Linie ist an den Gegner gefallen und (da dieser noch gar nicht rochiert hatte) sogar noch mit einem Turm besetzt. Am Damenflügel verfügt Weiß über Raumvorteil und die schwarzen Figuren stehen nicht gerade mustergültig. Und auch im Zentrum hat Weiß soliden Raumvorteil – oder ist dieser Eindruck etwa trügerisch?

1) Der wenig inspirierte Ansatz **17...♕b6?** gestattete es dem Gegner, die schwarzen Spielmöglichkeiten mit **18.♘g5!±** weitgehend einzuschränken.

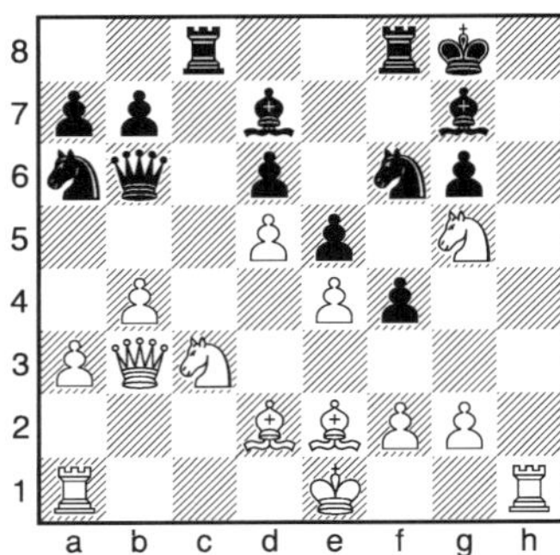

So kommt der eigentlich unbedeutenden Felderschwäche e6 ab sofort große Bedeutung zu und Schwarz verfügt nicht mehr über das unter Umständen wichtige Entlastungsmanöver ♔f7 nebst ♖h8. Aber ganz abgesehen davon ist durch Überdeckung des Bauern e4 das einzig effektive schwarze Gegenspiel aus der Welt geschafft worden, das nämlich ...

2) ...in dem gar nicht so schwer zu findenden (und irgendwie ‚Sizilianisch' anmutenden) Qualitätsopfer **17...♖xc3!** bestanden hätte. Schließlich erhält Schwarz mit ‚Springer + Bauer' nahezu ausreichende materielle Kompensation – und mit dem Bauern e4 verschwindet ja kein x-beliebiger Bauer, sondern das schwarze Läuferpaar wird ebenso drastisch aufgewertet, wie der Bauer d5 abgewertet wird. Hier ein Blick auf die möglichen Konsequenzen, bei denen sogar eher Weiß um Ausgleich kämpfen muss:

a) 18.♗xc3?! ♘xe4∓ Δ19.♗b2? (⌓19.♗d2) **19...♕b6 20.0-0**

20.♖f1? ♘ec5!–+ nebst ♘a4 usw.

20...♘g3 21.♗xa6 bxa6 22.♖fe1 ♖f5!∓ mit der gefährlichen Drohung ♖h5; z.B. **23.♖ac1 ♖h5 24.♘h2 ♘f5** Δ♕d8–h4; z.B. **25.♖c6 ♕d8 26.♘f3 g5** usw.

b) 18.♕xc3 ♘xe4

– Nach 19.♕c4?! b5!∓ Δ20.♕xe4?? ♗f5–+ ...

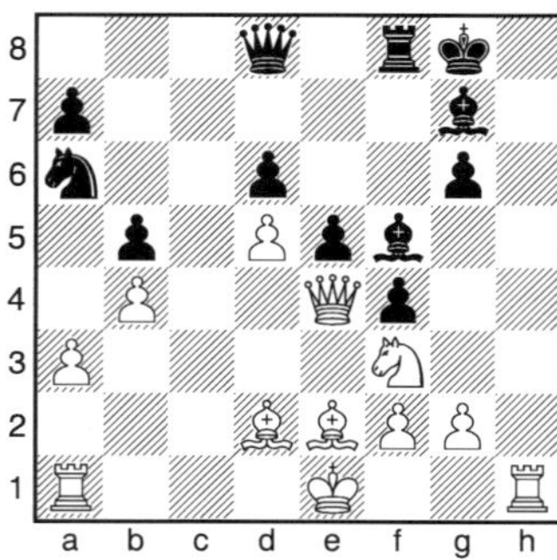

... würde sich auf geradezu tragikomische Weise zeigen, was mit ‚drastischer Aufwertung des Läuferpaars' gemeint war.

– Und nach 19.♕c2 ♗f5 20.♗d3 ♘xd2 21.♔xd2 könnte Schwarz mit 21...e4 22.♗xe4 ♗xa1 oder vielleicht sogar besser mit 21...♕b6 ausreichende Kompensation nachweisen.

55

Mullhaupt – Shahmammadli

Genf 2022

1.d4 ♘f6 2.c4 g6 3.♘c3 ♗g7 4.e4 d6 5.f4 0-0 6.♘f3 ♘a6 7.♗d3 e5 8.fxe5 dxe5 9.d5 ♘c5 10.♗c2 a5 11.b3

Im scharfen Vierbauern-Angriff ist es frühzeitig zur Halböffnung der f-Linie gekommen, wonach Weiß sich berechtigte Hoffnungen machen darf, in diesem Bereich zu Spiel zu kommen. Derweil fehlt bei Schwarz der Bauer d6, was zwar einerseits den interessanten Springerposten d6 eingebracht hat, andrerseits jedoch dem Gegner die Überwindung der Blockade des Feldes c5 erleichtert. Allerdings hat der mit dem völlig unnötigen Zug des b-Bauern (⌓11.0-0±) soliden Minimalvorteil vergeben, zumal Schwarz die damit einhergehende Lockerung des Damenflügels zu einem sofortigen Befreiungsschlag nutzen kann.

Nach dem abwartenden Herangehen **11...♕e7?!** wäre der weiße Minimalvorteil nach 12.0-0 sogar noch etwas deutlicher ausgefallen als nach dem (erneut unnötigen) Prophylaxezug **12.♖b1**.

Solch wie auch immer geringer Nachteil war mit **11...♘fxe4!** zu vermeiden – ja, wie aus folgenden Varianten hervorgeht, wäre es sogar *Schwarz* gewesen, der auf Minimalvorteil hätte hoffen können.

I) Und zwar vor allem dann, wenn Weiß sein Läuferpaar in der Version **12.♗xe4** aufgibt.

A) 12...♘xe4 13.♘xe4 f5 14.♗g5 ♕e8

1) 15.♘f2 Δ15...e4 16.0–0

a) Nach dem gierigen Herangehen 16...♗xa1?? (⌓16...♕f7) 17.♕xa1+– könnte Schwarz seine Lage mit 17...exf3? 18.♖e1 noch drastisch verschlimmern.

b) Und nach 16...exf3? 17.♖e1 ♕d7 18.♖e7 ♕d6 ...

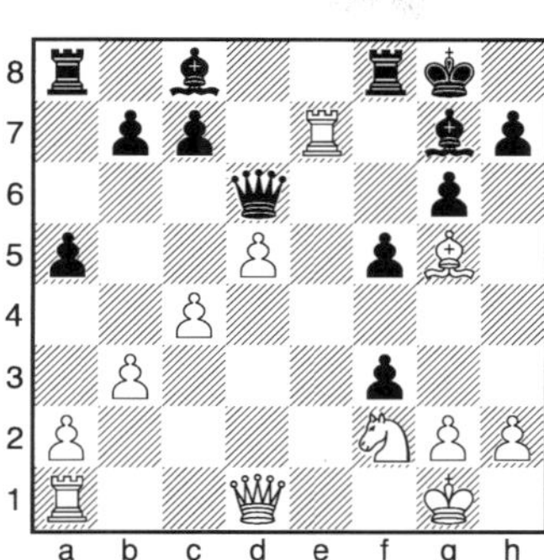

... könnte Weiß mit dem Bauernopfer 19.c5! eine zweite Turmlinie öffnen und in der Folge bedeutenden Vorteil erzielen: 19...♕xc5 20.♖c1 ♕d4 21.♕xf3 ♖f7 22.♖xf7 ♔xf7 23.♖xc7+ ♔g8 (Δf4 nebst ♗f5) 24.g3 h6 25.♗e3±.

2) Nach 15.0-0 fxe4 16.♘d2∞ könnte Schwarz mit beispielsweise 16...e3!? (16...♗f5 17.♕e2) 17.♗xe3 ♗f5; 17...e4!? eine gut spielbare Stellung erreichen.

B) 12...f5 13.♗g5 ♕d6 14.♘d2 fxe4 15.♘dxe4 ♘xe4 16.♘xe4 ♕b6 17.♕e2 und hier wäre **17...♖f7** mit der Möglichkeit ♗f8 und der Eventualfolge **18.♗e3 ♕b4+ 19.♗d2 ♕e7** eine der besten Methoden, um sich gut in Szene zu setzen.

II) 12.♘xe4 ♘xe4 13.♗xe4 f5

A) 14.0-0?! fxe4 15.♘g5 ♖xf1+ (15...a4!?) **16.♕xf1 ♗f5∓**

B) Und wenn Weiß nach **14.♗c2 e4** den brutalen Fehler 15.♘d4?? c5−+ vermeidet und stattdessen mit **15.♗g5** fortsetzt ...

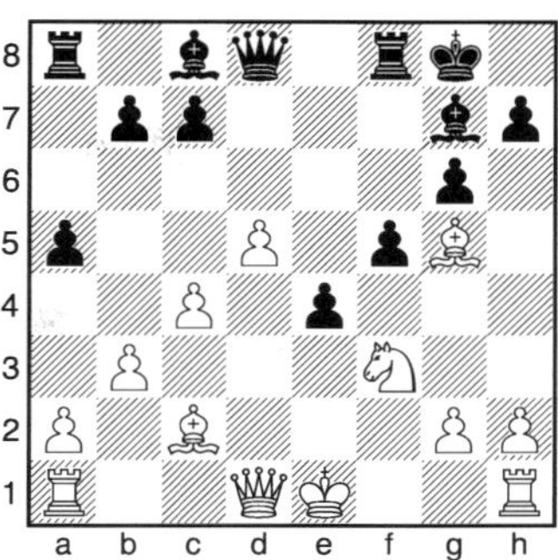

... bleibt Schwarz nach 15...♕d6 16.♘d2 ♕c5 oder auch 15...♗c3+ 16.♔f1 ♕d6; 16...♕e8 auf Kompensation eingeschränkt.

56

Wilk – Kania

Krakau 2022

1.d4 ♘f6 2.c4 g6 3.♘c3 ♗g7 4.e4 d6 5.♗d3 0-0 6.♘ge2 e5 7.d5 a5 8.0-0 ♘bd7 9.f3 ♘c5 10.♗c2 ♘h5 11.♗e3 f5 12.exf5 gxf5 13.♔h1 ♕h4 14.b3 ♗d7 15.♕d2 **VARIANTE** 15...e4

Die Testfrage kann sogar in zweifachem Sinn mit einem klaren ‚Nein' beantwortet werden, denn einerseits führt der vermeintliche ‚Gewinnzug' 16.♗g5 nur zu kräftigem Minimalvorteil – und andererseits ist die weniger offensichtliche Alternative 16.♗f2 sogar etwas stärker, weil damit in der Folge kein Damentausch einhergeht. Aber eins nach dem anderen.

I) Nach **6.♗g5 ♗xc3** ist Damentausch nicht zu vermeiden

A) Denn nach dem ‚Fluchtversuch' **17.♕c1** bleibt Schwarz mit **17...♗b2!** am Ball, und nach der Abtauschfolge **18.♗xh4** ...

18.♕e3?? f4−+; 18.♕d2?? e3! 19.♕xe3 f4−+

... **18...♗xc1 19.♖axc1** ...

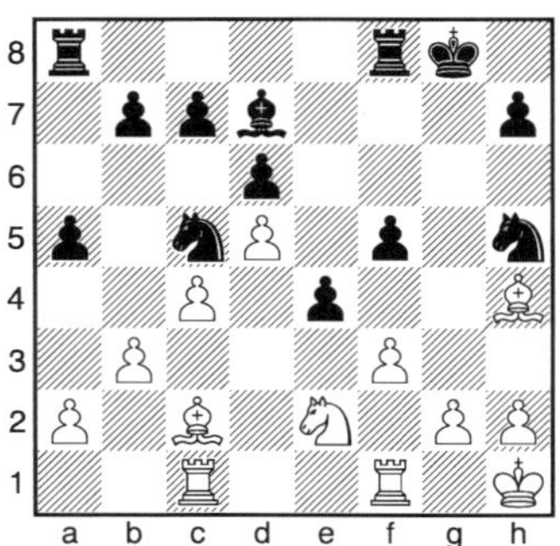

... hält der kräftige Hebel **19...b5!** den Nachteil im Minimalbereich.

B) Nach **17.♕e3 ♗d4!** muss Weiß mit **17.♕c1 ♗b2!** usw. in Variante **A)** einlenken, da **18.♘xd4?? ♘g3+ 19.♔g1 ♘xf1 20.♖xf1 f4 21.♗xh4 fxe3∓** zu bedeutendem Nachteil führen würde.

II) 16.♗f2

A) 16...♗h6?! 17.♗xh4 ♗xd2 18.fxe4 fxe4 19.♘xe4 ♘xe4 20.♗xe4 ♗g4 (20...a4 21.♖ad1) **21.♘g1! ♗c3** (21...a4) **22.♖ac1 Δ22...♗d2 23.♖b1**

B) 16...♕e7 17.♖ae1

1) 17...exf3? 18.gxf3+−

2) 17...♖ae8 18.♘d4 ♕f6 19.fxe4 fxe4 20.♘xe4

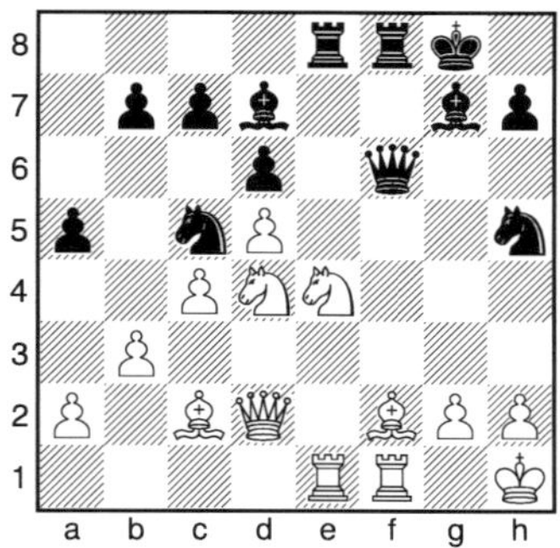

a) Nun könnte Weiß nach 20...♘xe4?! 21.♗xe4 ♕f4 dem Damentausch mit 23.♕d3+− ausweichen.

b) Hingegen wäre mit 20...♕f4! Damentausch zu erzwingen, wonach Weiß eine tendenzielle Gewinnstellung erhält, wenn er in einer langen Variante mit 13 Schlagzügen den Überblick behält; und zwar 21.♕xf4 ♖xf4 22.♘xc5 ♖xe1 23.♖xe1 ♖xf2 24.♘e4!

– 24...♖f7 25.♘e6 ♗xe6 26.dxe6 ♖e7 27.♘g5

– 24...♗xd4 25.♘xf2 ♗xf2 26.♗xh7+! (26.♖f1 ♗d4 27.♗f5) 26...♔xh7 27.♖xf2 ♔g7 28.g4 ♘f6 29.♖e2 ♔f7 30.h3

3) 17...♗e5 18.fxe4 (18.♘d4)

a) 18...fxe4? 19.♗xc5+−

b) 18...♘xe4 19.♘xe4 fxe4 20.♘d4; 20.♘c3

c) 18...f4 (Δf3) 19.♘d4

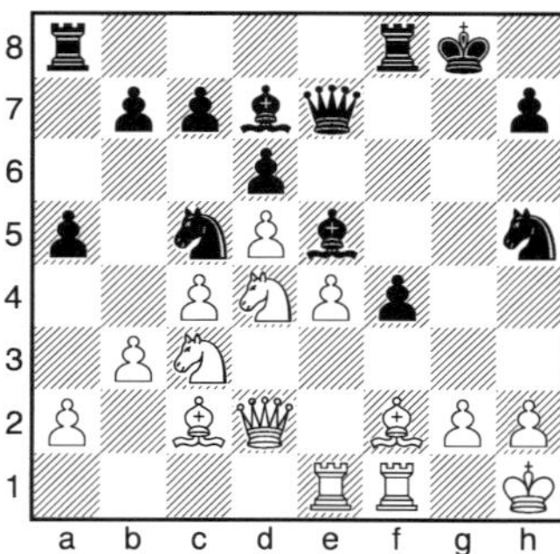

– 19...♕g7?! 20.♘cb5+− Δ20...♗xb5 21.cxb5!

– 19...♘g3+!? 20.♗xg3 (20.hxg3?? fxg3−+) 20...fxg3 21.♘f5 ♗xf5 22.exf5

C) Den besten Eindruck macht **16...♕f6**, obwohl Weiß auch dann mit **17.♗d4** deutlichen Vorteil erzielen kann, wie aus folgenden Varianten hervorgeht:

1) 17...♕e7 18.♗xg7 ♘xg7 19.fxe4 fxe4 20.♘g3 e3 21.♕d4±

2) 17...♗h6 18.♗xf6 (18.♕e1) 18...♗xd2 19.♗d4±

57

Oliwa – Pedzich

Polen 1996

1.d4 ♘f6 2.c4 g6 3.♘c3 ♗g7 4.e4 d6 5.♘f3 0-0 6.♗e2 e5 7.0-0 exd4 8.♘xd4 ♖e8 9.f3 ♘c6 10.♗e3 ♘h5 11.♕d2 ♘f4 12.♗d1 ♘xd4

Tatsächlich ist 13.♗xf4 der einzige Zug, um das Gleichgewicht zu wahren.

Dies musste Weiß nach dem schweren taktischen Fehler **13.♗xd4??** und der Antwort **13...♕g5!–+** (mit der Hauptdrohung ♘h3+) schmerzlich begreifen.

14.♗e3

Hier ein Blick auf zwei andere Verlustvarianten:

– 14.♖f2 ♘h3+ 15.♔f1 ♗xd4

– 14.♔h1 ♗xd4 15.♘d5 ♘e6 16.♕xg5 ♘xg5 17.♘xc7 ♗d7

14...♗d4!!

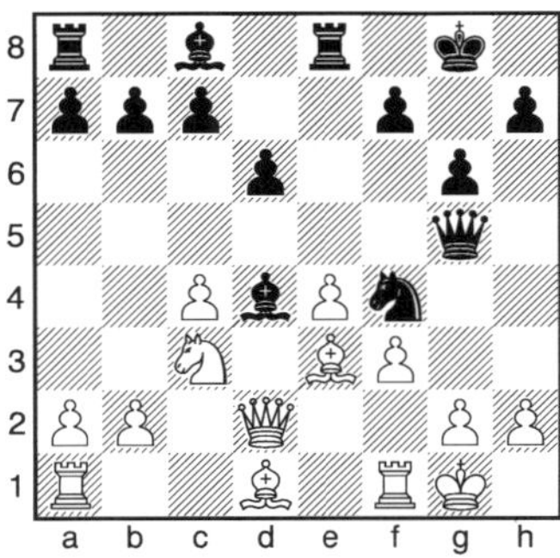

So wird das gegebene Kreuzfesselungs-Motiv maximal ausgereizt.

15.♖e1

Denn 15.♗xd4? kostet nach 15...♘h3+ 16.♔h1 ♕xd2 die Dame.

15...♗xe3+

Eine vergleichbar gute Alternative bestand in 15...♘xg2 16.♕xg2 ♗xe3+ 17.♔h1 ♕xg2+ (17...c6) 18.♔xg2 ♗g5; ♗d2.

16.♖xe3 ♘xg2! 17.♖e2 und hier hätte außer 17...♘f4+ natürlich auch 17...♘h4+ 18.♕xg5 ♘xf3+ zum Sieg geführt.

58

Novak – Schmidt

Deutschland 2022

1.d4 ♘f6 2.c4 g6 3.♘c3 ♗g7 4.e4 d6 5.♘f3 0-0 6.♗e2 ♘bd7 7.0-0 e5 8.♕c2 exd4 9.♘xd4 ♘c5 10.♖d1 ♖e8 11.f3 c6 12.♗e3 ♕e7 13.♘b3 **VARIANTE** 13...♘h5 14.g4

Der schwarze Springerzug an den Rand diente offenbar dem Zweck, mit f7–f5 oder ♗e5 nebst ♕h4 am Königsflügel höchst aktiv zu werden. Mit dem kompromisslosen Vorstoß des g–Bauern will Weiß den Springer zurückdrängen, um sich dann ‚in aller Ruhe' um den Schwächling d6 zu kümmern. Wenn Schwarz diese Zukunftsperspektive missfällt, könnte er den weißen Plan mit beherztem Opferspiel zu durchkreuzen versuchen, wobei er darauf zählen kann, dass der Großteil der weißen Truppe sich am Damenflügel aufhält.

I) Wenn Schwarz mit **14...♘f6?!** den Rückzug antritt, muss er nach **15.♗f4** mit **15...♘cxe4!?** erhebliche Risiken in Kauf nehmen, um aktives Gegenspiel zu entwickeln.

Nach der passiven Folge 15...♘xb3?! 16.axb3 ♖d8 17.♕d2 ♘e8 würde das überstürzte Herangehen 18.c5? zwar nach 18...d5 oder 18...♗e5 zu unklaren Verhältnissen führen, aber nach 18.♗g5 wäre der Vorteil ziemlich solide im Bereich ± angesiedelt.

16.fxe4 ♘xe4 17.♖e1

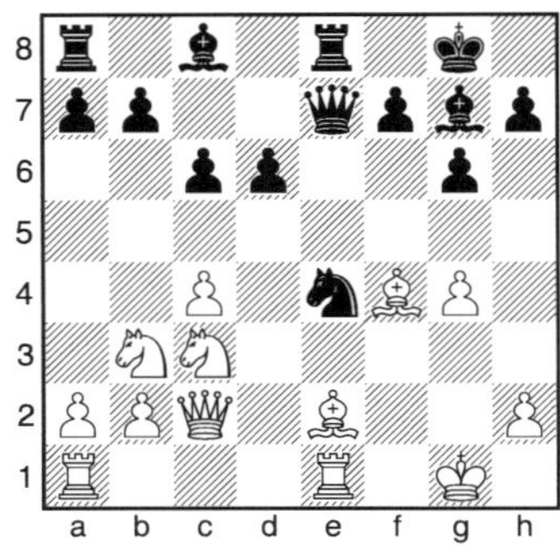

In der Folge erhält Schwarz zwar stets einen dritten Bauern und somit quasi ‚automatische' Kompensation für die Figur, aber da der weiße König ungeachtet der gelockerten Rochadestellung nicht ernsthaft zu gefährden ist, kann Weiß den weiteren Kampf ohne Verlustrisiko führen. In allen folgenden Varianten ist unklar, ob und wie weit sein Vorteil bereits aus dem Minimalbereich heraus ist – fest steht allerdings, dass er die besseren Chancen hat.

1) 17...♘xc3 18.♗f3!? (18.bxc3 ♕f6 siehe 2) 18...♗e6 19.bxc3 Δ19...♕f6 20.♕e4!

a) 20...♗d7? 21.♕d4~+–; 20...♕xc3?! 21.♖ac1±

b) 20...h5! 21.g5 (21.gxh5?? ♗h3!–+) 21...♕xc3 22.♖ac1

2) 17...♕f6 18.♖f1 ♘xc3 19.bxc3

a) 19...♕xc3 20.♕d1; 20.♖ac1

b) 19...♕h4 20.♕d1 ♗xc3 21.♖c1

II) Der Zwischentausch **14...♘xb3?** ist eher noch schlechter, da Schwarz in der Folge zur Passivität verurteilt bleibt.

A) Allerdings nicht nach **15.♕xb3? ♗e5! 16.gxh5 ♗xh2+ 17.♔f1** (17.♔xh2 ♕h4+ =) **17...♕h4 Δ18.♗f2?** (⌓18.♗d3 ♗g3⩲) **18...♗g3! 19.♗xg3 ♕xg3∓**

B) Wohl jedoch nach **15.axb3** mit folgenden Abspielen:

1) 15...♗e5? 16.gxh5 ♗xh2+

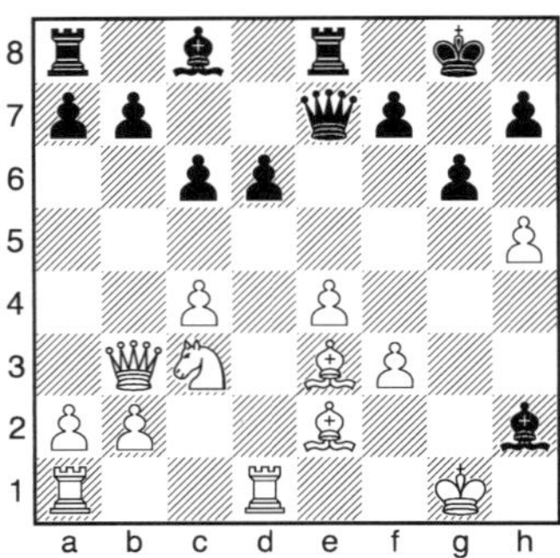

17.♔f1! ♕h4 18.♗f2± (18.♗d3) Δ18...♗g3? (⌓18...♕xh5) 19.♗d3+–

2) 15...♘f6 16.♗f4±; 16.♖xa7? ♖xa7 17.♗xa7 h5 Δ18.h3 ♘h7⩲

III) Klar am besten ist das sofortige Opferangebot **14...♗e5!**, welches in allen Varianten zu ausreichender Kompensation führt und Schwarz sich außerdem an vielen Stellen mit Dauerschach zufrieden geben könnte.

A) 15.♘xc5 dxc5 16.gxh5 ♗xh2+ 17.♔f1/17.♔g2 ♕h4⩲

B) 15.♕d2 ♗xh2+

Zu diesem Opfer ist Schwarz jetzt nicht mehr verpflichtet, sondern kann auch mit 15...♘g7 oder 15...♘f6 unklare Verhältnisse anstreben.

16.♔xh2 ♕h4+ 17.♔g2 ♕g3+

1) 18.♔h1 ♗xg4!? (18...♕h3+ =) Δ19.fxg4?! (⌓19.♖f1) 19...♘xe4 20.♘xe4 ♖xe4 21.♘d4 ♖xe3 22.♗f3 ♖xf3 23.♘xf3 ♕xf3+ 24.♕g2 ♘g3+ 25.♔h2 ♕xg2+ 26.♔xg2 ♘e4∓

2) 18.♔f1 ♗xg4 19.fxg4

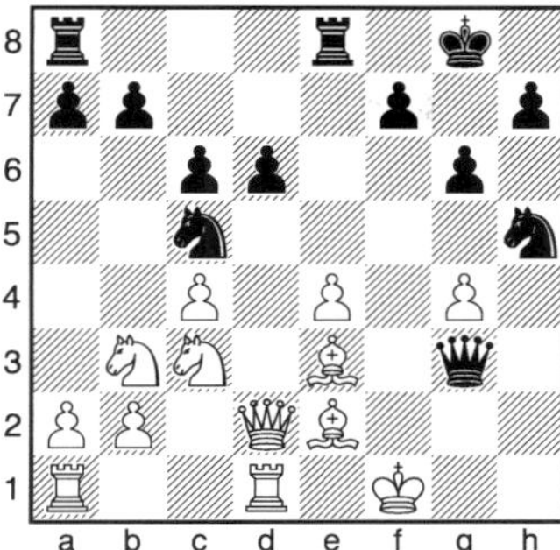

a) 19...♕h3+ 20.♔e1 ♕h4+ Δ21.♗f2?? ♕h1+ 22.♗f1 ♘xe4−+

b) 19...♘xe4 20.♘xe4 ♖xe4 21.♘d4 (21.gxh5 ♖xe3; 21...♖ae8) 21...♖xe3 (21...♕h3+ =) 22.gxh5 ♖ae8 (22...♕h3+ =) 23.♘f3 ♖xf3+ 24.♗xf3 ♕xf3+ 25.♕f2 ♕h1+ 26.♕g1 ♕f3+ nebst Dauerschach

C) 15.gxh5 ♗xh2+

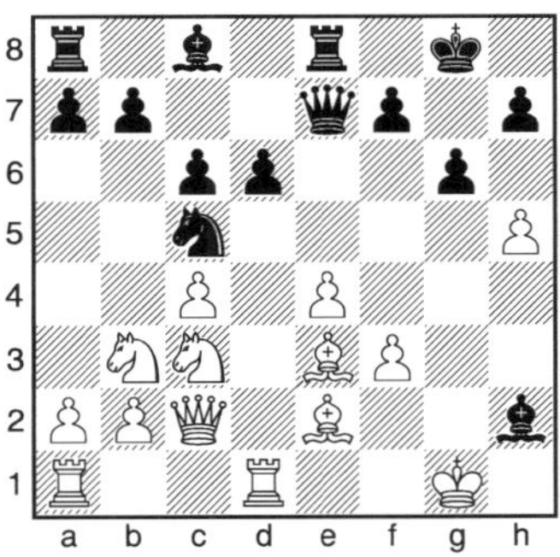

1) Nach 16.♔xh2 ♕h4+ 17.♔g2 ♗h3+ muss der König mit 18.♔h2 oder 18.♔h1 auf die h-Linie und somit in eine unvermeidliche Zugwiederholung.

2) 16.♔f1 ♕h4 17.♗f2 ♗g3 (17...♕xh5) 18.♗d3 ♕h1+ 19.♔e2 ♕h2 20.♔e3 ♗f4+ 20.♖f1 ♗h3

59

Löffler – Bauer

Österreich 2022

1.d4 ♘f6 2.c4 g6 3.♘c3 ♗g7 4.e4 0-0 5.♘f3 d6 6.♗e2 e5 7.♗g5 h6 8.♗h4 exd4 9.♘xd4 ♘c6 10.♘c2 ♖e8 11.f3 ♘e5 12.f4

Mit dem kompromisslos aggressiven Vorstoß des f-Bauern setzt Weiß darauf, die Fesselung des ♘f6 maximal auszunutzen, bevor diese mit g6-g5 abgeschüttelt werden könnte. Will Schwarz danach nicht langfristig in beträchtlichen positionellen Nachteil geraten, muss er seinerseits versuchen, die Tatsache auszunutzen, dass der weiße König noch in der Mitte steht.

1) In der Partie zog der passive Rückzug **12...♘ed7?** nach **13.0-0** die erwähnten negativen Folgen nach sich.

13...c6

Angesichts der Drohung 14.c5! Δ14...♘xc5 15.e5 bricht Schwarz alle ‚positionellen Brücken' hinter sich ab. Tatsächlich wäre die Notlösung 13...b6? noch schlechter gewesen.

a) Zwar käme Schwarz nach 14.♗f3? ♗b7 (Δ♘c5) 15.♕d2±; 15.♘e3 noch mit einem blauen Auge davon.

b) Jedoch würde die forcierte Folge 14.e5! dxe5 15.fxe5 ♖xe5 16.♗f3 ♖b8 ...

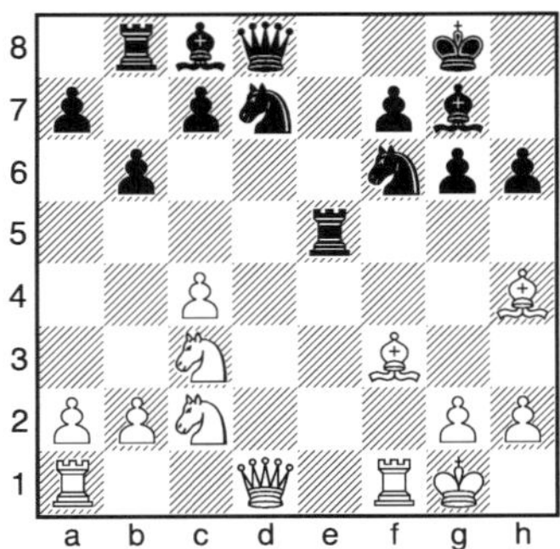

... nach 17.♘b4 oder 17.♘d4 Δ♘c6 zu einer tendenziellen Gewinnstellung führen.

14.♔h1?

Es war nicht zu erwarten, dass Weiß auf 14.♕xd6?? ♘xe4–+ hereinfallen würde, aber die Drohung ♕b6+ konnte besser ohne Tempoverlust vermieden werden.

So wäre Schwarz nach 14.c5! kaum ohne die gravierende Schwächung 14...g5 ausgekommen. Nach 15.fxg5 hxg5 16.♗xg5 ♘xc5 ist der materielle Gleichstand trügerisch, zumal der schwarze König nach dem Verlust zweier Rochadebauern fast vollkommen auf den Schutz des Fianchettoläufers angewiesen wäre. Nach 17.♗c4 hätte Weiß in den beiden folgenden Varianten deutlichen Vorteil in der Größenordnung ± davongetragen:

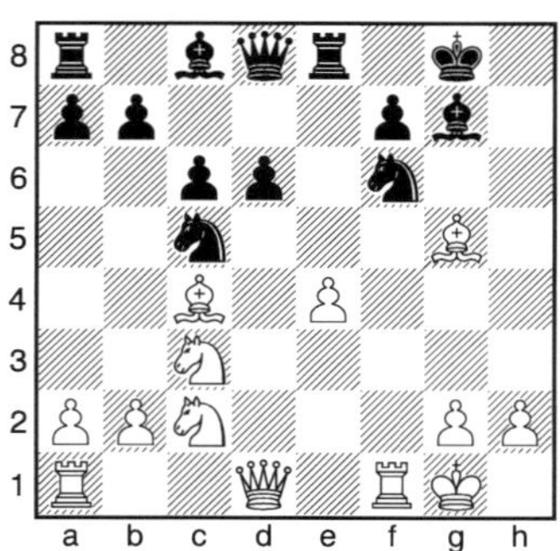

a) 17...♖e5 18.♗xf6 (18.♗h4) 18...♗xf6 19.♕f3 ♗e6! 20.♗xe6 ♖xe6 21.♘e3 Δ♘g4; ♘f5

b) 17...♘cxe4 18.♘xe4 ♖xe4 19.♗xf7+! ♔xf7 20.♕h5+ ♔g8 21.♗xf6 ♕e8 22.♕g5 ♖g4 23.♕d2

Nach der Partiefolge hätte **14...♕c7 15.♗f3** nur noch für Minimalvorteil gereicht.

2) Auch nach dem alternativen Rückzug **12...♘c6?** und der Antwort **13.0–0** verhält es sich ähnlich – nämlich solide ± in Abspielen wie **13...♗d7 14.♗f3**; **14.♘e3** oder **13...♗e6 14.♘e3** usw.

3) Allein mit dem beherzten Herangehen **12...♘xc4!** konnte Schwarz ein solches Schicksal abwenden.

a) So würde **13.♗xc4?? ♘xe4!** glatt zum Verlust führen.

b) Und auch nach **13.♕c1?** und der pointierten Folge **13...b5! 14.0–0 c6∓** käme Weiß nicht ungeschoren davon.

c) Also bliebe Weiß keine andere Wahl, als mit **13.0-0** die wüsten Verwicklungen nach **13...♘xb2 14.♕c1** mit vollkommen unklarem Spiel in folgenden Abspielen zuzulassen:

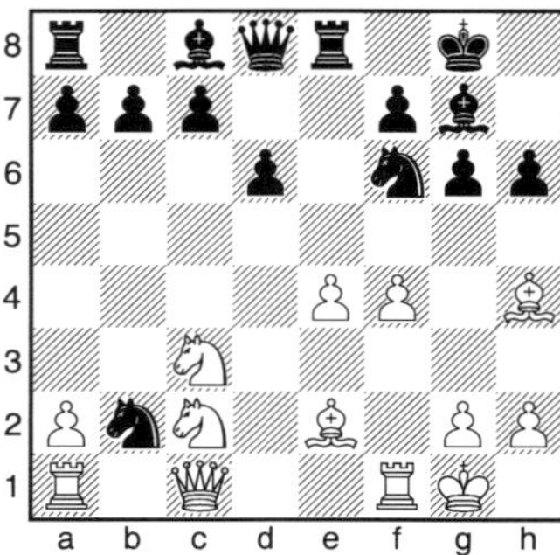

– **14...♕d7 15.e5 ♘a4!?** (15...dxe5 16.fxe5 ♘d5) **16.♗b5 ♘xc3 17.♗xd7 ♘e2+ 18.♔h1 ♘xc1 19.♗xc8** (19.♗xe8?? ♘xe8 20.♖axc1 dxe5–+) **19...♖axc8 20.exf6**

– **14...♗d7 15.♕xb2** (15.e5 ♘a4 16.♘d5) **15...g5 Δ16.fxg5 ♘xe4**

– **14...c6 15.e5** (15.♕xb2 ♕a5!) **15...dxe5 16.fxe5 ♘a4 17.♘xa4 ♖xe5**

60
Aggelis – Yanayt
Internet 2022

1.d4 ♘f6 2.c4 g6 3.♘c3 ♗g7 4.e4 0-0 5.♘f3 d6 6.h3 e5 7.d5 ♘a6 8.♗e3 ♘c5 9.♘d2 c6 10.g4 a5 11.♗e2 a4 12.h4 ♕a5 13.♔f1 a3

Den wenig überzeugenden gegnerischen Angriffsbemühungen am Königsflügel hat Schwarz die brandgefährliche schwarzfeldrige Unterminierung des weißen Damenflügels entgegengesetzt. Und damit diese nicht zu erheblichem Nachteil führt, muss Weiß nun den einzigen Zug finden, der mit Mühe und Not das Gleichgewicht wahrt.

I) In der Partie ließ Schwarz auf den Fehler **14.♘b3?** ...

A) ... den sofortigen Gegenfehler **14...♘xb3?** folgen, wonach das Eingreifen seines Turms Weiß in Vorteil brachte.

15.axb3 ♕b4

Zwei taktische Spielereien sind zwar keineswegs besser, aber wohl rein praktisch eher dazu geeignet, den Gegner zu Fehlern zu verleiten:

– 15...♗xg4 16.♗xg4 ♘xg4 17.♕xg4 ♕b4 18.♕e2± (18.♗c1) 18...♕xb3 19.♗c1

– 15...♘xg4 Δ16.♖xa3?! (⌓16.♗xg4± siehe 15.♗xg4) 16...♘xe3+ 17.fxe3 ...

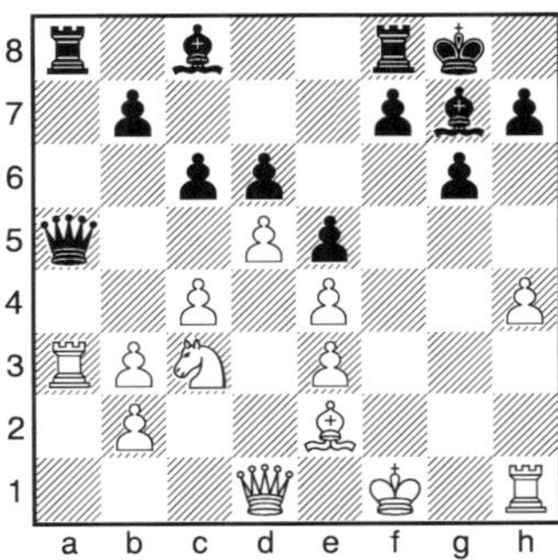

... und nach der Materialverschiebung 17...♕xc3! 18.bxc3 ♖xa3 und der Folge 19.dxc6 bxc6 20.h5 ♗e6 hat Weiß höchstens Minimalvorteil.

Und nach **16.♗d2** hätte **16...♕c5** (statt 16...♕b6? 17.♖xa3+−) den Schaden in Grenzen gehalten; z.B. **17.♖xa3?!** (⌓17.♔g2±) **17...♖xa3 18.bxa3 ♕xa3 19.h5** und nur ± nach der richtigen Antwort **19...h6**.

B) Das Eingreifen des weißen Turms war mit **14...♕b4!** zu vermeiden, wonach Schwarz zumindest Minimalvorteil erzielt hätte.

1) 15.bxa3

a) 15...♕xc3 16.♗d2

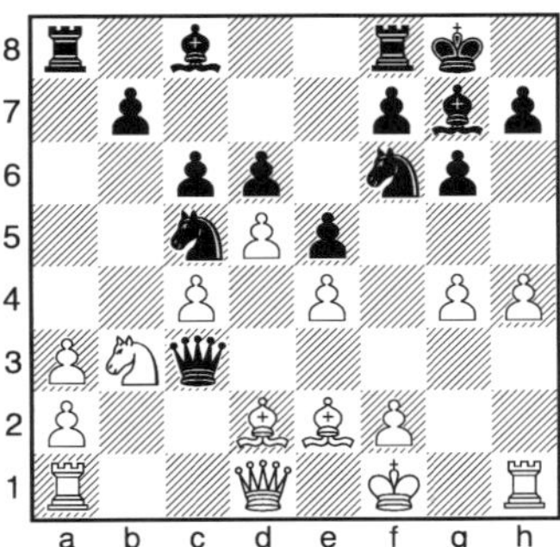

16...♘cxe4! (16...♕b2 17.♗c1 ♕c3 18.♗d2) 17.♗xc3 ♘xc3 18.♕d2 ♘xe2 19.g5 ♘h5∓

b) ⌓15...♖xa3 16.♗xc5 dxc5 17.♖c1 h5!∓

2) 15.♗d2 axb2 16.♖b1 Δ16...♗xg4?! (⌓16... ♘xb3 17.axb3 ♖a1∓) **17.♗xg4**

a) 17...♘cxe4 18.♘xe4 ♕xc4+ 19.♕e2∞

b) Und in der ungleich schärferen Variante 17...♘a4 18.♘b5 (18.♘xa4?! ♕xc4+∓) 18...♕xc4+ 19.♗e2 ♕xe4 20.f3 ♕f5 21.dxc6 ...

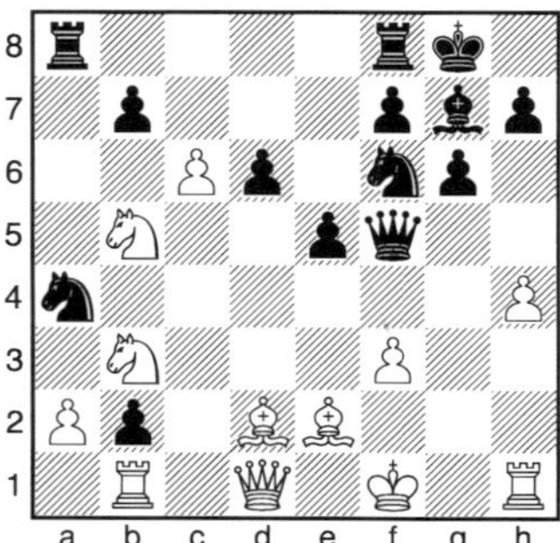

... hätte Weiß nach 21...e4! den einzigen Zug 22.♘3d4 finden müssen, um das Gleichgewicht zu wahren.

II) Nach dem einzigen Zug **14.b4** und der Folge **14...♕xb4 15.♖c1** erzielt Weiß bei präzisem Spiel ausreichende Kompensation, wie aus folgenden Varianten hervorgeht:

A) 15...♗d7 16.g5 ♘h5 (16...♘e8 17.h5) **17.♗xh5 gxh5 Δ18.♕xh5??** (⌓18.♗xc5 ♕xc5 19.♕xh5∞) **18...♘d3 19.♖c2 f5–+**

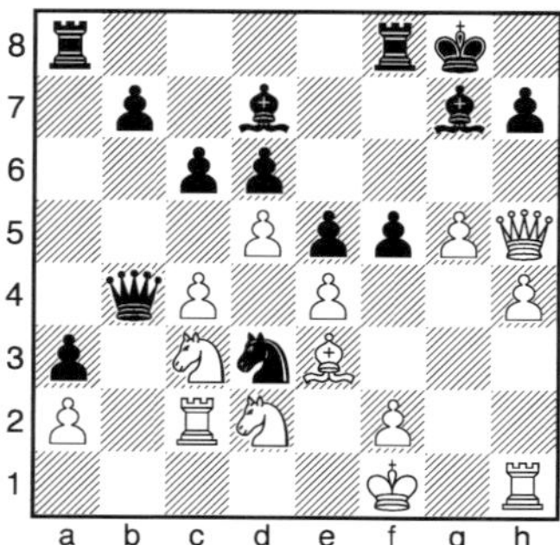

Z.B. **20.gxf6 ♖xf6 21.♔e2 ♘f4+** (21...♘b2!?) **22.♗xf4 ♖xf4 23.f3 ♔h8**

B) 15...♘a4 16.♘xa4 ♕xa4 17.g5 ♕xd1+ 18.♗xd1 ♘h5 (18...♘e8/♘d7 19.h5) **19.♗xh5 gxh5 20.♔e2**

61

Vylicil – Sipek

Tschechien 2022

1.d4 d6 2.♘f3 ♘f6 3.c4 g6 4.♘c3 ♗g7 5.e4 0-0 6.♗e2 e5 7.0-0 ♘c6 8.d5 ♘e7 9.♘e1 ♘e8 10.♗e3 f5 11.f3 f4 12.♗f2 g5 13.c5 ♖f7 14.a4 ♗f8 15.a5 ♘g6 16.c6 ♘f6 17.♕b3 bxc6 18.dxc6 ♔g7 19.♗c4 ♖e7

1) In der Partie eroberte Weiß mit **20.♘b5? a6 21.♘a7** zumindest das *Feld* a7 und musste sich nach **21...g4 22.♘xc8 ♕xc8 23.♕b7±** mit dem Trostpreis zufrieden geben, immerhin den im Königsinder so wichtigen weißfeldrigen Läufer eliminiert zu haben.

2) Dabei war mit **20.♗xa7!+–** sogar der *Bauer* a7 zu erobern, denn **20...♖xa7? 21.♕b8** wäre völlig hoffnungslos, und auch mit **20...♗d7 21.♕b7 ♗xc6 22.♕xc6 ♖xa7 23.♘b5** ist langfristig kein ausreichender Widerstand mehr zu leisten.

62

Pinheiro – Avazkhonov

Internet 2022

1.d4 ♘f6 2.c4 g6 3.♘c3 ♗g7 4.e4 d6 5.h3 0-0 6.♗g5 h6 7.♗e3 e5 8.d5 a5 9.♕d2

Tatsächlich wäre **9...♘a6!?** (statt der Partiefolge 9...♔h7 10.g4±) sogar einer der besten Züge, zumal dem Gegner die Gelegenheit zu dem Fehler **10.♗xh6?** (⌓10.♗d3±) **10...♘xe4! 11.♘xe4 ♕h4∓** geboten wird.

63

Gorshtein – Sokolovsky

Israel 2022

1.c4 ♘f6 2.♘c3 g6 3.d4 ♗g7 4.e4 d6 5.♗e2 0-0 6.♗e3 ♘c6 7.♘f3 ♘g4 8.♗g5 h6 9.♗c1 e5 10.d5 ♘e7 11.h3 ♘f6 12.g4 ♘d7 13.h4 a5 14.h5 g5 15.♗e3 ♘f6

1) Hier fällt die Entscheidung für die Druckerhöhung mit **16.♘d2**± nicht schwer, denn nach dem Konsolidierungszug f2–f3 kann Weiß mit 0–0 oder ♔f2 die Türme verbinden und dann je nach Bedarf mit ♘f1–g3 am Königsflügel fortfahren oder mit der Vorbereitung des Vorstoßes b2–b4 weiteren Raumgewinn am Damenflügel anstreben.

2) Hingegen kann er nach **16.♘xg5? hxg5 17.♗xg5 ♘h7 18.♗e3 f6 19.h6 ♗h8 20.♕d2** allenfalls auf genügend Kompensation hoffen.

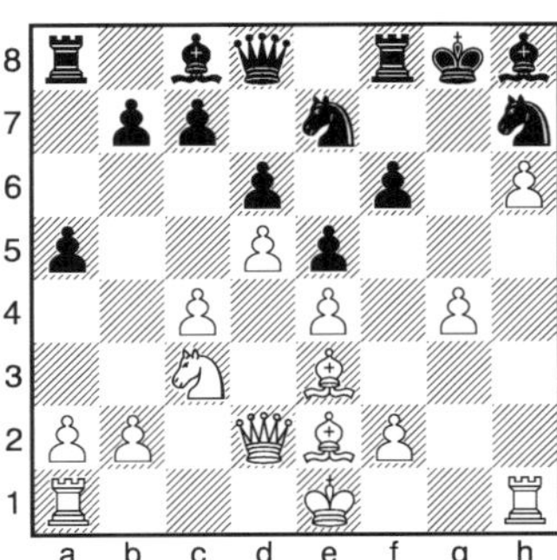

Denn nach beispielsweise **20...♘g6 21.0–0–0 ♘g5** zeichnet sich eine schwarzfeldrige Blockade ab – und die momentan hässliche Einsperrung des königsindischen Läufers ist nicht unbedingt für die Ewigkeit.

64

Koridze – Pechisker

Internet 2022

1.d4 ♘f6 2.c4 g6 3.♘c3 ♗g7 4.e4 d6 5.♘f3 0-0 6.♗e2 ♘bd7 7.0-0 e5 8.♗e3 ♘h5 9.dxe5 dxe5 10.♕c2 ♘f4 11.♖ad1 ♘xe2+ 12.♕xe2 c6 13.b4 f5

In guter Stellung und im Besitz des Läuferpaars hat Schwarz den Gegner mit dem verfehlten Vorstoß des f-Bauern (⌓13...♕e7∞) geradezu eingeladen, auf höchst simple Weise die Initiative zu ergreifen. Und *das*, obwohl man doch in der schachlichen Grundschule lernt, dass ein Gegenüber von Turm und Dame in einer offenen Linie von der Damenpartei schleunigst abgeschafft gehört.

I) Das eigentlich ziemlich naheliegende Manöver **14.♗c5 ♖e8 15.♗d6** Δc5 hätte zu besagtem Vorteil geführt. Und um ernste Probleme mit seinem e-Bauern zu vermeiden, hätte Schwarz wohl sofort mit 15...f4 fortsetzen sollen – oder erst nach **15...♕f6 16.c5 f4**.

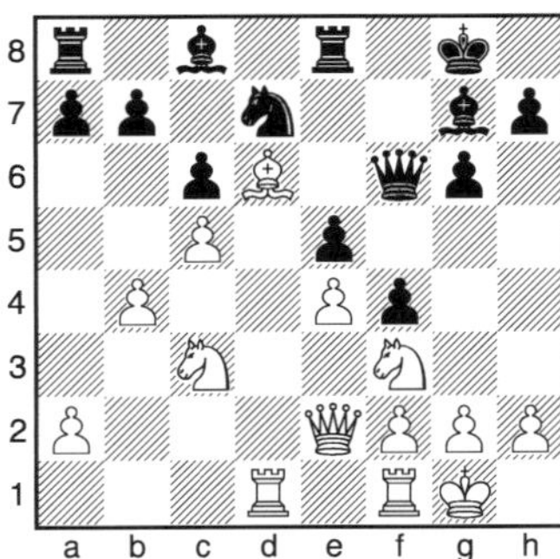

Und nun hätte Weiß die angenehme Wahl zwischen **17.b5**± und **17.♕c4+**.

II) In der Partie wählte Weiß mit **14.exf5? gxf5 15.♗c5?** (⌓15.c5∞) eine vermeintliche ‚Zugumstellung', die sich nach **15...e4!** (statt 15...♖e8? 16.♖fe1∞) beinahe als verhängnisvoll hätte herausstellen können.

A) Zunächst scheitert **16.♘d4??** an **16...♘xc5**, wonach keiner der Abzüge den Verlust abwenden kann.

1) 17.♘xf5 ♗xf5!; 17...♕g5

2) 17.♘xc6 ♕g5; 17...♕e8

3) 17.♘e6 ♗xe6; 17...♘xe6

B) Und nach **16.♗xf8 exf3 17.♕e6+ ♔xf8** müsste Weiß den fantastischen ‚einzigen Zug' **18.♖fe1!!** finden, um das Gleichgewicht zu wahren.

(18.♕xf5+? ♕f6 19.♕xf6+ ♘xf6∓)

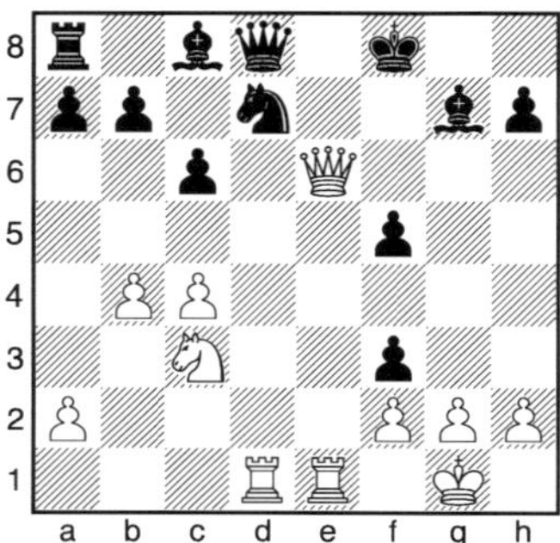

Nach **18...♗xc3 19.♖e3** ergibt sich folgendes Bild:

1) 19...♗xb4? ist sogar riskant, denn selbst wenn nach 20.♕xf5+ ♕f6 21.♕b1! ♗e7 22.♖xf3 ♕xf3 23.gxf3 ♘f6 24.♕b2 nicht klar ist, ob Weiß mit solch schwachen Bauern und gegen solch starke Leichtfiguren durchdringen kann, so steht zumindest fest, dass hier nur auf *zwei* Ergebnisse gespielt wird.

Hingegen muss Weiß nach den Alternativen sein Äußerstes geben, um eine Zugwiederholung oder ein Dauerschach zu erzwingen.

2) 19...♗b2 20.♖d6⩲

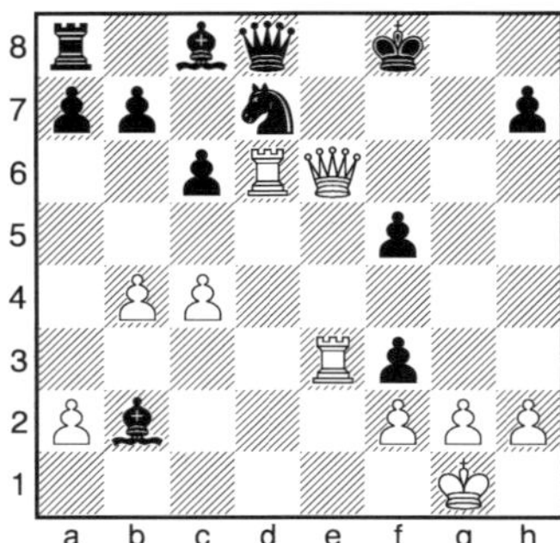

Diese Stellung veranschaulicht eindrucksvoll, dass selbst ein Materialvorteil von *drei* Leichtfiguren gegen einen Turm kaum ins Gewicht fällt, wenn das gesamte Mehrmaterial weitestgehend pattgesetzt und der König ungeschützt ist.

a) 20...♗f6 21.♕xf5 ♔g7 22.♕xf3

b) 20...f4 21.♖e4! (21.♖xf3?? ♕f6−+) 21...♔g7 (21...♗f6 22.♕g4) 22.♕h6+ ♔h8 23.♕xf4

3) 19...♗f6 20.♕xf5⩲ 20...♔g7 21.♕g4+ ♔h8 22.♕h5 ♕g8 23.♖e8 ♘f8 24.♕xf3

4) 19...♗g7 20.♕d6+⩲ (20.♖d6 ♗f6 siehe 2a) 20...♔f7 (20...♔g8 21.♖e7) 21.♕e6+ ♔f8 22.♕d6+; 22.♖d6

65

Tyurin – Priyanka

Paracin 2022

1.c4 ♘f6 2.♘c3 g6 3.e4 d6 4.d4 ♗g7 5.♘f3 0-0 6.♗e2 e5 7.0-0 ♘c6 8.d5 ♘e7 9.b4 ♘h5 10.♖e1 ♘f4 11.♗f1 f5 12.a4 fxe4 13.♘xe4 ♗g4 14.♖a3 h6 15.g3 ♘h3+

1) Vor der Beschäftigung mit der ebenfalls interessanten Partiefolge, hier zunächst die Beantwortung der Testfrage: Weil sich nach **16.♗xh3 ♗xh3 17.♘xe5!** ...

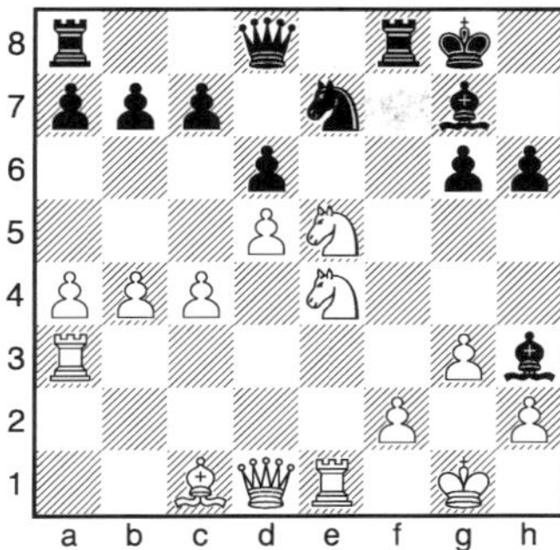

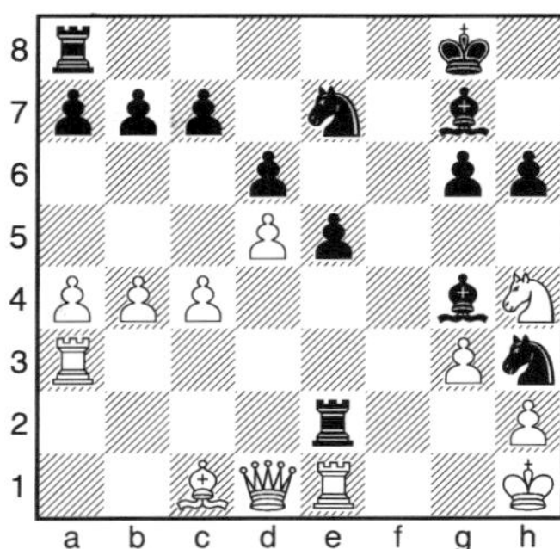

... der weiße Damenturm selbst aus maximaler Entfernung auf äußerst subtile Weise nützlich macht. Danach wäre 17...♗xe5?! 18.g4 ♗xg4 19.♕xg4+- sogar noch schlechter als 17...dxe5 18.g4 ♗xg4 19.♕xg4±.

2) In der Partie versäumte Weiß mit **16.♔g2?** diese Chance und ließ nach **16...♕d7 17.♗e2** den weiteren Fehler **17...♕f5?** (statt 17...♗f5∞) folgen.

Nun verschmähte Weiß 18.♖e3!? mit solidem Vorteil in der Größenordnung ± und ging stattdessen mit **18.♘h4!?** auf haarsträubende Verwicklungen aus. Daraufhin verwarf Schwarz zwei mehr oder weniger schlechtere Alternativen und nahm die Herausforderung mit **18...♕xe4+** an.

– Ganz indiskutabel ist 18...♗xe2?? 19.♘xh5 ♗xd1 20.♘xe7+ ♔f7 21.♖xd1 mit der möglichen Folge 21...♘g5 22.♗xg5 hxg5 und nun ...

– ...ist 23.♘xg5+ gut genug, wenn Weiß nach 23...♔xe7 24.♘e6 ♖g8 den Fehler 25.♘xc7? ♖c8 vermeidet.

– Nach der klar besseren Folge 23.♘c6! bxc6 und erst jetzt 24.♘xg5+ nebst dxc6 fehlt Schwarz zu viel Material.

– Und nach 18...♕xf2+? 19.♘xf2 ♖xf2+ 20.♔h1 ♖xe2 ...

... macht Weiß die Hoffnung 21.♖xe2? ♘f2+ 22.♖xf2 ♗xd1 23.♘g2± mit 21.♕xe2! ♗xe2 22.♖xe2+- zunichte.

Und nach **19.f3** ergeben sich (wie angekündigt) die folgenden haarsträubenden Möglichkeiten:

a) In der Partie leistete Schwarz mit **19...♕d4?! 20.♕xd4 exd4 21.fxg4 ♘g5 22.♗d3**+- kaum noch Widerstand.

b) Nach **19...♕b1?! 20.fxg4 ♘f2 21.♕b3 ♕e4+** kehrt die Dame unter nunmehr veränderten Bedingungen nach e4 zurück, und nach **22.♘f3** folgt nicht etwa **22...♘xg4? 23.h3 h5 24.♕d1!**+-, sondern **22...♕xg4 23.♔xf2 e4 24.♔g2 exf3+ 25.♗xf3**±.

c) Der Trickzug **19...♘f2!?** (mit dem der eingangs verschmähte Springer pointiert darauf hinweist, dass er noch auf dem Brett ist) bietet womöglich die besten praktischen Verteidigungschancen.

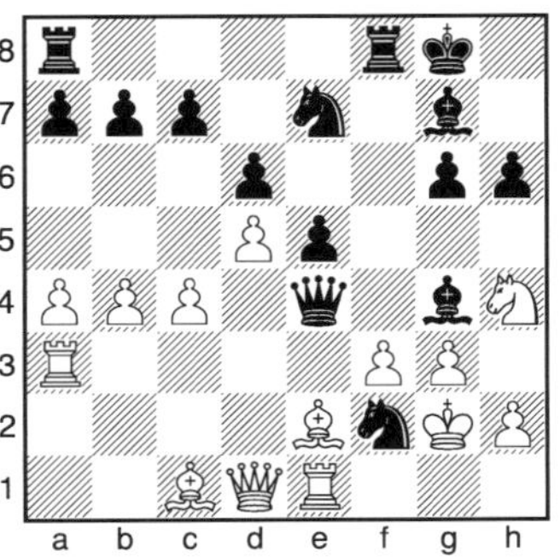

– Nun wäre 20.♔xf2 ♗h3 oder 20...♗d7 unnötig kompliziert.

– Nach der übersichtlicheren Folge 20.fxe4 ♗h3+ 21.♔g1 ♘xd1 22.♖xd1 oder 22.♗xd1 ist der weiße Vorteil tendenziell aus dem Minimalbereich heraus.

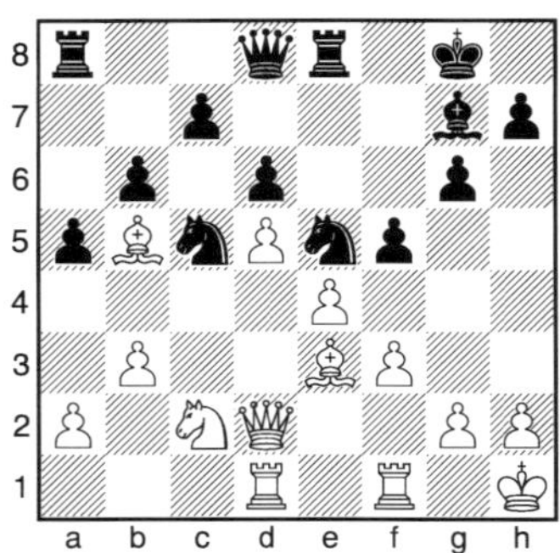

66

Nazaretyan – Zhukov

Internet 2022

1.d4 ♘f6 2.c4 g6 3.♘c3 ♗g7 4.e4 0-0 5.♗e2 d6 6.♘f3 e5 7.0-0 exd4 8.♘xd4 ♖e8 9.f3 ♘c6 10.♘c2 ♘d7 11.♔h1 ♘c5 12.♗e3 b6 13.♕d2 ♗e6 14.♖ad1 a5 15.b3 ♘e5 16.♘d5

Dem auf solidem Raumvorteil beruhenden weißen Druckspiel, als dessen quasi Galionsfigur soeben der kraftstrotzende Zentrumsspringer in Stellung gebracht wurde, ist offenbar schwer beizukommen. Und da Weiß, wenn er nicht daran gehindert wird, beispielsweise in aller Ruhe den Vorstoß f3-f4 vorbereiten könnte, ist der Wunsch ‚Weg mit dieser scheußlichen Galionsfigur!' bestens verständlich. Die Frage ist allerdings, wie dies zu bewerkstelligen ist.

I) In der Partie machte Schwarz sich die Sache allzu einfach und lieferte mit **16...♗xd5??** ein abschreckendes Beispiel dafür, wie eine vollkommen intakte Stellung nicht etwa durch das Einstellen einer Figur schlagartig in eine Verluststellung verwandelt wird, sondern durch einen falschen Abtausch in eine Positionsruine. Denn nach **17.cxd5+–** wurde der bislang rein defensiv brauchbare weißfeldrige Läufer zu einem Hauptdarsteller.

17...f5 18.♗b5

Es ist verständlich, dass Weiß seinem Gegner das mit dem ‚Hauptdarsteller' schnellstmöglich unter die Nase reiben will, aber etwas genauer ist wohl 18.exf5 gxf5 19.♘d4 usw.

18...♖f8

Obwohl ein positionelles Qualitätsopfer hier (wie auch zwei Züge später) nicht ausreicht – nämlich 18...fxe4 19.♗xe8 ♕xe8 und nun 20.♘d4 exf3 21.♘xf3 oder 20.♗xc5 bxc5 21.fxe4.

19.♗g5

19.exf5

– 19...♖xf5 20.♘d4 ♖f8 21.h3 Δf4

– 19...gxf5 20.♗g5 (20.♘d4 ♕f6) 20...♗f6 (20...♕c8 21.♘d4) 21.♗h6 ♗g7 (21...♖f7 22.♘d4) 22.♗xg7 ♔xg7 23.a3! Δb4 (23.♕c3; 23.♘d4) Δ23...♘xb3? 24.♕c3

19...♗f6 20.♗h6 ♗g7

20...fxe4 21.♗xf8 ♕xf8 22.fxe4 (22.♘d4 exf3 23.gxf3) 22...♘xe4 (22...♕e7 23.♖de1; 23.♘d4)

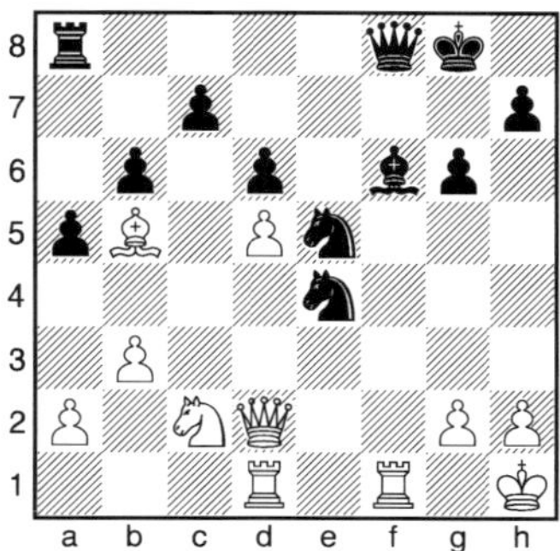

– Δ23.♕f4? ♘c3 24.♖c1±

– ⌓23.♕e3 ♘c5 24.♘d4+–; 24.a3

21.♗xg7

Weniger genau ist 21.exf5 wegen 21...♗xh6 22.♕xh6 ♖xf5 Δ♖h5.

21...♔xg7 22.exf5 ♖xf5 (22...gxf5 23.a3!) **23.♘d4**

II) Der gewaltsame Ausbruchsversuch **16...f5?** führt nach **17.exf5** (17.♘d4!?) **17...♗xf5 18.♘d4** zu kräftig ± und nach **17...gxf5?! 18.♘d4** fast schon zu einer positionellen Gewinnstellung.

II) Vor der direktesten Lösung **16...c6!** scheut man quasi automatisch zurück, weil danach ja der Bauer d6 nicht zu halten ist. Allerdings stehen sämtliche schwarzen Leichtfiguren dermaßen aktiv, dass sich Kompensation quasi automatisch ergibt.

A) Nach dem allzu optimistischen **17.♘xb6? ♕xb6 18.♕xd6** muss Schwarz **18...♗f8?** vermeiden (⌓18...♘ed7∓), weil Weiß nach **19.♕xe5 ♗xc4 20.♕xe8 ♖xe8 21.♗xc4** offenbar über glänzende Kompensation verfügt.

B) 17.♗xc5?! dxc5

1) 18.f4?! cxd5 19.cxd5 ♗d7 20.fxe5 ♗xe5∓; 20...♖xe5

2) 18.♘de3 ♕xd2 19.♖xd2 g5∓

C) Nach **17.♘c3?!** funktioniert der Flügelhebel **17...a4!** trotzdem ...

1) ... weil die natürliche Reaktion 18.b4? auf den überraschenden Schlag 18...♘xc4! trifft.

a) Nach 19.♕e1? ♘xe3 20.♘xe3 ♕f6! steht Schwarz auf Gewinn, weil beispielsweise 21.♘b1 nach dem Riesenzug 21...♗xa2!! und der Folge 22.bxc5 dxc5 ...

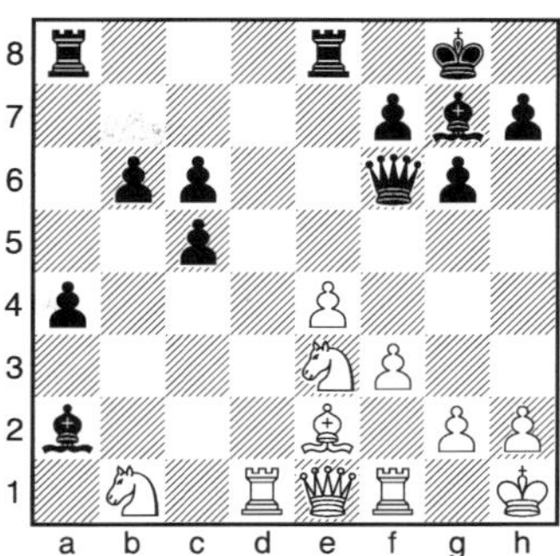

... zu einer Stellung mit einem Block aus vier Freibauern führt, die zu verteidigen wohl ein Ding der Unmöglichkeit sein sollte.

b) 19.♗xc4 ♗xc4 20.bxc5 dxc5!∓; 20...♗xf1 21.cxd6! ♗c4∓

2) ⌓18.♖b1 axb3 19.axb3 ♘xb3 20.♖xb3 ♘xc4 21.♗xc4 ♗xc4 22.♖fb1 ♗xb3 23.♖xb3 b5∞

3) 18.♘d4 axb3 19.axb3 ♘xb3 20.♘xb3 ♘xc4 21.♗xc4 ♗xc4 22.♘d4 ♗xf1∞; 22.c5

D) Und nach **17.♘f4** kann Schwarz sich höchst unbeeindruckt den positionellen Rückzug **17...♗c8!** erlauben, weil er sich nach **18.♕xd6?!** (⌓18.♘d4∓) **18...♕xd6 19.♖xd6** mit dem Schlag **19...f5!** ...

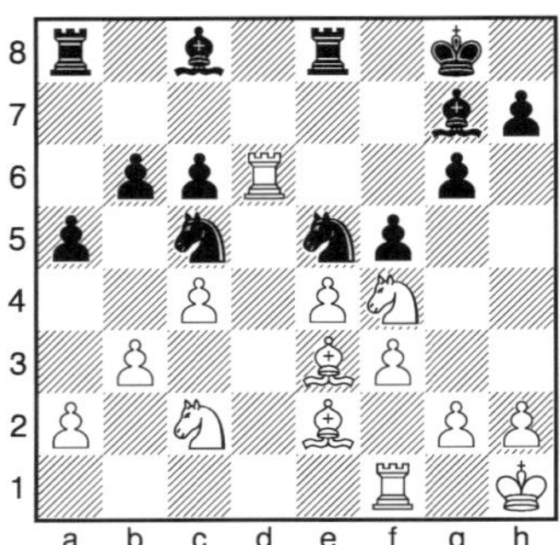

... ausreichende Kompensation verschaffen könnte, zumal nämlich die *weißen* Leichtfiguren denkbar ungünstig stehen.

67

Andreikin – Ronka

Internet 2022

1.d4 ♘f6 2.c4 g6 3.♘c3 ♗g7 4.e4 d6 5.♘f3 0-0 6.♗e2 e5 7.d5 a5 8.♗g5 h6 9.♗h4 ♘a6 10.♘d2 ♘c5 11.0-0 ♕e8 12.b3 ♗d7 13.a3

Das hier gegebene Thema eines Scheinopfers wird auch in einigen anderen Beispielen behandelt – und hier wie dort gilt: Die Kunst besteht ja nicht etwa darin, den Materialbestand wieder auszugleichen, sondern darin, dass dies unter positionell zu verantwortenden Umständen geschieht. Und was diese Umstände anbelangt, geht es stets um die Nutzung frei werdender Linien und/oder Felder.

I) Die schwarze Stellung ist dermaßen widerstandsfähig, dass selbst der etwas diffuse Partiezug **13...h5?!** nach **14.f3** (14.b4) nur zu kräftigem Minimalvorteil führte.

II) Nach **13...g5 14.♗g3** wäre **14...♘cxe4?!** weniger gut (⌓14...h5!∞ 15.♗xh5?? g4–+), denn nach der Folge **15.♘cxe4 ♘xe4 16.♘xe4 f5 17.♘d2! f4 18.♗h5 ♕e7 19.♘e4 ♗f5 20.♕e2 fxg3 21.hxg3** könnte Weiß auch hier Minimalvorteil beanspruchen, weil er (ob mit oder ohne Abtausch auf e4) stets mit der besseren Leichtfigur verbleibt.

III) Nach dem wohl klarsten Herangehen **13...♘fxe4 14.♘dxe4 ♘xe4 15.♘xe4 f5** ergeben sich zwei vollkommen unterschiedliche Hauptvarianten, die jedoch eines gemeinsam haben: Das Feld e4 fällt nicht in die Hände des Gegners und der königsindische Läufer wird befreit.

A) 16.♘c3 e4 17.♖c1 g5 18.♘b5 ♖c8 19.♗g3 f4 20.♗g4 fxg3 21.hxg3∞

B) 16.♘d2

1) Nach 16...g5? 17.♗g3 würde der weiße Vorteil mehr **(a)** oder weniger **(b)** kräftig ± ausfallen.

a) 17...e4? 18.♗h5 ♕e7 19.f4!

b) 17...f4 18.♗h5 (18.♘e4 ♕g6) 18...♕e7 19.♘e4 fxg3 20.hxg3 ♗f5 21.♕e2

2) 16...e4 17.f4 exf3

a) 18.♗xf3? ♗xa1 19.♕xa1 ♕e3+ 20.♖f2 g5 21.♗g3 Δ21...f4? (⌓21...♖ae8∓) 22.♘e4! fxg3 23.hxg3 Δ23...g4 24.♘f6+ ♖xf6 25.♕xf6 gxf3 26.♕g6+ ♔f8 27.♔h2! ♕xf2 28.♕f6+ nebst Dauerschach

b) 18.♘xf3 ♗xa1 19.♕xa1 g5 20.♗f2 ♕xe2 21.♖e1 ♕d3 22.♖e3 ♕c2 23.♘d4 ♕d2 24.♘f3=

68

Koridze – Maltsevskaya

Internet 2022

1.d4 ♘f6 2.c4 g6 3.♘c3 d6 4.e4 ♘bd7 5.♘f3 ♗g7 6.♗e2 0-0 7.0-0 c6 8.♗e3 e5 9.♕c2 ♕e7 10.h3 h6 11.♖ad1 ♖e8 12.d5 c5 13.a3 a5 14.♘b5 ♘f8 15.♖b1 a4 16.b4 axb3 17.♖xb3 g5 18.♘h2 ♘g6 19.♘g4 ♘f4 20.♘xf6+ ♗xf6 21.♗g4 h5 22.♗xc8 ♖axc8 23.♖a1 ♗g7 24.a4 ♖cd8 25.a5 g4 26.hxg4 ♕g5 27.g3 ♕xg4

Dieses Beispiel zeigt quasi Königsindisch in Reinkultur: Die weiße Operation am Damenflügel hat ebenso deutliche Fortschritte erzielt wie die des Schwarzen am Königsflügel, nur dass bei Letzterem keine Bauern, Linien oder Felder auf dem OP-Tisch liegen, sondern einzig und allein der gegnerische *König*.

I) In der Partie folgte ein sehenswerter Schlagabtausch, oder zutreffender gesagt: ein Abtausch von massiven Fehlschlägen. So ging Weiß mit **28.a6??** viel zu unbesorgt ans Werk

A) Und mit **28...h4??** folgte Schwarz womöglich der unbewussten Eingebung, ein Angriffszug mit einem Randbauern müsse mit einem ebensolchen beantwortet werden. Allerdings behielt Weiß bei dem Fehlschlagwettbewerb mit **29.♗xf4??**

(statt 29.a7! hxg3 30.fxg3 ♕xg3+ 31.♔h1=)

29...exf4−+ das letzte Wort.

B) Dabei ist der zweite Fehlschlag vollkommen unbegreiflich, weil die Eliminierung eines solch mächtigen Bauern mit **28...bxa6** doch wohl ohne jede Rechnerei geradezu als Reflexhandlung angesehen werden kann. Tatsächlich hätte Schwarz danach gewonnen, wie ein Blick auf folgende Varianten bestätigt:

1) 29.♘c3 ♕h3 (29...♕f3) 30.gxf4 ♕g4+ 31.♔f1 exf4

2) 29.♖xa6 h4

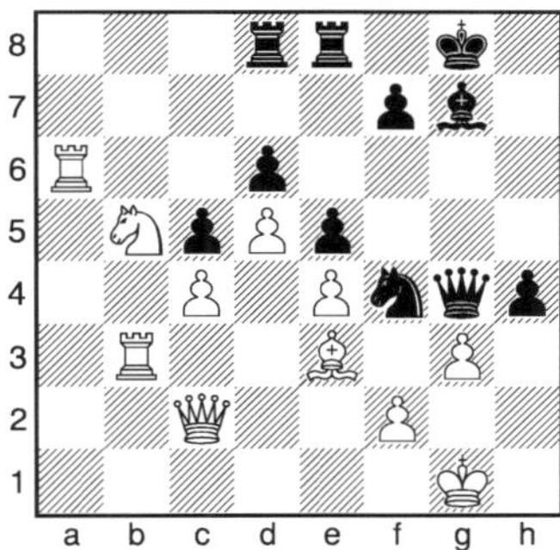

a) 30.♘xd6 ♖xd6! (30...hxg3) 31.♖xd6 ♖a8! (31...hxg3) Δ32.♖db6 ♖a1+ 33.♖b1 ♕f3! 34.gxf4/♗xf4 h3 35.♔f1 h2

b) 30.♗c1 hxg3 31.fxg3 ♘e2+ 32.♔g2

– 32...♘xc1 33.♕xc1 ♕xe4+

– 32...♘d4!? 33.♘xd4 exd4

II) Hingegen hätte die Defensivmaßnahme **28.♕d1** zu bedeutendem Vorteil geführt.

A) Ganz schlecht wäre **28...♕xd1?** (28...♕g6? 29.♕f3+−) **29.♖xd1 ♘e2+ 30.♔f1 ♘d4 31.♗xd4 cxd4 32.♘c7** (32.c5!?) **32...♖e7** und nun führt die präzise berechnete Fortsetzung **33.♖xb7!** nach **33...♖c8 34.a6** ...

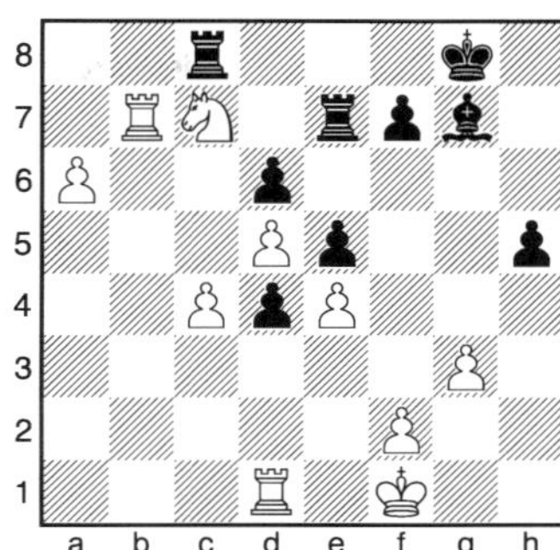

... **34...♖cxc7 35.a7** bzw. **34...♖exc7 35.♖a1!** zum Gewinn.

B) ⌓**28...♘e2+ 29.♔f1 ♘d4 30.♕xg4 hxg4 31.♗xd4?!**

(⌓31.♘xd4 exd4 32.♗d2±)

31...exd4 32.♘c7 d3! 33.♘xe8 ♗xa1 34.♘c7 ♔g7

1) Nach dem schwächeren 35.♖xb7?! sichert die starke Antwort 35...♖h8! das Gleichgewicht.

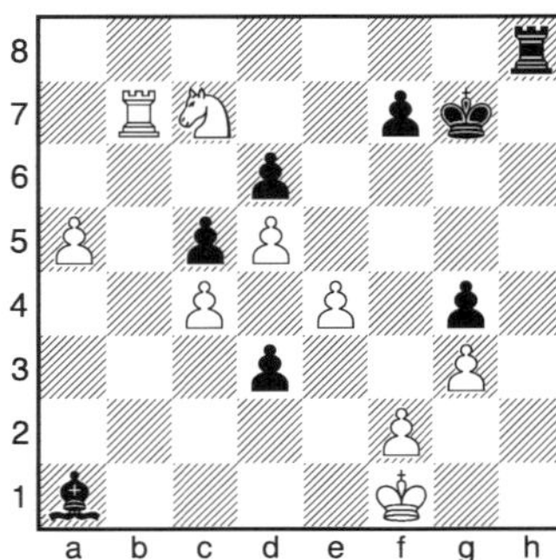

Dabei dürfen die beiden Freibauern der Reihe nach zeigen, was in ihnen steckt: 36.♖b3

(36.♔g2 ♖e8 37.♔f1 ♖h8)

36...♖h1+ 37.♔g2 d2 38.♖d3 d1♕ 39.♖xd1 ♖xd1 40.a6 ♖d2 41.a7 ♗d4 42.a8♕ ♖xf2+ 43.♔h1 ♖f1+ =

2) 35.♖xd3 ♖c8 36.♘b5 ♗e5 37.♘a3±

69

Lukosius – Coates

Internet 2022

1.♘f3 ♘f6 2.c4 g6 3.♘c3 ♗g7 4.d4 d6 5.e4 0-0 6.♗e2 e5 7.♗e3 ♘a6 8.0-0 ♘g4 9.♗g5 ♕e8 10.d5 f5 11.♘d2 ♘f6 12.f3 h6 13.♗h4 f4 14.a3 g5 15.♗f2 ♕g6 16.b4 g4 17.fxg4 ♘xg4 18.♔h1 ♔h8 19.♗g1 ♗d7 20.♖c1 ♖g8 21.♗f3 ♖af8 22.♕e2 ♗f6 23.c5 ♘e3 24.♗xe3 fxe3

Damit sein massiver Truppenaufmarsch am Königsflügel nicht zu vollkommener Untätigkeit verurteilt bleibt, hat Schwarz zwecks Linienöffnung einen Bauern ins Geschäft gesteckt. Nun hat Weiß zu entscheiden, ob er diesen sofort einkassiert oder zu einem späteren Zeitpunkt. Nur darf er sich dabei nicht quasi blindlings darauf verlassen, dass das Kraftpotenzial des besagten Truppenaufmarschs angesichts der extrem soliden weißen Auffangstellung unter keinen Umständen freigesetzt werden könnte.

1) Der Partiezug **25.♘b3??∞** leistet absolut nichts und ist außerdem vollkommen sinnlos, weil c5 keiner Überdeckung bedurfte. Trotzdem verdient er gewisse Beachtung, weil es in einer Hauptvariante eine Abwicklung mit sage und schreibe *elf* erzwungenen Zügen gibt; nämlich **25...dxc5 26.b5 c4! 27.♕xc4** ...

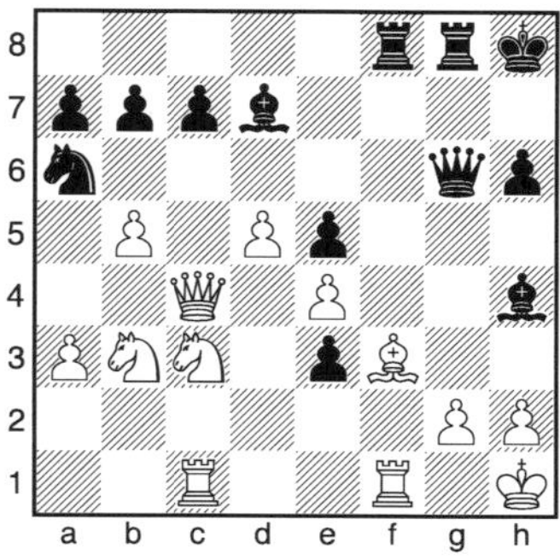

... und nun bringt der harmlos wirkende Läuferausfall **27...♗h4!** (27...♗e7∞) die brachiale Drohung ♖xf3 mit sich und erzwingt die bis auf eine Ausnahme alternativlose Sequenz **28.♕e2 ♗f2** (droht erneut 29...♖xf3 Δ30.♕xf3 ♗g4) **29.♖xf2 exf2 Δ30.bxa6** (30.♕xf2 ♘b8∞) **30...♗h3 31.♕xf2 ♖xf3 32.gxf3** und nun – im Sinne von ‚Viel Lärm um nichts' – das Dauerschach **32...♗g2+ 33.♔g1 ♗h3+** usw.

2) Die Alternative **25.♕xe3?** reicht nach **25...♗g5 26.♕e2 dxc5 27.b5** wenigstens für ein nicht sonderlich stark ausgeprägtes ±.

3) Hingegen führt der eigentlich auf der Hand liegende Positionszug **25.♘c4!** nach **25...dxc5 26.b5 ♘b8 27.a4** (27.♖b1) in allen Varianten zumindest zu ‚kräftig ±'; z.B. **27...♗g5?!** ...

⌓27...♗e8 28.♘d1♘d7 29.♘dxe3±

... mit der Verführung **28.♘xe5?!** (⌓28.♘d1~+–) **28...♕f6**

1) 29.♘c4 ♗f4 (Δ♕h4) **30.♕e1!? Δ30...e2 31.♘xe2 ♗xc1 32.♕xc1**±

2) 29.♘d3 c4 30.♘c5 Δ30...b6 31.♘e6! ♗xe6 32.dxe6 ♕xe6 33.♗g4~±

70

Shuvalov – Jones

Internet 2022

1.♘f3 ♘f6 2.c4 g6 3.d4 ♗g7 4.♘c3 0-0 5.e4 d6 6.♗e2 ♘bd7 7.0-0 e5 8.♗e3 ♕e7 9.♕c2 c6 10.♖fe1 h6

In dieser recht frühen Mittelspielstellung, in der noch jede Art von Zentrumsöffnung bzw. -schließung denkbar ist, scheint jeder der genannten Kandidaten etwa gleichwertig infrage zu kommen. Allerdings ist dem nicht so, denn in einem Fall kann Schwarz einen taktisch gewürzten Überfall folgen lassen.

Die positionell sehr ordentliche Zentra–

lisationsmaßnahme **11.♖ad1?** hat ein leicht zu übersehendes taktisches Loch, das auf einer latenten Schwäche des Bauern f2 beruht.

An besseren Zügen ist 11.h3 noch ± und 11.d5 wohl schon tendenziell ±.

11...♘g4 12.♗c1 exd4 13.♘xd4?

Und schon ist es passiert! Nur mit dem Qualitätsopferangebot 13.♖xd4! konnte Weiß das Gleichgewicht wahren.

1) Tatsächlich muss Schwarz sogar Vorsicht walten lassen, denn nach der zu unbesorgten Annahme des Opfers mit 13...♗xd4?! 14.♘xd4 kann eher Weiß Vorteil beanspruchen.

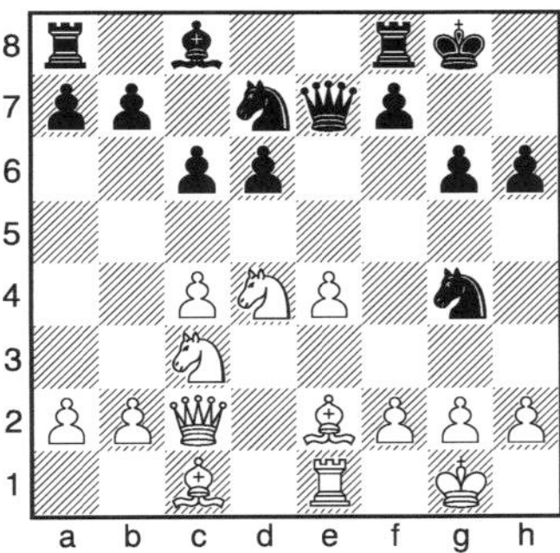

a) So würde 14...♘xf2?? nach 15.♖f1+– vollkommen nach hinten losgehen. Weniger klar wäre 15.♔xf2? ♕h4+ 16.♔f1, was nach 16...♘e5! Δ♕xh2 nur ± wäre – im Gegensatz zu 16...♕xh2? 17.♘f3+–.

b) Und nach beispielsweise 14...h5 15.h3 ♘gf6 (15...♘ge5? 16.f4) 16.♗g5 ist die Fesselung derart lästig und das Fehlen des königsindischen Läufers derart spürbar, dass Weiß systematisch Druck gegen den Schwächling d6 aufbauen und/oder den Vorstoß f4 vorbereiten kann.

2) Stattdessen führt 13...♘de5 14.♖dd1 f5 zu unklaren Verhältnissen – und 13...♘xh2 14.♔xh2 ♗xd4 15.♘xd4 ♕e5+ 16.♔g1 ♕xd4 17.♗xh6 ♖e8 18.♖d1 zu ausreichender Kompensation.

13...♘xf2!

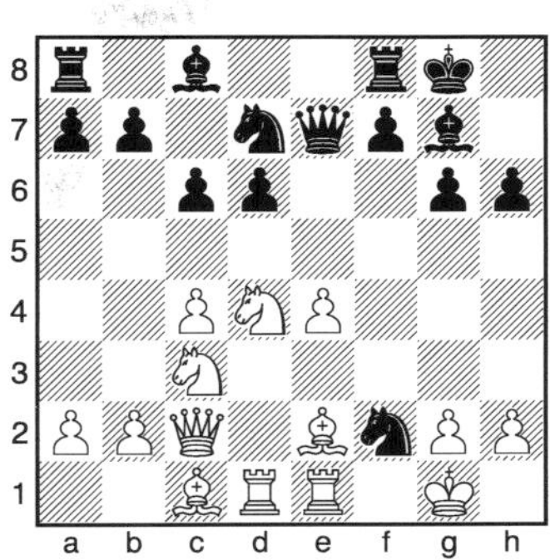

14.♔xf2?

So macht Weiß seinem Gegner die Sache viel zu leicht. Zu probieren war 14.♘xc6 ♘h3+! 15.gxh3 bxc6∓ Δ♘e5.

14...♕h4+ 15.♔e3

Selbst hier bot 15.♔g1 ♗xd4+ 16.♖xd4! ♕xe1+ 17.♗f1 noch immer bessere Verteidigungschancen. Denn der Rest war ein Fall Marke ‚Schießbude'.

15...♗xd4+ 16.♔xd4 ♕f2+ 17.♗e3 c5+ 18.♔d3 ♘e5+ 19.♔d2 ♘xc4+

71

Jodorcovsky Werjivker – Hoghmrtsyan

Internet 2022

1.d4 ♘f6 2.c4 g6 3.♘c3 ♗g7 4.e4 d6 5.♗e2 0-0 6.♘f3 e5 7.d5 a5 8.♗g5 ♘a6 9.0-0 ♕e8 10.♘d2 ♘d7 11.a3 h6 12.♗e3 f5 13.f3 ♘f6 14.♖b1 ♘h5 15.b4 ♘f4 16.c5 g5 17.exf5 ♗xf5 18.♘de4 ♕g6

‚Typisch Königsindisch' hat Schwarz den Damenflügel buchstäblich ‚links liegen' und Weiß dort weitgehend frei gewähren lassen. Nun können im Rahmen der dort möglichen Linienöffnung gleich *drei* Linien halb oder ganz geöffnet werden, wobei Weiß unter anderem auf eine halboffene b-Linie mit Spiel gegen b7 hofft. Allerdings ist die schwarze Kräftekonzentration am anderen Flügel keineswegs eine leere Demonstration, denn auch dort kann es noch zu einer dringend erforderlichen Linienöffnung kommen, ohne die ja kein Gegenspiel denkbar ist.

I) Zum besseren Verständnis der fehlerhaften Partiefolge empfiehlt sich vorab eine gründliche Beschäftigung mit dem adäquaten Herangehen **19.g4!**, welches Weiß womöglich wegen diffuser Bedenken angesichts der damit einhergehenden Lockerung bzw. Schwächung überhaupt nicht in Betracht gezogen haben mag. Tatsächlich drängt dieser starke Positionszug jedoch nicht nur auf eine Klärung des ‚e4-Themas', sondern vereitelt auch das durchaus gegebene Gegenspiel mit g5-g4.

Hier ein Überblick über die Variantenfülle, die nach **19...♗xe4** im schlechtesten Fall zu ‚kräftig ±' führt.

Andere Möglichkeiten sind weniger gut:

- 19...♘xe2+ 20.♕xe2 ♗xe4 21.♘xe4 (21.fxe4!?) 21...axb4 22.axb4~+-
- 19...♗c8 20.♔h1~+-; 20.♗c4!?
- 19...♗d7?! 20.bxa5+-

19...♗xe4 20.♘xe4 axb4 21.axb4 ♔h8!

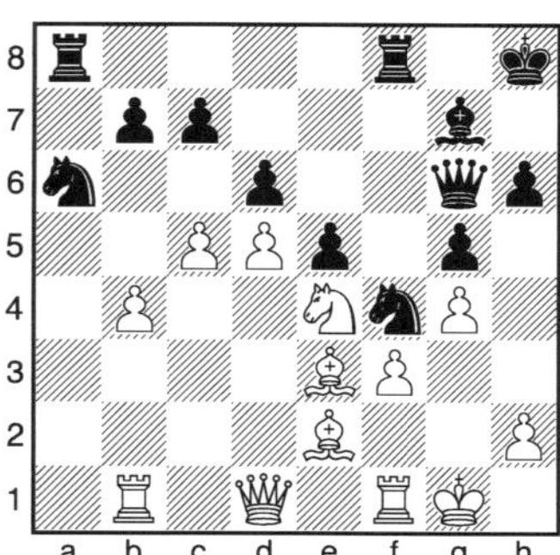

Dieser ‚mysteriöse Königszug' geschieht nicht etwa aus Ratlosigkeit, sondern der Sinn besteht darin, dass der nach den vorangegangenen Abtauschen labile Bauer d5 (♕f7; ♖fd8) wegen der Möglichkeit ♗c4 sowieso nicht ohne Weiteres geschlagen werden könnte.

Nun ist der weiße Vorteil nach folgenden Möglichkeiten noch nicht eindeutig im Gewinnbereich:

- 22.♗xf4 exf4
- 22.♗c4 ♘b8 ♘d7; 22...♖fd8
- 23.♗xa6 bxa6 24.cxd6 cxd6 und nach beispielsweise 25.♖c1 kann Schwarz mit 25...h5! darauf hinweisen, dass am Königsflügel immer noch eine Angriffsmarke zwecks Gegenspiel genutzt werden kann.

Hier noch ein Blick auf einige weniger gute Alternativen im 19. Zug:

II) 19.bxa5? g4!∞ Δ♘xg2; z.B. **20.♖xb7?? ♘xg2!-+**; ⌓**20.♗xf4** (20.g3!?) **20...exf4 21.♖xb7 ♘xc5 22.♘xc5 ♗xc3**

III) 19.♗xa6?!

A) 19...♖xa6?? 20.b5+-; **19...bxa6?! 20.g4!±**

B) 19...axb4!

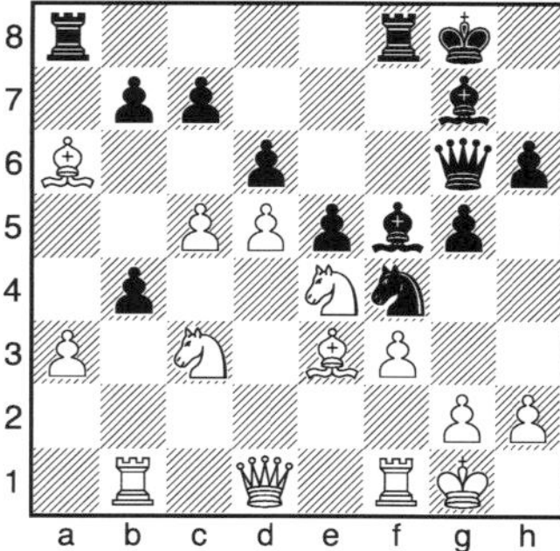

1) 20.♗xb7 ♖xa3∞; 20...♘xg2; 20...bxc3

2) 20.♖xb4 ♖xa6∞

3) Nur nach 20.g4 ♗xe4 21.♘xe4 ♖xa6 22.cxd6 cxd6 erzielt Weiß mit 23.a4! einen Hauch von Minimalvorteil.

IV) 19.♗d3!? Δ19...♘xd3? (⌓19...g4!) **20.♕xd3 axb4 21.axb4 Δ21...g4 22.fxg4**; **22.c6**

V) In der Partie hatte nicht nur Weiß bei dem an und für sich durchaus brauchbaren Plan **19.cxd6?** ‚nebst b5 oder bxa5' die Bedeutung eines wichtigen Zwischenzugs außer Acht gelassen.

A) Denn mit **19...cxd6** bekundete auch Schwarz seine diesbezügliche Ahnungslosigkeit, wonach **20.b5** oder **20.bxa5** doch noch recht deutlichen Vorteil ergeben hätte, weil die Linienöffnung am Damenflügel zu weißen Gunsten ausgefallen wäre.

B) Mit dem erwähnten Zwischenzug **19...axb4!** war genau dies zu vermeiden, und tatsächlich hätte Weiß nach **20.axb4 cxd6 21.g4 ♗xe4 22.♘xe4 ♘c7** ...

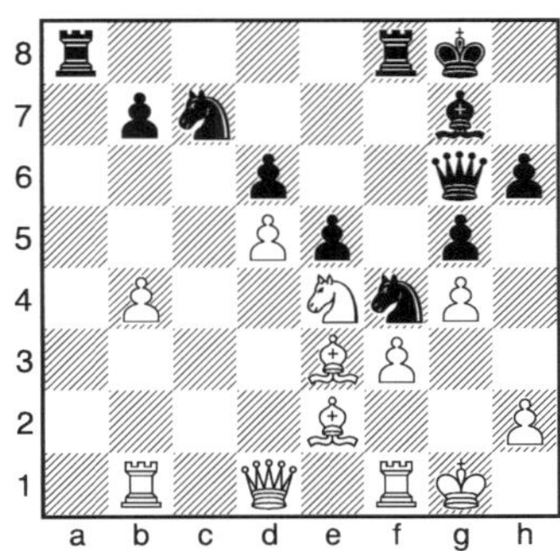

... **23.♗c4** oder **23.♗xf4 exf4** nicht mehr als Minimalvorteil vorzuweisen.

72

Tarasova – Djordjevic

Internet 2022

1.d4 ♘f6 2.c4 g6 3.♘c3 ♗g7 4.e4 d6 5.h3 0-0 6.♗e3 ♘c6 7.♕c2 e5 8.♘f3 a6 9.d5 ♘e7 10.g4 ♘e8 11.♗d3 c5 12.0-0-0 ♗d7 13.g5 f5 14.gxf6 ♘xf6 15.♘g5 ♘h5

Bei festgelegtem Zentrum kann Schwarz auf der halboffenen f-Linie sowie mit dem Hebel b7-b5 um die Initiative kämpfen, während Weiß einzig und allein auf die Nutzung der Felderschwäche e6 angewiesen ist. Denn wenn ein dort eindringender Springer geschlagen werden müsste, würde sich auf der d-Linie ein ganz neues Betätigungsfeld auftun.

I) In der Partie verließ Weiß sich bei der Entscheidung für **16.♘e6?! ♗xe6 17.dxe6** allein auf die Kraft des Läuferpaars, die Öffnung der d-Linie sowie die Räumung des Vorpostens d5, vernachlässigte jedoch die Tatsache, dass auch der Vorposten d4 für den gegnerischen Springer erreichbar wird.

Am besten wäre darauf **17...♘f4∞** (17...♘c6!?) **18.♗xf4** mit folgenden Möglichkeiten gewesen:

A) 18...exf4?! 19.e5! ♗xe5 20.h4 ♗xc3!

20...♘f5??/♘c6?? 21.♘d5~+-

21.bxc3!

Denn nach 21.♕xc3? ♘c6∞ erreicht der Springer sein Traumfeld d4.

Nach **21...♖f6 22.h5 ♖xe6** hat Schwarz einen zweiten Bauern gewonnen, muss jedoch nach **23.hxg6** ...

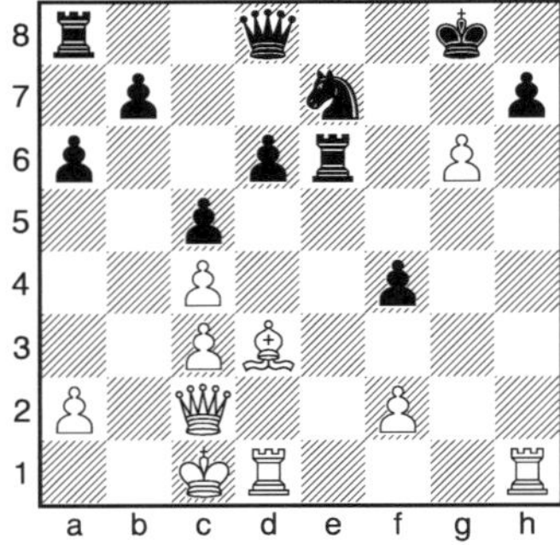

... die wichtige Entscheidung treffen, ob die komplette Öffnung der g- oder der h-Linie weniger gefährlich ist.

1) 23...♘xg6? 24.♖dg1 ♕e8 (24...♕f6 25.♗f5) 25.♗f5 ♖f6 26.♗e4±

2) 23...hxg6 24.♖h3!? (24.♖dg1 ♔g7 25.♖g4) 24...♕f8 25.♖dh1 ♕f6 26.♗e4±

B) Besser ist **18...♖xf4**∞ Δ♖f6, denn **19.♘d5?** führt nach **19...♘xd5** zu bedeutendem Nachteil.

1) 20.exd5 ♕f6∓; 20...♕h4; 20...e4!? 21.♗xe4 b5

2) 20.cxd5 ♕h4∓; 20...c4

II) Nur nach **16.♗e2!?** mit der Absicht, den positionell enorm wichtigen gegnerischen Damenläufer zu eliminieren, kann Weiß auf etwas Vorteil hoffen.

A) 16...♘f6? 17.♗g4!? (17.h4±; 17.♔b1) **17...b5! Δ18.♗e6+ ♔h8 19.♘f7+ ♖xf7 20.♗xf7± 20...♕f8** (20...♕a5; 20...♘c8!? Δ♘b6) **21.♗e6 ♗xe6 22.dxe6 ♘c6**

B) 16...♘f4 Δ17.♗g4 (17.♔b1!?) **17...♘exd5 18.♘xd5 ♗xg4 19.hxg4 ♕xg5**

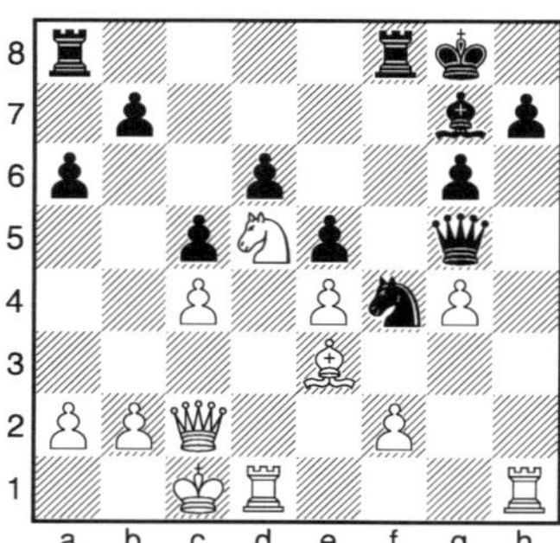

Δ20.♘c7?! (⌓20.f3±) **20...♖ac8 21.♘e6 ♕xg4 22.♘xf8** mit ausreichender Kompensation nach **22...♘e2+ 23.♔b1 ♗xf8** oder **22...♗xf8 23.♗xf4 ♕xf4.**

73

Kempter – Jukic

Deutschland 2022

1.d4 ♘f6 2.c4 g6 3.♘c3 ♗g7 4.e4 d6 5.♘f3 0-0 6.♗e2 ♘bd7 7.0-0 e5 8.♗e3 ♘g4 9.♗g5 f6 10.♗c1 ♘b6 11.h3 exd4 12.♘xd4 ♘e5 13.f4

In schwieriger Stellung mit entwertetem Fianchetto-Läufer steht Schwarz vor der Entscheidung, ob er sich als Trostpflaster nicht wenigstens einen Bauern einverleiben sollte. Nun gilt es zu klären, ob diese ‚Philosophie' besser als irgendein Rückzug wäre – ob vergleichbar gut oder schlecht – oder ob sie die ganze Sache nur noch schlimmer machen würde.

1) In der Partie ließ Schwarz die Finger von dem Bauern und wählte stattdessen den Rückzug **13...♘c6**, wonach selbst die eher unverbindliche Antwort **14.♗e3** für ± reichte.

– Engines lieben den Vorstoß 14.f5!?± wegen der langfristigen Ein- bzw. Aussperrung des leidigen Fianchetto-Läufers, obwohl ein menschlicher Rechner doch vor der langfristigen Preisgabe des Feldes e5 und Rückständigkeit des Bauern e4 zurückschreckt.

– Als naheliegendere Alternative kommt die Beschädigung des schwarzen Damenflügels mit 14.♘xc6 bxc6 in Betracht, wonach u.a. das positionelle Bauernopfer 15.c5!? (15.f5!?; 15.♗e3) ...

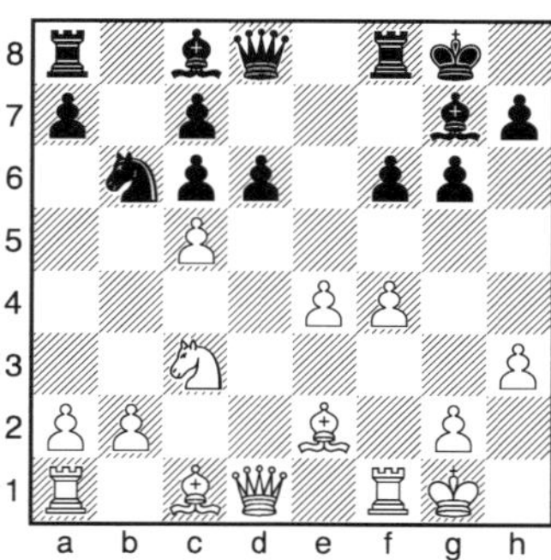

... mit der Folge 15...dxc5 16.♕b3+ (16.♗e3) von Interesse ist, und nun dürfte 16...♖f7!? etwas weniger deutlich ± sein als 16...♔h8 17.♗e3 usw.

2) Das unerschrockene Herangehen mit **13...♘exc4!?** ist keinesfalls schlechter als die Alternativen, sondern u.U. sogar besser – und zwar in dem Sinne, dass die entstehenden Komplikationen eher dazu geeignet sind, den Gegner zu einem Fehlgriff zu verleiten. Beispielsweise mit dem Spiel auf Figurengewinn in der Version **14.♗xc4+?**

(⌓14.♕b3 d5 15.♘xd5; 15.exd5±; 14.a4!?)

14...♘xc4 15.♕b3, welches sich nach dem pointierten Sperropfer **15...d5!!** ...

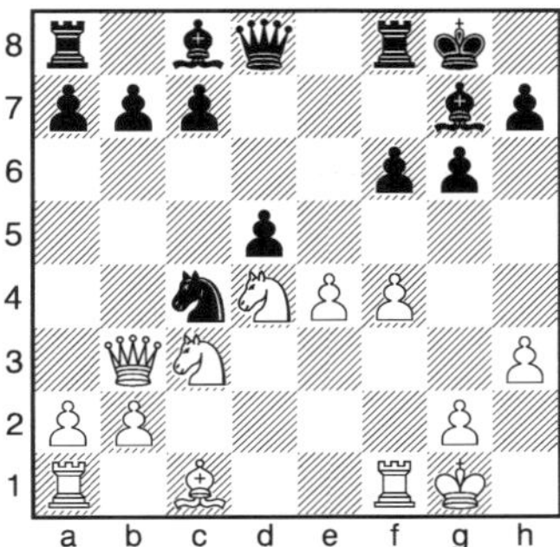

... insofern als Fehlgriff entpuppt, weil Weiß selbst bei bestem Spiel allenfalls noch mit Minimalvorteil rechnen kann:

– 16.exd5?! ♘a5∞ (16...♘d6? 17.♘e6±; 17.♖fe1) z.B. 17.♕b4 c6!

– ⌓16.♘xd5∓ 16...♘a5 17.♕a3 (17.♕c3 f5) 17...b6 (17...♘c4?? 18.♕c5+–) 18.♖d1∓

74
Lewis – White
England 2022

1.♘f3 ♘f6 2.c4 g6 3.♘c3 ♗g7 4.e4 d6 5.d4 0-0 6.♗e2 e5 7.0-0 ♘c6 8.d5 ♘e7 9.♘e1 ♘d7 10.♘d3 f5 11.f3 f4 12.♗d2 g5 13.♖c1 ♘f6 14.c5 ♘g6 15.♘b5 ♖f7 16.♗a5 b6 17.cxd6 cxd6 18.♗e1 h5 19.♘b4 ♘e8 20.♘c6 ♕f6 21.♘bxa7 ♗d7 22.h3 ♗h6 23.♖c3 ♖g7 24.♕b3 g4 25.fxg4 hxg4 26.hxg4 ♕g5 27.♖h3 ♘f6

In diesem fortgeschrittenen Mittelspiel mit weiterhin vollem Figurenbestand haben beide Seiten an ihrem jeweiligen Spielflügel ihr zerstörerisches Werk auf typische Weise vorangetrieben. Und auf ebenfalls typische Weise spielt zunächst weniger die Zahl der schwarzen Bauern oder die der weißen Freibauern die entscheidende Rolle, sondern die Sicherheit des weißen Königs. Und diesbezüglich fällt auf, dass auf schwarzer Seite nur der ♖a8 nicht am Angriff teilnimmt, während bei Weiß die Verteidigungskraft beider Springer fehlt und auch die Dame nur aus der Ferne bei der Defensive mitwirkt.

1) Ginge diese nun (wie in der Partie geschehen) mit **28.♕xb6??** auf Bauernraub, gebietet der gesunde (schachliche) Menschenverstand, dass das Leben ihres verlassenen Gemahls keinen Pfifferling mehr wert sein sollte. Allerdings kann dessen Exekution nicht etwa auf x-beliebige Weise ausgeführt werden.

28...♘xg4??

Diese geradezu brutale Fehlentscheidung lässt vermuten, dass Schwarz es allen Ernstes auf einen banalen Qualitätsgewinn abgesehen hatte – und zudem auf einen, der nicht einmal funktioniert. Da der Knackpunkt g2 auf einem *weißen* Feld gegeben ist, sollte wohl die Eliminierung des weißfeldrigen Läufers mit 28...♗xg4 (28...♘xe4?? 29.♖h5+–) 29.♗xg4 ♘xg4 Vorrang haben.

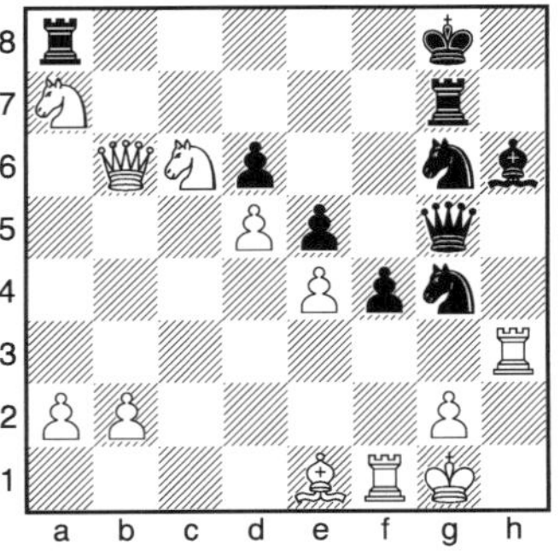

Da ein nützlicher Nebeneffekt darin besteht, dass auch der ♖g7 Kontakt zum ♘a7 aufnimmt, versteht es sich von selbst, dass Weiß rettungslos (und zumeist nebenlösig) verloren ist; z.B. 30.♕b5 (30.♘b5 ♘e3; 30...f3)

– 30...f3 31.♖hxf3 ♘f4 32.♗g3 ♘f6

– 30...♘e3 31.♕e2 (31.♖f2 ♘h4) 31...♘xf1 32.♕xf1 f3 33.♖xf3 ♘f4 bzw. 33.♕xf3 ♕c1 usw.

Allerdings ist auch Weiß ahnungslos, was die entscheidende Bedeutung des weißfeldrigen Läufers anbetrifft, und gestattet mit **29.♖ff3??** den siegreichen Rückzug **29...♘f6** mit der Hauptdrohung ♘xe4. Hier ein Überblick über die Alternativen:

a) 29.♗xg4?? ♗xg4 30.♖h2 f3 31.g3

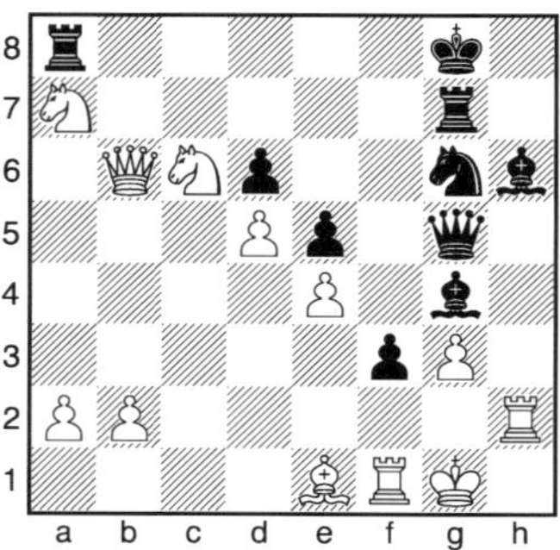

31...♘f4!−+ 32.gxf4 ♕xf4 (32...♕g6!?) **33.♖h1 ♕xe4 34.♕b4 ♕g6** bzw. **34.♗f2 ♗f4** usw.

b) 29.♕b7? ♖e8 30.♗f3 ♘f6 31.♖h2 ♗xc6 32.♕xc6 ♖xa7∓ Δ**33.♕xd6 ♗f8** oder **33.a4 ♗f8**

c) Tatsächlich war **29.♗f3** der einzige Zug, um das Gleichgewicht zu wahren; z.B. **29...♘f6** (29...♘e3?? 30.♖h5+−) **30.♖h2/♖h1 ♗g4 31.♕f2∞**.

2) Am Rande sei erwähnt, dass auf den einzigen Rettungszug **28.♘b5!** (mit dem Plan ♘xd6 nebst ♘f5) nur das Räumungsopfer **28...f3!** ausreichende Kompensation sichergestellt hätte.

Denn **28...♗xg4?? 29.♗xg4 ♘xg4 30.♘xd6 ♘e3** ...

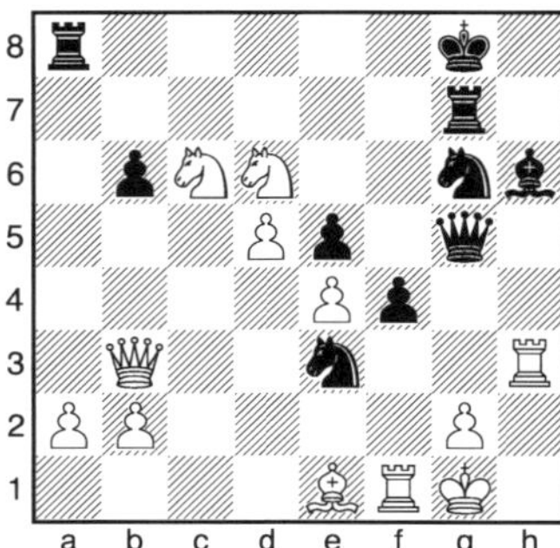

... hätte bei korrektem Spiel doch noch einen Weißsieg nach sich gezogen.

31.♖h2+−

Die Alternativen 31.♖f2?? ♘h4 oder 31.♖xe3?? fxe3 32.♘f5 ♘f4 33.g3 führen zu unklaren Verhältnissen.

31...♘g4 (31...♘xf1 32.♔xf1) 32.♘f5 ♘xh2 33.♔xh2 Δ**33...♖h7 34.♔g1 oder 34.♖f3** Δ**♖h3**

75

Kiseleva – Ronka

Internet 2022

1.d4 ♘f6 2.♘f3 g6 3.c4 ♗g7 4.♘c3 0-0 5.e4 d6 6.♗e2 e5 7.d5 a5 8.♗g5 ♘a6 9.♘d2 ♕e8 10.0-0 ♘c5 11.b3 ♗d7 12.a3 b6 13.b4 ♘b7 14.♗e3 h5 15.♘b5 ♗xb5 16.cxb5 ♘g4 17.♗xg4 hxg4 18.bxa5 ♖xa5 19.♕xg4

Die Frage nach dem Geschmack des Bauern b5 ist hier allein schon deswegen nicht generell mit ‚gut' oder ‚schlecht' zu beantworten, weil dieser ja auf *zweierlei* Art verspeist werden kann. Bei der Beurteilung von ‚ob überhaupt' und ‚wenn ja – wie?' spielt eindeutig die Sicherheit des schwarzen Königs die Hauptrolle. Und auch, wenn man sich allgemein ganz gut an der Bauernregel orientieren kann, gemäß derer ein von einem Fianchettoläufer behüteter König nicht mattgesetzt werden kann, so ist im gegebenen Fall sicherzustellen, dass dieser Schutzpatron auch tatsächlich auf dem Brett bleibt.

I) In der Partie griff Schwarz mit **19...♕xb5??** kräftig daneben, wobei zu vermuten ist, dass die Entscheidung für das Schlagen mit der Dame auf dem allzu optimistischen Plan beruhte, sogleich mit ♖fa8 nachzurücken und bald statt mit einem Minus- mit einem Mehrbauern weiterzuspielen. Allerdings blieb Weiß mit dem naiven ‚Angriffszug' **20.♖fc1??** die Widerlegung schuldig und nach **20...♘c5∞** war das Ergebnis vollkommen offen.

Nach **20.♘f3** mit der brutal direkten Drohung ♘g5 nebst ♕h3 hätte Schwarz den Verlust selbst bei bestem Spiel nicht mehr abwenden können, wie ein Blick auf die zwar umfangreichen, jedoch höchst instruktiven Varianten veranschaulichen mag:

A) 20...♗f6 21.♗g5

21.♘g5?! ♗xg5 22.♗xg5 f5

21...♗g7 22.♗d2 ♖a4 23.♘g5 ♗f6 24.♖ab1 (24.♕h4; 24.♖ae1)

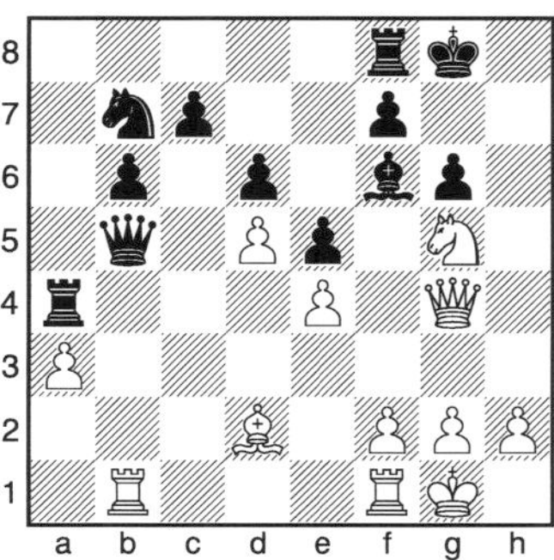

1) 24...♕xd5? 25.♕h3 ♗xg5 26.exd5 ♗xd2 27.♕d7

2) 24...♕d3 25.♕h4 ♗xg5 26.♗xg5

a) 26...♖xe4 27.♕h6+− Δ27...♖f4 28.♖b4!

b) 26...♕xe4 27.f4

– 27...♕e3+ 28.♔h1 ♕e2 29.♖f3+−

– 27...f5 28.♗f6 ♔f7 29.♗e7+−

3) 24...♕e8 25.♕h4 (25.♖b3) **25...♗xg5 26.♗xg5 f5 27.♗f6 ♕d7 28.♖b4!+−**

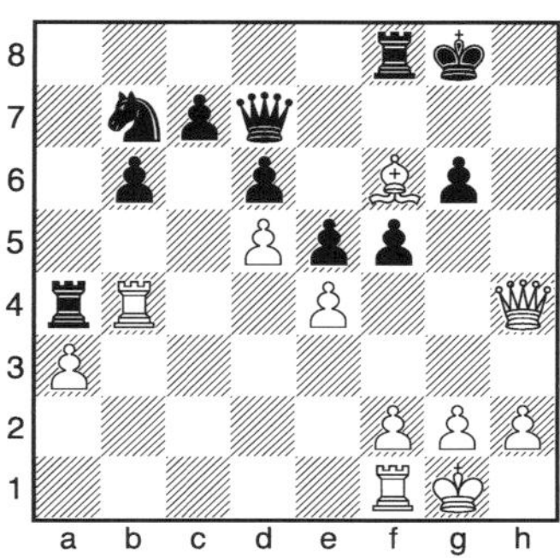

a) 28...♖xa3? 29.exf5 gxf5 30.♕g5+ ♔f7 31.♖h4

b) 28...♖xb4 29.axb4 ♕h7 30.♖c1 (30.f3) 30...♕xh4 31.♗xh4 ♖c8/♖f7 32.f3

B) 20...♖a4 21.♘g5 ♗f6 22.♕h4 ♗xg5 23.♗xg5 f5 24.f4 ♖xe4 25.♗f6 ♖xf6 26.♕xf6 ♕e8 27.♖ae1+−

C) 20...♘c5 21.♘g5

1) 21...f6? 22.♗xc5 fxg5 23.♗e3+−; 23.♗b4

2) 21...♗f6 22.♕h4 ♗xg5 23.♗xg5 f5

– 23...♘d7? 24.♖ac1!+− Δ24...♖a7 25.♖c3

24.exf5 ♖xf5

24...gxf5 25.♗h6 ♖f7 26.♕h5+−; 26.a4

25.f4!+−

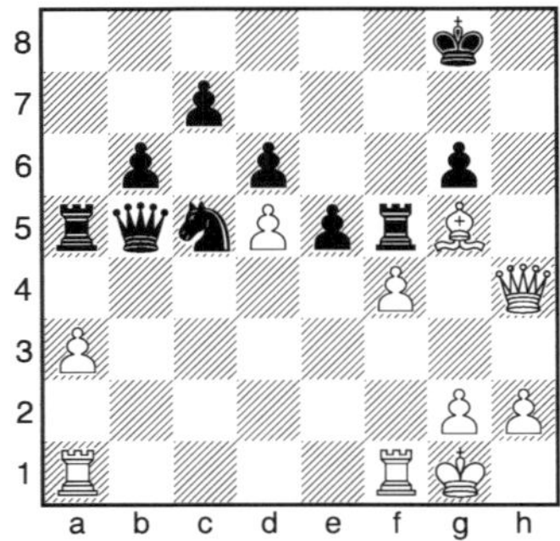

a) 25...♘d3 26.♕h6 ♕e8 27.fxe5 ♘xe5 28.♖xf5 (28.♗f6) 28...gxf5 29.♗f6 ♕g6 30.♕h8+ ♔f7 31.♗xe5 dxe5 32.♖c1 ♖c5 33.♖xc5 bxc5 34.♕xe5

b) 25...♘e4 26.♕h6

– 26...♕e8 27.g4 ♖f8 28.f5 Δ28...♘xg5 29.♕xg5 ♖xd5 30.fxg6

– 26...♕xd5 27.♕xg6+ ♔h8 28.♕h6+ (28.♕xf5?? ♕d4+ −+) 28...♔g8 29.fxe5

3) 21...♘d7 22.♕h3+− (22.f4)

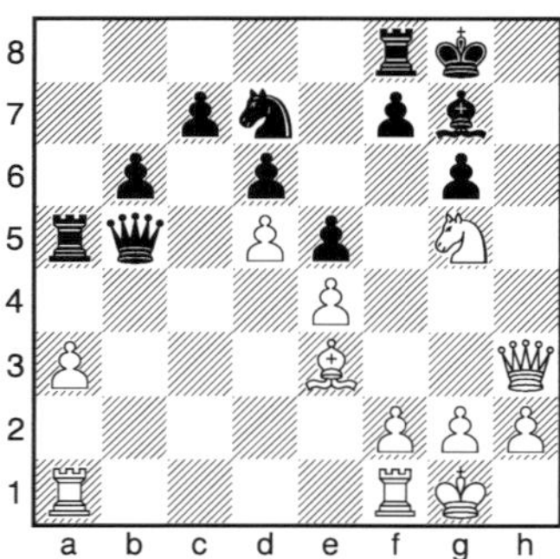

a) 22...♖fa8? 23.♕h7+ (23.♖ab1) 23...♔f8 24.♘e6+! fxe6 25.f4

b) 22...♖e8? 23.♖ab1 ♕a4 24.♖b4

c) 22...♘f6 23.f4

– 23...♘h5 24.g4

– 23...exf4 24.♖xf4 ♘h5 25.g4!

– 23...♕d7 24.f5 ♖a4 (24...gxf5 25.♖xf5 ♖fa8) 25.♖f3 gxf5 26.♖xf5 ♖fa8 27.♖af1 ♖xa3 28.♕h4 ♖a1 29.♗c1 ♕e7 30.h3 Δ30...♖b1 31.♖xf6; 31.♔h2

Und hier noch ein Blick auf die beiden besseren Alternativen ganz zu Beginn:

II) 19...♖xb5 20.♘f3 ♘c5 21.♘g5 ♗f6 22.♕h4 ♗xg5 23.♗xg5 f5 Δ24.♗f6 ♖xf6! 25.♕xf6 ♘xe4 26.♕h4

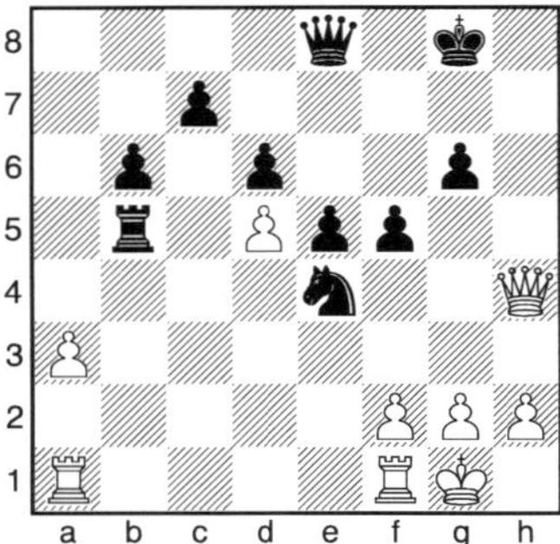

26...♘c3⩱; 26...♖xd5

III) 19...f5 20.exf5 gxf5 21.♕c4 f4 22.♕xc7 fxe3 23.fxe3 ♘c5 Δ24.♘c4 ♖a8 25.♘xb6 (25.♘xd6 ♕g6; 25...♕h5) **26.♗h6** mit der möglichen Folge **27.♖xf8+ ♕xf8 28.♘xa8 ♗xe3+ 29.♔h1 ♘e4**= ...

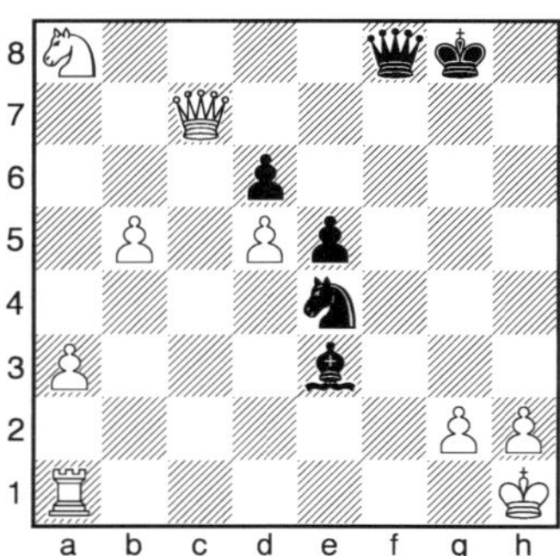

... nebst absehbarem Remis durch Dauerschach oder Zugwiederholung.

76

Vetokhin – Wahedi

Internet 2022

1.d4 ♘f6 2.c4 g6 3.♘c3 ♗g7 4.e4 d6 5.♗e2 ♘bd7 6.♗g5 h6 7.♗e3 e5 8.d5 ♘c5 9.♕c2 0-0 10.h4 c6 11.h5 cxd5 12.cxd5 g5 13.f3 ♗d7 14.g4 ♖c8 15.♕d2 b5

In schwieriger Stellung (die Linien d- bis h- sind mit schwarzem Raumnachteil und eingemauertem Fianchettoläufer komplett verbarrikadiert) hat Schwarz Zuflucht zu einem halbseidenen Bauernopfer gesucht (⌓15...a6~±). Bei der Wahl seiner Antwort muss Weiß darauf achten, dass sein unrochierter König im geschwächten Hinterland ihm nicht insofern zum Verhängnis wird, dass sich sein großer Vorteil verflüchtigt, weil der Gegner ausreichendes Gegenspiel erhält.

I) In der Partie konnte Weiß mit **16.♘xb5??** der Versuchung nicht widerstehen.

A) Aber mit dem Gegenfehler **16...♗xb5?** ließ Schwarz die gebotene Chance ungenutzt verstreichen (siehe B).

Nach **17.♗xb5 ♘fxe4 18.fxe4 ♘xe4 19.♕b4** ...

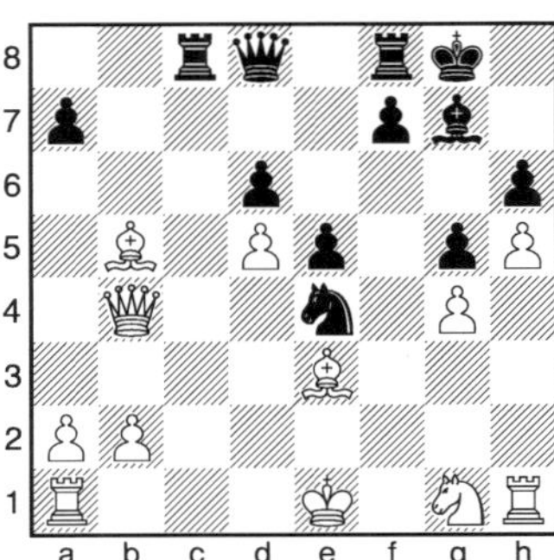

... folgte mit **19...♘c5?** (statt 19...♘f6≌) der erste von allerlei weiteren Fehlern.

20.♗xc5??

20.♘e2 ♖b8 21.♗xc5 dxc5 22.♕a4 ♕xd5 23.♗c6+− (23.♖f1) 23...♕e6 24.♗d7

20...♖xc5?

20...dxc5≌ Δ21.♕d2 e4

21.♗c6±

B) Die ausgelassenen Chance bestand in **16...♘cxe4! 17.fxe4 ♘xe4 18.♕b4 ♘g3** (18...f5!?) **19.♖h2 ♖b8 20.a4 ♘xe2 21.♘xe2 a6**

1) Nach der Stellungsöffnung mit 22.♕xd6?? axb5 23.a5 ♗xg4 23.♕xd8 ♖fxd8−+ erhält Schwarz heftiges Figurenspiel und es zeichnet sich das Gespenst von drei verbundenen Freibauern ab.

2) Hingegen garantiert nach beispielsweise 22.♖g2 axb5 23.a5 ...

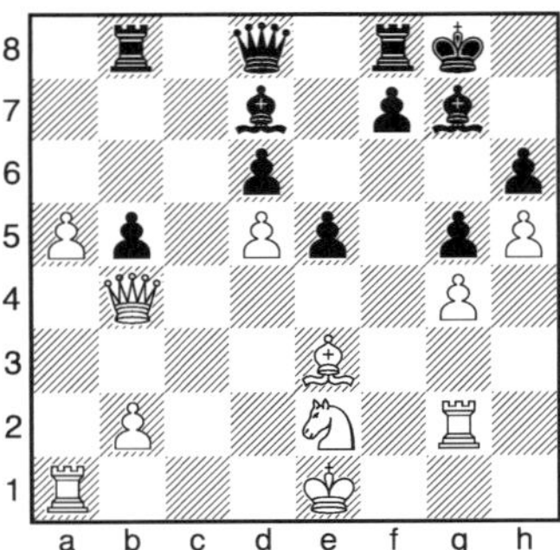

... der ungehindert bis a7 vordringende Freibauer, dass der Nachteil im Minimalbereich bleibt, wie aus folgendem Beispiel hervorgeht: 23...♖c8 24.♕xd6 f5 25.gxf5 ♖f6 26.♕b4 ♗xf5 27.♕xb5 ♗d7 28.♕b3 ♖b8 29.♗b6 ♕e8 (29...♕f8 30.0−0−0!) 30.d6+ ♔h8 (30...♗e6∓) und nun führt 31.0−0−0! zu allerlei spektakulären Abspielen:

a) 31...♗a4 32.♕d5 ♗xd1 33.d7 ♕f8 34.d8♕ ♖xd8 35.♕xd8 ♖c6+ 36.♔b1 (36.♘c3? ♗xh5∓) 36...♕xd8 37.♗xd8 ♗f8∓

b) 31...♗e6 32.♕c2 ♗f5 33.♕c4 ♖c8 34.♗c7 ♗f8

– 35.♖f2?? ♕d7 (35...♗xd6?? 36.♖xf5∞)

36.♖xf5 ♖xf5 37.♘c3 ♗xd6 38.♕a6 ♖xc7 39.♖xd6 ♖f1+ 40.♔d2 und nun führt die schön anzusehende Kreuzfesselung 40...♖f6 ...

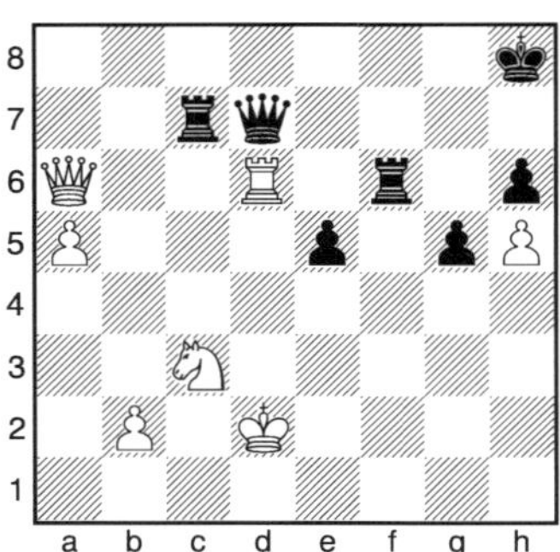

... mit der Folge 41.♕a8+ ♖c8 42.♖xd7 ♖xa8 zu einer Gewinnstellung, die allerdings noch mit erheblichen technischen Schwierigkeiten verbunden ist.

– Und nach 35.♘c3 ♗xd6 36.♕a6 ♖xc7 37.♖xd6 ♕xh5 ...

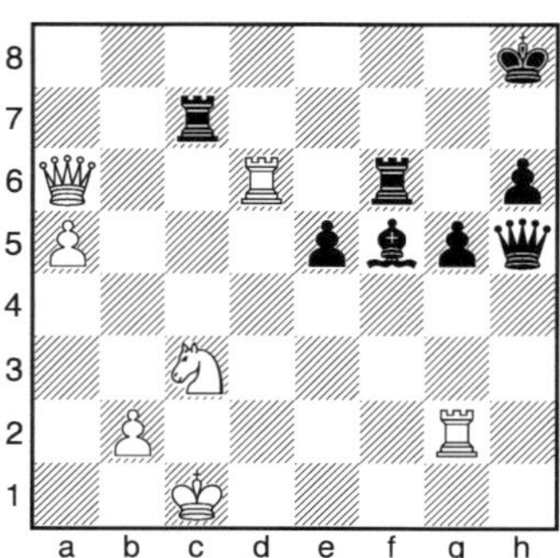

... führt die fantastische Fortsetzung 38.♖xf6!! ♕h1+ 39.♔d2 ♕xg2+ (39...♖d7+ 40.♔e3=; 40.♖d6) 40.♔e1 ♕g3+ 41.♔e2 Δ41...♗g4+ 42.♔f1= zu einer kuriosen Stellung, in der dem König absolut nichts anzuhaben ist.

II) Was beide Kontrahenten übersehen hatten war der Zwischenzug **16.b4!**, der nach **16...♘a4 17.♘xb5** oder **16...♘a6 17.♖b1** eine zumindest tendenzielle Gewinnstellung ergeben hätte.

In letzterem Fall wäre übrigens 17.♘xb5 wegen 17...♘xd5! unnötig kompliziert, ...

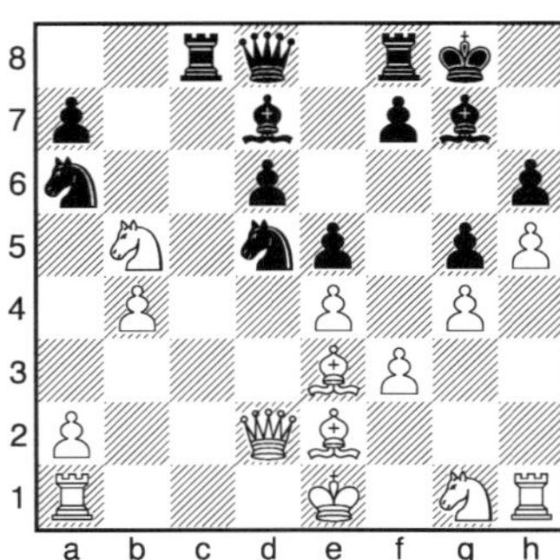

...wie aus folgenden Varianten hervorgeht:

– 18.♘xa7?? ♘xe3 19.♘xc8 ♘xb4∓

– 18.exd5 ♗xb5 19.♗xb5 e4 Δ20.♗d4 e3

77

Castrillon Otero – Pueyo Burrel

Barcelona 2022

1.d4 g6 2.c4 ♗g7 3.e4 d6 4.♘c3 ♘f6 5.h3 0-0 6.♘f3 e5 7.d5 a5 8.g4 ♘a6 9.♗e3 c6 10.♗e2 cxd5 11.cxd5 ♘d7 12.♘d2 f5 13.♘c4 f4 14.♗d2 ♘dc5 15.f3

Zum besseren Verständnis der hier geforderten Herangehensweise lohnt sich ein vergleichender Blick auf Beispiel 95.

Vor der Beschäftigung mit der fehlerhaften Partiefolge, hier zunächst ein Blick auf die eigentlich gar nicht so komplizierte richtige Lösung **15...♕h4+ 16.♔f1 ♗xg4!** So befreit Schwarz sein Spiel, bekommt nach **17.fxg4** zunächst mit **17...f3** seine Figur zurück und hat nach **18.♕e1 fxe2+ 19.♔g2** (19.♔xe2?? ♕e7 –+ Δb5) **19...♕e7 20.♕xe2 ♘b4!** ...

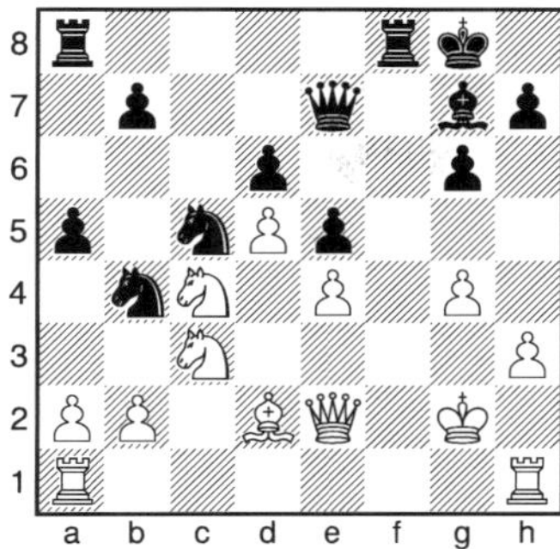

... angesichts von Möglichkeiten wie ♘c2–d4 oder ♘bd3–f4+ hervorragende Aussichten.

In der Partie erfolgte mit **15...♘b4?** ein Angriff am falschen Flügel.

I) Womöglich hatte Schwarz auf **16.0-0?** spekuliert, um irgendwann den Ausfall ♕h4 anzubringen, der sich wie ein roter Faden durch sämtliche folgenden Varianten zieht.

Nur nicht sogleich 16...♕h4?? wegen 17.♗e1!+– Δ17...♕xh3 (17...♕d8 18.a3 ♘ba6 19.b4) 18.a3 (18.♖f2; 18.♘xd6) 18...♘ba6 19.b4.

Nach stattdessen **16...♘bd3 17.♔g2** folgt stark **17...b6! Δ18.♘b5 ♗a6**.

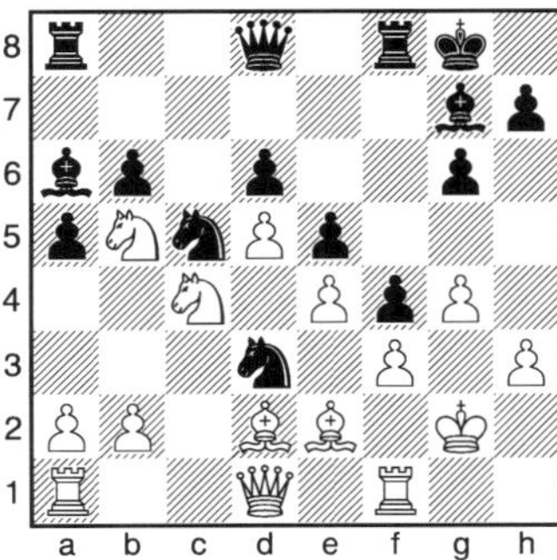

Danach ist es letztlich belanglos, mit welchem Springer Weiß auf d6 zugreift, zumal Schwarz in beiden Varianten der Schlüsselzug ♕h4 zur Verfügung steht.

A) 19.♘cxd6 ♖f6 20.♗c3 ♖xd6 21.♗xd3 ♘xd3 22.♕xd3 a4!∞ 23.♗b4

1) 23...♕d7?? 24.♗xd6 ♗xb5 25.♕a3+–

2) 23...♗f8 24.♗xd6 ♗xd6 25.♖ac1 Δ25...♕d7?? 26.♖c6+–

⌓23...♕h4=

B) Nach **19.♘bxd6** kann Schwarz auch mit **19...♖f6?!** fortsetzen, wenn er sich in der Folge mit größter Präzision verteidigt.

⌓19...♕h4 20.♗e1 ♘xe1+ 21.♕xe1 ♕d8⩲ 22.b4 (22.a4 ♘b3) 22...axb4 23.♕xb4 ♕h4 24.♕e1 ♕d8; 24...♕e7

20.♗c3 ♖xd6 21.♗xd3 ♘xd3 22.♕xd3 ♖c8 23.b3 ♖dc6

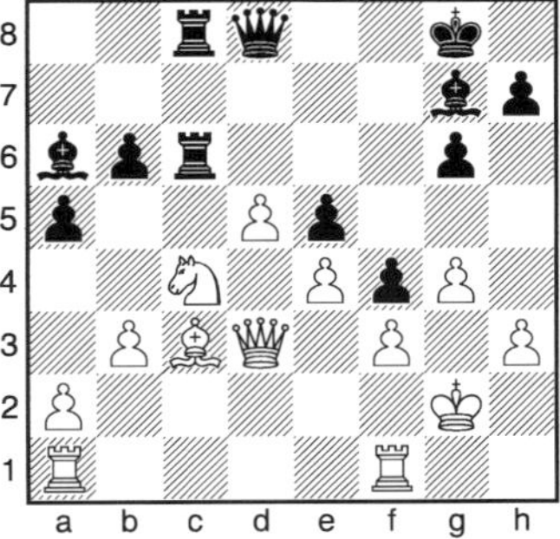

24.♖ac1

Hier ist die Wahl des richtigen Turms von entscheidender Bedeutung, weil Weiß nach 24.♖fc1? ♗xc4 25.bxc4 ♖xc4∞ Δ26.d6 h5! die Gewinnfolge aus Variante **1b)** fehlt und er nach 27.d7 ♖8c7 unklare Verhältnisse akzeptieren müsste.

1) 24...♗xc4?? 25.bxc4 ♖xc4 26.d6!+–

a) 26...♕h4? 27.♗e1

b) 26...h5 27.d7 ♖8c7 28.♖fd1

c) 26...♕d7 27.♗b2 ♖xc1 28.♖xc1 ♖xc1 29.♗xc1 ♗f6 30.♕d5+ ♕f7 31.d7 ♕xd5 32.exd5 ♔f7 33.♗a3

2) 24...♖xc4 25.bxc4 ♗xc4 26.♕d1 ♕h4 27.♗e1 ♗xf1+ 28.♔xf1 ♕xh3+ 29.♔e2 ♕h2+ 30.♗f2 ♖xc1 31.♕xc1 ♗f6 32.♕c8+ ♔g7 und angesichts der Möglichkeit ♗h4 kann Weiß wohl kaum gewinnen.

II) Der Partiezug (15...♘b4?) entpuppte sich nach **16.♔f1!**± (Δ♗e1 nebst a3 und b4) als Schlag ins Wasser. Statt der ebenso rat- wie hoffnungslosen Folge **16...♖b8? 17.♘b5**+− hätten zwei Alternativen zu äußerst interessanten Verwicklungen führen können. Zwar wäre Schwarz auch dann an den Rand einer Niederlage geraten, allerdings hätte Weiß äußerst präzise spielen müssen.

A) 16...♗d7 17.♘xd6 ♘cd3 (Δ♕b6) **18.♗xd3 ♘xd3 19.♕e2**

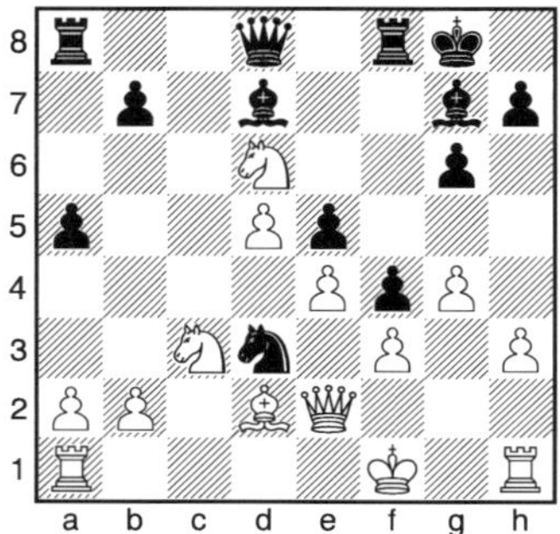

1) 19...♘xb2?! 20.♖b1+−

a) 20...♖f6 21.♘db5; 20...♖a6 21.♘db5

b) 20...♘a4 21.♘xa4 ♗xa4 22.♘xb7

2) 19...♘c5 20.♘db5~+−

3) 19...♕b6 20.♕xd3 ♕xd6 21.♘b5~+−

B) Die beste Verteidigung bestand in **16...b6** Δ♗a6 mit folgenden Abspielen:

1) 17.a3?! ♘bd3 18.♕c2 ♗a6 19.♗xd3 ♘xd3 20.♕xd3 b5 21.♘xd6 ♕xd6 22. b4±; 22.♘xb5

2) 17.♗e1?! Δ17...♗a6 18.a3 (18.b3)

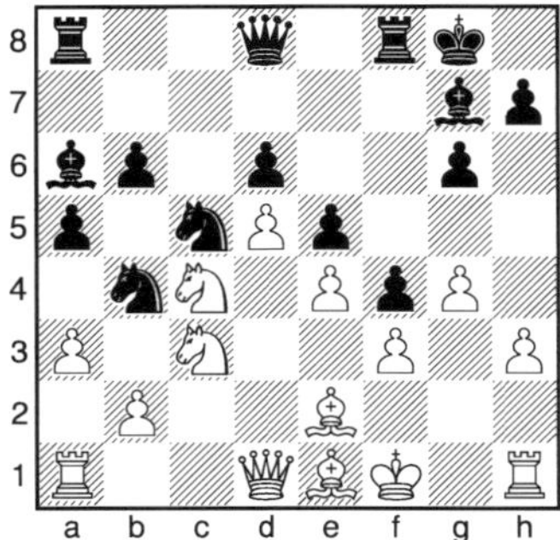

a) 18...♗xc4?! 19.♗xc4 ♘ba6 20.♗b5~+−

b) 18...♘bd3!? 19.♗xd3 ♘xd3 20.♕xd3 b5 21.b3 bxc4 22.bxc4 (Δa4 nebst ♘b5) Δ22...a4 23.♘b5±; 23.♖b1

3) Die beste Fortsetzung 17.♘b5 führt zu einer tendenziellen Gewinnstellung: 17...♗a6 (17...♘b7 18.a3 ♘a6 19.b4) 18.♘cxd6 ♖f6 (18...♕d7 19.a4) 19.a3 ♘xd5 20.exd5 ♖xd6 21.♘xd6 ♕xd6 22.♗xa6 ♘xa6 23.♔g2 usw.

78

Fluvia Poyatos – Torrecillas Martinez

Barcelona 2022

1.d4 ♘f6 2.c4 g6 3.♘c3 ♗g7 4.♘f3 0-0 5.e4 d6 6.h3 e5 7.♗e3 exd4 8.♘xd4 ♖e8 9.♕c2 ♘c6 10.♘xc6 bxc6 11.♖d1

Das weiße Herangehen – Druckaufbau auf der d-Linie ungeachtet der Tatsache, dass der König noch zwei Züge von der Rochade entfernt ist und sich bereits ein schwarzer Turm auf der e-Linie befindet – darf wohl zu Recht als *provokativ* bezeichnet werden. Allerdings ist es ja so, dass derlei Provokation oft ungestraft bleibt, wenn der Gegner es an Strenge mangeln lässt.

I) In der Partie spielte Schwarz **11...♕e7?!** und sparte sich den taktisch gewürzten Schlüsselzug quasi für einen späteren, allerdings weniger günstigen Zeitpunkt auf.

A) Es folgte **12.♗d3 ♘xe4?!**

Besser wäre 12...♘d7 13.0–0 ♘e5 14.♗e2 ♘d7 oder eventuell auch 12...a5 13.0–0 ♗b7.

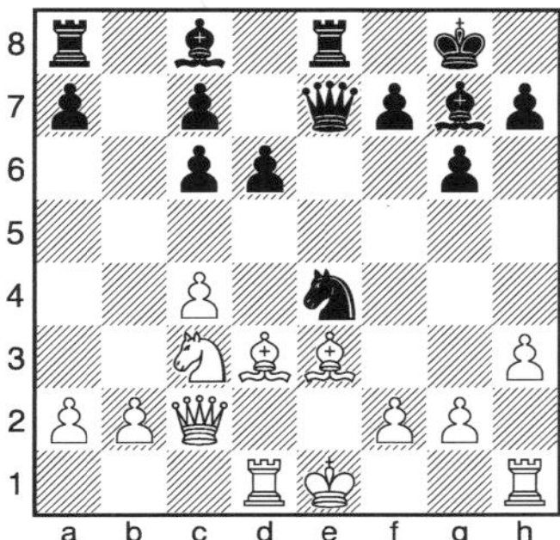

Und hier wäre der weiße Minimalvorteil nach 13.♘xe4!? f5 14.♘xd6 cxd6 15.0–0 wohl etwas kräftiger ausgefallen als nach der Partiefolge **13.♗xe4 ♗xc3+ 14.♕xc3 ♕xe4 15.0-0**.

B) Nach **12.f3?! ♘h5** und der zunächst erzwungenen Folge **13.g4 ♘g3 14.♖g1 ♘xf1 15.♔xf1** erzielt Schwarz mit **15...f5** mehr oder weniger großen Vorteil.

1) 16.gxf5?! (16.♔g2?! ♖f8∼∓) 16...♗xf5 17.♔g2 (17.♖g3 ♗d7∓; 17...♖f8)

a) 17...♕e6? 18.exf5 ♕xe3 19.fxg6 ♖b8 20.gxh7+ ♔h8 21.♕d2 ♗h6⩲; 21...♔xh7

b) 17...♗e6 18.b3 ♖f8 Δ19.♖df1 (⌓19.♖d3 ♖f7∓)

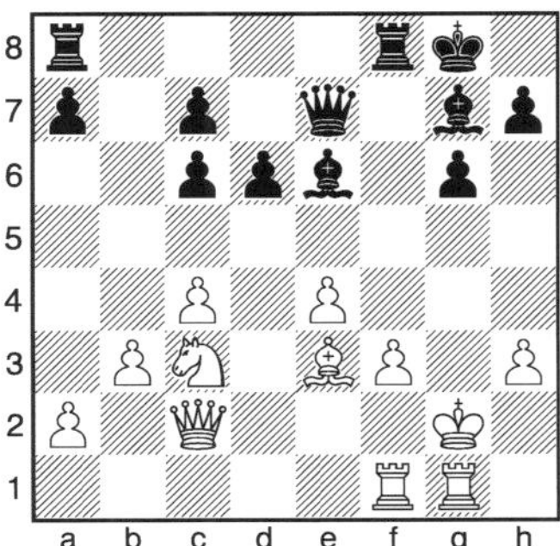

19...d5! 20.cxd5 cxd5 21.♘xd5 (21.exd5? ♗xh3+ −+)

Und nun führt 21...♗xd5 zu einer mehr oder weniger klar ausgeprägten Gewinnstellung:

– 22.♕c5 ♕xc5 23.♗xc5 ♗e6 24.♗xf8 ♗xf8; 24...♖xf8

– 22.♗c5 ♕g5+ 23.♔h1 ♕h5 24.exd5 ♕xh3+ 25.♕h2 ♖xf3 26.♕xh3 ♖xh3+ 27.♔g2

2) Am besten ist 16.♗d4! ♗xd4 17.♖xd4 ♕f6 18.♕f2 c5 19.♖d2 fxe4 20.♘xe4 ♕f4 21.♔g2 ♗b7 22.♖e1 ♗xe4 23.fxe4 ♖xe4 24.♕xf4 ♖xf4 mit nur geringem Vorteil im Turmendspiel angesichts der geschwächten Damenflügelstruktur.

II) Besser war sofort **11...♘xe4! 12.♘xe4 f5 13.♘xd6 cxd6 14.♗e2**

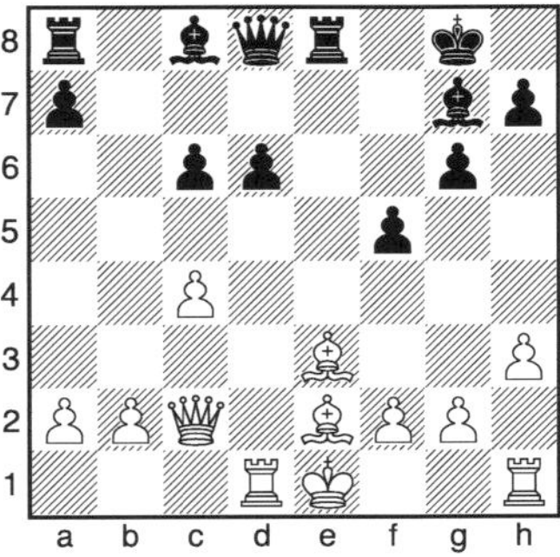

A) Nach **14...♕a5+ 15.♕d2 ♕xa2 16.0-0** Δ♗f3; **Δ16...♕xb2 17.♕xb2 ♗xb2 18.♗f3** hat Weiß ausreichende Kompensation.

B) Und nach **14...♕e7** muss Weiß nicht unbedingt zu **15.♔f1**∞ greifen, zumal ihm gleich zwei Alternativen zur Wahl stehen:

1) Recht farblos ist 15.♗d4 ♗xd4 16.♖xd4∞ Δ♖d2, 0–0.

2) Etwas lebendiger kann es nach 15.♗f4 zugehen; und zwar ♗a6 16.♗xd6

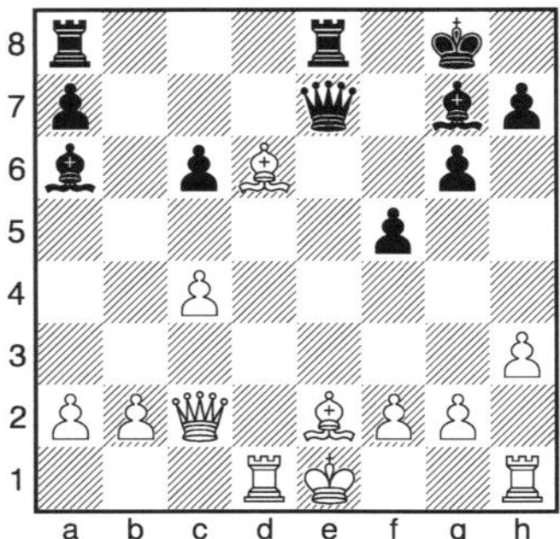

16...♕xe2+! 17.♕xe2 ♗xc4 18.♕e3 (18.♕e7 ♗f8 19.♕e3) 18...♗h6 19.♗c5 ♗xe3 20.fxe3 Δ20...♗xa2 21.♖d7⩲

79

Esplugas Esteve – Roma Barge

Barcelona 2022

1.d4 ♘f6 2.c4 g6 3.♘c3 ♗g7 4.e4 d6 5.♘f3 0-0 6.♗e2 e5 7.0-0 ♘c6 8.d5 ♘e7 9.♘d2 c5 10.a3 ♘e8 11.b4 b6 12.bxc5 bxc5 13.♘b3 f5 14.♗g5

Bei **14...♘f6?** hatte Schwarz eine dieser ‚kleinen Kombinationen' übersehen, die ein bestens spielbare Stellung in eine problematische verwandeln können.

– Mit 14...h6?! würde Schwarz den Gegner zur Ausführung seines Plans 15.♗xe7 ♕xe7 16.♘a5± zwingen.

– Indes macht sowohl 14...♗f6 als auch 14...♖b8!? im Ausgleichssinn einen guten Eindruck.

15.♘xc5! dxc5 16.d6

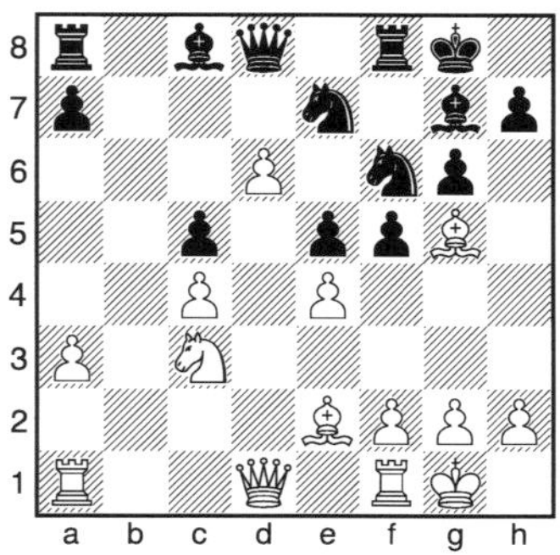

Danach ist der weiße Vorteil in allen Varianten mehr oder weniger deutlich aus dem Minimalbereich heraus.

16...♗e6

Die Überdeckung des Einbruchsfeldes d5 ist wohl noch am besten, wie ein Blick auf die Alternativen bestätigt:

– 16...♘c6?! 17.♗xf6 ♖xf6 18.♕d5+

– 16...♖b8 17.dxe7 ♕xe7 17.♖b1; 17.f3

– 16...fxe4 17.dxe7 ♕xe7 18.♖b1 (18.♘d5 ♕f7) 18...♗e6 19.♖b5 (19.♕a4!?) Δ19...♖fd8 20.♕b3 oder 19...♖ab8 20.♘xe4 ♖xb5 21.cxb5

17.dxe7 ♕xe7 18.f4?

Nach diesem allzu stürmischen Vorpreschen konnte Schwarz das Spiel außer mit **18...♖ad8** auch mit allerlei anderen Zügen unklar gestalten.

Ganz im Gegenteil war der solide Vorteil mit dem zurückhaltenden **18.f3!** zu bewahren.

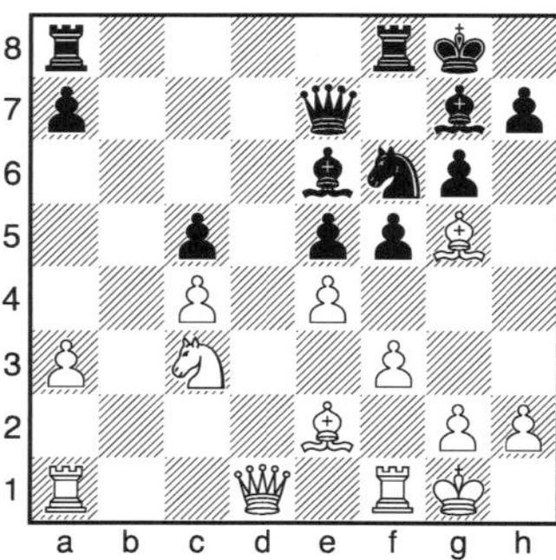

Denn dadurch wird der Bauer e4 ersetzbar gemacht, der ja gemeinsam mit dem Kollegen auf c4 die Nutzung des Vorpostens d5 ermöglicht, während die ebenfalls zweimal markierte Gegenschwäche d4 von keiner Leichtfigur erreicht werden kann.

80

Gozzoli – Oratovsky

Barcelona 2022

1.d4 d6 2.♘f3 ♘f6 3.c4 g6 4.♘c3 ♘bd7 5.e4 e5 6.♗e2 ♗g7 7.0-0 0-0 8.♗e3 ♕e7 9.♕c2 c6 10.d5 c5 11.♗g5 h6 12.♗d2 ♘h7 13.g3 ♘df6 14.a3 ♘e8 15.♖ab1 b6 16.♔g2 ♗d7 17.b4 ♖c8 18.b5 ♖c7 19.a4 f5 20.♘h4 ♕f7 21.f4 exf4

Nach weitgehender Stilllegung des Damenflügels (obwohl Weiß dort im Endspiel noch den Hebel a4–a5 in petto hätte) hat sich das gesamte Spielgeschehen in die rechte Bretthälfte verlagert. Und dort fällt sogleich ins Auge, dass die schwarzen Figuren schrecklich unharmonisch stehen und sich gegenseitig auf die Füße treten. Kein Wunder also, dass Weiß großen Vorteil nachweisen können müsste – nur müsste er diesen natürlich zunächst einmal nachweisen *können*.

1) Und diesbezüglich haperte es bei dem automatischen Zurückschlagen **22.gxf4?**, denn offenbar hatte Weiß den Zwischenzug **22...♗f6!** (statt sogleich 22...♗xc3?? 23.♗xc3 fxe4 24.♕xe4+–) übersehen, wonach sein Vorteil sich in Luft auflöste.

23.♗e1

– Nach der Flucht nach vorn mit 23.exf5? ♗xh4 24.fxg6 ♕g7 hat Schwarz womöglich schon mehr als ∓.

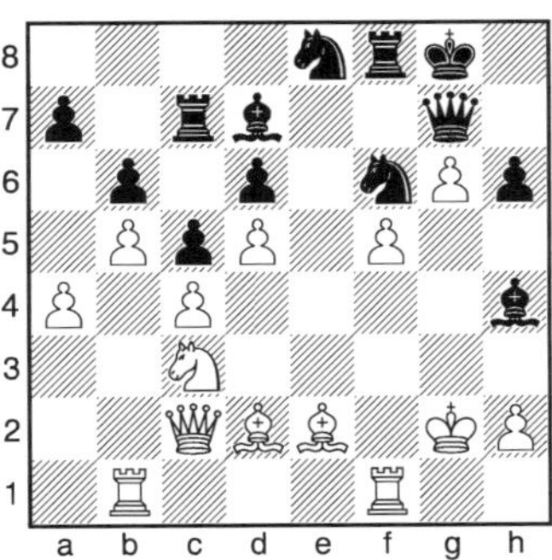

Denn die verbundenen Freibauern sind sicher blockiert und langfristig kann auf die Nutzung des Feldes e5 hingearbeitet werden.

– Und nach 23.♘f3 ♗xc3 24.♗xc3 fxe4 25.♘h4 ♗f5/♘g7 26.♔h1 nebst ♖g1 steht die weiße Kompensation selbstverständlich außer Frage.

23...♘g7 24.♔h1 und jetzt hätte **24...♗xh4 25.♗xh4 fxe4 26.♘xe4 ♘f5** zu unklaren Verhältnissen geführt.

2) Stattdessen hätte die besonnene Drucksteigerung mit **22.♗d3!** bedeutenden Vorteil eingebracht.

a) So folgt auf **22...fxg3?! 23.exf5** (23.hxg3!?) **23...g5 24.♘g6 gxh2 25.♘xf8 ♘xf8** ...

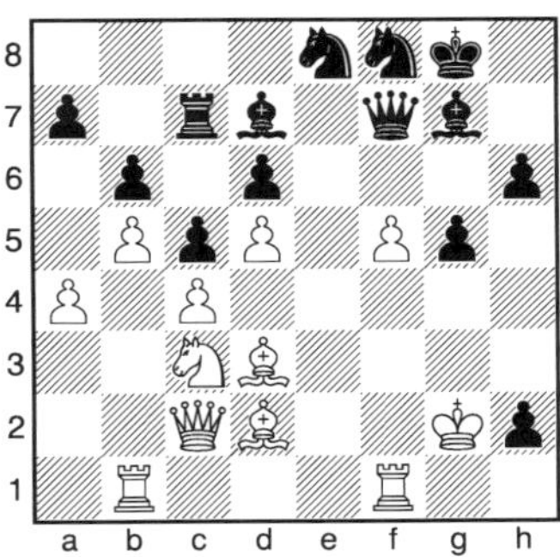

... **26.♔h1! ♘f6 27.♗e1!** (Δ♗g3) Δ**27...♘h5 28.♘e4** mit tendenzieller Gewinnstellung.

b) Und nach **22...g5 23.♘xf5 ♗xf5 24.exf5±** droht (unter Einsatz des Läuferpaars) die weitere Freilegung des schwarzen Figurenknäuels und langfristig winkt die Nutzung des gewaltigen Vorpostens e6.

81

Hasman – Tokman

Internet 2022

1.d4 ♘f6 2.c4 g6 3.♘c3 ♗g7 4.e4 d6 5.♘ge2 0-0 6.♘g3 e5 7.d5 c6 8.♗e2 cxd5 9.cxd5 a6 10.a4 a5 11.h4 ♘a6 12.h5 ♘b4 13.hxg6 fxg6 14.♗g5 ♕b6

In noch recht frühem Partiestadium hat sich die Lage bereits dahingehend geklärt, dass der Investition zweier Tempi zwecks Öffnung der h-Linie kein nennenswerter Erfolg beschieden war, weil Schwarz selbstverständlich mit dem *f-Bauern* auf g6 zurückgeschlagen hat. Und da außer dem Turm auf der f-Linie auch die Dame auf b6 und vor allem der Vorpostenspringer auf b4 höchst aktiv postiert sind, droht bereits ♘g4 und überhaupt muss Weiß sich davor hüten, unversehens in einen Konter zu laufen.

Nach **15.♕d2??** – einem Zug, der in der Tat nicht auf Anhieb als ‚kapitaler Bock' erkennbar ist – nahm die Partie einen geradezu grotesken Fortgang.

Nach 15.♗e3 ♕d8 16.♘f1!? Δ♘d2 (16.♘b5; 16.f3) wäre der weiße Minimalvorteil deutlicher ausgeprägt als nach 15.0-0 ♘a6!? Δ♘c5.

Denn nach dem Gewinnzug **15...♘g4!** und der erzwungenen Antwort **16.♗xg4** ließ Schwarz mit dem Gegen-Bock **16...♗xg4??** gleich *zwei* Überfallmöglichkeiten ungenutzt und hätte nach **17.0–0** mit leeren Händen dagestanden.

1) Die Version **16...♖xf2?!** reicht nur für ∓.

a) Wobei dieses Urteil nach 17.♗e2?! ♖xg2 18.0–0–0 ♖xg3 19.♔b1 allerdings kräftiger ausfällt.

b) Sicherer ist allemal 17.♘ce2 ♗xg4 18.♗e3 ♖xe2+ 19.♘xe2, auch wenn es nach 19...♕a6 etwas brenzlig aussehen mag.

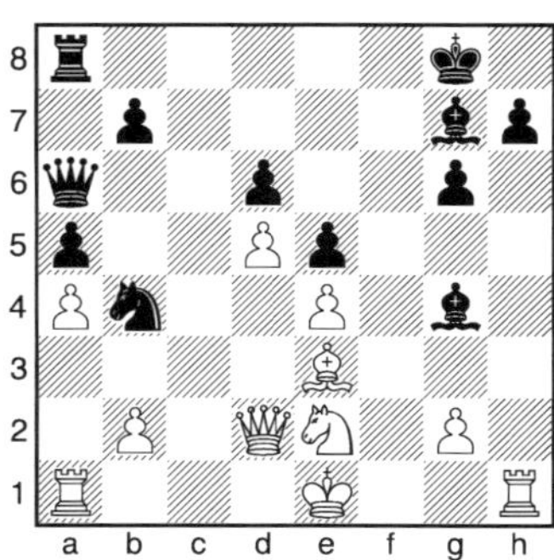

Jedoch behält Weiß mit 20.♘c3! einen kühlen Kopf und ist nach 20...♘d3+ 21.♔f1 ♘c5+ 22.♔f2 ♘b3 23.♕c2 ♖f8+ 24.♔g3 ♘xa1 25.♖xa1 ♗d7 noch weit von einer Verluststellung entfernt.

2) Ganz anders sieht die Sache allerdings nach **16...♘d3+! 17.♕xd3 ♕xf2+ 18.♔d1 ♗xg4+** −+ aus; z.B. **19.♘ge2**

– 19.♘ce2 läuft analog.

– Und nach 19.♔c1 ♕xg2 kommt Weiß doch etwas unbequemer zu stehen.

19...♕xg2 20.♔c2 ♗xe2 21.♘xe2 ♕xg5 22.♖ag1 ♕d8

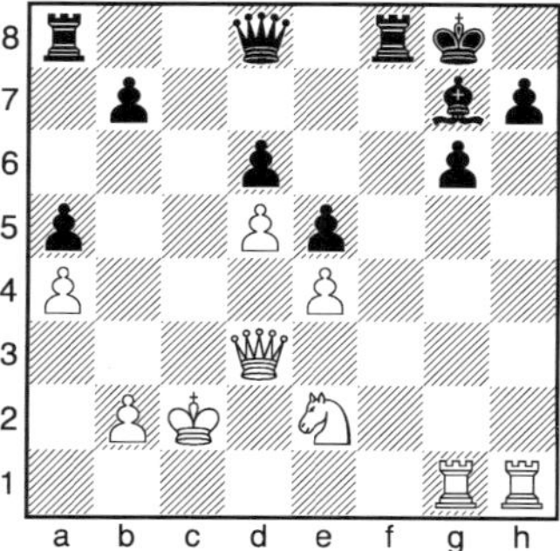

Mit zwei Mehrbauern in Form von verbundenen Freibauern steht Schwarz klar auf Gewinn. Zwar können diese noch längst nicht vormarschieren, aber früher oder später wird Druckspiel auf der f-Linie zum Abtausch von mehr oder weniger Schwerfiguren führen – und dann sieht die Sache schon ganz anders aus.

82

Hasman – M. Karpov

Internet 2022

1.d4 ♘f6 2.c4 g6 3.♘c3 ♗g7 4.e4 0-0 5.♘ge2 d6 6.♘g3 e5 7.d5 a5 8.♗e2 ♘a6 9.h4 h5 10.♗g5 ♕e8 11.♕d2 ♘h7 12.♗h6 ♘c5 13.♗xh5

Der weiße Überfall ist keineswegs ‚auf Verdacht aus dem Ärmel geschüttelt', sondern solide taktisch fundiert und brandgefährlich. Entsprechend darf Schwarz sich nicht auf die erstbeste Verteidigung verlassen, sondern muss genauestens prüfen, mit welchem Herangehen der Schaden am ehesten in erträgliche Grenzen zu halten ist. Zu dem Zweck können zwei der angebotenen Kandidaten im Ausschlussverfahren aussortiert werden.

1) Und zwar vorneweg und am krassesten der Partiezug **13...♘f6??**, weil Weiß nach **14.♗e2** Δh5 nicht über einen x-beliebigen Mehrbauern verfügte, sondern weil das Fehlen eines gegnerischen Rochadebauern unmittelbar einen tödlichen Mattangriff ermöglichte.

2) Nach der taktischen Spielerei **13...♘d3+?** führen gleich *zwei* Methoden zu deutlichem Vorteil:

a) Nach **14.♔f1 ♗xh6 15.♕xh6 ♘xb2 16.♗e2±** (16.♘b5!?) droht zwar a4+−, aber mit dem einzigen Zug **16...♘a4** kann Schwarz diese Gefahr abwenden.

b) Nachhaltiger ist deswegen womöglich **14.♕xd3 ♗xh6 15.♗f3±** Δ♘f1−e3; **15.♗e2**.

3) 13...gxh5

a) Nach dem allzu optimistischen Ansatz **14.♗xg7?? ♔xg7 15.♘xh5+** ...

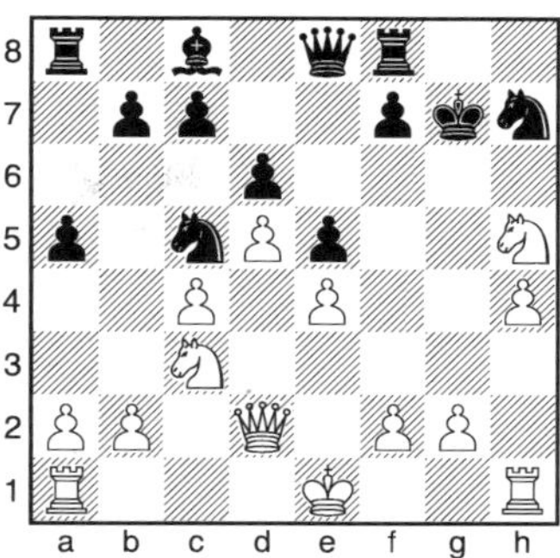

... hält Schwarz mit **15...♔g6!** die Dame von h6 fern und steht nach beispielsweise **16.♘g3 f5** auf Gewinn.

b) Und nach **14.♘xh5 ♗h8 15.♗xf8 ♘xf8 16.♕g5+ ♘g6** bzw. **16.♘b5 ♕e7** hat Weiß nicht mehr als kräftigen Minimalvorteil.

4) Es bleibt zu erwähnen, dass auch **13...f5** nicht so schlecht ist, wie man angesichts der damit einhergehenden Lockerung auf den ersten Blick meinen mag.

a) So würde Schwarz nach **14.♗e2?! ♗xh6 15.♕xh6 f4** ...

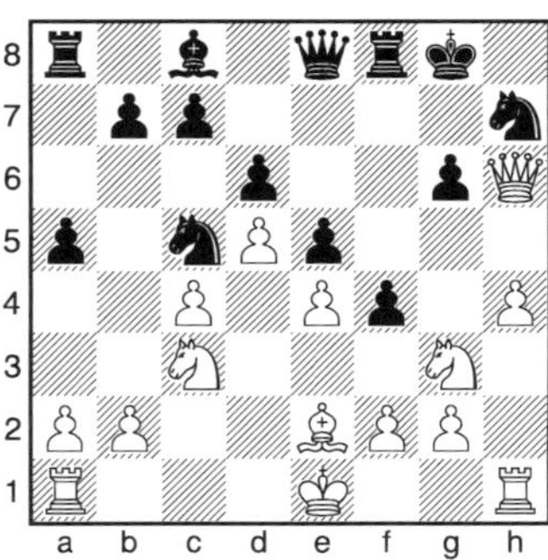

... **Δ16.♘f1 ♖f6** bzw. **16.h5 ♖f6** wegen der letztlich nur pseudo-aggressiven weißen Damenposition über ausreichende Kompensation verfügen.

b) Und **14.♗xg7 ♔xg7 15.♗f3 f4 16.♘ge2** führt wieder nur zu kräftigem Minimalvorteil.

83

Savchenko – Evdokimov

Internet 2022

1.d4 g6 2.c4 ♗g7 3.♘c3 ♘f6 4.♘f3 0-0 5.e4 d6 6.♗e2 e5 7.d5 a5 8.0-0 ♘a6 9.♗e3 h6 10.♘d2 ♘e8 11.a3 f5 12.f3 ♗d7 13.♕c2 ♘f6 14.b3 f4 15.♗f2 g5 16.♖fb1 g4 17.fxg4 ♘xg4 18.♗xg4 ♗xg4 19.♘f3 ♕e8 20.♕e2 ♘c5 21.h3 ♗h5 22.♔h2 ♔h8 23.♘b5 ♕f7 24.b4 axb4 25.axb4

1) In der Partie verschaffte Weiß sich nach dem fehlerhaften Rückzug **25...♘a6??** durch den konsequenten Vorstoß **26.c5** eine zumindest tendenzielle Gewinnstellung.

26...♖ad8

Auch nach 26...dxc5 27.bxc5 reicht das Gegenspiel auf der g-Linie bei Weitem nicht aus; z.B. 27...♖g8 28.♘c3 ♕g6 (28...♗f8 29.c6 ♕g7 30.♖g1) 29.c6 (29.♖g1) Δ29...♗f8

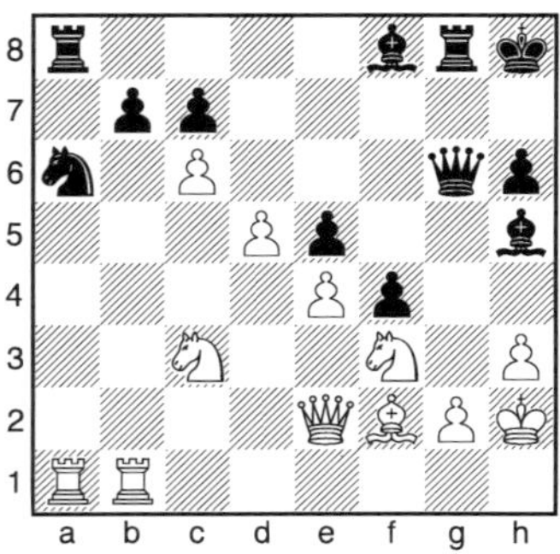

30.♘h4! (30.♖g1) 30...♕g3+ 31.♗xg3 fxg3+ 32.♔h1 ♗xe2 33.cxb7 ♖b8 34.♘xe2 ♘c5 35.♘f5

27.♘c3 Δc6 **27...♖a8** (27...♘b8 ♖a7) **28.c6**

2) Mit **25...♘xe4!** konnte Schwarz die Gunst des Augenblicks taktisch gewitzt nutzen.

25...♖xa1 26.♖xa1 ♘xe4 läuft auf Zugumstellung hinaus.

a) 26.♖xa8 ♖xa8 27.♕xe4 ♗g6 28.♕e1 e4 29.♖d1 (29.♖b3!?) **29...exf3 30.gxf3 ♖e8 31.♕d2 ♗f5 32.♘d4∞**

b) 26.♕xe4 ♗g6 27.♕e2 ♖xa1 (27...♗xb1? 28.♖xb1±) **28.♖xa1 e4**

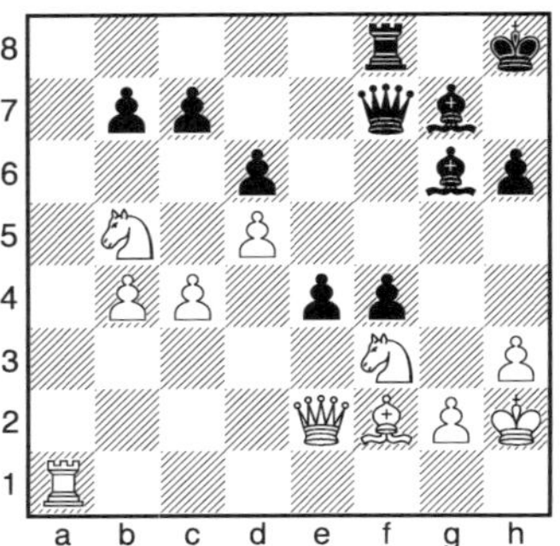

29.♘fd4

(29.♗d4 exf3; 29.♖e1 exf3)

29...e3 30.♗e1 ♗e5 31.♔g1 ♗e4 32.♖a7 ♕g6 33.♘f3 (33.♕g4 ♕f7) **33...♗xf3 34.♕xf3 ♕b1 35.♔f1** (35.♕e2?? f3–+) **35...♕d3+ 36.♕e2 ♕g6**

84

Kadilin – Meshalkin

Russland 2022

1.d4 ♘f6 2.c4 g6 3.♘c3 ♗g7 4.e4 0-0 5.f3 d6 6.♗e3 ♘c6 7.♕d2 a6 8.♘ge2 ♖b8 9.♘c1 e5 10.♘b3 exd4 11.♘xd4 ♗d7 12.♗e2 b5 13.cxb5 ♘xd4 14.♗xd4 axb5

Nach vier Zügen mit dem Königsspringer ist Weiß bezüglich der Entwicklung deutlich ins Hintertreffen geraten und hat sich nunmehr und als direkte Folge daraus noch vor der Rochade mit einer forschen Attacke am Damenflügel auseinanderzusetzen. Dabei sollte er sich von dem Gedanken leiten lassen, dass umfangreiche Linienöffnung mit Rücksicht auf den unrochierten Königs tunlichst vermieden werden sollte.

I) Mit seiner Wahl **15.b4??** tat Weiß allerdings genau das Gegenteil und sprach geradezu eine Einladung zu umfangreicher Linienöffnung aus, die jedoch mit **15...♕e7??** ausgeschlagen wurde.

Nach 15...c5! hätte Schwarz hingegen in folgenden Varianten eine mehr oder weniger deutlich ausgeprägte Gewinnstellung erhalten:

- 16.bxc5 dxc5 17.♗xc5 b4
- 16.♗xf6
- 16...♗xf6 17.♖c1 Δ17...cxb4? 18.♘a2; ⌓17...♗d4
- 16...♕xf6 17.♖c1 und nun 17...♗c6 oder 17...♕h4+!? 18.g3 ♕h3 19.♗f1 ♕e6

16.♘d5

16.♖c1∞ war allemal sicherer.

16...♘xd5 17.♗xg7 ♔xg7 18.♕xd5?!

⌓18.exd5∞ Δ18...♖fe8 19.♖c1

Und nun hätte außer der Partiefolge **18...c5** auch **18...♕f6 Δ19.0-0** (19.♔f2 ♗e6∓) **19...♕b2** zu Minimalvorteil geführt ...

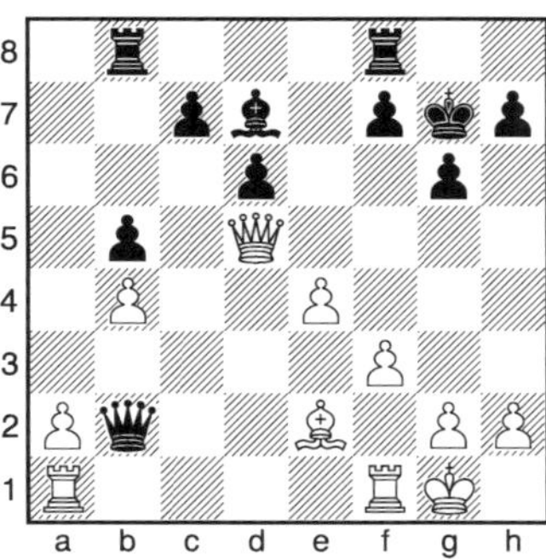

... wenn Schwarz nach dem vermeintlichen Einsteller **20.♖ac1!!** die Remis-Falle **20...♕xe2?!** (20...♗e6∓; 20...♖fc8) vermeidet: **21.♕d4+ ♔g8 22.♖f2 c5 23.bxc5 dxc5 24.♖xc5** (24.♕xd7 ♕e3 25.♕d2∞) **24...♕e1+ 25.♖f1** und nun wäre Schwarz gut beraten, mit **25...♕e2** die Zugwiederholung zu akzeptieren, da er nach **25...♕a5?! 26.♕xd7** etwas schlechter stünde.

Von den Alternativen wäre 15.a3∞ zunächst am farblosesten, während es speziell in Variante **III** ziemlich lebhaft zugehen könnte.

II) 15.0-0 c5∓

A) 16.♗xf6? ♕xf6∓ Δ17.♖ad1? (⌓17.♖ab1) **17...b4 18.♘d5 ♕xb2−+**

B) 16.♗f2/16.♗e3 b4 17.♘d1 ♗e6∓

III) 15.♘d5

A) 15...c5 16.♗xf6 ♗xf6 17.♘xf6+ ♕xf6 18.0-0∞

B) 15...♘xd5

1) 16.exd5?

a) 16...♗xd4 17.♕xd4 ♖e8 18.♔f2 ♕g5 19.♖he1 ♖e5 20.♖ad1 (20.h4 ♖xd5) 20...♖a8∓ Δ21.a3 ♖a4; 21.f4 ♕h4+ 22.♔g1 ♖a4

b) 16...♕h4+ 17.♗f2 ♕f6 18.♖c1 b4! 19.♖xc7 (19.0−0 b3; 19.b3 ♕c3!)

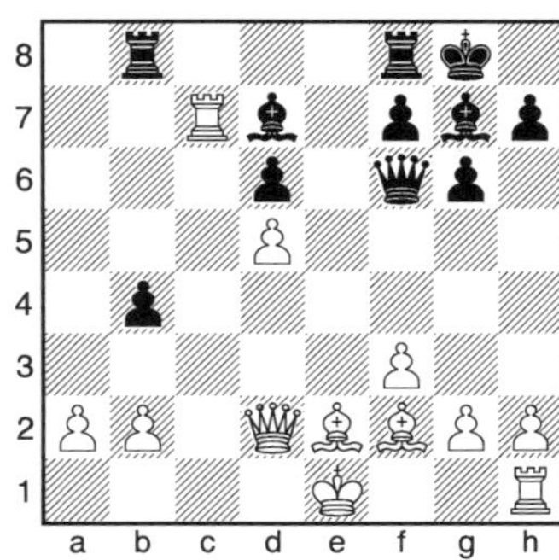

19...b3! 20.axb3 (20.a3? ♖bc8!!) 20...♖xb3 Δ21.♖xd7? ♖xb2−+; ⌓21.0−0 ♖xb2∓

2) ⌓16.♗xg7 ♔xg7 Δ17.♕xd5?! (⌓17.exd5∞) 17...♕f6∓; 17...♕h4+ 18.g3 ♕f6

85

Kropff – Quiroga

Florianopolis 2022

1.♘f3 ♘f6 2.c4 g6 3.♘c3 ♗g7 4.e4 d6 5.d4 0-0 6.♗e2 e5 7.d5 c5 8.♗g5 ♗d7 9.♘d2 h6 10.♗e3 ♕e7 11.0-0 ♘h7 12.a3 f5 13.f3 f4 14.♗f2 a5

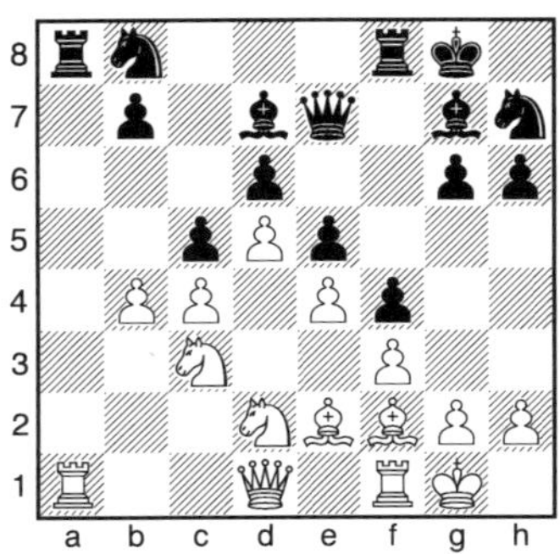

Mit seinem fehlerhaften letzten Zug (⌓14...♘a6) wollte Schwarz offenkundig den einzigen dem Gegner noch zur Verfügung stehenden Hebel b2–b4 verhindern oder zumindest erschweren. Bei energischer weißer Spielweise sollte sich diese vermeintliche Defensivmaßnahme allerdings nachteilig auswirken, weil es am Damenflügel nicht nur zu (für Schwarz) ungünstiger Linienöffnung kommen wird, sondern weil zu allem Überfluss auf b5 und b6 schlimme Felderschwächen entstanden sind.

Weiß reißt die Initiative an sich, indem er ohne weitere Vorbereitung den Vorstoß **15.b4!** ausführt.

Zwei ganz ordentliche Alternativen sind 15.♕b3!? ♗e8 und 15.♘a4 ♖a6, obwohl der Vorteil nach den angegebenen Antwortzügen doch noch im Minimalbereich bzw. nur knapp darüber liegt.

15...axb4?

Mit diesem und dem nächsten Zug macht Schwarz seinem Gegner die Sache allerdings viel zu einfach. Viel zäher war die Verteidigung mit einer der folgenden Varianten zu führen:

1) 15...b6 16.bxc5 bxc5 17.♖b1±

2) 15...♘a6 16.bxc5 (16.bxa5?! ♘c7) 16...♘xc5 17.♗xc5 dxc5 18.♖b1±

16.axb4

16...♖xa1?!

Und hier wäre es nach 16...♘a6 17.bxc5 17...♘xc5 (17...dxc5 18.♘a4) 18.♗xc5 dxc5 19.♕b3 zunächst noch bei einer tendenziellen Gewinnstellung geblieben.

17.♕xa1 cxb4

Nun ändert auch 17...♘a6 nach 18.bxc5 ♘xc5 19.♗xc5 dxc5 20.♖b1 oder 20.♕a7 nichts mehr daran, dass Weiß komplett auf Gewinn steht. Man beachte, dass der geplante königsindische Standardangriff am Königsflügel völlig zum Stillstand gekommen ist und dort in der nächsten Zeit kein weiterer Zug mehr geschehen wird, weil Schwarz am Damenflügel viel zu stark unter Druck steht.

18.♘b5?

Das ist allerdings eine Nachlässigkeit, statt derer 18.♘a2 ♘a6 19.♖b1 auf Gewinnkurs geblieben wäre. Allerdings ist die weiße Stellung so gut, dass es nach **18...♘a6 19.♕a5** immer noch für ± reichte.

86

Zimmermann – Caetano

Florianopolis 2022

1.d4 ♘f6 2.c4 g6 3.♘c3 ♗g7 4.e4 d6 5.♘f3 0-0 6.h3 c6 7.♗e3 a6 8.a4 a5 9.♗e2 ♘a6 10.g4 ♘b4 11.♘d2 e5 12.d5 ♘e8 13.g5 f5 14.gxf6 ♗xf6 15.♘f3 ♘g7 16.♕d2 cxd5 17.♘xd5 ♘xd5 18.♕xd5+ ♗e6 19.♕b5 ♕e7 20.0-0-0 ♘h5

Wenn Risikobereitschaft an der Schaffung bzw. Zulassung von Schwächen gemessen würde, so könnte man den Kontrahenten, die hier am Werk sind, fürwahr keine Feigheit nachsagen. Denn obwohl die (entfernt ‚Sizilianisch' anmutende) Stellung sowieso schon weitgehend aus lauter Schwächen bestand, hat Weiß es sich nicht nehmen lassen, seinen König im letzten Zug in eine – selbstverständlich auch durch und durch geschwächte – Rochadestellung zu verlegen. Wie der Zufall es will, verfügt er allerdings an dieser Stelle über eine äußerst instruktive Methode, seiner Stellung ungeachtet aller Schwächen zu ausreichender Stabilität zu verhelfen.

In der skurrilen Partiefolge ließen zunächst *beide* Seiten mit **21.h4?** (statt 21.c5!∞ – siehe Analyse **I**) **21...♔h8?** (statt 21...♘f4∓ – siehe Analyse **II**) je ein gute Chance aus. Dann erhielten jedoch *beide* eine Gelegenheit zur Wiedergutmachung, die Weiß mit **22.♖d2?** (statt 22.c5! ♖ac8 23.♔b1 dxc5 24.♘g5⩲) erneut ungenutzt verstreichen ließ, während Schwarz die seine mit **22...♘f4∓** dann doch wahrnahm.

I) Mit dem multifunktionalen Bauernopfer **21.c5! dxc5** versperrt Weiß die c-Linie, öffnet stattdessen die d-Linie und verschafft seinem Königsläufer das Feld c4.

21...♖ac8 22.♔b1 (22.♗c4!?) 22...dxc5 läuft prinzipiell ähnlich.

Hier ein ausführlicher Blick auf zwei mögliche Hauptvarianten:

A) Nach **22.♗c4 ♗xc4 23.♕xc4+ ♔h8 24.♕b5** ...

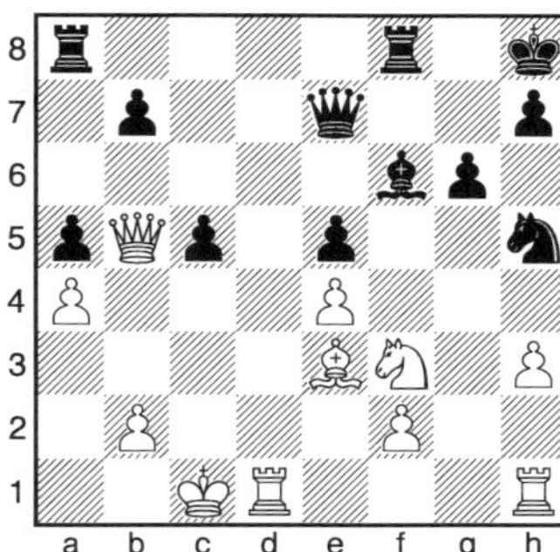

... verfügt Weiß vor allem angesichts der Einbruchsdrohung ♖d7 über ausreichende Kompensation; z.B. **24...♗g7 25.♖d7 ♕f6 26.♘d2 b6 27.♘c4!?**

Dieser verspielte Zug (statt der sicheren Alternativen 27.♖d1 oder 27.♔b1) ist von besonderem Interesse, weil einige Züge später ein amüsantes Rückkehrmotiv möglich wird.

27...♕f3 28.♖hd1 ♕xe4 29.♘d6 Δ29...♕b4 30.♘c4!?

Nach der angekündigten Rückkehr (statt 30.♔b1; 30.♕c4) ist die schwarze Dame in dem Sinne ‚gefangen', dass sie dem Abtausch nicht ausweichen und somit keinen Schaden mehr anrichten kann.

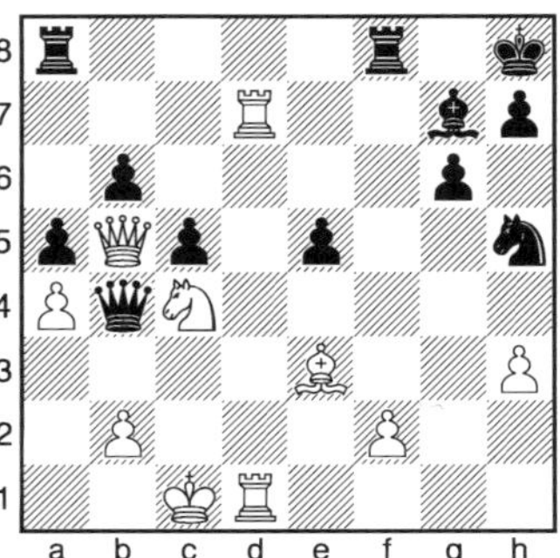

Und nach beispielsweise **30...♖ab8 31.♔b1** hat Weiß sogar Kompensation für *zwei* Minusbauern, weil jede seiner Figuren deutlich besser steht als die auf schwarzer Seite – und weil nach dem unvermeidlichen Fall von b6 der gesamte schwarze Damenflügel zusammenbricht.

B) 22.♔b1 b6!? (22...♖ac8 23.♗c4) **23.♕xb6 ♖ab8** und nun ist **24.♕d6∞** der einzige Zug, der die Stellung zusammenhält (24.♕xc5?? ♕b7–+); z.B. **24...♘f4! Δ25.♕xe7 ♗xe7 26.♗b5** und nun keine beiderseitigen Rösselsprünge mit **26...♘xh3?! 27.♘xe5 ♘xf2 28.♘c6±**, sondern trickreich **26...♘d3!** usw.

II) Nach **21...♘f4** und dem erzwungenen Abtausch **22.♗xf4 exf4** ist zwar das Spiel auf der f-Linie erloschen, aber dafür wurde die e-Linie und vor allem die lange schwarze Diagonale geöffnet. Dies führt in allen Varianten mindestens zu bedeutendem Vorteil, wie aus dem folgenden Überblick hervorgeht:

A) 23.h5 g5 24.♘d4 ♗d7 (24...f3!?)

1) 25.♕xb7? ♔h8∓ (25...f3!?) Δ26.♘b5 f3

2) 25.♕b3 (25.♕d5+ ♔h8) 23...d5! Δ26.cxd5? ♖ac8+ –+

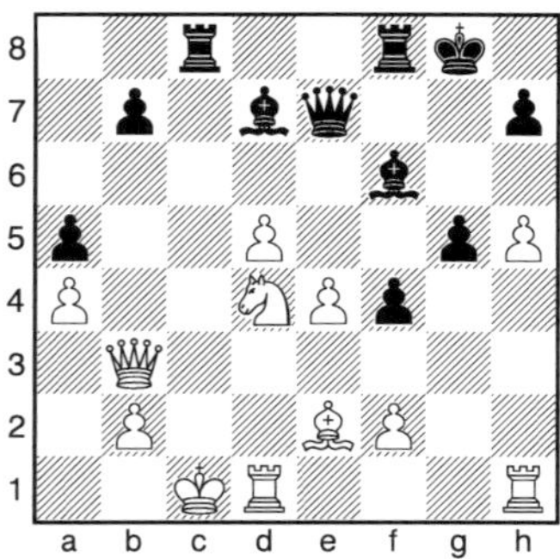

a) 27.♘c2 ♕xe4 28.♗d3 ♕xa4; 28...♗xa4

b) 27.♔b1 ♕xe4+ 28.♗d3 (28.♕d3 ♕xd5; 28...♖fe8) 28...♕xd4 29.♗xh7+ ♔xh7 30.♖xd4 ♗xd4

B) 23.♘g5

1) 23...♗d7

a) 24.♕xb7?? ♖ab8 25.♕d5+ ♔h8–+ Δ26.♖d2 ♕g7

b) 24.♕d5+ ♔h8 25.♕xd6 ♗xa4 26.♕xe7 ♗xe7∓

2) 23...f3

a) 24.♘xf3 ♖ac8 Δ25.♔b1 ♗d7!–+ (25...♗g7) 26.♕d5+ ♔h8

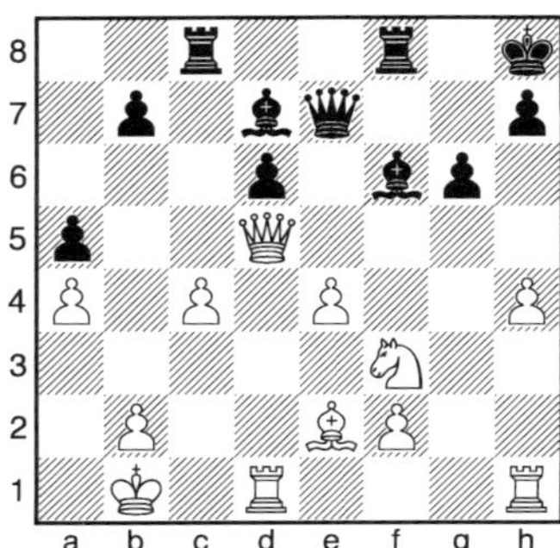

Hier ist 27.e5!? Wohl noch die beste Chance, um im Trüben zu fischen.

(27.♕xd6 ♕xe4+ 28.♗d3 ♕c6)

27...♗c6! 28.♕xd6 (28.exf6? ♕xe2–+) 28...♕xd6 29.♖xd6 ♗e4+ 30.♔a2 ♗e7 31.♖d7 (31.♖e6 ♖c7) 31...♖ce8 32.♖hd1

(32.♖h3 ♗f5 33.♖xe7 ♖xe7 34.♖g3 ♗d7)

Und jetzt ist 32...♗xf3 34.♗xf3 ♖xf3 35.♖xb7 technisch schwieriger als 32...♖xf3! 34.♗xf3 ♗xf3 25.♖1d4 ♗c6 usw.

b) 24.♗d3 ♗d7! und jetzt nicht 25.♕d5+? (⌓25.♕b3 ♖ac8∓ Δ♖c5), denn nach 25...♔g7 ...

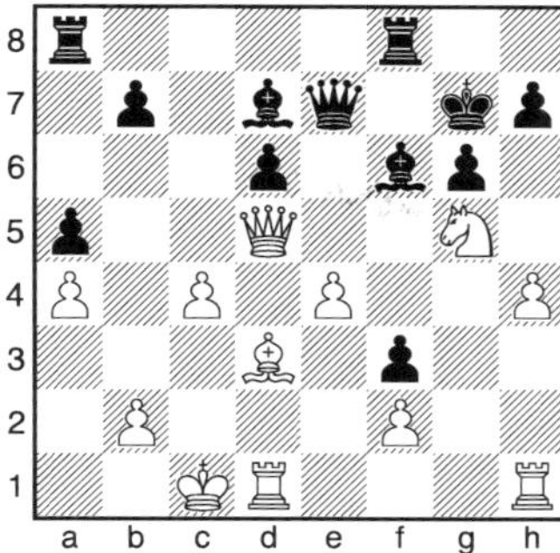

... gewinnt Schwarz angesichts der Doppeldrohung 26.♗c6 ♕e6 27.♗xg5 und ♗e5 nebst h6; z.B. 26.♗c2 ♗e5 27.c5 h6 28.cxd6 ♕e8 29.♘h3 ♖f6.

B) 24.♗d3 ♗d7! 25.♕b3 (25.♕d5+? ♔g7 −+) 25...♖ac8∓

87

Akhvlediani – Mchedlishvili

Tiflis 2022

1.d4 ♘f6 2.c4 g6 3.♘c3 ♗g7 4.e4 d6 5.♗e2 0-0 6.♗e3 e5 7.d5 ♘a6 8.♘f3 ♘h5 9.0-0 ♘f4 10.♘e1 f5 11.exf5 ♗xf5 12.♗g4 ♕h4 13.♗xf5 ♖xf5

In dieser Stellung haben sich die Verhältnisse dahingehend geklärt, dass Weiß durch Nutzung des Zentrumsfeldes e4 zu einem aussichtsreichen Angriff am Damenflügel kommen würde, wenn es Schwarz nicht gelingt, sich unter Nutzung der halboffenen f-Linie und der momentan gegebenen Figurenpräsenz vor dem gegnerischen König genügend Gegenspiel zu verschaffen. Weiß hat nun zu entscheiden, ob die mit dem Vorgehen des g-Bauern einhergehende weißfeldrige Schwächung eben dieses Gegenspiel ermöglichen würde, oder ob alle Angriffsversuche erfolgreich pariert werden könnten.

Mit dem unerschrockenen Herangehen **14.g3!** erreicht Weiß in allen Varianten eine zumindest tendenzielle Gewinnstellung.

Die überängstliche Partiefolge 14.♘f3? reichte nach 14...♕g4 15.♗xf4 ♕xf4 (15...♖xf4 16.♘d2) 16.♘d2 allenfalls für Minimalvorteil.

I) Ganz schlecht wäre **14...♕h3?**, weil nach **15.f3!**+− (15.gxf4?? exf4−+) die Öffnung der 2. Reihe die Konsolidierung mit ♘e4 und bei Bedarf ♖f2 ermöglicht.

II) Etwas mehr Anstrengung erfordert die Bekämpfung des Opferansatzes **14...♕h6?!**

A) Denn nach **15.gxf4?! exf4 16.♗d2 ♕h3 17.♘f3 ♘c5 18.♔h1**± ...

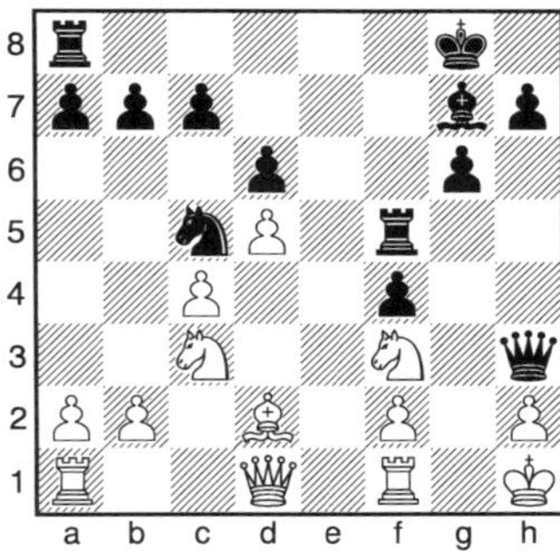

... mögen Engines immer noch einen deutlichen Vorteil errechnen, aber ein Spieler aus Fleisch und Blut hat doch mächtig Respekt vor Möglichkeiten wie g5-g4, ♘d3-e5 o.ä.

B) Obwohl auch **15.h4!?** nicht gerade solide aussieht, kommt diese Fortsetzung schon eher infrage, weil **15...g5** an **16.♘e4 gxh4 17.gxf4**+− scheitern würde.

C) Am besten ist jedoch die solide Wahl **15.♘e4** mit folgenden Möglichkeiten:

1) 15...g5? 16.gxf4 gxf4 17.♗d2+− bzw. 16...exf4 17.♗d4

2) 15...♖h5 16.h4 Δ♕g4

3) 15...♖af8 16.h4!? (16.♕g4) 16...♘h3+

Nach diesem vermeintlichen Verlegenheitszug ist Vorsicht geboten, weil Schwarz sich nämlich nach der Unachtsamkeit 17.♔h2?? ...

(⌓17.♔g2 ♘f4+ 18.♔h2 18...g5 19.♕g4+−; 19.♖h1!?)

... mit dem Riesenzug 17...♘xf2!! retten könnte.

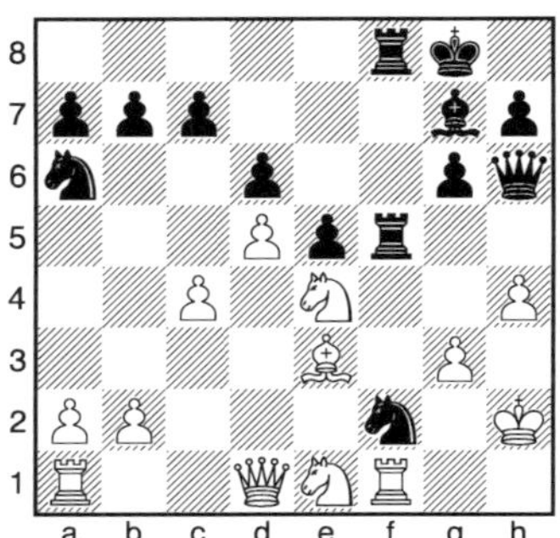

a) 18.♗xf2 ♘c5! 19.♘xc5 ♖xf2+ 20.♖xf2 ♖xf2+ Δ21.♔g1??

(21.♘g2? dxc5∓; ⌓21.♔h3 dxc5∞)

Nun führt 21...♕e3 in einer pointierten und weitgehend forcierten Variante zu einem gewonnenen Endspiel: 22.♕d3 ♕xc5 23.b4 ♕b6 24.c5 ♕xb4 25.♔xf2 e4 26.♕d1 ♕d4+ 27.♕xd4 ♗xd4+ 28.♔e2 ♗xa1 29.cxd6 cxd6 30.♔e3 h5 31.♔xe4 b5

b) Und nach 18.♗xh6 ♘xd1 19.♖xf5 ♖xf5 ist 20.♖xd1 ♗xh6∞ sicherer, weil Schwarz sich nach 20.♗xg7?! mit dem Trickzug 20...♘e3! doch noch Minimalvorteil sichern kann.

III) Die Hauptvariante besteht allerdings in **14...♘h3+ 15.♔g2 ♕xc4 16.♕e2! ♕xe2 17.♘xe2** mit einer mehr oder weniger ausgeprägten Gewinnstellung und häufig wiederkehrenden Motiven in folgenden Abspielen:

A) 17...♖h5 18.g4 ♖h4 19.♔g3 (19.♘f3) **19...g5 20.♗xg5**

B) 17...e4 18.♔xh3 ♖xd5 19.♖b1

C) 17...♘b4 18.♖d1!? (18.♔xh3 ♘xd5)

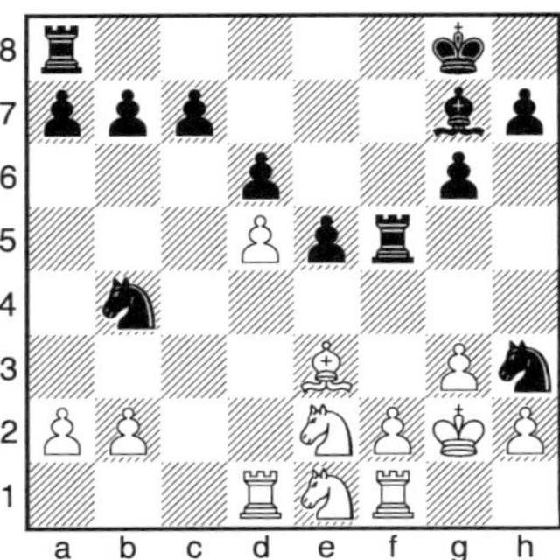

1) 18...♘f4+ 19.gxf4 e4 20.♘d4; 20.a3; 20.♘g3

2) 18...e4 19.♔xh3

a) 19...♗xb2 20.♖b1 (20.g4!?) 20...♘xd5 21.♔g2; 21.♘c2

b) 19...♘xd5 20.♘c2; 20.♗c1

c) 19...♖xd5 20.♖c1! besser als 20.♖xd5 ♘xd5 21.♗d4; 21.♘g2

88

Tikhonov – Steinberg

Internet 2022

1.d4 ♘f6 2.c4 g6 3.♘c3 ♗g7 4.e4 d6 5.h3 0-0 6.♗e3 ♘fd7 7.♘f3 e5 8.d5 a5 9.♘d2 ♘a6 10.g4 ♔h8 11.h4 f5 12.exf5 gxf5 13.gxf5 ♘dc5 14.♘de4 ♗xf5 15.♘g3

Als Antwort auf die frühe weiße Attacke am Königsflügel hat der energische Einsatz des Hebels f7–f5 zu umfangreicher Linienöffnung geführt und entsprechend für ausreichendes Gegenspiel gesorgt. Und nach dem fehlerhaften letzten Zug (statt ⌓15.♗g2∞) kann Schwarz sogar auf Gewinn spielen, schließlich ist kaum noch zu erwarten, dass der weiße König seinen Standort jemals mittels einer *Rochade* verlassen wird.

In der Partie fand Schwarz mit **15...♕d7!** die eindeutig stärkste Fortsetzung (15...e4∓).

I) Und nach der völlig indiskutablen ‚Verteidigung' mit **16.♕d2?** und der einfachen Antwort **16...♘b4** hätte Weiß schon getrost aufgeben können; z.B. **17.♗xc5 ♘c2+ 18.♔d1 ♘xa1 19.♗e3 ♘c2** oder auch **17.♘xf5 ♕xf5** mit dem denkbaren Beitrag für die Abteilung ‚Scherzartikel' **18.0–0–0? ♘xa2+! 19.♘xa2 ♘b3#**.

Hier ein mehr oder weniger ausführlicher Blick auf zwei ebenfalls schlechte Alternativen – sowie auf eine von der Sorte ‚das geringste Übel':

II) 16.a3?! ♗g4! (16...a4∓) 17.♗e2 ♗xe2 18.♕xe2 ♘b3 19.♖d1 ♘d4~–+

III) 16.♘xf5?! ♕xf5~–+

A) 17.♗h3 ♕f6 18.♕e2 a4 (Δa3) Δ19.a3 ♘b3 20.♖d1 ♘ac5

B) Und apropos ‚Scherzartikel' sollte erwähnt werden, dass selbst 17.♔d2!? ...

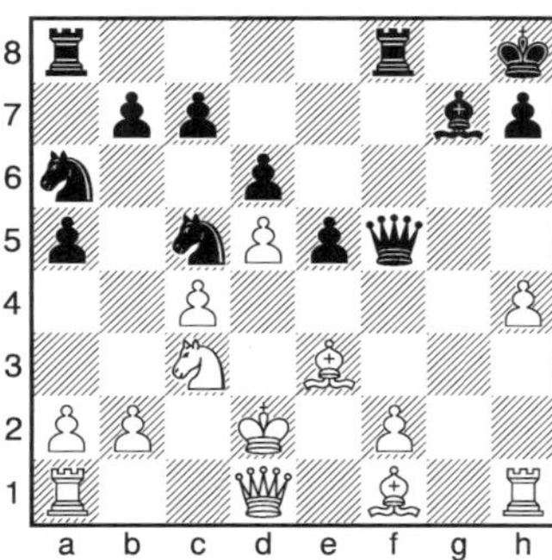

... und somit gewissermaßen die Befolgung des Steinitz-Mottos ‚Der König muss sich selber helfen' – keineswegs schlechter, sondern eher sogar *besser* ist.

IV) Die zähste Verteidigung besteht allerdings in **16.f3!** – einem Zug, den Weiß vermutlich wegen der damit einhergehenden Lockerung verworfen hat. Allerdings betrifft diese ja speziell die momentan kaum gefährdeten *schwarzen* Felder, während die äußerst gefährdeten *weißen* dank der möglichen Sperrung der Diagonale b1–h7 mit einem Springer spürbar entlastet werden. Hier ein Blick auf die Konsequenzen der wichtigsten Fortsetzung **16...♘b4**.

16...♖f6!?∓ Δ♗h6, ♖g8; Δ17.♘ge4 ♗xe4 18.♘xe4 (18.fxe4?! ♕f7) 18...♘xe4 19.fxe4 ♗h6

A) 17.♘ce4 ♗xe4 Δ18.fxe4?

⌓18.♘xe4 ♘xe4 19.fxe4 ♕f7∓

18...♕f7–+ Δ♗h6!

1) Nach 19.♗xc5 ist der Zwischenzug 19...♕f4! vonnöten (19...dxc5? 20.♘f5) gefolgt von 20.♗h3 dxc5 21.♕e2 ♗h6.

2) Nach 19.♘f5 leitet 19...♘xe4! einen spektakulären Tanz der Leichtfiguren ein, der nach 20.♗h3 ...

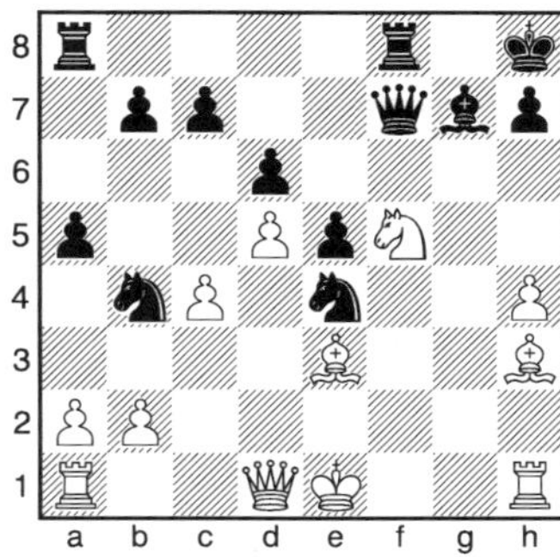

... 20...♘g3! 21.♘xg3 ♗h6! 22.♖f1 ♕g6 23.♘f5 ♗xe3 24.a3 ♘a6 25.♘xe3 ♕g3+ seinen erfolgreichen Abschluss findet.

3) Und nach 19.♖g1 ♗h6! 20.♗xc5 folgt zunächst wieder der wichtige Zwischenzug 20...♕f4! (20...dxc5?? 21.♘f5±) und nach 21.♖g2 dxc5 22.♕e2 der wahre Bombenzug 22...b5!! (22...♕xh4 23.♔d1) ...

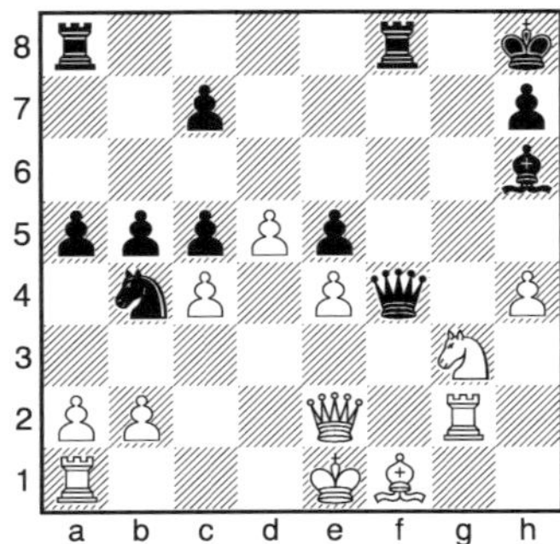

... mit der Kernidee 23.cxb5 c4 und ansonsten folgenden Gewinnvarianten:

a) 23.a3 bxc4! 24.axb4 axb4 25.♖b1 c3; 25...♕xh4

b) 23.♘f5 ♖xf5! 24.exf5 ♕xh4+ 25.♔d1 (25.♖f2 ♗e3!) 25...♕d4+ 26.♔e1 bxc4 27.♕xc4 ♕e3+ 28.♗e2 (28.♕e2 ♘c2+) 28...♖f8!

B) 17.♘ge4 ♗xe4 18.fxe4

18.♘xe4 ♘xe4 19.fxe4 ♕f7∓

18...♕f7 19.♗e2 ♕f6 Δ♗h6 (19...♕g6∓) **20.♕d2**

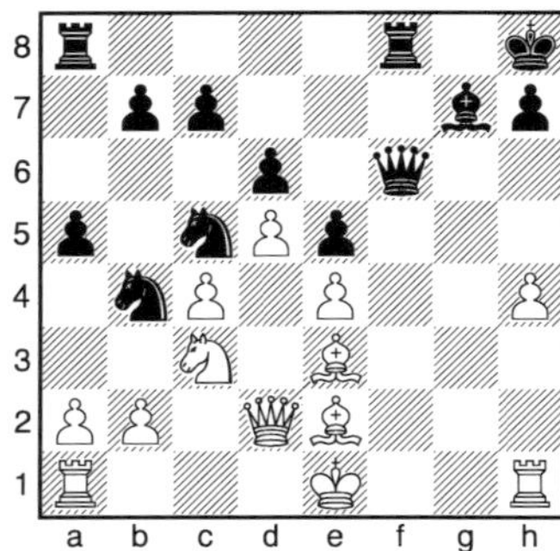

Und auch in dieser Variante gibt es mit **20...♘cd3+!!** wieder einen echten Knüller zu bestaunen, nach dem Weiß sich in folgenden Varianten zurechtfinden muss, um eine Verluststellung zu vermeiden:

1) 21.♔d1? ♗h6!−+

a) 22.♖h2? ♖g8; 22...♗f4; 22...♘f4

b) 22.♖g1?! ♘f2+ 23.♔c1 ♗xe3 24.♕xe3 ♕xh4

c) ♗xh6 ♘f2+ 23.♔c1 ♘xh1

2) 21.♗xd3 ♕f3 22.♖f1 ♘c2+! 23.♕xc2 ♕xe3+

a) 24.♕e2? ♖xf1+ 25.♔xf1 ♕g3!−+

b) 24.♔d1 ♖xf1+ 25.♗xf1 ♖f8 26.♕d3 ♕f2!∓

C) 17.♗xc5

1) 17...dxc5? 18.♘ce4∞ Δ18...♗xe4 19.fxe4? ♕f7∓; ⌓19.♘xe4

2) Hier führt auch 17...♘c2+!? nach 18.♔f2 dxc5 19.♘xf5 e4! zu ∓, allerdings auf schrecklich komplizierte Weise.

3) Zwar auch nicht gerade unkompliziert, aber doch zumindest etwas überschaubarer führt 17...♗c2! zum selben Resultat; und zwar 18.♕d2 dxc5 19.a3 ...

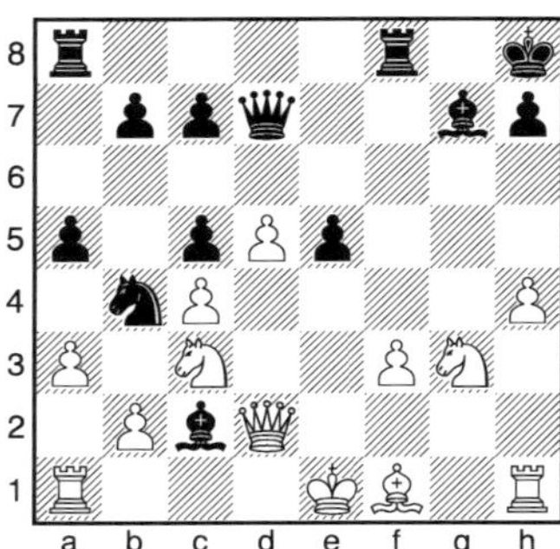

... 19...♖xf3 20.axb4 ♕g4!

(20...♖xg3? 21.♕xc2 ♗h6≌; 21...♕g4)

a) 21.♕xc2? ♕xg3+ 22.♔d1 ♖e3!−+

b) 21.♘ge2? ♖af8!−+ Δ22.♕xc2 ♖xf1+! 23.♖xf1 ♕xh4+ 24.♔d2 ♗h6+

c) 21.♘ce2 ♖xg3 22.♕xc2 ♖f3∓ Δ♖af8

89

Alfaro Caracas – Van den Dikkenberg

Internet 2022

1.d4 ♘f6 2.c4 g6 3.♘c3 ♗g7 4.e4 d6 5.♘f3 0-0 6.♗e2 e5 7.0-0 ♘c6 8.d5 ♘e7 9.♘e1 ♘d7 10.f3 f5 11.♗e3 f4 12.♗f2 g5 13.♘d3 ♖f6 14.b4 ♖h6 15.c5 ♕e8

Statt die Durchsetzung des Schlüsselzuges g5–g4 strebt Schwarz hier offenbar auf direktestem Wege die Errichtung einer Turm–Dame–Batterie auf der h-Linie an, die bei allzu sorgloser Verteidigung tatsächlich in kürzester Zeit zu einem verheerenden Mattangriff führen kann. Selbstverständlich sollte das korrekte weiße Herangehen in erster Linie darauf beruhen, jegliche Gefahr in Königsnähe zu bannen, obwohl auch das Gegenspiel am Damenflügel (mit dem Hauptziel des verlassenen Bauern c7) nicht allzu lange hinausgezögert werden darf.

I) In der Partie stellte sich die mit **16.g4?! fxg3 17.♗xg3** einhergehende Lockerung als zu großer Störfaktor für ein Spiel auf Vorteil heraus.

16...♘g6

Etwas besser ist 17...♘f6!? (17...a6?! 18.♕d2∞), weil damit u.a. auch ♘b5 verhindert wird.

– 18.♕d2? ♘h5!∓

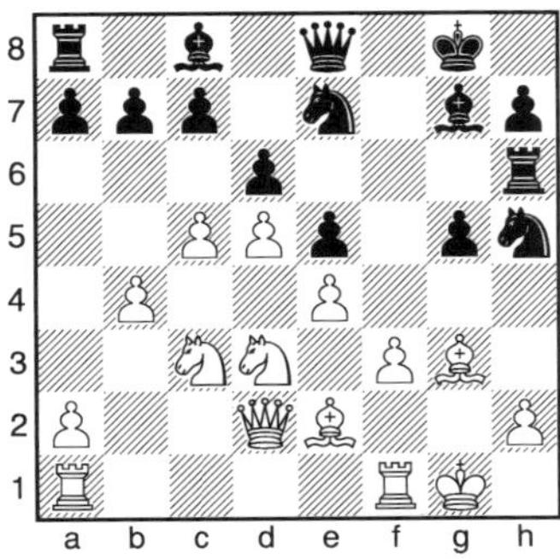

Δ19.♕xg5?? ♖g6!–+ 20.♕d2 ♗h6

– 18.♘f2 ♘g6 Δ19.♘b5 ♕e7 20.♖c1 ♘f4 21.cxd6 cxd6 Δ22.♖c7? (⌓22.♘c7 ♖b8∞) 22...♕d8∓ Δa6; z.B. 23.♖c2 ♘e8 Δa6

18.♘b5 ♕d8 19.cxd6 cxd6 und hier geschah der (selbst für das Frühstadium einer Blitzpartie) unfassbare Aussetzer **20.♘xd6?? ♕b6+** –+

– 20.♘f2?! ♘f4∓

– ⌓20.♖c1 ♘df8∞

– 20.♔h1 ♘f4; 20...♘f6

II) Von den Verbesserungsversuchen führt der naheliegendere **16.♘b5!?** nach **16...♕h5** bei präziser Verteidigung zu keinem Vorteil, wie aus folgenden Varianten hervorgeht:

17.h4

Nach 17.h3?? ♘xc5!–+ Δ18.bxc5 ♗xh3 zeigt sich das taktische Kernmotiv der gegebenen Stellung.

A) 17...gxh4?

1) 18.♘xc7?? ♖g6!∓ 19.♔h2 h3 20.g4 fxg3+ 21.♗xg3 ♖xg3! 22.♔xg3 ♕g5+ 23.♔f2 ♕h4+ 24.♔e3 ♗h6+

2) 18.♔h2!± Δ18...h3? (⌓18...c6) 19.g4 fxg3+ 20.♗xg3

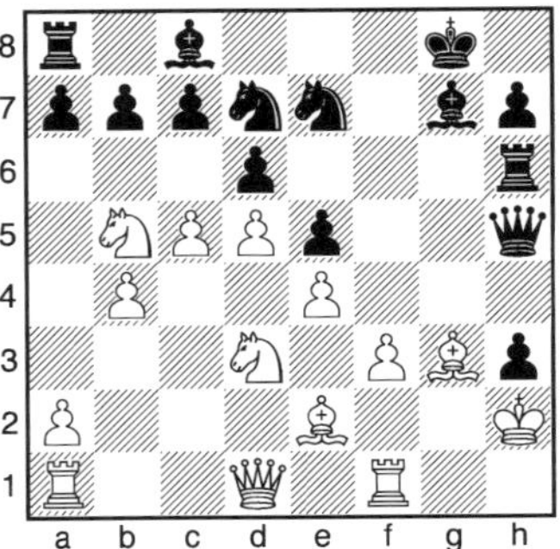

Und nach Erreichen seiner Traumstellung (mit einem *schwarzen* Leibwächter für seinen König) steht Weiß auf Gewinn.

B) 17...♘g6!

1) 18.♘xc7?? ♘xh4–+ 19.♗xh4 ♕xh4 20.♕e1 ♕h2+ 21.♔f2 g4

2) 18.g4! fxg3 19.♗xg3

a) 19...♘xh4? 20.♘f2 ♘f6 21.♘xc7 ♖b8 22.cxd6±; 22.♘e6

b) Und nach 19...♘f4 Δ20.♘xc7 hat vor allem die Variante 20...♕g6 (20...♖g6 21.♔f2∞) u.a. einen hohen Unterhaltungswert; und zwar 21.♔f2 gxh4 22.♗xf4 exf4 23.♘xf4 ♕g3+ 24.♔e3 ♘e5!

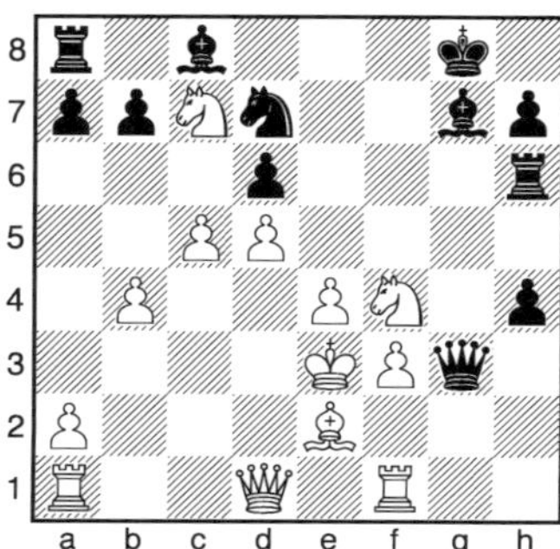

25.♘xa8 dxc5!

(Dieser verblüffende ‚stille Zug' mitten im Angriffswirbel beruht darauf, dass sofort 25...♖f6?? an 26.♘h5+– Δ26.♗h6+ f4 scheitern würde.)

26.bxc5

(Nach einem arglosen Zug wie z.B. 26.♖c1?? würde 26...♖f6 Δ27.♘h5 ♗h6+ nunmehr gewinnen.)

26...♘g4+ 27.♔d3 ♕xf4 28.fxg4 ♕g3+ 29.♗f3 (29.♖f3 ♕e5) mit offenbar genügend Kompensation nach 29...♖f6 oder auch 29...b6 Δ♗a6+.

III) Nur nach **16.♗e1!** kann Weiß auf Vorteil hoffen.

16...♕h5 (16...♘f6?! 17.♘f2±) **17.h3**

A) 17...dxc5

1) Nach 18.bxc5?! ♘xc5 Δ19.♘xc5?? (⌓19.♘f2±) 19...♗xh3 kommt Schwarz wieder zu durchschlagendem Opferspiel; z.B. 20.♔f2 ♗xg2! 21.♖g1 ♗h1! (21...g4!?)

Spätestens angesichts eines Manövers wie ♗c8xh3xg2–h1 begreift man, warum dem weißfeldrigen Läufer im Königsinder eine besonders wichtige Angriffsfunktion nachgesagt wird. Nach beispielsweise 22.♗f1 ...

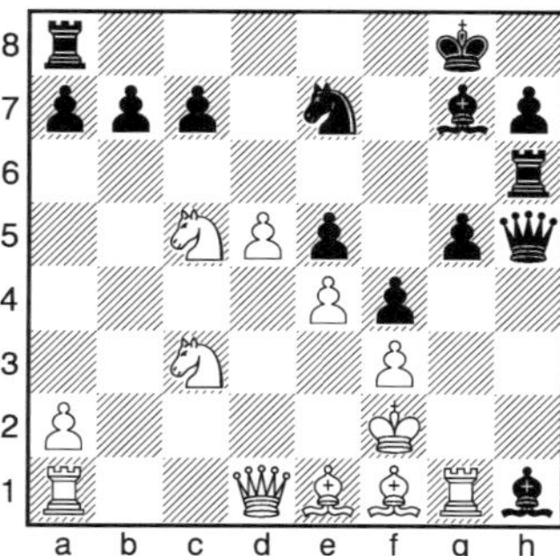

... weist allerdings 22...♘f5!! auf die Bedeutung *auch* der Springerzunft hin, obwohl es letztlich doch wieder um einen *Läufer* geht – und zwar diesmal um das königsindische ‚Sorgenkind' auf g7!

a) 23.exf5 e4 Δe3+; Δ24.♘5xe4 ♗d4+! 25.♕xd4 ♕xf3#

b) 23.♗g2 ♕h4+ 24.♔e2 ♕h2

2) 18.♘f2!± Δ18...cxb4? 19.♘b5+–; 18.♘b5!? c6

B) 17...♘xc5!

1) 18.bxc5?? ♗xh3–+ 19.♔f2 ♗xg2 20.♘g4 ♕h1+ 21.♔f2 ♕h3 21.♗c4 ♖h4; 21.♔g1 ♘g6

2) Nach 18.♘f2 ♘a6 19.♘g4 ist der Abtausch 19...♗xg4 20.fxg4 erzwungen, und nach beispielsweise 20...♕e8 21.♕b3± ...

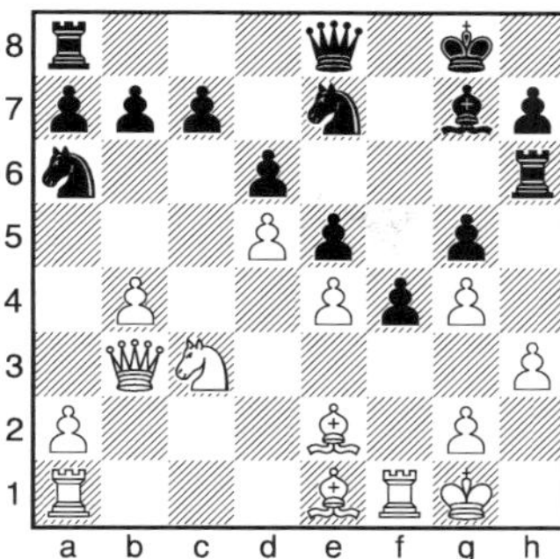

... verfügt Weiß ungeachtet des Minusbauern über deutlichen Vorteil, schließlich ist fast die gesamte gegnerische Figurenschar weitgehend außer Betrieb gesetzt, während sich am Damenflügel mit ♖c1, ♗f2 usw. ein massiver Gegenangriff abzeichnet.

90

Papp – Evdokimov

Internet 2022

1.d4 ♘f6 2.c4 g6 3.♘c3 ♗g7 4.e4 0-0 5.h3 d6 6.♗e3 e5 7.d5 c6 8.g4 a6 9.♘ge2 cxd5 10.cxd5 b5 11.♘g3 ♘bd7 12.f3 ♗b7 13.♗e2 ♘e8 14.♕d2 ♖c8 15.h4 ♘c5 16.♔f1 b4 17.♘d1 a5 18.♔g2 ♘c7 19.h5 ♕d7 20.♘f2 f5 21.♗h6

Weiß hätte zweifellos eine tadellose Angriffsstellung, wenn sein König beispielsweise auf a1 stände. So jedoch hat Schwarz jede Menge Potenzial für kräftiges Gegenspiel, wenn er erkennt und nutzt, dass sein zum Statisten degradierter Damenläufer unvermittelt als Hauptdarsteller Karriere machen könnte. Und eine geöffnete f-Linie sollte besser für Angriffszwecke nutzbar sein als eine geschlossene.

I) Entsprechend konnte Schwarz nach der Stellungsschließung mit **21...f4? 22.♗xg7 ♔xg7∞** keine Fortschritte mehr erzielen (und diesbezüglich macht auch 22...♕xg7∞ keinen Unterschied).

A) In der Partie folgte auf **23.hxg6 hxg6** der viel zu passive Rückzug **24.♘f1?**

Stattdessen war mit 24.♖h4 (24.♖h3) Δ24...fxg3 (24...♖h8!?) nach der nunmehr forcierten Folge 25.♖ah1 ♖h8 26.♖xh8 ♖xh8 27.♖xh8 ♔xh8 28.♕h6+ Remis durch Dauerschach zu erzwingen.

24...♖h8??

Offenbar sind beide Gegner vollkommen auf die Ereignisse am Königsflügel konzentriert, und dabei wäre die Entscheidung nach 24...♘b5! (Δ♘d4) 25.♗xb5 ♕xb5 26.b3 ♗a6–+ am anderen Flügel gefallen.

Hingegen wäre der schwarze Vorteil nach **25.♖xh8 ♖h8 28.♘d3 ♘b5** im Minimalbereich geblieben.

Hier ein Blick auf zwei Alternativen, mit denen Weiß den gegnerischen Appetit bzw. dessen Verteidigungsfähigkeiten auf die Probe hätte stellen können:

B) 23.♖h3!? Δ23...fxg3 24.hxg6 hxg6 25.♕h6+ ♔f7 26.♕h7+ ♔e8 27.♕xg6+ ♕f7 28.♕xd6

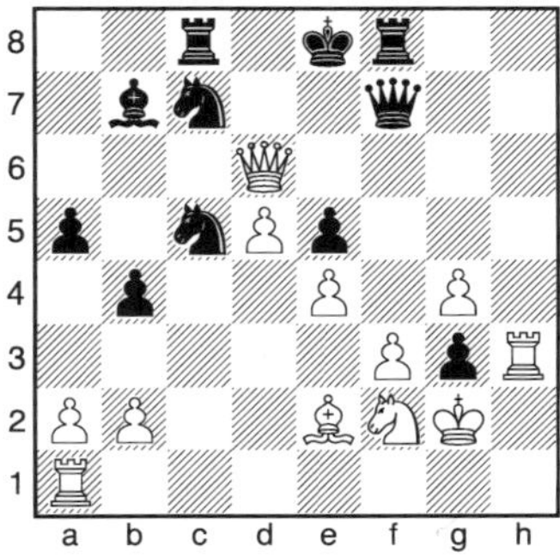

1) Nach 28...gxf2?? 29.♕xc5+– sind die zahlreichen Drohungen nicht mehr zu parieren.

2) Nach 28...♘d7 ist Kompensation u.a. mit 29.♖xg3 nachzuweisen (29.♖c1; 29.♘d3), denn danach dient der Turm als Schubgeber für den Freibauern.

3) Der einzige Weg zu sicherem Ausgleich besteht in 28...♗a6! 29.♕xc5 ♗xe2 gefolgt von dem Dauerschach 30.♕c6+ ♕d7 31.♕g6+ ♕f7+.

C) 23.♖ac1!?

1) Nach 23...fxg3? 24.hxg6 hxg6 25.♕h6+ ♔f6 26.g5+ ♔e7 und der Angriffsverstärkung mit 27.♘g4! wäre der Schaden nur mit einem Besänftigungsopfer wie 27...♘xd5 (27...♘7e6?! 28.dxe6 ♘xe6 29.♗c4!) 28.exd5 ♕f5 29.♕h7+ ♕f7 30.♘e3; 30.♗c4; 30.♘f6 im Minimalbereich zu halten gewesen.

2) Und nach 23...♖h8 24.h6+ ♔f7 wird der Angriff mit dem inakzeptablen Opferangebot 25.♘h5! Δ♘xf4 geschürt.

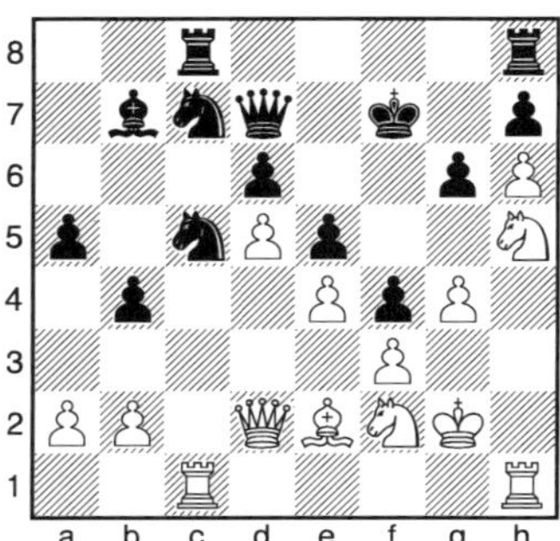

Δ25...gxh5?? (⌓25...♖hd8∞) 26.♖xc5!!+− Δ♘d3

- 26...hxg4 27.♖xg4
- 26...dxc5 27.♖xh5

3) Sicherer ist 23...♖g8 Δ24.h6+?! (⌓24.♘f1∞) 24...♔h8∓ 25.♘f1 ♘b5

II) Deutlich am besten ist **21...fxe4!**

(Der Zwischentausch 21...♗xh6 wird in Variante **III** untersucht.)

A) Nach **22.♘fxe4? ♗xh6 23.♘xc5** ist der studienartige Zug **23...♕b5!**−+ sogar etwas besser als die pragmatische Lösung **23...♕g7.**

B) Nach **22.♘fxe4?! ♘xd5** muss Weiß die naheliegende Verführung **23.♗c4?!** vermeiden.

⌓23.hxg6 ♘xe4 24.♘xe4 hxg6∼−+

Denn diese führt nach einer präzisen Abwicklung zum Verlust: **23...♗xh6 24.♗xd5+ ♗xd5 25.♕xd5+ ♕e6**

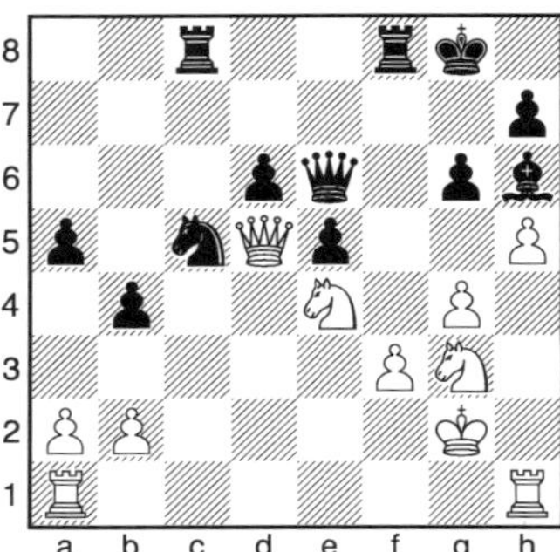

26.♕xd6! ♖ad8! 27.♕xe6+ ♘xe6 28.hxg6 ♖c2+

1) Nach 29.♔f1 gewinnt der witzige Sperrzug 29...♗c1! mit der Drohung ♖d1# und der Folge 30.gxh7+ ♔h8 31.♘f2 ♗xb2 Δ32.♖d1 ♗d4.

2) Und nach 29.♘f2 ♗e3 30.gxh7+ ♔h8 31.♘ge4 zieht Schwarz am coolsten mit 31...♖xb2! (31...♘c5) siegreichen Nutzen aus der misslichen weißen Lage.

C) Nach der somit erzwungenen Fortsetzung **22.fxe4** führt das Opfer **22...♘xd5!** immerhin noch zu bedeutendem Vorteil; und zwar nach der Abwicklung **23.exd5** (23.♗c4?? ♖xf2+!−+) **23...♗xh6 24.♕xh6 ♗xd5+ 25.♔g1 ♗xh1 26.♘gxh1** und dem Sicherungszug **26...♕g7!** (26...gxh5? 27.♗g3!∞)

1) 27.♕d2 gxh5∓; 27...♖cd8

2) 27.♕xg7+ ♔xg7 28.♖d1 ♖cd8∓

III) Nach **21...♗xh6?! 22.♕xh6 fxe4** fällt der Vorteil bei präziser Verteidigung geringer aus.

A) 23.fxe4?! ♘xd5 24.exd5 ♗xd5+ 25.♔g1 ♗xh1 Δ26.hxg6? (⌓26.♘gxh1 ♕g7∓)

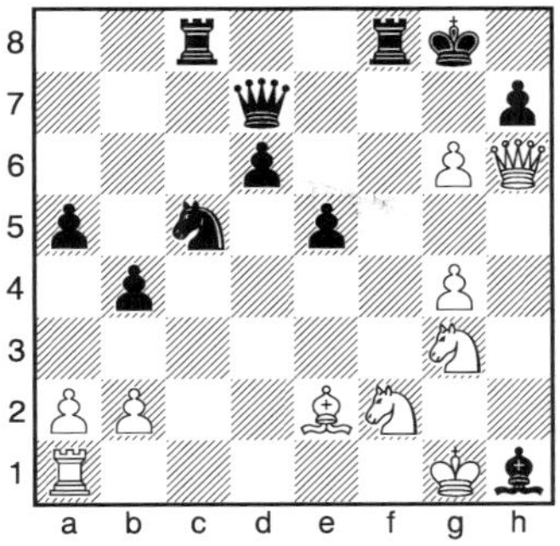

26...♖xf2!–+ Δ27.♔xf2 ♘e4+ 28.♘xe4 ♗xe4

B) 23.♘fxe4! ♘xd5 24.♘xc5 ♖xc5 25.hxg6 ♘f4+ 26.♔f2??

Die Fehlerhaftigkeit dieses Königszugs besteht in dem entscheidenden Detail, dass Weiß nach der korrekten Wahl 26.♔f1 und der analogen Folge 26...hxg6 27.♕h8+ ♔f7 28.♖h7+ ♔e6 mit 29.♖xd7 fortsetzen könnte und dem Schwarzen nach den weiteren Zügen 29...♖xh8 30.♖xb7 ♖c2 nur Minimalvorteil bliebe.

26...hxg6 (26...♘xg6? 27.♘f5⩲) **27.♕h8+ ♔f7 28.♖h7+ ♔e6 29.♕xf8**

Hier jedoch würde 29.♖xd7 nach 29...♖xh8 30.♖xb7 ♖h2+ zu einer klaren schwarzen Gewinnstellung führen.

29...♕xh7 30.♖h1 ♘h3+ 31.♔g2 ♖c8 und Weiß hat zwar sein Pulver verschossen, aber mit **32.♗c4+!** ...

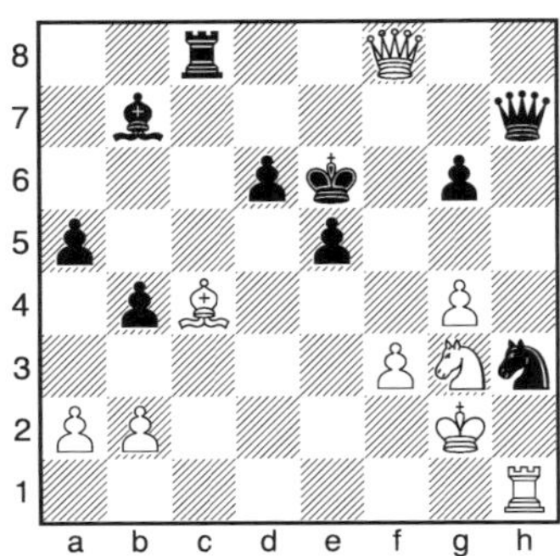

... hat er noch einen letzten Pfeil im Köcher, nach dessen Einsatz Schwarz noch allerlei Klippen umschiffen muss, um den Sieg sicherzustellen.

1) 32...♖xc4 33.♕e8+ ♔d5 34.♕b5+ ♔d4 35.♖d1+ ♔e3 36.♖e1+ Δ36...♔d2?? (⌓36...♔d3 37.♖d1+ =) 37.♕xc4 ♗xf3+

a) 38.♔xf3?? ♘g5+ 39.♔g2 ♕h3+ 40.♔f2 ♕h2+ 41.♔f1 ♕h3+ =

b) Nach 38.♔f1! sind auch die letzten Tricks versiegt und nach dem noch besten Verteidigungszug 38...♘g5 wird der König zunächst mit 39.♕c1+ ♔d3 40.♖e3+ ♔d4 41.♕d2+ ♔c5 auf demselben Weg aus der weißen Stellung hinauskomplimentiert, wie er hineingekommen ist, bevor dann der studienartige Zug 42.♕f2! ...

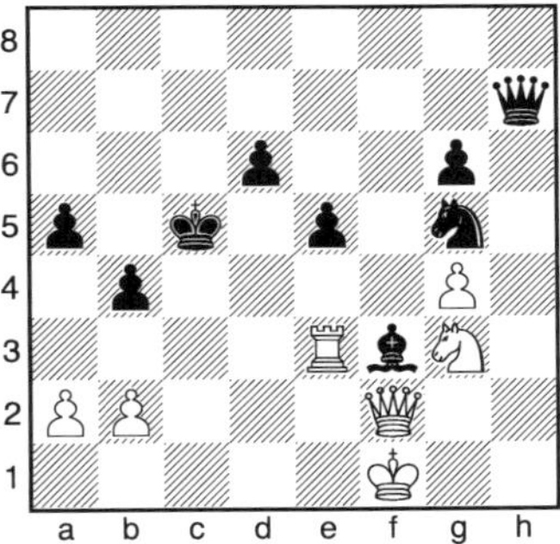

... nach dem letzten Racheschach 42...♘h3+ und der Antwort 31.♔e1 entscheidenden Figurengewinn sicherstellt.

2) 32...d5 33.♗xd5+! ♔xd5 34.♖d1+

a) 34...♔c4 35.♖c1+ ♔b6 36.♖xc8 ♗xc8 37.♕xc8∞

b) 34...♔c6 35.♖c1+ ♔b6 36.♖xc8 ♘f4+! (36...♗xc8?? 37.♕d6+!⩲) 37.♔g1 ♗xc8 38.♕xc8 (38.♕d6+ ♔b7–+) 38...♕c7! 39.♕xc7+ ♔xc7–+ Δ♘d3–c1 oder 39.♕f8 ♕c1+ 40.♘f1 ♕c5+

91

Goncalves – Oro

Internet 2022

1.d4 ♘f6 2.c4 g6 3.♘f3 d6 4.♘c3 ♗g7 5.e4 0-0 6.♗e2 e5 7.0-0 ♘c6 8.d5 ♘e7 9.b4 ♘d7 10.a4 f5 11.♗a3 f4 12.c5 h6 13.♕b3 g5 14.b5

In Ermangelung einer Angriffsmarke scheint der schwarze Bauernsturm ins Leere zu laufen, während der weiße angesichts der Röntgenwirkung ♕b3–♔g8 mit erheblichen Drohungen verbunden ist – und sei es auch nur diejenige, in eine dauerhaft passive Stellung gedrängt zu werden. Entsprechend sollte Schwarz sich dringend nach einer Möglichkeit umschauen, am Königsflügel auch ohne die Angriffsmarke eines Bauern auf f3 effektive Linienöffnung zu bewerkstelligen.

I) Nach **14...♘f6** und dem Schablonenzug **15.♖ac1?** hätte Schwarz den ursprünglich erforderlichen ‚einzigen Zug' **15...g4 16.♘d2**± sogar unter noch besseren Umständen nachholen können.

Stattdessen hätte 15.b6! zu einer tendenziellen Gewinnstellung geführt, während der Vorteil nach 15.♘d2!? ♘g6 bzw. 15.♘xe5!? ...

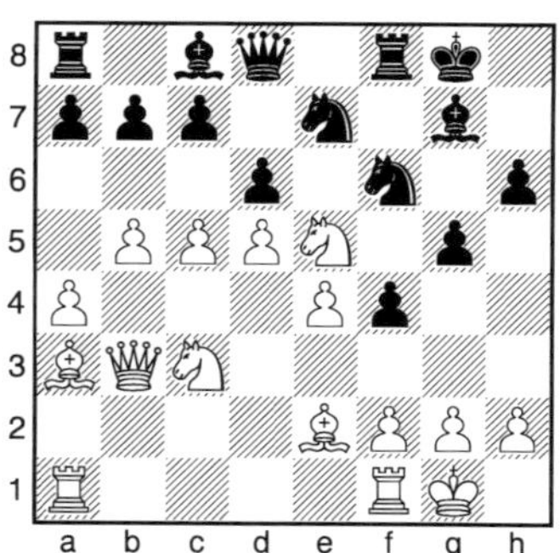

... 15...♘xe4 16.♘xe4 ♗xe5 17.♗b2; 17.♖ac1 noch im Bereich ± geblieben wäre.

II) Nach dem Gegenangriff **14...g4!** hätte Weiß in keiner der folgenden Varianten wirklich deutlich ± erreichen können.

A) 15.♘d2 f3!

An dieser Stelle ist eine kleine Exkursion in die Welt der Schachbegriffe angebracht: Eine *Angriffsmarke* ist ein Bauer, der auf einen Angriff durch einen gegnerischen Bauer nicht nach vorn ausweichen und somit Linienöffnung vermeiden kann. Allerdings gilt dies ja auch für einen Bauern, der zusammen mit einer Figur ‚aufgegabelt' wird, schließlich kann auch ein solcher nicht ‚nach vorn ausweichen'.

1) 16.gxf3 ♘g6

(16...gxf3 17.♘xf3; 17.cxd6 siehe Variante **b**)

a) 17.fxg4 ♘xc5 18.♗xc5 dxc5 19.♔h1± ♔h7

b) 17.cxd6 gxf3 18.♘xf3 cxd6 19.♔h1 (19.♗xd6? ♖xf3! 20.♗xf3 ♕f6∞)

19...♘f6 20.♖g1 (20.♗c1) 20...♘f4 21.♗f1 ♗h3

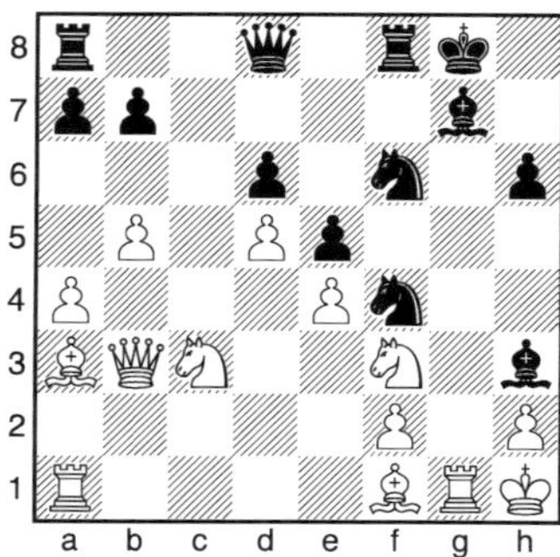

22.♘d2~±; 22.♖e1

2) 16.cxd6 cxd6 17.gxf3 gxf3 18.♗xf3

18.♘xf3 ♘g6 19.♔h1 siehe Variante **1b)**

18...♘g6 (Δ♕g5+; Δ♘h4) **19.♔h1**

19.♗xd6? ♖xf3! 20.♘xf3 ♕f6∞

19...♘h4

Hier ist **20.♕d1±** am besten und auch **20.♘cb1!?** ist von Interesse, allerdings verdient vor allem die weniger gute Alternative **20.♘e2?!** wegen der skurrilen Folge Aufmerksamkeit; nämlich **20...♕g5 21.♖g1 ♕xd2 22.♗h5!** (Δ♗b4; Δ♕g3) **22...♘f6 23.♗b4 ♘xe4**

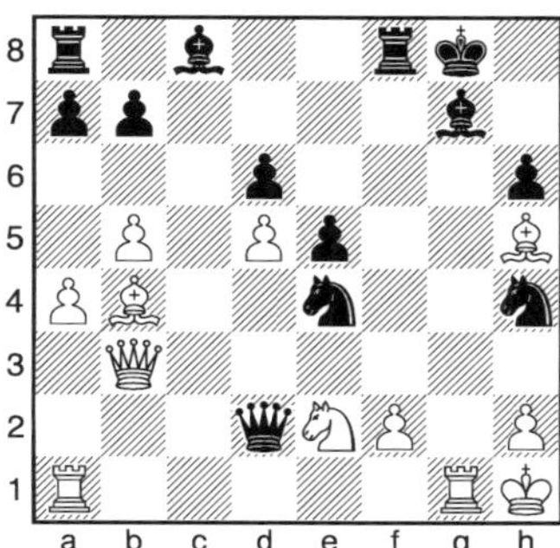

a) 24.♖xg7+ ♔xg7 25.♗xd2 ♘xf2+ 26.♔g1 ♘h3+ 27.♔h1 ♘f2+ =

b) 24.♖af1 ♘c5 25.♕c4 ♕d3 26.♕xh4 ♕e4+ 27.♕xe4 ♘xe4 28.f3 ♗h3 29.♖xg7+! ♔xg7 30.♖g1+ ♘g5 31.♗xd6 ♔f6 32.♗xf8 ♖xf8 33.♖c1 ♖d8⩱

B) 15.♘h4 ♘xc5! 16.♗xc5 ♗f6

1) Nach 17.g3 ♗xh4 18.gxh4 ♘g6 ...

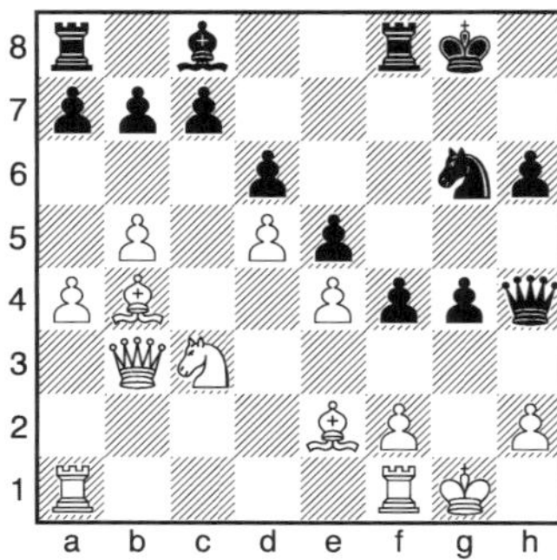

... ist 19.♘d1 der einzige Zug, um die Hauptdrohungen g4–g3 und f4–f3 zu parieren. Nun folgt auf 19...f3 21.♗d3 ♘f4 22.♔h1 ♘e2! mit immerhin noch guter Kompensation.

2) 17.♘f5 ♘xf5 18.exf5 f3

a) 19.gxf3 gxf3 20.♗xf3 dxc5⩱

b) 19.♗e3 fxe2 20.♘xe2 mit einem Hauch von Minimalvorteil.

C) 15.♘e1 ♘f6 16.b6±; 16.a5

D) Nach **15.cxd6 cxd6 16.♗xd6** (16.♘d2 ♘f6∞) ...

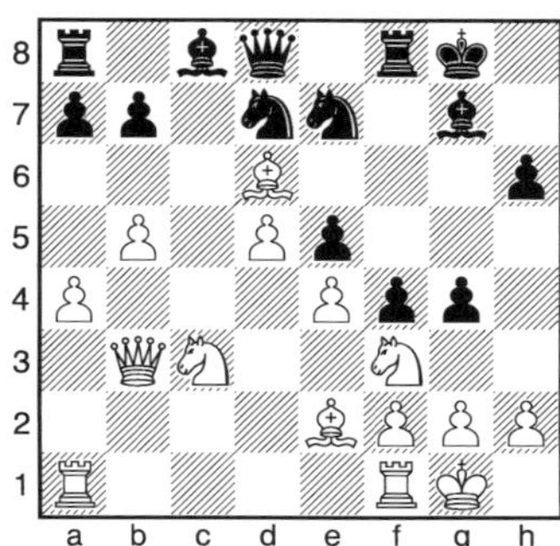

... ist offenbar die Fressvariante **16...gxf3!** erzwungen, die nach **17.♗xe7 fxe2 18.d6+ ♔h8 19.♗xd8 exf1♕+ 20.♔xf1 ♖xd8** zu einer vollkommen undurchschaubaren Stellung mit höchst eigenartiger Materialverteilung führt.

92

Antonio – Seemann

Internet 2022

1.d4 ♘f6 2.c4 g6 3.♘f3 ♗g7 4.♘c3 0-0 5.e4 d6 6.♗e2 e5 7.0-0 ♘c6 8.d5 ♘e7 9.♘e1 ♘d7 10.♗e3 f5 11.f3 f4 12.♗f2 ♘f6 13.♖c1 g5 14.c5 ♘g6 15.cxd6 cxd6 16.♘b5 ♖f7 17.♕c2 ♘e8 18.♘xa7 ♗d7 19.♘b5 h5 20.♘c3 g4 21.♗b5

Die nach Ausführung des Schlüsselzuges g5–g4 bedrohlich anschwellende schwarze Initiative hat Weiß im letzten Zug zu einem schwerwiegenden Fehler veranlasst (⌓21.♔h1). Nun hat Schwarz zu entscheiden, ob dessen Bestrafung eher mit positionellen oder besser mit taktischen Mitteln zu bewerkstelligen ist.

Der Partiezug **21...♗c8??** beruhte sicherlich auf dem Wissen, dass es einem Angriff am Königsflügel *ohne* den Damenläufer unter Umständen an Durchschlagskraft mangeln kann. Allerdings spielen ja außer dieser streng positionellen Erwägung auch *taktische* Gegebenheiten eine nicht zu vernachlässigende Rolle. Und die riefen hier eigentlich unüberhörbar nach einer recht simplen Standardkombination:

– 21...g3! 22.hxg3 fxg3 23.♗xg3 ♗xb5 24.♘xb5 ♕b6+ –+

– Die Zugfolge 21...♗xb5?! 22.♘xb5 g3 wäre übrigens weniger genau, weil Weiß den Gewinn mit 23.♗a7!? ...

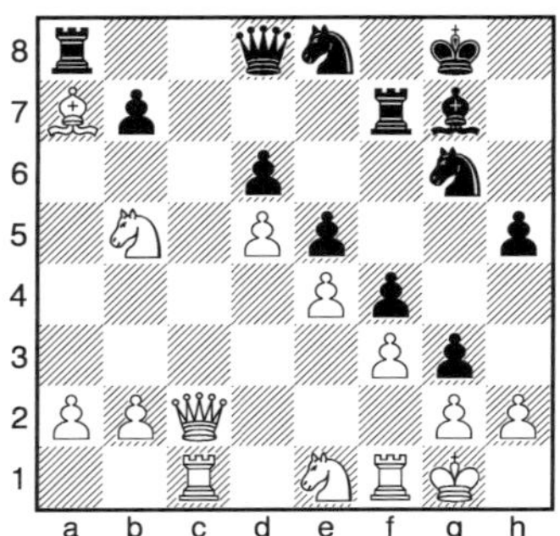

... maximal erschweren könnte, wie ein Blick auf folgende Möglichkeiten veranschaulicht:

23...b6??

(23...♕a5!?; 23...♘e7! Δ♘c8; Δ24.♔h1 b6–+)

– 24.♘d3 Δ24...♖axa7?! (⌓24...♘f8∞ +++) 25.♘xa7 ♖xa7 26.♕c8±

– 24.♕c6 ♖axa7 25.♘xa7

– 25...♖xa7 26.♕c8 ist unklar, denn nach beispielsweise 26...♕xc8 27.♖xc8 ♔f7 28.a3 ♖b7 29.♘d3 ♔e7 30.♖fc1 ♔d7 31.♘b4 ♘e7 könnte Schwarz eine ziemlich sichere Festung errichten.

– 25...♖c7

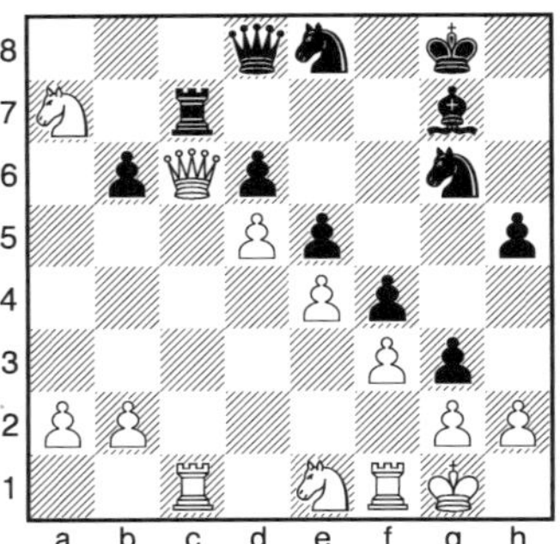

– Nach 26.♕xe8+ ♕xe8 27.♖xc7 ist 27...♕a4 der einzige Zug, nach dem Schwarz auf Rettung hoffen kann.

– 26.♕xb6 ♕h4 27.h3 ♖xc1 28.♘d3 Δ28...♖xf1+? (28...♖c7?? 29.♘c6+–; ⌓28...♖c2∞) 29.♔xf1 mit bedeutendem Vorteil, weil die schwarze Mehrfigur (der halbtote königsindische Läufer!) nichts gegen die verbundenen Freibauern unternehmen kann.

In der Partie folgte mit **22.♗xe8? ♕xe8** ein auf keine vernünftige Weise nachvollziehbarer Abtausch, nach dem Weiß mit **23.♕b3** allenfalls noch Minimalvorteil hätte erreichen können.

Stattdessen hätten mehrere Züge zu bedeutendem Vorteil geführt, von denen die beiden folgenden angesichts interessanter bzw. amüsanter Aktivitäten speziell der Leichtfiguren eine genauere Betrachtung verdienen:

I) 22.♔h1 Δ22...g3 23.♗b6!? (23.♗g1±) **23...♕xb6** (23...♕h4 24.♗g1) **24.♗xe8 ♖f6 Δ25.♘b5**

A) Der Trickversuch **25...♗h3?** scheitert an **26.♘c7!**, denn auf **26...♖xa2** folgt **27.♗b5 ♗c8 28.♘e8!** mit entscheidender Wachablösung auf e8.

B) Und nach **25...♖f8!** ergibt sich folgendes Bild:

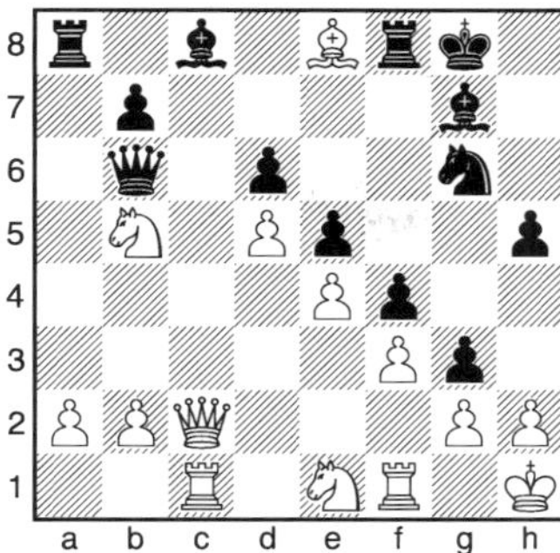

1) 26.♘c7? ♖xe8 27.♘xa8 (27.♘xe8?? ♕b5–+) 27...♕a6 28.♘d3 ♕xa8∞

2) 26.♕c7! ♕a6 27.♕xd6! (27.♗xg6? ♕xb5∞) 27...♖xe8 28.♕xa6 bxa6 29.♘c7 ♗d7 30.♘xa8 ♖xa8 31.♘d3±

II) 22.♘a4! g3 23.hxg3 fxg3 24.♗xg3

A) 24...♗h6 25.♗xe8 ♕xe8 26.♘b6 ♗xc1 27.♘xa8 ♗e3+ 28.♗f2 ♗xf2+ 29.♕xf2 (29.♖xf2) 29...♗d7 30.♘c7 ♕d8 31.♘e6 ♗xe6 32.dxe6 ♖g7 33.♘d3 ♘h4 34.g3 ♘g6 ...

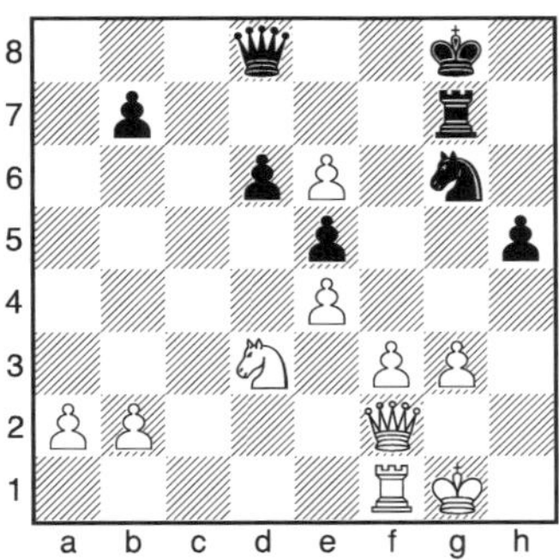

... mit zumindest tendenzieller Gewinnstellung nach 35.♔h2 oder auch 35.♘b4!?.

B) Etwas weniger kräftig ausgeprägt ist das Urteil ~+– wohl nach der Alternative 24...♘c7 und der möglichen Folge 25.♘b6 ♗h6 26.♘xa8 ♗xc1 27.♕xc1 ♘xb5 28.♗f2 ♘f4 29.♗b6 ♕f8 30.♕d2 ♗d7 31.a4 ♕xa8 32.axb5 ♗xb5 33.♖f2 ♖g7 34.♔h2.

93

Gavin Roche – Forcen Esteban

Aragon 2022

1.d4 ♘f6 2.♘f3 d6 3.c4 g6 4.♘c3 ♗g7 5.e4 0-0 6.♗e2 e5 7.d5 ♘bd7 8.♗g5 h6 9.♗h4 g5 10.♗g3 ♘h5 11.h4 g4 12.♘d2 ♘df6 13.♘f1 c6 14.♕d2 cxd5 15.cxd5 ♗d7 16.f3 ♖c8 17.♗f2 ♘f4 18.♘e3 h5 19.♗f1 gxf3 20.gxf3 ♗h6 21.♘e2

Vorab sei gesagt, dass dem menschlichen Rechner nichts Besseres einfiel, als mit **21...♘xe2? 22.♗xe2** tatkräftige Entwicklungshilfe zu leisten, wohl weil er sich nach **22...♕b6** etwas von der diffusen ‚Kreuzfesselung' versprochen hatte, was sich jedoch nach **23...♗d3∞** als reines Wunschdenken herausstellte.

Dabei hätte das gewinnträchtige Verfahren genau darin bestanden, die weißen Entwicklungsprobleme auszunutzen, die bei genauerer Betrachtung fast schon an positionellen Zugzwang heranreichen. Also muss gewissermaßen ein sinnvoller Abwartezug her, und zwar im Idealfall kein neutraler, sondern einer, der eine nicht zu ignorierende Drohung mit sich bringt. Und für diesen höchst speziellen Bedarf schlägt die blutleere Maschine mit **21...♗g4!!** einen Zug vor, ...

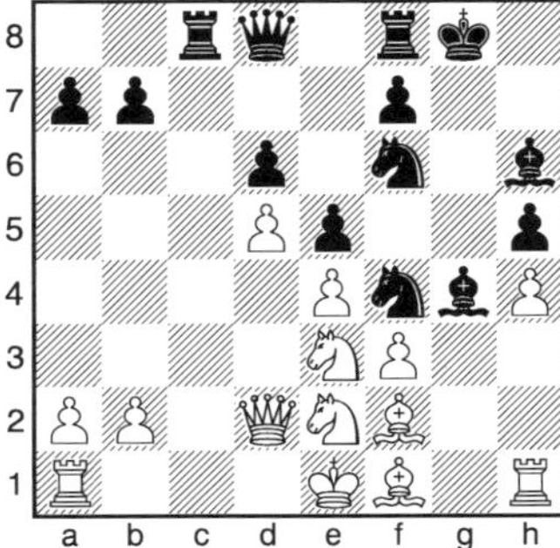

... den menschliche Wesen wohl selbst unter Folter niemals in Betracht ziehen würden – und zwar nicht zuletzt, weil dieser Läufer ja zu allem Überfluss auch noch *gefesselt* werden kann. Am Rande sei bemerkt, dass der tatsächliche Schwarzspieler sich womöglich sehr schnell mit diesem ‚Zug aus einer anderen Welt' angefreundet hätte, weil dieser ja in den Hauptvarianten vorneweg auch auf die besagte ‚diffuse Fesselung' des ♘e3 abzielt.

I) Nach **22.fxg4??** **♘xe4**–+ **Δ23.♕d1 ♕a5+** ist es sofort aus.

II) Nach **22.♖g1?** erneuert der *Sidestep* **22...♔h8**–+ die Drohung ♗xf3!; z.B. **23.♘xf4 ♗xf3! 24.♘h3 ♘xe4 25.♕b4 ♖c2!** und auf **26.♘xc2** ...

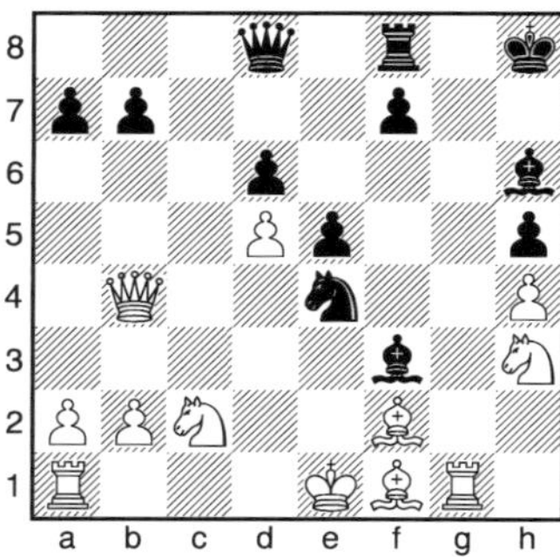

... folgt nicht etwa vorschnell **26...♗d2?? 27.♕xd2 ♘xd2 28.♔xd2**±, sondern ein kleiner Zwischenzug mit großer Wirkung: **26...a5!!** und Weiß muss die Dame geben, um ♗d2# zu verhindern.

III) 22.♘xf4? ♗xf3 23.♖g1+ ♔h8 ist Zugumstellung zu Variante II.

IV) Am deutlichsten tritt der positionelle Zugzwang nach **22.♘g1!** zutage, und obwohl diese Rücknahme des letzten Zuges einigermaßen absurd wirkt, ist sie dennoch die beste Möglichkeit. Nach der unfassbar stillen Antwort **22...♔h8!** mag es dahingestellt sein, ob Weiß nur bedeutenden oder bereits Gewinnvorteil hat. Der Blick auf zwei unkommentierte Hauptvarianten macht es jedoch klar, dass hier eindeutig auf ein Tor gespielt wird.

A) 23.♖h2 ♗d7 24.♘e2 ♘e8 25.♘g3 f5! 26.exf5 ♗xf5; 26...♘f6

B) 23.♕b4 a5

1) 24.♕a3 ♗xf3! 25.♘xf3 ♘xe4 26.♖h2 ♕f6 27.♕xa5 ♘xf2 28.♖xf2 ♘h3! 29.♗xh3 ♗xe3 30.♗xc8 ♖xc8 31.♖f1 e4 32.♕a3 ♗c5 33.♕b3 exf3 34.0-0-0

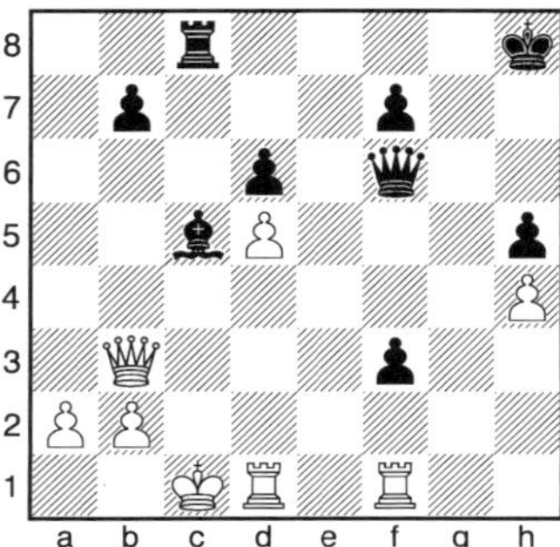

Hier mag ein gequälter Weißspieler, der soeben im 34. Zug in ein Abzugsdoppelschach rochiert hat, hilflos ‚Was sonst?' in die Zuschauermenge rufen – und nach 34...♕f5 mit 35.♕c3+ ♗d4 36.♖xd4 ♖xc3+ 37.bxc3 ♕h3 usw. sein Schicksal in Kauf nehmen.

2) 24.♕b3

a) Nach 24...♗xf3?! 25.♘xf3 ♘xe4 reduziert der Störzug 26.♘g5! den Vorteil auf ±.

b) Hingegen braut sich nach 24...♘xe4! 25.fxe4 f5 26.exf5 ♕f6 27.♘h3 ♗xf5 allerlei Unheilvolles auf der nunmehr total geöffneten f-Linie zusammen.

94

Lopez Gracia – Vusatiuk

Internet 2022

1.c4 ♘f6 2.♘c3 g6 3.e4 d6 4.d4 ♗g7 5.♗e2 0-0 6.♘f3 e5 7.0-0 ♘c6 8.d5 ♘e7 9.♘e1 ♘e8 10.♘d3 f5 11.f3 f4 12.♗d2 g5 13.b4 h5 14.♔f2 g4 15.♔e1 ♘g6 **VARIANTE** 16.fxg4 ♕h4+ 17.♘f2

Zunächst ist anzumerken, dass Schwarz keineswegs gezwungen ist, die eventuell mit dem Bauernraub einhergehenden Risiken in Kauf zu nehmen.

– Denn mit 17...f3! 18.gxf3 hxg4 19.♗e3 ♘f4⩱ steht ihm eine nahezu risikofreie Alternative zur Wahl.

– Weniger klar ist 17...hxg4?! 18.♗xg4 ♘f6 19.♗f3±; 19.♗xc8 ♖axc8 20.♕f3±.

Und nach **17...♕xh2!? 18.♖h1** müssen beide Seiten sich zunächst vor schweren Fehlern hüten.

I) Und zwar Weiß vor **18...♕xg2?**

A) ...und Schwarz vor **19.♗f1??** mit der weitgehend forcierten Folge **19...♕g3** Δ♘h4 **20.♘e2 ♗xg4 21.♖h3**

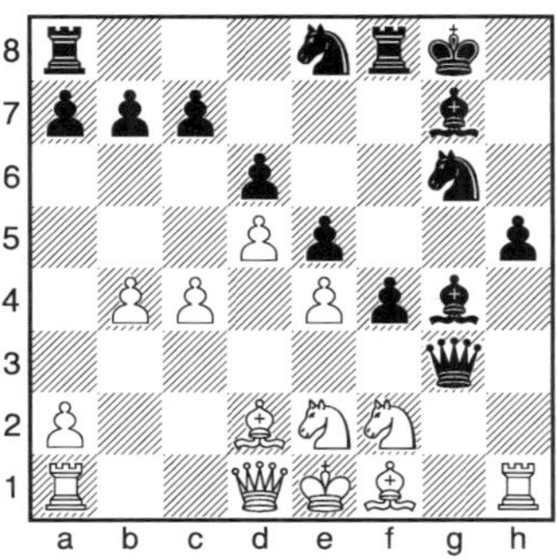

1) 21.♘xg3?! ♗xd1 22.♘xh5 ♗xh5 23.♖xh5 ♗f6∓

2) 21...♗xe2 22.♕xe2 ♕g1 23.♖h1 ♕g3 24.♖h3 ♕g1=

B) Nach der korrekten Fortsetzung **19.gxh5** erhält Weiß in folgenden Varianten eine zumindest tendenzielle Gewinnstellung:

1) 19...♘h8 20.h6 ♗f6 21.♗f3 ♕g3 22.h7+ (22.♔e2) 22...♔f7 23.♔e2

2) 19...♘e7

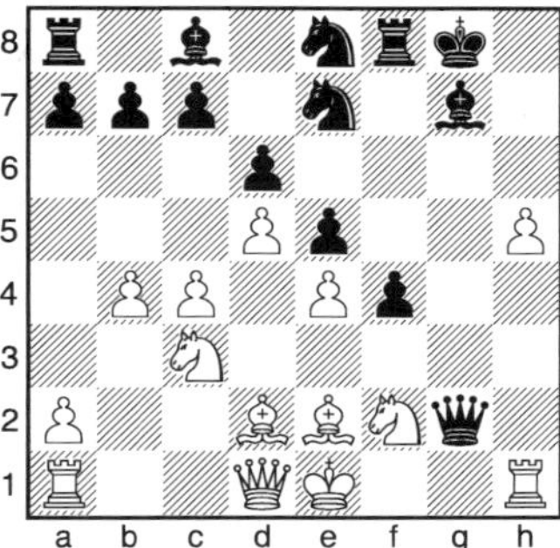

a) 20.h6 ♗f6 21.♗f3 ♕g6 22.♔e2

b) 20.♗f3 ♕g5 21.♔e2 Δ♖ag1

II) Nach **18...♕g3 19.♖h3** ...

A) ...würde **19...♕xg2?? 20.♗f1 ♕g1 21.♘e2+–** entscheidendes Material verlieren.

B) Hingegen nimmt das ‚Katz und Maus'-Spiel nach dem einzigen Zug **19...♘h4!** in allerlei vergnüglichen Varianten seinen skurrilen Lauf.

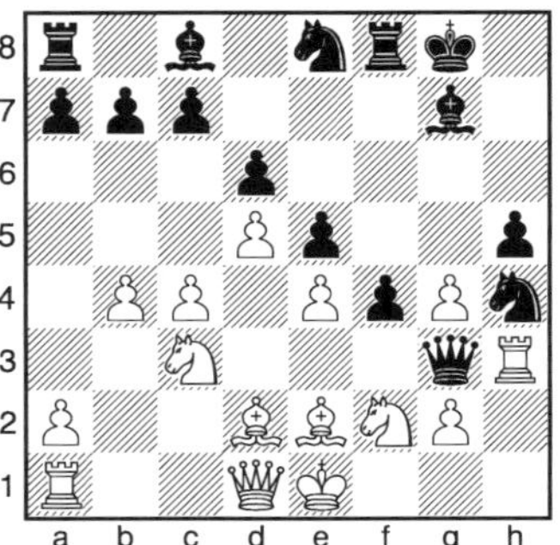

1) Nach 20.♖xg3 fxg3 ist die Kompensation ziemlich offensichtlich – und es gibt auch keine praktikablen Wartezüge, um die ‚Eroberung' der geopferten Dame sensibel vorzubereiten:

2) 20.♕c1

a) 20...♕xg2? 21.♖xh4 hxg4 22.♖xg4! (22.♗xg4?? ♗f6∓) 22...♗xg4 23.♗xg4±

b) 20...♘xg2+ 21.♔f1 ♘h4! 22.♖xg3 fxg3⩱

3) 20.♖b1 ♘xg2+ 21.♔f1 ♘e3+ 22.♗xe3 ♕xe3 23.♖xe3 fxe3⩱

4) 20.♕c2 ♕xg2 21.♖xh4 hxg4 22.♗f1 ♕g3⩱; 22...♕f3

95

Yeshchenko – Jary

Internet 2022

1.d4 ♘f6 2.c4 g6 3.♘c3 ♗g7 4.e4 d6 5.♘ge2 0-0 6.f3 ♘c6 7.g4?? e5 8.d5 ♘d4 9.♗g2

Zur Beantwortung der Testfrage könnte bei diesem Beispiel folgende Frage als Wink mit dem Zaunpfahl dienen: Nach welcher Art von Behandlung verlangt eine Stellung, in der sich ein Großbauer allen Ernstes als Fianchetto-Läufer ausgibt und in der die Bauernstellung f3-g4 frappierend an das Narrenmatt erinnert: nach streng positioneller – oder einfach nur nach strenger?

Na klar hätte der Partiezug **9...c5?!** nach beispielsweise **10.0-0 a6** zu solidem Minimalvorteil geführt.

Aber das ist doch wohl nichts im Vergleich zu **9...♘xg4! 10.fxg4 ♕h4+**, und zwar nicht allein, was den rein schachlichen, sondern auch, was den *Unterhaltungs*wert anbetrifft. Nach **11.♔d2** (11.♔f1? f5–+) hat Schwarz die Qual der Wahl:

1) 11...♗xg4 Δ12.♕e1 ♕e7 oder 12...♕h5 – nicht jedoch 12...h6+??, denn nach 13.♔d3 kommt es zu allerlei Abtauschen und Schwarz steht auf Verlust.

2) Und auch nach 11...♕xg4 Δ12.♘g3 ♕h4 ...

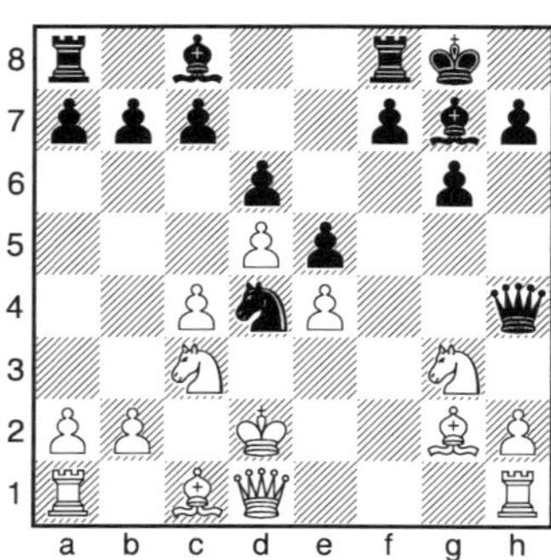

... dürfte es klar sein, dass der schwarze Vorteil bestimmt größer ist als in der Partie. Denn außer den zwei Bauern für die Figur hat er stets die Drohung f7-f5 in der Hinterhand, während der Gegner angesichts der katastrophalen Königsstellung jede Menge Verteidigungsprobleme hat und entsprechend an keinerlei Gegenspiel denken kann.

96

Odegov – Golizadeh

Internet 2022

1.d4 ♘f6 2.c4 g6 3.♘c3 ♗g7 4.e4 d6 5.h3 0-0 6.♗e3 e5 7.d5 a5 8.♗d3 ♘a6 9.♘ge2 ♘c5 10.♗c2 c6 11.g4 cxd5 12.cxd5 ♗d7 13.a4 ♘a6 14.0-0

Die soeben erfolgte Rochade in eine Art Fianchettostellung ohne Fianchettoläufer mutet von Hause aus suspekt an, zumal ja auch der g-Bauer im Hinblick auf ‚Königssicherung' wohl ein Feld zu weit vorgerückt ist. Danach bestehen für Schwarz zwei höchst unterschiedliche Gefahren: Er kann die Defensivkraft der weißen Rochadestellung *unter*schätzen und eine Nummer zu stürmisch – oder er kann sie *über*schätzen und eine Nummer zu lahm ans Werk gehen.

I) In der Partie geschah mit **14...♘b4?!** ein ‚Zug am falschen Flügel', wonach Weiß seine Rochadestellung mit

15.♘g3∞ ausreichend konsolidieren konnte. Es folgte der weitere ‚diffuse Entwicklungszug' **15...♖c8** – selbstredend kein Fehler, wohl jedoch die Auslassung einer weiteren Chance, die luftige gegnerische Königsstellung anzugreifen.

– Und zwar entweder mit 15...♘xg4 16.hxg4 ♕h4 17.♗d3 mit ausreichender Kompensation nach 17...♗xg4 18.♗e2 ♗h3 oder 17...♘xd3 18.♕xd3 ♗xg4 19.♗d2 f5.

– Oder mit 15...h5 16.f3 hxg4 17.hxg4 (17.fxg4) Δ17....♘xg4? (⌓17...♘h7∞) 18.fxg4 ♕h4 19.♘h1!!

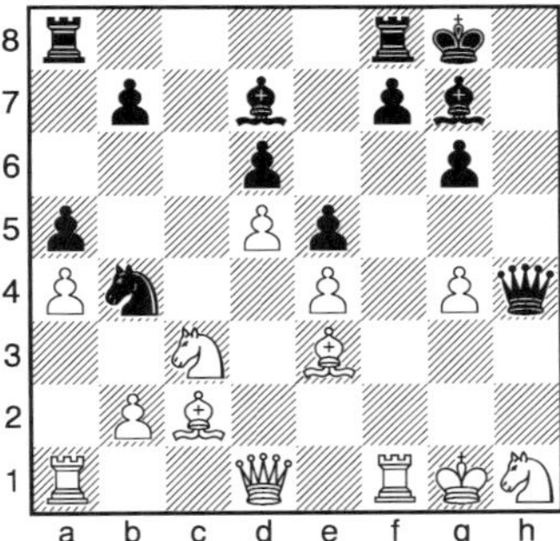

Es gehört sicherlich zu den seltensten Phänomenen im Schach, dass ein Springerzug auf ein Eckfeld sogar *zwei* Rufzeichen verdient.

19...♗xg4 20.♕d2

– Nun führt 20...f5? nach 21.♗g5 ♕h5/♕h3 22.♗d1 zu einer tendenziellen Gewinnstellung.

– Und selbst nach dem besseren 20...♗h3 21.♖f3 f5 22.♗g5 ♕h5 23.♗d1 f4 24.♗e7 bleibt immer noch ±.

Und statt der Entfernung des Läufers vom Ort des Geschehens mit 16.♗b3 wäre hier wohl **16.♗d3** sinnvoller gewesen, wonach sich das Angriffsspiel am Königsflügel folgendermaßen hätte gestalten können: **16...h5 17.f3 hxg4 18.hxg4 Δ18...♘xg4 19.fxg4 ♕h4 20.♘h1!! ♘xd3**

20...f5?! 21.♗b5! ♗xb5 22.cxb5±

21.♕xd3 ♕xg4+ (21...f5?! 22.♖f2!±) **22.♔f2!**

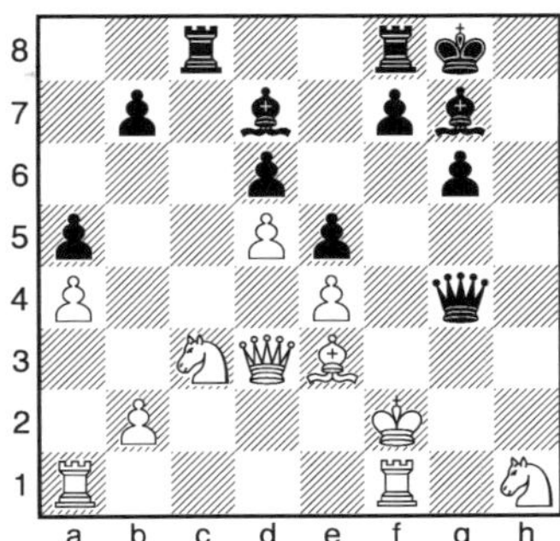

Nur mit dieser kleinen ‚Rezentralisationsmaßnahme' ist dem Dauerschach zu entkommen.

22...f5 23.♔e1 fxe4 24.♖xf8+ ♖xf8 25.♕e2

25.♕xe4?! ♖f4!≌ Δ26.♗xf4?? ♕g1+ –+; ⌓26.♕d3∞

25...♖f3 26.♔d2 ♗h6!?

26.♕h4?! Δ♗h6 26...♔c2±; 26.♖g1

27.♗xh6 ♖d3+ 28.♔e1 (28.♔c2?? ♖xc3+ –+) **28...♕h4+ 29.♘f2 ♖g3**

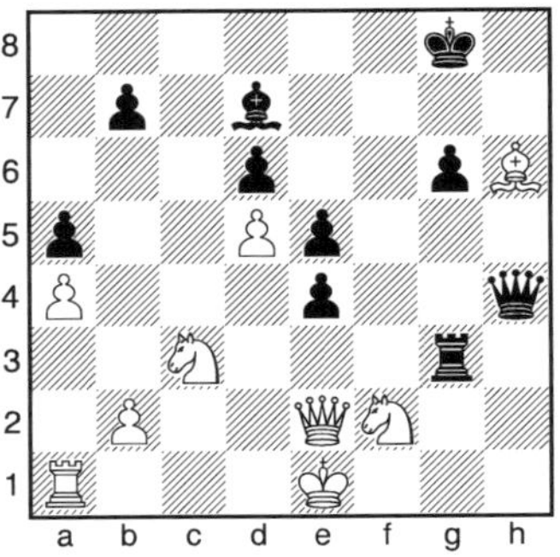

In zwei der folgenden Varianten wird der Materialbestand dahingehend verschoben, dass Weiß mit Turm und zwei Springern gegen Dame und drei Bauern verbleibt. Und ganz gleich, ob und wie weit man ihn im Vorteil sieht, steht zumindest fest, dass hier nur auf *zwei* Ergebnisse gespielt wird.

– 30.♕xe4?! ♖g1+ 31.♔e2 ♕h5+ 32.♕f3 ♖xa1∞

– 30.♕xe3!? ♖xe3+ 31.♗xe3±

– 30.♗e3

– 30...♖g1+?! 31.♔d2 ♖xa1 32.♕c4!±

– 30...♗g4! 31.♘xg4 ♖xe3+ 32.♘f2 ♕g3 (33...♖xe2+?! 34.♔xe2±) 33.♕xe3 ♕xe3+ 34.♔f1

II) Stattdessen hätte die sofortige Flügelattacke **14...h5!** mindestens Minimalvorteil ergeben.

Viel zu stürmisch wäre hingegen 14...♗xg4?? 15.hxg4 ♘xg4 16.♘g3±.

Hier ein Überblick über die möglichen Folgen:

A) 15.g5?? ♘h7–+ Δ16.h4 f6

1) 17.♕d2 fxg5 18.hxg5 ♖f3 (18...♗h3) Δ19.♔g2 ♗h3+! 20.♔xf3 ♕d7

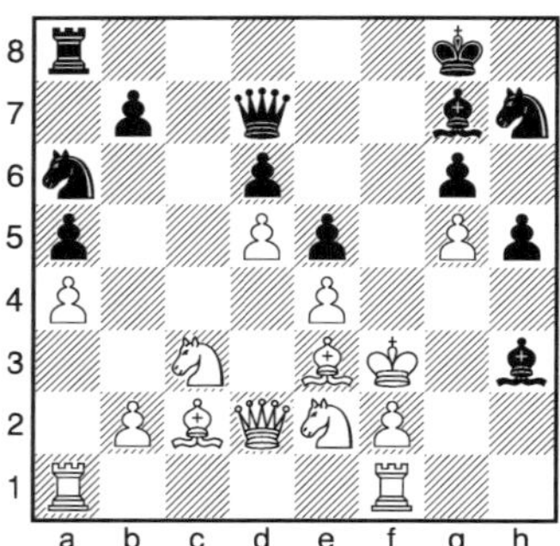

a) 21.♖g1? ♖f8+ 22.♔g3 ♘xg5!

b) 21.♗b6 ♖f8+ 22.♔e3 ♗xf1 23.♖xf1 ♕h3+ 24.♘g3 h4

2) 17.f4 ♘b4 18.♗b1 (18.fxe5 dxe5) 18...♗h3 19.♖f2 fxg5 20.fxg5 ♕d7

B) 15.f3 hxg4 16.hxg4

16.fxg4? ♗xg4! 17.hxg4 ♘xg4∓

16...♗xg4!∓ Δ17.fxg4? (⌓17.♖f2; 17.♘g3) **17...♘xg4**

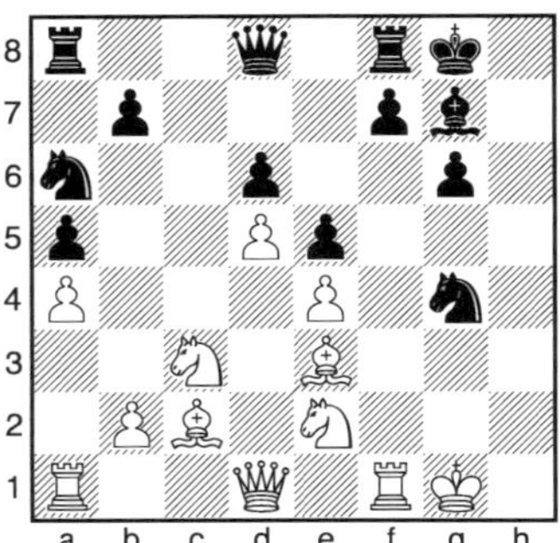

1) 18.♖f3? ♘xe3 19.♖xe3 ♕b6

2) 18.♗f2 ♕g5∓; 18...f5; 18...♗h6!? Δ♔g7, ♖h8

97

Vianello – Gerasimenyk

Internet 2022

1.d4 ♘f6 2.c4 g6 3.♘c3 ♗g7 4.e4 0-0 5.♘f3 d6 6.h3 e5 7.d5 ♘e8 8.♗g5 f6 9.♗h4 c5 10.♗d3 ♘d7 11.♘d2 a6 12.0-0 ♖b8 13.♕e2 ♕e7 14.a3 ♕f7 15.♔h1 f5 16.exf5 gxf5 17.f4 e4

Hier hat unsere Thema-Eröffnung Züge des ‚Tschechischen Benoni' angenommen (1.d4 ♘f6 2.c4 c5 3.d5 e5) und somit einer als passiv geltenden Eröffnung, in der speziell die Springer häufig unter akutem Feldermangel leiden. Allerdings ist der soeben erfolgte Vorstoß des e-Bauern nicht so sehr zu kritisieren, weil dadurch auch noch der eventuelle Springerposten e5 wegfällt, sondern aufgrund ganz konkreter taktischer Gründe, die vornehmlich auf der latent beengten Position der schwarzen Dame beruhen.

Nach dem halbherzigen Rückzug **18.♗c2?** hätte Schwarz mit dem hingegen beherzten Gegenangriff **18...b5!∓** die Initiative an sich reißen können.

Von dem eigentlich naheliegenden Opferkonzept **18.♘dxe4!! fxe4** hat Weiß vermutlich Abstand genommen, weil er nur einen kurzen Blick auf die ‚Standardfortsetzung' 19.♕xe4?? geworfen hatte, die natürlich nach 19...♘df6−+ vollkommen nach hinten losgehen würde.

Und tatsächlich war es nicht einfach zu sehen, dass nach der Alternative **19.♘xe4!** die offensichtliche Drohung ♘g5 gewissermaßen ‚unparierbar' ist.

I) Denn auf **19...h6?** folgt trotzdem **20.♘g5!!**+− und nach **20...hxg5** (20...♕f6?! 21.♕h5! Δ♘h7; Δ♖ae1) **21.fxg5** ...

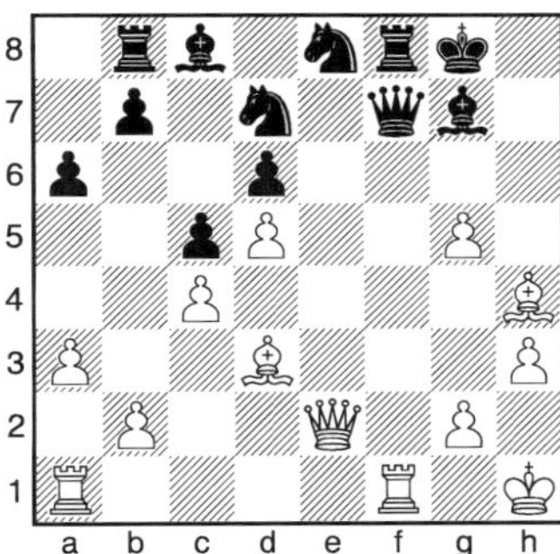

... stellt sich heraus, dass die schwarze Dame von zu vielen Epauletten umzingelt ist. Also bleibt nur das kleinlaute Eingeständnis **21...♘df6 22.gxf6 ♘xf6**, wonach **23.♕e3** Δ♕g3 die Liste der Gewinnzüge anführt.

II) Auch mit **19...♘df6?** ist nach **20.♘g5** kein besserer Widerstand zu leisten; z.B. **20...♕c7 21.♖ae1!**

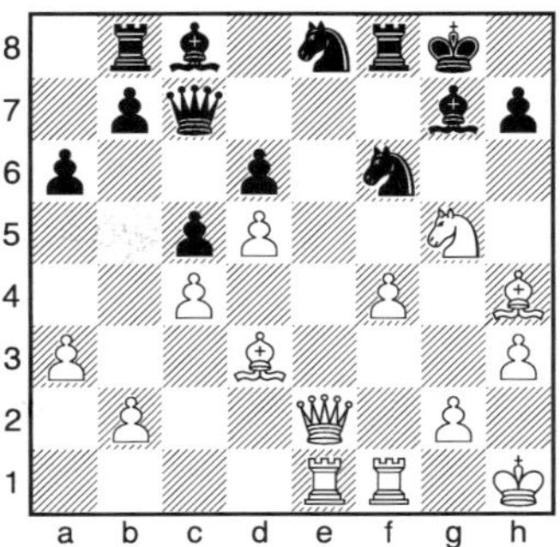

Die schwarze Stellung bietet ein vortreffliches Beispiel für eine Positionsruine, denn ungeachtet seiner Minusfigur muss Weiß nichts Konkretes unternehmen (wie z.B. 21.f5!? Δ♘e6), sondern kann sich quasi in aller Ruhe eine Prophylaxemaßnahme erlauben, ...

A) ... um **21...b5** mit **22.b3** beantworten zu können.

B) Und auch auf **21..h6?!** folgt vorsorglich **22.b3!** (statt offensiv 22.♘e6!?), zumal ja nach **22...hxg5? 23.fxg5** der ♘f6 stillhalten müsste.

C) Um die taktischen Ressourcen zu veranschaulichen, hier noch ein Blick auf die möglichen Konsequenzen, wenn Schwarz mit **21...b6** quasi einen ‚Nullzug' folgen lässt, ...

1) ... um den Gegner zu der vorschnellen Aktion 22.♗xh7+?! zu verführen, denn nach 22...♘xh7 23.♘xh7+ ♔xh7 24.♕h5+ ♔g8 25.♖e7 ♕xe7 26.♗xe7 ♖f7 27.♗h4 müsste der zum Gewinn womöglich erst noch seine drei verbundenen Freibauern mobilisieren.

2) Mit der wiederum ruhigen Druckerhöhung 22.♕c2 Δ22...h6 23.♘h7! könnte Weiß sich solch unnötige Arbeit allerdings auf einfache Weise ersparen; z.B. 23...♘xh7 (23...♖f7 24.♗g6) 24.♗xh7+ ♔h8 25.♖e7 ♗d7 ...

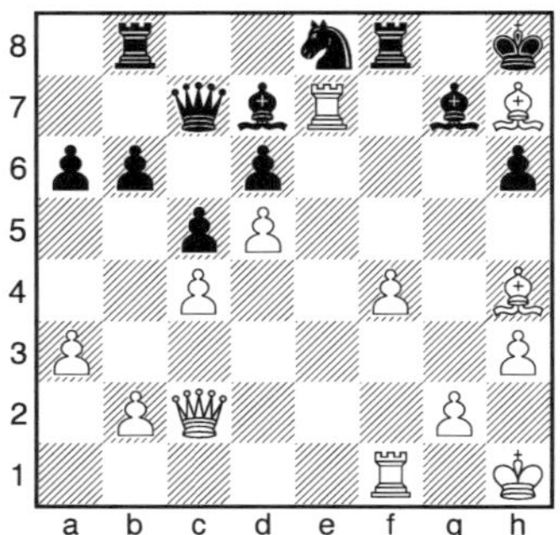

... und jetzt zunächst 26.g4! Δ♕g6, denn nach sogleich 26.♕g6?! mit der Folge 26...♗f5! 27.♕xf5 ♕xe7 28.♗xe7 ♖xf5 29.♗xf5 ♗xb2 30.a4 müsste Weiß sich diesmal noch in einem langwierigen Endspiel ‚abquälen'.

III) Letztlich bleibt auch hier nur der Gegenangriff mit **19...b5!**, nur dass dieser hier zum Zweck des reinen Überlebens geschieht; z.B. **20.♘g5 ♕f6**

A) 21.♗xh7+ ♔h8 22.♗c2 bxc4 23.♖ae1 ♘c7 24.♘f3 ♕h6 25.♗e7 ♘f6

25...♖e8?/♖xb2? 26.♘g5+−

26.♘g5±; 26.♗xf8

B) 21.cxb5 ♘c7 (21...♕h6!?) **22.♗xh7+ ♔h8 23.♗c2 axb5 24.♖ad1±**

98

Alfonso Durban – Sama Salinas

Barcelona 2022

1.d4 ♘f6 2.c4 g6 3.♘c3 ♗g7 4.e4 d6 5.♗d3 0-0 6.♘ge2 ♘c6 7.0-0 ♘h5 8.♗e3 e5 9.d5 ♘d4

1) Nach dem diffusen Partiezug **10.a4** und der konsolidierenden Antwort **10...c5∞** war das Thema ‚möglicher Bauerngewinn' vom Tisch und allenfalls Schwarz konnte sich Hoffnung auf Minimalvorteil machen.

2) Nach **10.♗xd4 exd4 11.♘b5** ...

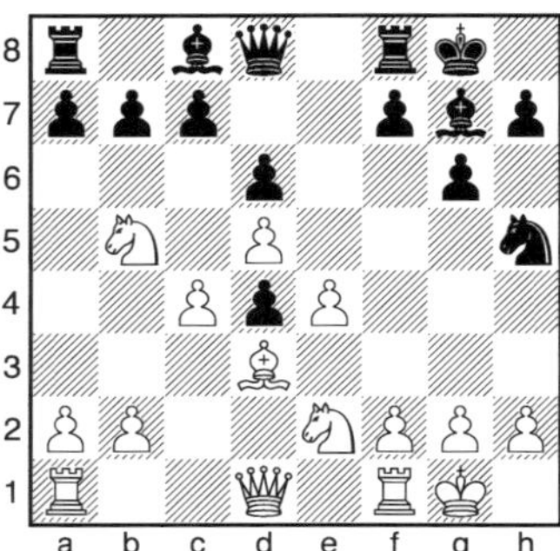

... ergeben zwei Varianten ausgezeichnete Kompensation – und zwar unter anderem, weil die Eroberung des Bauern d4 dem tatendurstigen königsindischen Läufer ja die nach b2 führende lange Diagonale öffnet:

a) 11...c6 12.♘bxd4 (12.dxc6) **12...♕b6⩱**

b) 11...c5 12.dxc6 bxc6 13.♘bxd4 ♕b6⩱; 13...c5

99

Liskiewicz – Smietanska

Poronin 2022

1.d4 ♘f6 2.c4 g6 3.♘c3 ♗g7 4.e4 d6 5.♘f3 0-0 6.♗e2 e5 7.0-0 ♘c6 8.dxe5 dxe5 9.♗g5 ♗e6 10.♘d5 ♖e8 11.♕a4

Die Fesselung des Königsspringers ist schon lästig genug, aber nachdem Weiß mit seinem letzten Zug die d-Linienbasis für einen Turm geräumt hat, ist offenbar größte Eile geboten, das genannte Problem aus der Welt zu schaffen. Dabei ist zu beachten, dass die weiße Dame ihren Räumungszug auf kein x-beliebiges Feld ausgeführt hat, sondern nach a4, was in gewissen Varianten von taktischer Bedeutung sein kann.

I) In der Partie machte Schwarz sich die Sache mit **11...♗xd5? 12.cxd5** allzu einfach, denn da Weiß das Läuferpaar, Raumvorteil im Zentrum und Spielmöglichkeiten auf der c-Linie erhalten hat, ist klarerweise das Urteil ‚kräftig ±' gerechtfertigt.

Und nach dem passiven Rückzug **12...♘b8** hätte die Zentralisation der Türme mit 13.♖ac1 und ♖fd1 sogar schon eine positionelle Gewinnstellung ergeben.

Besser war 12...♘d4 13.♘xd4 exd4 14.♗d3± ...

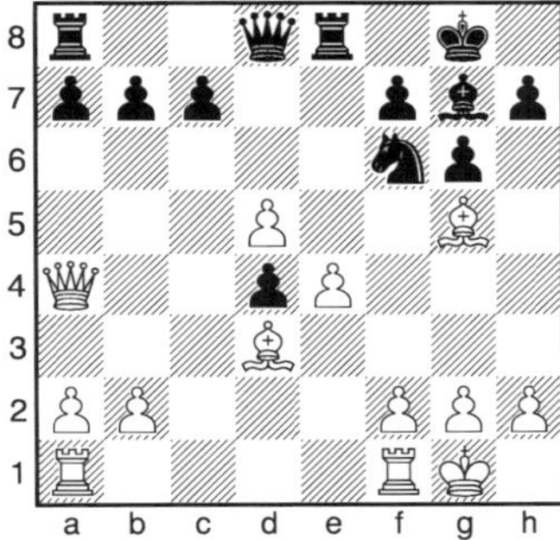

... nebst Hinzuziehung des f-Bauern nach beispielsweise 14...♕d6 15.♗xf6 ♗xf6/♕xf6 16.f4 usw.

II) Nach **11...♘d4? 12.♘xd4** ...

A) ...hätte sich nach dem automatischen Zurückschlagen **12...exd4? 13.♗xf6 ♗xf6 14.♕xe8+ ♕xe8 15.♘xf6+** +– die Bedeutung der Dame auf a4 gezeigt.

B) Und **12...♗xd5 13.cxd5 exd4 14.♗d3±** hätte über Zugumstellung zu der obigen Variante geführt.

III) Einzig die Forcierung der Ereignisse mit **11...h6!** wird der Verteidigungsaufgabe gerecht, wie der folgende Überblick bestätigt:

A) 12.♘xf6+ ♗xf6 13.♖ad1 (13.♗xh6 g5) **13...♕e7 14.♗xh6 g5⩱** (Δ♔h7; Δg4) **15.h4 gxh4∞**

B) 12.♗xf6 ♗xf6 13.♖ad1 ♗g7 (Δ♘d4) **Δ14.♘b6**

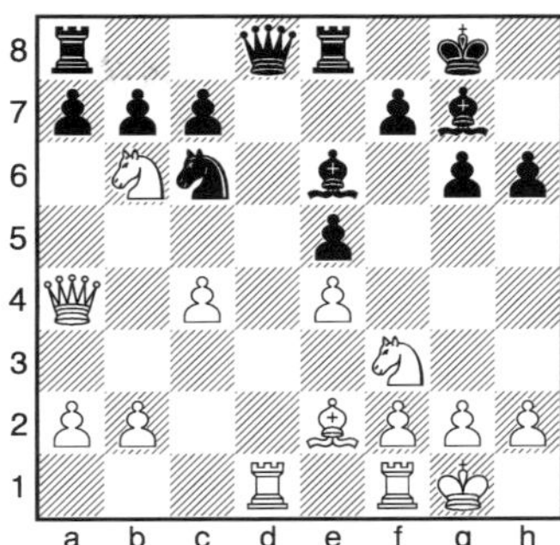

Nun kann Schwarz das Spiel auf einfache – oder bei Gefallen auch auf komplizierte Weise ausgleichen:

1) 14...axb6 15.♖xd8

a) 15...♖exd8!? 16.♕b3 ♗g4⩱

b) 15...♖xa4 16.♖xe8+ ♔h7 (Δ♗d7) 17.♖d1 ♖xa2⩱; 17.♖xe6 fxe6∞

2) 14...♘d4!? 15.♘xd4 axb6 16.♘xe6 ♕e7 17.♕d7 ♕xe6 18.♕xc7 ♖xa2 19.♖d6 ♕e7 20.♕xe7 ♖xe7 21.♖xb6 ♖c7⩱ Δ♗f8

100

Blübaum M. – Jones G.

Internet 2022

1.d4 d6 2.♘f3 g6 3.c4 ♗g7 4.♘c3 ♘d7 5.e4 e5 6.♗e2 ♘gf6 7.♗e3 0-0 8.0-0 ♕e7 9.♕c2 c6 10.♖ad1 h6 11.h3 exd4 12.♘xd4 ♘c5 13.f3 ♘h5 14.♖fe1 f5 15.b4 f4 16.♗f2 ♘e6 17.♘xe6 ♗xe6 18.c5 ♕g5 19.h4 ♕f6 20.♘a4 d5 21.exd5 ♗xd5 22.♗c4 ♘g3

Diese Stellung ist von der Art, in der mancher Internet-Kommentator anmerken würde, der beste weiße Zug sei h4-h3 – und tatsächlich sollte Weiß dann mühelos gewinnen. So jedoch muss er sich bei der Nutzung seiner überlegenen Zentralisation stets vor Überraschungen auf der h-Linie hüten – und sei es auch nur vor Remis durch eine erzwungene Zugwiederholung.

I) Bei der Fehlkombination **23.♗xg3? fxg3** hatte Weiß sich zum Schutz des Bauern h4 auf die Kreuzfesselung **24.♕e4** verlassen.

Nach dem ganz ähnlichen Motiv 24.♖e4 führt 24...♖ad8 Δ♔h7 die Liste der Gewinnzüge an.

Allerdings hatte er übersehen, dass es nach dem stillen Zug **24...♔h7** und der Folge **25.♗xd5 cxd5 26.♕g4** ...

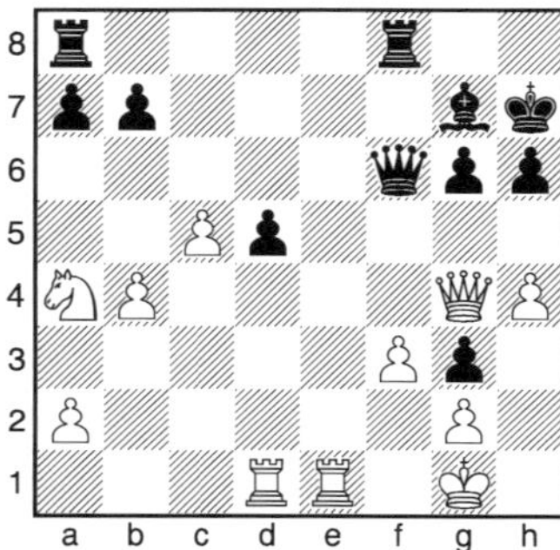

... mit der überraschenden Aktion **26...b5! 27.cxb6 axb6** am Damenflügel weitergeht. Leider vergab Schwarz jedoch nach **28.♖e6 ♕f7 29.♘xb6** mit **29...♖xa2?? 30.♘xd5∞** statt 29...h5! 30.♕h3 ♖xa2 Δ31.♘xd5 ♖ad8 den Sieg.

Die beiden gewinnträchtigen Alternativen haben allerlei Gemeinsamkeiten und können an der ein oder anderen Stelle ineinander übergehen.

II) 23.♗d4

A) 23...♕xd4+? 24.♖xd4 ♗xd4+ 25.♔h2+−

B) 23...♕f5?! 24.♗xd5+ cxd5 25.♕d2+−

C) 23...♕xh4?! 24.♕xg6

1) 24...♖f7? 25.♗xg7 ♖xg7 26.♖e8+ +−

2) 24...♘f5 25.♗xd5+ cxd5 26.♗xg7 ♘xg7

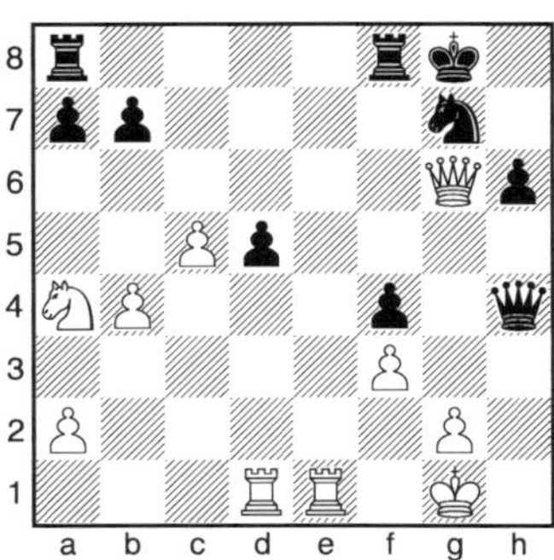

27.♖e5! ♖ae8 28.♖dxd5 ♖xe5 29.♖xe5 ♕d8 30.♕d6 (30.♖e1) 30...♕xd6 31.cxd6 ♖d8 32.♖d5; 32.♖e7

D) Am besten ist **23...♕f7!**, denn nach der Folge **24.♗xg7 ♔xg7 25.♗xd5 cxd5 26.♘c3** hält Schwarz den Schaden durch das aktive Herangehen **26.♖fe8!** in Grenzen (26...♖ad8?! 27.♕d3+−); z.B. **27.♕d3 ♖xe1+ 28.♖xe1 ♖e8! 29.♕d4+ ♔h7 30.♖d1 und jetzt ist 30...g5!** womöglich sogar noch zäher als **30...♖e3!? 31.♕xd5 ♕e7.**

III) 23.♗xd5+ cxd5 24.♗d4

A) 24...♕f7 25.♗xg7 ♔xg7 26.♘c3±

B) 24...♕xh4 25.♕xg6 ♖f7 (25.♘f5 siehe Variante C2) und hier holt Weiß sich mit **26.♘c3** den Bauern d5.

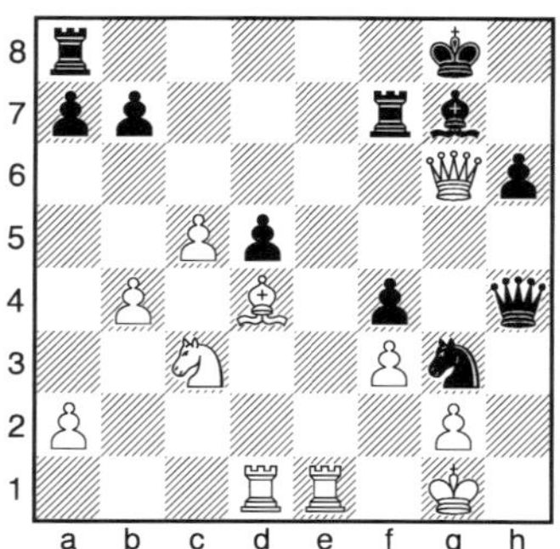

Und zwar ungeachtet des unvermeidlichen Abzugsschachs nach **26...♕h1+ 27.♔f2 ♕h4 28.♘xd5! ♘f5+ 29.♔e2 Δ29...♖e8+ 30.♔d2** usw.

Quellenverzeichnis

Konikowski, Jerzy, Bekemann, Uwe: 1.d4 siegt!
(2. Auflage), Joachim Beyer Verlag 2020

Konikowski, Jerzy: Schnellkurs der Schacheröffnungen – Theorie
(7. Auflage), Joachim Beyer Verlag 2021

Konikowski, Jerzy, Bekemann, Uwe: Eröffnungen – Königsindische Verteidigung – lesen – verstehen – spielen; Joachim Beyer Verlag 2019

Elektronische Medien

Mega Database 2023

ChessBase News

ChessBase 16

Stockfish 14

Komodo 13

Zeitschriften

Rochade Europa

ChessBase Magazin

Schachmagazin 64

Über den Autor

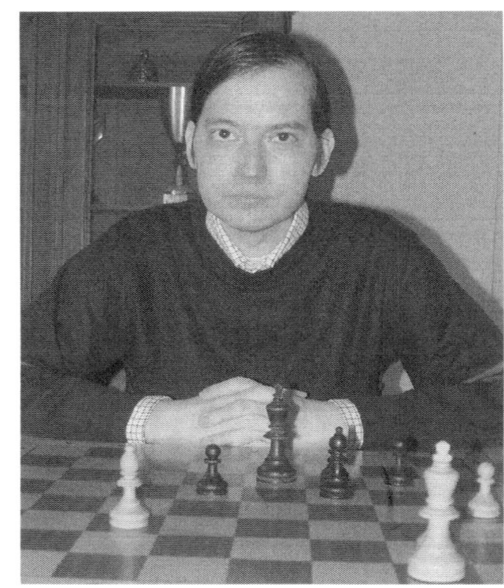

GM Dr. Karsten Müller wurde am 23. November 1970 in Hamburg geboren. Er studierte Mathematik und promovierte 2002. Von 1988 bis 2015 spielte er für den Hamburger SK in der Bundesliga und errang den Großmeister–Titel 1998. Zusammen mit Frank Lamprecht ist er Autor der hochgeschätzten Werke *Secrets of Pawn Endings* (2000) und *Fundamental Chess Endings* (2001), mit Martin Voigt *schrieb er Danish Dynamite* (2003), mit Wolfgang Pajeken *How to Play Chess Endgames* (2008), mit Raymund Stolze *Zaubern wie Schachweltmeister Michail Tal* und *Kämpfen und Siegen mit Hikaru Nakamura* (2012).

Aufmerksamkeit fand außer Müllers Buch *Bobby Fischer, The Career and Complete Games of the American World Chess Champion* (2009) besonders auch seine exzellente Serie von ChessBase-Endspiel-DVDs Schachendspiele 1-14. Müllers beliebte Rubrik *Endgame Corner* erschien unter www.ChessCafe.com von Januar 2001 bis 2015, seine Rubrik *Endspiele* im ChessBase Magazin seit 2006. Der vielbeschäftigte, weltweit anerkannte Endspiel–Experte wurde 2007 als „Trainer des Jahres" vom Deutschen Schachbund ausgezeichnet.

Im Joachim Beyer Verlag sind bereits die nachstehenden 23 Titel von ihm erschienen:

- Karsten Müller – Positionsspiel (2017)
- Karsten Müller – Schachstrategie (2017) (zusammen mit Alexander Markgraf)
- Karsten Müller – Schachtaktik (2018)
- Karsten Müller – Angriff (2023)
- Karsten Müller – Endspielzauber (2023) (zusammen mit Jerzy Konikowski)
- Italienisch mit c3 und d3 (2017) (zusammen mit Georgios Souleidis)
- Magie der Schachtaktik (2018) (zusammen mit Claus Dieter Meyer)
- Magische Endspiele (2020) (zusammen mit Claus Dieter Meyer)
- Spielertypen (2020) (zusammen mit Luis Engel)
- Spielertypen, Testbuch (2022) (zusammen mit Luis Engel und Maka Rafiee)
- Die Endspielkunst der Weltmeister Band 1 – von Steinitz bis Tal (2021)
- Die Endspielkunst der Weltmeister Band 2 – von Petrosjan bis Carlsen (2021)

- Schach-WM 2021 (zusammen mit Jerzy Konikowski und Uwe Bekemann)
- Die besten Kombinationen der Weltmeister Band 1 – Von Steinitz bis Tal (2022) (zusammen mit Jerzy Konikowski)
- Die besten Kombinationen der Weltmeister Band 2 – Von Petrosjan bis Carlsen (2022) (zusammen mit Jerzy Konikowski)
- Schachtraining mit Matthias Blübaum, Sein Weg zum Europameistertiel (2022) (zusammen mit Matthias Blübaum und Matthias Krallmann)
- Bobby Fischer – 60 beste Partien (2022)
- Typisch Sizilianisch (2022)
- Magnus Carlsen – Die Schach-DNA eines Genies (2023)
- Typisch Damengambit , Effektives Mittelspieltraining (2023)
- Typisch Französisch, Effektives Mittelspieltraining (2024)
- Typisch Königsindisch, Effektives Mittelspieltraining (2024)

sowie weitere 17 Übersetzungen in englischer Sprache:

- Magical Endgames (2020) (together with Claus Dieter Meyer)
- The Human Factor in Chess (2020) (together with Luis Engel)
- The Human Factor in Chess, The Testbook, Find out your Player Type (2022) (together with Luis Engel and Makan Rafiee)
- The Best Endgames of the World Champions Vol 1 – From Steinitz to Tal (2021)
- The Best Endgames of the World Champions Vol 2 – From Petrosian to Carlsen (2021)
- World Chess Championship 2021 (together with Jerzy Konikowski and Uwe Bekemann)
- Chess Training with Matthias Blübaum, His way to the European Champion (2022) (together with Matthias Blübaum and Matthias Krallmann)
- The Best Combinations of the World Champions Vol 1 – From Steinitz to Tal (2022) (together with Jerzy Konikowski)
- The Best Combinations of the World Champions Vol 2 – From Petrosian to Carlsen (2022) (together with Jerzy Konikowski)
- Bobby Fischer 60 Best Games (2022)
- Karsten Müller – Attack (2023)
- Karsten Müller – Endgame Magic (2023)
- The Chess DNA of a Genius (2023)
- Typical Sicilian, Effective Middlegame Training (2023)
- Typical Queen's Gambit, Effective Middlegame Training (2023)
- Typical French, Effective Middlegame Training (2024)
- Typical King's Indian, Effective Middlegame Training (2024)